国家社会科学基金项目（15BGL167）

浙江省自然科学基金项目（LY19G020009）

社会价值创造

——过程、模式及评估

Social Value Creation

Process, Model and Evaluation

鞠芳辉 等 著

ZHEJIANG UNIVERSITY PRESS

浙江大学出版社

前　言

近年来,随着我国社会治理创新及各项社会事业改革的持续推进,各类公益组织大量涌现,新公益形态如互联网公益、公益创投、社会企业等蓬勃发展,在应对"政府失灵"和"市场失灵"、解决社会问题方面,越来越多地发挥着独特的、不可替代的作用。公益组织的活动或行为通常被视为一种针对特定社会目标群体的社会干预,其最终目的是通过提升社会目标群体的福利来创造社会价值。换言之,解决社会问题、创造社会价值是公益组织的核心使命。虽然目前关于社会价值创造的概念、过程和评估已经得到了较为广泛的关注,但仍然存在着一些重要的理论和现实问题没有被很好地解决。本书紧紧围绕社会价值创造这一核心概念,按照"主体—过程—结果评估"的逻辑框架,着重解决以下几个方面问题。

(1)谁创造社会价值?该问题对应社会价值创造的主体研究。对于公益组织而言,在社会变革带来严峻挑战的背景下,如何选择自身的组织类型?如何通过改善其自身能力来提高其社会价值创造水平?对上述问题的回答构成了本书第一篇的内容。这部分系统阐述了公益和公益组织的概念、公益组织的类型和发展历史,并重点介绍了公益组织发展的一种新形态,即社会企业。专题研究一通过大样本的问卷调查,对公益组织的成长与能力建设问题进行了专题研究,为公益组织的成长和可持续发展提供了解决方案和建议。

(2)如何可持续地创造社会价值?该问题对应社会价值创造的过程研究。作为公益组织的一种新形态,社会企业的价值创造过程最具复杂性和典型性,也更有可持续性,因此本书选取社会企业这一典型的公益组织形态来解析其社会价值创造过程。社会企业必须兼顾社会价值和商业价值,才能保证其生存发展的可持续性和社会价值创造的可持续性,社会企业如何在社会价值创造和商业价值创造之间取得平衡?在社会企业面对各自不同的社会使命,面对不同的社会目标群体和商业目标群体的复杂情境下,应当如何进行价值定位?如何选择适当的价值创造模式?如何在实现社会使命的同时获得稳定的资金来源?不同类型的社会企业应如何制定战略决策?在其社会价值创造过程中如何制定恰当的市场化战略? 对上述问题的回答构成了本书第二篇的内容。这部分首先描述了社会价值创造过程的概念和分析框架,并对社会价值创造的三个过程(机会识别、资源整合和模式选择)进行了系统的阐释,此框架可以为社会企业明确其战略发展及业务方向、设计合适的价值创造模式,通过合理的商业化程度及商业化手段实现自身的造血功能及可持续发展,其次,系统总结了社会企业双元价值平衡策略及其优缺点,为解决社会企业价值创造中的社会价值和商业价值的平衡问题提供了解决方案。再次,从社会企业需求侧的视角,运用社会身份理论,探析社会企业社会价值和商业目标的结合如何成为一种资源竞争优势,触发需求侧的动态演进并产生需求外部性,进而影响社会企业的市场战略选择,为解决社会企业在价值创造中如何选择市场扩张战略提供了解决方案。专题研究二通过多案例研究,从社会创业者身份视角为社会企业双元价值平衡模式选择问题提供了实证证据。专题研究三通过单案例研究,对互联网环境下的公益组织的一种新形态,即平台型公益组织的社会价值创造过程进行了分析与阐释。

(3)如何评价社会价值创造的结果? 该问题对应社会价值创造评估研究。社会价值创造的结果及如何对其进行评估,是利益相关者及公益组织自身都十分关注的问题。对于政府、基金机构和社会公众而言,他们所投资或支持的公益组织及项目究竟在何种程度上达到了他们的期望,在何种程度上引起了积极的社会改变或者说创造了社会价值? 如何有效评价某一公益组织的社会价值创造及如何比较不同公益组织的社会价值创造? 如何有效评估公益组织及其项目的社会绩效,特别是如何对不同经济社会背景下、不同类型的公益组织及其项目的社会绩效进行比较? 这些一直是在公益理论研究和实践中都没有很好地解决的问题。对上述问题的回答构成本书第三篇的内容。这部分首先系统分析了公益评估的意义和类型,并回顾了我国公益评估的历程,进一步指出了我国公益评估中存在的问题。其次在分析已有评估方法的基础上,提出两种新的评估方法:基于模糊 PROMETHEE 排序的评估方法,该方法考虑了公益项目社会价值各方面评价指标的模糊性、弱优先性等特点,既可用于结果评估,也可用于项目决策时的多方案比较评估;基于社会价值创造的绩效评估方法,该方法在对社会价值创造的概念及测量进行重新定义的基础上,解决如何评价一个公益组织所发挥的社会作用以及不同背景下、不同类型的社会干预项目效果的比较问题。专题研究四从社会价值创造的对立面社会价值损耗的角度,针对目前我国公益组织内存在社会价值损耗的现状进行了实证调查,从理论上阐明了社会价值损耗概念与测量,评估了公益组织社会价值损耗的现状,分析了公益组织社会价值损耗产生的原因及其影响,并对如何降低公益组织社会价值损耗提出了矫治策略。

　　本书的创新点主要体现在三个方面:第一,按照"主体—过程—结果评估"的逻辑框架,对社会价值创造的全过程开展了较为系统的研究;第二,开发了社会价值创造过程的分析框架,基于社会价值创造过程的底层逻辑,推演及提炼出社会企业的不同类型的价值创造模式,并系统总结了价值创造过程中的双元价值平衡策略及市场化战略;第三,提出两种新的评估方法:基于模糊PROMETHEE排序的评估方法和基于社会价值创造的绩效评估方法。本书的研究成果可以为社会企业如何更好地创造社会价值提供战略指引,也可为学界的相关研究提供参考和借鉴。

目　录

第一篇　社会价值创造的主体：公益组织

第二篇 社会价值创造过程:机会、资源与模式

第三篇　社会价值创造评估：类型与方法

1 绪 论

1.1 我国面临的社会问题

世界经济社会正面临着前所未有的深刻变局,正如狄更斯在《双城记》中所说,"这是一个最好的时代,也是一个最坏的时代"。一方面,以互联网、人工智能、生物技术等为代表的现代科技迅猛发展,世界财富总量不断增加;另一方面,社会问题依然层出不穷。原有的社会问题没有从根本上解决,环境污染不断加剧、城市贫困、社区犯罪、青年失业、儿童失学、残疾人保障等问题在各个国家依然普遍存在;新的社会问题又不断产生,信息技术的发展使财富和权力加速集中,社会阶层分化日益严重,种族对立和冲突正在加深,民粹主义和逆全球化思潮盛行,世界政治和经济愈加动荡不安,这一切使原本就十分棘手的社会问题更加雪上加霜。

联合国《2019 年可持续发展目标报告》为我们呈现了这样一幅图景:自然环境以惊人的速度恶化。海平面上升,海洋酸化正在加速,过去 4 年是有记录以来最温暖的,2018 年的全球平均气温比工业化前的基线高约 1 摄氏度,100 万种动植物面临灭绝的危险,土地退化依然遏制不住,灾害造成的死亡中超过90%发生在中低收入国家。贫困问题没有得到有效缓解。2015 年仍有 7.36 亿人生活在极端贫困中,全球饥饿人口正在增加,2017 年有 8.21 亿人营养不良,比 2015 年的 7.84 亿人有所增加,22%(约 1.49 亿人)的 5 岁以下儿童发育迟缓,世界上至少有一半人口缺乏必要的卫生服务,7.85 亿人仍然没有基本饮用水(2017 年),6.73 亿人(占地球人口的 9%)仍然在露天排便(2017 年),仅有一半(53%)的城市居民可以方便地使用公共交通(2018 年),有 1/4 的城市居民生活在类似贫民窟的条件下,20 亿人无法获得垃圾收集服务(2018 年)。弱势群体的社会保障仍然薄弱。世界上 55%的人口无法享受社会保障,只有 28%的重度残疾人能获得现金福利;世界各地的妇女继续面临结构性不利条件和歧视;世界上有 6.17 亿儿童和青少年达不到阅读和数学的基本标准,7.50 亿名成年人仍是文盲,其中 2/3 是女性,1/5 的 6～17 岁儿童没有上学;1/5 的年轻人没有工作、接受教育或培训。收入分化持续加剧。在许多国家,越来越多的收入流向顶端 1% 的人口,底端 40% 的人口获得的收入不到全部收入的 25%。该报告总结道:"我们在结束人类苦难和为所有人创造机会方面的努力进展太慢,我们艰难应对根深蒂固的剥夺、暴力冲突和面对自然灾害的脆弱。"

改革开放以来,中国经济社会发展取得的成就有目共睹,2010 年中国成为世界第二大经济体,2018 年国内生产总值突破 90 万亿元,人均国内生产总值达 6 万多元。特别是在减少贫困人口方面,联合国秘书长古特雷斯曾表示"中国是为全球减贫做出最大贡献的国家",对全球减贫贡献率超过 70%。2013 年至 2018 年,中国每年有 1200 多万人稳定脱贫,贫困发生率从 10.2% 下降到 1.7%,取得了举世瞩目的辉煌成就。

然而,除了一些与世界各国共同面临的问题,中国快速发展中存在的一些突出的、紧迫的、特殊的社会问题也不容回避,其涉及社会生活的方方面面,例如环保问题、食品安全问题、人口老龄化问题、教育公平问题、留守儿童问题、医患关系问题、农民工城市化问题、残障人士及弱势群体保障问题等。以人口老龄化问题为例,联合国人口司于 2019 年发布的《世界人口展望》,对未来世界人口发展趋势进行了新一轮的展望。我国已经进入老龄社会,与其他国家不同的是,我国的老龄化具有自身突出的特征:一是加速老龄化。受计划生育政策惯性、生育观念等因素的影响,我国以少子型为特征的人口老龄化来势凶猛、猝不及防,人口结构的转换更加剧烈,对经济社会的冲击也更为严重。二是重度老龄化。根据《"十三五"国家老龄事业发展和养老体系建设规划》的数据,2018 年,我国 60 岁及以上老年人口规模为 2.49 亿人,占总人口比重达到 17.9%,老年抚养比将提高到 28% 左右。2020 年后我国将进入加速和重度老龄化并存发展阶段,2053 年人口老龄化峰值时老龄人口为 4.87 亿人。每 3 个人中就有一个是老年人。更惊人的是,从 2013 年到 2053 年的 40 年间,我国老年人口的总流量将突破 10 亿大关。三是提前老龄化。我国的老龄化超前于现代化进程,是在我国大部分地区尚未实现现代化,经济尚不发达的情况下提前进入老龄社会,是未富先老、未备先老。而发达国家的情况则相反,对照而言,我国进入老龄社会时人均 GDP 只有 1000 美元左右,是美国的 1/10、新加坡的 1/24。人口加速老龄化、重度老龄化、提前老龄化将使我国经济社会发展的诸多方面在短期内面临巨大的结构性转换,也势必将对我国社会、经济和政治等方面的制度安排带来不可回避且深层次的矛盾和冲击,若不积极应对或应对不当,有可能存在引发严重的经济危机、社会危机的风险。

再以弱势群体的社会保障为例。据中国残疾人联合会发布的数据,2010 年我国残疾人总数超过 8500 万人,其中视力残疾人数 1200 多万人,肢体残疾人数近 2500 万人。《2018 年残疾人事业发展统计公报》则显示,2018 年有 1074.7 万名残疾儿童及持证残疾人得到基本康复服务。《2018 年民政事业发展统计公报》显示,全国有困难残疾人生活补贴对象 1005.8 万人,重度残疾人护理补贴对象 1193.0 万人。对照上述各组数据可知,存在数量惊人却"无影无踪"的少数群体,一直被长久"折叠",他们无法真正融入社会或得到基本的社会保障与公共服务。而同期的报告还显示,截至 2018 年底,全国共有孤儿 30.5 万人,其中集中养育孤儿 7.0 万人,社会散居孤儿 23.5 万人,全国有城市低保对象 605.1 万户、1007.0 万人,农村低保对象 1901.7 万户共计 3519.1 万人。全国共有农村特困人员 455.0 万人,城市特困人员 27.7 万人。

1.2 我国的公益组织发展

社会问题的产生有其深刻的社会和历史根源,社会问题的解决需要政府、企业(市场)和社会各方持之以恒的共同努力。在现代社会,公益组织在应对"政府失灵"和"市场失灵"、解决社会问题方面发挥着独特的、不可替代的作用。关于公益组织的概念,还没有一致的、被普遍认可的定义,一般是指那些非政府的、不以利润最大化为首要目标,而以社会公益为主要追求目标的社会组织。西方一些学者则把公益组织统归于非政府组织 (non-governmental organization,NGO),或把它称作"第三部门"(third sector)或"非营利机构" (nonprofit organization),以区别于作为第一部门/公共部门(public sector)的政府组织和作为第二部门/私人部门(private sector)的企业组织。第三部门虽然有别于第一部门和第二部门,但在一定程度上兼具了第一部门和第二部门的特点。从价值观体系而言,第三部门秉承了第一部门"公共利益最大化"的价值导向,又具备第二部门灵活高效的特点;从人群基础而言,第三部门秉承第一部门"共同分享"的利益宗旨,又具备了第二部门"草根民众"的特点;从财务基础而言,第三部门吸收了第一部门"用之于民"的规范,又具备第二部门"财务独立"的特点。

公益组织的发展有其历史渊源。早先的公益组织主要从事人道主义救援和贫民救济活动,很多公益组织起源于传统的慈善机构。1981 年 7 月,以我国第一家基金会——中国儿童少年基金会在北京成立为标志,一批由政府主导建立的基金会,包括 1982 年成立的宋庆龄基金会、1984 年成立的中国残疾人福利基金会、1988 年成立的中国妇女发展基金会、1989 年成立的中国青少年发展基金会及其同年发起的著名的"希望工程",代表着我国公益慈善组织得以恢复。

但这一时期出现的慈善组织,基本是由政府发起和主管的,带有鲜明的"官办慈善"色彩。这一特征的影响持续至今,一些"国"字头大型公益组织,事实上类似于政府部门或事业单位。

直到 1994 年,"不要一分财政拨款、不要一个行政事业编制、不要一个现职公务员"的中华慈善总会成立,开辟了一条独立发展的道路。同年,中国最早的全国性民间环保组织"自然之友"注册,标志着民间慈善事业在中国逐渐兴起。随后,特别是进入 21 世纪之后阿拉善 SEE 生态协会、南都公益基金会、深圳壹基金公益基金会等众多基金会相继成立,政策松绑和社会经济的发展,让民间慈善事业得以焕发生机。2008 年汶川地震极大激发了全社会的捐赠热情和志愿服务的热情,这一年因此被很多人视为公益元年,成为我国公益事业发展的一个时间节点。随着互联网的快速发展,阿里公益、腾讯公益等一些基于互联网的平台型公益组织快速崛起,成为引领我国公益创新和公益组织发展的新生力量。

时至今日,无论是在环境保护、应对自然灾害、扶贫助贫,还是在关注和支持弱势群体等领域,公益组织都已经成为一支重要的力量。这些公益组织所处的行业领域十分广泛,组织规模大小不一,注册形式多种多样,常见的形式包括行业协会、社团法人、公募或非公募基金会、民办非企单位等。根据民政部发布的《2018 年民政事业发展统计公报》,截至 2018 年底,全国共有社会组织 81.7 万个,其中社会团体 366234 个,基金会 7034 家(公募 1925 家,非公募 5109 家),民办非营利性企业 444092 家,2018 年,全国社会组织捐赠收入达 919.7 亿元。上述这些社会组织中有很大一部分可以归属为以解决社会问题为使命、从事公益活动的公益组织。

1.3　社会问题的可持续解决方案

广泛存在的社会问题呼唤可持续的解决方案。联合国自 2015 年启动的"2030 年议程"为可持续世界的共同繁荣绘制了蓝图——在这个世界上,所有人都能在健康的星球上过上富有成效、充满活力和和平的生活;呼吁更深入、更快速和更雄心勃勃的响应以推动实现 2030 年目标所需的社会和经济转型,并规划了 17 项可持续发展目标全面进展的领域,包括融资、弹性、可持续和包容性经济、更有效的机构、地方行动、更好地利用数据、利用科学技术和创新等。从联合国连续几年来提供的《可持续发展目标报告》的数据来看,尽管各国政府、市场(私营企业)和非政府组织不断做出努力,但不断增长的社会需求和社会问题仍未得到有效和可持续的解决。无论从世界范围还是从我国自身来看,21 世纪人类面临的挑战及应对挑战的方法前所未有地纷繁复杂。由于各个民族、国家或地区各自为政,技术发展带来的社会结构变革、社会阶层分化加剧、人口流动性加大伴随着价值观和信念的冲突和对立,各种问题既有全球性特征,又有地方和人群特色,各种复杂社会问题不断地否定单一的解决方案。上述变化趋势也使许多问题的根本原因难以确定,解决这些问题要求在价值观、信仰、角色、关系和有效方法上的创新和变革,并且根据不同的地域、人群和需求有所改变,常常需要跨越组织的界限。

对于以解决社会问题为使命的公益组织,不仅面临社会变革带来的严峻挑战,同时其自身的发展及其解决社会问题的方案也常常面临能否可持续的危机。可持续发展的理念早已深入人心,对于公益组织而言又有其独特的内涵,可以从多个层次来理解。第一,从受益人的角度,公益应超越传统慈善简单的捐钱捐物、扶贫济困的理念,转型为帮助受助者获得经济自立和可持续发展的信念、能力和技能,即从"授人以鱼"到"授人以渔"。第二,从公益组织的角度,公益组织应该具有自身的"自我造血"和可持续发展能力。传统的公益组织的成长及其公益项目的实施,靠的是"外部输血",即主要靠政府的财政支持及企业与社会公众的捐赠,资金来源有限并有很大不确定性,资源短缺是公益组织发展中普遍面临的瓶颈,这不仅限制了公益组织解决社会问题、创造社会价值的范畴和能力,也常常使公益组织陷入生存的危机。第三,从公益组织生态系统的角度,为了摆脱资源约束及制度桎梏,公益组织需要为自身营造可持续发展的生态系统和外部环境,需要引领行业推动社会革新的系统变革者,在为行业提供创新性解决社会问题的可复制的方案范本的同时,通过推动系统性变革为公益组织可持续发展创造良好环境。通俗地讲,这种思路进一步超越了"授人以渔"的逻辑,实现的是"授人以池塘",是打造公益的生态链与生态系统,让"授渔者"和"受渔者"都能摆脱资源的掣肘,让公益能够持续成长壮大、有机生长(徐永光,2017)。

作为对这种时代的呼唤的回应,20多年来,一种新型的公益事业在世界范围内迅速兴起,并形成一种积极向上的发展趋势。这种新型的公益,概括而言,是以追求社会影响力和效率为目标,营利与非营利混合的公益模式。这种公益模式最初兴起于英国,开始不为人所注意,后来在美国发展壮大,进入21世纪后跨越国界并迅速发展为强劲的国际潮流(资中筠,2015),并在发展过程中派生出不同的模式,如"公益创投""影响力投资""负责任投资"等,不一而足。但其核心都是以市场模式做公益,即公益不仅仅停留在有偿的捐赠,也可以是一种营利的事业。作为目标对象的弱势群体不再单单是受助者,而是潜在的创业伙伴。

新公益的诞生有其深刻的社会原因和现实需要。如前所述,由于社会问题的日益复杂化,单纯的公益捐赠和政府的福利政策都难以应付,政府的税源和传统公益慈善的财力也会日益枯竭。一些学者敏锐地洞察到这一问题,并提出了相关概念。如密歇根大学的普拉哈拉德(Prahalad)教授和康奈尔大学的哈特(Hart)教授创造了"包容性资本主义"(inclusive capitalism,或称包容性商业、包容性繁荣)等,普拉哈拉德还提出了以全球金字塔底层(bottom of the pyramid,BOP)人群为服务对象,用市场手段为其提供改善经济地位的机会。而积极拥抱这种新型公益模式,并大力倡导和付诸实践的是商界和政界精英。近年来在世界舞台上涌现的一类新型人物就是社会创业家,他们燃烧着激情,渴望发挥积极的社会影响。他们中的大多数既有商业人士的头脑,又有社会工作者的热心,推出了一些极具创意的项目来改良社会。如牛津大学斯科尔社会创业中心主任帕梅拉·哈提根(Pamela Hartigan)所言,"社会企业家好比实验室里疯狂的科学家,他们是以新方法经营商业的先驱"(郭超、比勒菲尔德,2017)。与传统的公益模式相比,新型公益模式与之本质的区别在于:传统公益模式虽然也强调"授人以渔",帮助弱势群体自力更生,但其程序仍是先大量积累财富,而后再捐赠出来做公益;新型公益模式则强调从一开始就把资本引向对社会有益的事业,寓公益于商机,不仅仅满足于"授人以渔",而是要掀起一场"渔业革命",从而实现"渔业""渔民"到"消费者"多方的可持续性。

由此,作为这种新型公益模式的主体,也作为一种新型的公益组织形态,社会企业在全球范围内迅速兴起。社会企业以解决社会问题为使命和目标,以商业方法运作为手段,通过适度的盈利实现自身的"自我造血"和可持续发展,为社会问题的持续解决提供了一种新的方案。我国从 21 世纪开始引入社会企业的概念,尽管对社会企业的概念界定并没有达成一致,对于社会企业是否属于公益组织的一种形态也存在很大争议,但并不妨碍社会企业在实践中的蓬勃生长。特别是近 10 年来,社会企业开始在我国大量涌现,在深圳、北京、成都等地已经开展社会企业认证。这些社会企业有的从传统的非营利组织发展而来,有的由传统的商业企业转型而成,有的从创立伊始就自我定义为社会企业,其组织形式千差万别,涉及的领域林林总总,法律注册形态也各有不同,但其本质特征都是以"社会价值"为目的,以"商业价值"为手段,坚持"社会价值"和"商业价值"的"双重底线"。

Alter(2007)绘制的可持续发展光谱图,有助于我们对社会企业及可持续性理念的进一步理解。如图 1-1 所示,图形的最左端是传统非营利组织,追求的是社会价值创造的目标,最右端是传统营利企业,追求的是经济价值最大化的目标。在社会变革环境下,为了实现可持续发展战略,两种组织形式最终向中间状态"社会企业"或"社会负责型企业"靠拢。徐永光(2017)形象地称之为"公益向右,商业向左"。

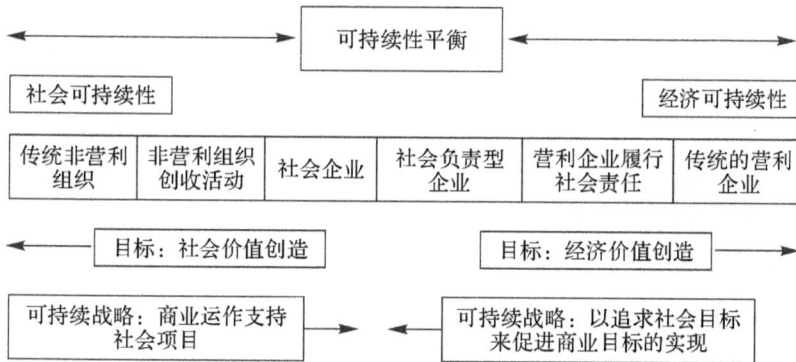

图 1-1 Alter 的可持续发展光谱

1.4 社会问题与社会价值创造

公益组织致力于实现社会使命,即解决社会问题和创造社会价值(Dees 1998;Austin et al.,2006),然而社会价值概念的内涵与边界也一直没有清晰的界定。事实上,价值本身也是社会学科领域一个宏大而又莫衷一是的概念。马克思主义价值观认为:价值是人类生存与发展的动力源,人的一切活动都可归结为价值的生产与消费过程,所有形式的社会关系在本质上都是一种价值关系。公益活动通常被视为一种社会干预(social intervention),社会干预的最终目的是通过提升特定目标群体的福利来创造社会价值。考虑到公益组织的社会干预涉及领域及目标对象的多样性和复杂性,不同的社会干预涉及不同的领域,服务于不同的目标群体。为了有一个一致的探讨问题的基准,有必要对价值创造的概念进行界定。

1.4.1 广义的社会价值创造

Lepak 等(2007)认为,三个最重要的原因导致对"价值创造"(value creation)的概念缺乏共识:第一,概念被使用的领域的多学科性,导致价值创造指向的目标及价值创造所需资源存在显著差异。第二,人们就价值创造的内容(什么是价值、谁将什么视为价值、价值在何处)和价值创造的过程(如何产生价值)很难形成一致性观点。第三,价值创造过程常常与价值获取(value capture)或价值保留(value retention)过程混淆。学者们还认为,价值创造和价值获取应该被视为不同的过程,因为创造价值增量的来源(个人、组织或社会)可能会也可能无法从长远角度获取或保留价值。例如,虽然个人可以通过开发一种新的模式来创造价值,但组织或社会可能比个人从创造的价值中获益更多。不同的人对"价值"和"社会价值"的概念有不同的理解。换句话说,社会价值"对不同的人意味着不同的事情"(Mair & Marti,2006)。例如,从战略管理的角度来看,Bowman 和 Ambrosini(2000)引入并区分了两种价值观:第一种是使用价值(use value),第二种是交换价值(exchange value)。"感知使用价值"意味着价值是主观的和个人化的。它由顾客对所提供产品的实用性的看法所决定。产品销售时实现"交换价值",是买方基于感知使用价值向生产者支付的(货币)金额,总货币价值是客户准备为产品支付的金额。从这个意义上讲,价值创造取决于目标用户主观上"实现"的价值额度,而目标用户(包括个人、组织和社会)是价值创造的焦点(Lepak et al.,2007)。在 Tsirogianni 和 Gaskell(2011)看来,"社会价值"是指作为人生指导原则的社会信仰及信仰系统。这些社会价值是自然群体界定社会秩序的手段,决定什么是可以接受的,什么是不可接受的,并具有两个显著特征:第一,社会价值带有规范性成分;第二,社会价值决定了社会机制。社会价值因其是群体的共同规则而具有合法性,是由社会群体做出的隐性或明确决定的结果。群体共享的共同价值,成为其作为一个群体存在的理由,定义他们的集体身份,那些拒绝这些社会价值的人不能成为群体的成员。因此,社会价值影响个人选择,但也会随着群体的产生、持续和改变而变化。Sinkovics 等(2015)将社会价值创造概念化为目标群体社会约束缓解(social constraint alleviation),而所谓社会约束,是某一特定群体因系统性的限制,而无法实现其目标,这一社会价值创造的定义从个体或群体发展方面揭示了社会问题的本质,有一定借鉴意义。在评估公益组织的社会价值时,Polonsky 和 Grau(2008)将"社会价值"定义为公益组织对所有利益相关者的总体社会影响。用他们的话说,"公益组织的社会价值可以被定义为公益组织对所有利益相关者的影响。这些利益相关者包括捐助者、员工、志愿者、其他公益机构和非营利组织,以及公益目标对象和整个社会"。Dees(2001)提到,对于社会企业而言,无论是公益活动还是商业活动,利益相关者都包括受益者、资本提供者、劳动力和供应商。Young(2006)认为,社会企业家创造价值是"社会性"的,它使那些有迫切、合理的需求却无法通过其他方式满足的人受益。

综合上述观点,我们认为:公益组织为所有利益相关者,包括受益者(个人/组织/社会)、所有者/资本提供者/投资者、员工/雇员、供应商和环境创造价值,其中受益者是获得组织创造的部分价值的最主要利益相关者之一,是价值创造的直接意向目标,特别是社会边缘化的弱势群体(Lepak et al.,2007)。由此,在广义上,我们将"社会价值创造"的概念定义为公益组织对受益人(个人/群体/

整个社会)的总体影响。

1.4.2 狭义的社会价值创造

从社会需求的角度而言,满足社会需求是一切社会经济活动的逻辑起点。任何公益活动的社会干预都是为了满足特定群体的特定社会需求(Diener et al.,2013),如听障人士这一群体的特殊教育需求;或者是对应更广泛的社会群体公共利益的社会需求,如公众对于食品安全的需求。这种社会需求因其"特殊性"或"公共性"而具有更大程度的"社会性"的属性,只是这一"社会性"属性及其边界通常难以准确界定。

社会需求分为消费性需求和生产性需求。消费性需求是指为满足消费性需要而产生的需求,是为满足个人生活的各种物质产品和精神产品的需要,包括人们生活中对衣、食、住、行等物质产品的需要,以及对文化、教育、艺术等精神生活的需要。此外,对企业或集体客户而言,还存在一种生产性消费需求,是为满足生产过程中物化劳动和活劳动消耗的需要,包括企业的生产需要劳动力,需要厂房、土地和机器设备、原材料及信息、技术服务等,我们也可以把它归为消费性需求之列。生产性需求是指为满足个体或群体参与社会生产需要而产生的需求,通常是就业需求但不局限于正式的就业,也包括以其他方式参与经济社会生活并为社会创造价值的活动,如志愿服务、灵活就业、自主创业等等。任何价值创造活动,都围绕上述两种需求展开。

由此,从狭义上看,社会价值创造可以理解为一种由社会干预引起的目标群体社会福利(social well-being)的积极改变。具体而言,借鉴 Kroeger(2014)的做法,我们将社会价值创造定义为被干预对象在干预前后于某一领域的社会需求满意度(demand satisfaction)的提升程度。由此,社会价值创造是一个从干预对象角度出发,基于干预对象内在感知与判断的主观指标。但并不是所有的社会需求满意度的提升都可以定义为社会价值创造,Kroeger(2014)进一步把社会需求划分为位于平均社会需求满足度之上的社会需求和位于平均社会需求满足度之下的社会需求,后者通常对应着弱势社会群体。基于此就可清晰地界定社会价值创造的范畴:第一,社会干预的目标对象是社会弱势群体;第二,社会需求满足度的提升在社会平均需求满足度之下,换言之,若将某一方满足的社会需求满足度的平均水平定义为临界值,一项社会干预只有针对那些社会需求满足度指标落在临界值之下的群体并提升其社会需求满足度值,才被认为是创造了社会价值,而针对社会需求满足度值本来就高于临界值的任何群体的任何进一步提升其社会需求满足度的活动,都不被认为创造了任何社会价值。这一定义也与我们通常的理解相一致,即公益组织或社会企业的社会使命通常是针对弱势群体,满足他们某一方面的具有"特殊性"的社会需求,而这一"特殊性"通常就表现在其满足度远低于平均的社会需求满意度水平。

1.4.3　社会价值创造与商业价值创造

为便于更清晰准确地理解这一概念,我们把社会价值创造这一概念和商业价值创造的概念进行比较。单就概念内涵而言,两者的边界似乎很清晰。如前所述,社会价值创造可以理解为一种由社会干预引起的目标群体社会福利的积极改变,这种改变通常难以货币化和准确度量;而商业价值创造是一个组织通过其产品或服务满足消费需求而创造的价值,这种价值通常可以用货币的形式表现并可以精确度量。然而在实践中,两者的边界并不像想象中的那样泾渭分明。

社会价值创造的概念突出价值创造的"社会性",但目前相关研究尚未就"社会性"给出清晰的界定。通常认为如果一个组织提升了社会福利就创造了社会价值,而如果获取了利润就创造了商业价值。然而,从满足社会需求、提升社会福利这一角度出发,商业价值创造通常也同样具有某种程度的社会性的属性,例如,一个乳制品企业通过其健康的牛奶产品满足了儿童的营养需求,并且为广大养殖户提供了就业机会,从而提升了儿童及养殖户的社会福利,创造了社会价值。反之,社会价值创造也可能通过产生劳动收入、提升劳动者经济地位从而创造商业价值。例如,一个为残疾人提供就业培训的社会组织,通过提升残疾人就业技能而使他们有更多收入,提升其经济能力和购买力,从而创造商业价值。从这个意义而言,社会价值创造和商业价值创造的区分可能只是体现在组织作为主体能否将其价值创造货币化并转化为利润。

即便如此,在组织层面,传统的方法中对商业价值创造和社会价值的区分,只有在两者中之一占绝对主导地位时才是有效的。亦即,对于单纯的商业组织而言,它们通过生产经营活动为社会提供特定产品和服务,并通过市场交换机制获取利润,创造商业价值;对于单纯的公益组织,它们通过社会干预活动提升特定目标群体的社会福利,创造社会价值,并且不获取任何利润。然而,这种理解已经越来越不适应当前社会发展、组织演进的实际情况。特别是近些年随着融合了社会价值和商业价值的混合组织的发展,社会价值创造和商业价值创造的边界也越来越模糊。由于这类组织双重目标的相互融合、相互依赖及相互转化,对于两者的概念含义的争议就更加凸显,因为对两者差别的判断依赖于评估者对何时、何地及如何创造社会价值的判断,长远的经济价值可能隐含于当前的社会价值利益之中;反之,当前的经济价值可能有助于社会企业的可持续发展和长远的社会价值的实现。

　　从价值创造的本质,即满足社会需求的角度而言,商业价值创造和社会价值创造也有共通性。无论是商业价值创造还是社会价值创造,两者的逻辑起点都是满足社会需求。为了将两者明确区分开,本书对商业价值创造和社会价值创造的范畴做进一步的界定:第一,社会价值创造和商业价值创造各自满足的社会需求的属性及相关领域不同。商业价值创造满足的是广大消费者的一般消费需求,而社会价值创造满足的是社会需求满足度处于社会平均水平之下的弱势群体的社会需求或广泛的、普遍的社会群体某一方面的迫切的消费性需求。第二,社会价值创造和商业价值创造的实现机制不同。社会价值创造的"社会性"决定了其难以通过市场化的机制实现,对应"市场失灵"的领域,而商业价值创造需要通过消费者按市场价格的市场化机制实现。第三,社会价值创造和商业价值创造的表现形式不同。商业价值创造可以用货币的形式表现并可以精确度量,而社会价值创造由于其多样性、异质性和复杂性,而难以用货币形式准确度量。

1.5　本书的研究范围及相关概念界定

　　公益组织通过解决社会问题带来所期望的社会变化或创造社会影响,是社会价值创造的主体。本书的第一篇章首先描述公益组织的发展历史及公益组织的类型,并通过实证研究探究我国公益组织的成长问题。通常,社会价值创造并非完全是预先计划好的或经过深思熟虑的过程,尤其是对于社会企业这类新型的公益组织尤为如此,社会创业者发现社会问题,并视社会问题为机会,通过资源整合、采用创新性的业务模式等一系列过程来实现社会使命、创造社会价值。由于社会企业的社会价值创造过程最为复杂也最为典型,理解了社会企业的社会价值创造过程,其他类型的公益组织的社会价值创造过程也自然迎刃而解,因此本书的第二篇选择社会企业为对象,深入解析其社会价值创造过程。在公益领域,政府、基金机构和社会公众最为关心的问题可能是:他们所投资或支持的公益组织及项目究竟在何种程度上达成了他们的期望? 在何种程度上引起了积极的社会改变或者说创造了社会价值? 与其他公益组织或项目相比处于何种地位? 为此,本书第三篇在分析已有评估方法的基础上,提出了两种新的评估方法。本书对相关的一些关键概念界定如下。

　　公益组织:本书将公益组织界定为一切以实现社会使命为核心,以创造社会价值为主要目的的社会组织,是对公益组织概念的广义理解,不仅包括传统意义上的非营利组织,也包括以创造社会价值为首要目标兼顾经济价值的社会企业。

　　社会企业:本书的社会企业也是广义的概念,是社会企业家为解决社会问题和创造社会价值而创建的组织。它可能采取任何组织形式,可在任何法律框架下(可以是营利组织,也可以是非营利组织,包括公共部门、社会组织、私营企业或跨行业组织等)注册,也可以是不在任何法律框架下进行注册,但以组织形态存在的以解决社会问题为使命的任何组织,也不以是否通过某种形式的社会企业认证为标准。

社会价值创造:本书对社会价值创造的概念有广义和狭义两种定义。广义的概念定义为公益组织对受益人(个人/群体/整个社会)的总体影响;狭义的概念定义为一种由社会干预引起的目标群体社会福利的积极改变,亦即被干预对象在干预前后在某一领域的社会需求满意的提升程度。除本书提出的特定的社会价值创造评价方法运用狭义的定义之外,其余部分的讨论均运用广义的社会价值创造的概念。

参考文献:

[1] Alter K. Social enterprise typology[J]. Virtue Ventures LLL, 2007,12(1): 1-124.

[2] Austin J, Stevenson H, Wei-Skillern J. Social and commercial entrepreneurship: Same, different, or both? [J]. Entrepreneurship Theory and Practice, 2006, 30(1): 1-22.

[3] Bowman C, Ambrosini V. Value creation versus value capture: Towards a coherent definition of value in strategy[J]. British Journal of Management,2000(11):1-15.

[4] Dees J G, Emerson J, Economy P. Enterprising nonprofits: A toolkit for social entrepreneurs[M]. New York:Wiley,2001.

[5] Dees J G. Enterprising nonprofits[J]. Harvard Business Review, 1998,76(1): 54-67.

[6] DESA UN. World Population Prospects 2019:Hightlights[M]. New York:United Nations Department for Economic and Sociau Affairs,2019.

[7] Diener E, Inglehart R, Tay L. Theory and validity of life satisfaction scales[J]. Social Indicators Research, 2013, 112(3): 497-527.

[8] Kroeger A, Weber C. Developing a conceptual framework for comparing social value creation[J]. Academy of Management Review,2014,39(4):513,540.

[9] Lepak D P, Smith K G, Taylor M S. Value creation and value capture: A multilevel perspective[J]. Academy of Management Review, 2007,32(1):180-194.

[10] Mair J, Marti I. Social entrepreneurship research: Asource of explanation, prediction and delight[J]. Journal of World Business, 2006,41(1):36,41,44.

[11] Polonsky M J, Grau S L. Evaluating the social value of charitable organizations: Aconceptual foundation[J]. Journal of Macromark,2008, 28(2):130-140.

[12] Sinkovics N, Rudolf R, et al. A reconceptualisation of social value creation as social constraint alleviation[J]. Critical Perspectives on International Business,2015,11(3):340-363.

[13] Tsirogianni S，Gaskell G. The role of plurality and context in social values[J]. Journal of Theory on Social Behavior，2011，41(4)：441-465.

[14] Young R. For what it is worth：Social value and the future of social entrepreneurship [M] //Nicholls A(ed). Social entrepreneurship：New models of sustainable social change，1st edn. New York：Oxford，2006：56-73.

[15] 郭超，比勒菲尔德. 公益创业：一种以实施为基础的社会价值研究方法[M]. 徐家良，等译. 上海：上海财经大学出版社，2017.

[16] 民政部. 2018 年民政事业发展统计公报[EB/OL]. (2019-08-15)[2020-08-10]. http：//www. mca. gov. cn/article/sj/tjgb/201908/20190800018807. shtml.

[17] 全国老龄委员会办公室. "十三五"国家老龄事业发展和养老体系建设规划[EB/OL]. http：//www. cncaprc. gov. cn/contents/12/179577. html.

[18] 徐永光. 公益向右，商业向左[M]. 北京：中信出版集团有限公司，2017.

[19] 中国残疾人联合会. 2018 年残疾人事业发展统计公报[EB/OL]. (2019-03-27) [2020-08-10]. http：//www. cdpf. org. cn/zwgk/zccx/tjgb/2e16449cal2d4dec8of7e817e1e3d33. htm.

[20] 资中筠. 财富的责任与资本主义演变[M]. 上海：上海三联书店，2015.

第一篇　社会价值创造的主体:公益组织

本篇聚焦于社会价值创造的主体即公益组织,系统阐述了公益和公益组织的概念、公益组织的类型和发展历史,并重点介绍了公益组织发展的一种新形态,即社会企业。专题研究一通过大样本的问卷调查,对公益组织的成长与能力建设问题进行了专题研究,为公益组织的成长和可持续发展提供了解决方案和建议。

2 公益与公益组织

2.1 公益的概念

2.1.1 西方对公益的解释

在西方,公益的概念最早源自古希腊罗马时期的"慈善"一词,其含义包含两个方面:一是指通过捐赠、帮扶等缓解人类痛苦的行为,促进人类福利事业发展,改善人类生活质量;二是指具备高尚情怀的行为,是具有对自己家庭(家族)以外的人的善举行为(秦晖,1999)。

西方中世纪的宗教公益理论对公益做了进一步的解释,包括仁爱、上帝之爱、基督之爱等,其思想从古希腊时代的人类之爱逐渐转变为具有浓厚宗教色彩的博爱精神。博爱首先建立在"爱"的基础上,其次是要爱人如己,再次是要通过救助他人得到自己的救赎(加尔文,1957)。慈善活动也从古希腊时期过于关注活动本身的效果而忽略受助者的感受,转变为关注受助个体和社会的效果,即褪去浓厚宗教色彩后的人道主义精神。

人道主义是指一切强调人的价值,维护人的尊严和权利的思潮和理论,主张一切社会活动以人为基本出发点,提倡关怀人、尊重人、以人为中心的世界观。可以看出,人道主义作为贯穿于近现代西方公益事业发展过程的核心价值观,人道公益道德逐渐成为社会公益事业的主线。

因此,从公益概念的起源来看,公益与慈善密不可分,同源于古希腊时代的慈善一词,但随着时代发展逐渐回归理性,公益逐渐从慈善所关注的助人者本身的德行和宗教性中脱离出来,转向对受助者个体和整个社会福利的关注。

2.1.2 中国古代对公益的解释

《辞源》对公益的解释为"公共之利益。相对于一个人之私利、私益而言"。中国对公益的表述较少,主要是通过社会责任感体现出来的,其核心是利他的价值观。中国对公益的描述可追溯到儒家"仁"的思想体系。孟子在《孟子》"尽心下"篇中提出"仁者以其所爱，及其所不爱；不仁者以其所不爱，及其所爱"，其"仁者爱人"的思想体现了人与人之间的互助，倡导人人都要有慈爱之心。《礼记》"礼运"篇中"天下为公"的大同理想国家的境界是全社会天下为公，打破家庭利益，视社会利益为己利。而对于涉及公共利益的行为或事物，中国古代常以"义"字命名，如义仓、义塾、义田等。

2.1.3　中国近现代对公益的解释

在近现代，学者们对公益给出了新的概念。从广义来说，公益是有关社会公众的福祉和利益，是指一切涉及社会的公共利益、对公众有益的事。这里的公益不仅包括政府性、营利性、强制性的，也包括非政府性、非营利性和非强制性的。而从狭义来说，公益主要是指通过非政府形式体现，具有非营利性、非强制性的一切行为和活动（戚小村，2006）。具体来说，现代公益来源于传统慈善。一方面，现代公益继承了传统慈善的救助生活困难对象的方向，坚持了以自愿、利他为原则，延续了弥补社会保障不足、缓和社会矛盾、维护社会秩序等功能。另一方面，现代公益在传统慈善的基础上进行演变，具有组织化、专业化、社会化、功能多元化，以及科学性、开放性、普遍性、创新性等特性（玉苗，2014）。因此，本书所涉及的公益主要是通过狭义的公益概念延伸而来的，活动领域涉及人与人、人与社会、人与自然，特征具有大众化、平等性，是开放性、专业性、科学性、组织性的一系列行为和活动。

2.2　什么是公益组织？

公益组织一般指不以营利为目标，而以公益为目的，具有非营利、非政府的特性，且区别于一般互益性组织的社会组织。国际上通常将非政府的、没有权力驱动、不以营利为目的的团体称为非政府组织。我国1998年规定"民间组织"为官方对非政府组织的称谓。可以看出，在学术界公益组织并未有一个明确的定义。但可以肯定的是，无论是公益组织、非政府组织还是其他组织，其组织性质都具有公益性。因此，本书从公益性的角度对公益组织的概念、类型进行分析。

2.2.1　公益组织相关概念

由于公益组织涉及面较广、功能较为广泛，各个国家根据社会关注点的不同，对公益组织的称呼也有区别。"第三部门"和"非营利组织"是美国的概念，

"志愿组织"是英国和印度的概念,而在法国则称其为"社会经济"。在转型国家中,公益组织被称为"公民社会组织",而在发展中国家则被称为"非政府组织"(王绍光,1999)。由于与公益组织相类似的概念很多,本书认为有必要区分这些相类似的概念,包括第三部门、非营利组织、非政府组织、慈善基金会、民间组织等。

第三部门:美国学者莱维特(Levitt)在1973年首次提出"第三部门"这个概念,指出其是与公共部门和私人部门相对而言的,是非营利组织和非政府组织所承担的政府和私营部门以外的社会责任,又称为志愿部门或社区部门。美国约翰·霍普金斯大学非营利比较研究中心以组织结构和运行方式为出发点,提出作为第三部门的组织所具有的五个基本特征:组织性、民间性、自治性、志愿性、公益性。组织性是指必须有一定的规章制度,具有常规的组织机构和管理体制,并经常性开展活动;民间性是指其组织性质与政府组织分离,既不是政府组织的组成部门,也不承担政府职能,其决策层也不由政府部门或政府官员领导;自治性是指组织自行管理,活动由自己独立监控;志愿性是指活动以志愿为原则,参与活动的人员以及活动本身都具有不同程度的志愿性;公益性是指组织的成立和发展目标是公益性的,其成员及所组织的活动也是为公共利益服务的。在现实生活中,各种各样的协会、商会、学校、医院、社会中介组织等组织的集合构成了"第三部门"。

非营利组织(NPO):非营利组织是不以营利为目的的组织,其组织目标通常是支持或处理个人或公众所关注的事件。联合国根据组织资金来源对非营利组织进行界定,认定组织一半以上的收入来源于会员与志愿者捐赠的为非营利组织。但由于各个国家的组织资金来源结构差异较大,该标准并不能适用于所有国家。

世界各国通常从法律层面对非营利组织进行界定。美国法律通过是否免税来认定该组织是否为非营利组织;英国法律认定非营利组织应为公众设立,其组织内雇用的员工具有义务性、志愿性,一般不接受报酬,组织盈余不分配给会员,且管理组织的理事同样不接受工资;日本法律与我国对非营利组织的认定相似,指出以不营利为目的,组织盈利不用于分配给成员的组织,且日本不限制组织参加营利性经营活动,但要求组织必须将其活动收入用于公益。

非政府组织(NGO):非政府组织一词最初是1945年6月26日在美国旧金山签订的《联合国宪章》第71条使用的。当时主要指那些在国际事务中发挥中立作用的非官方机构,如国际红十字会、救助儿童会等,后来成为一个官方用语被广泛使用,泛指那些独立于政府体系之外、具有一定公共职能的社会组织。1952年联合国经社理事会在其决议中把非政府组织定义为"凡不是根据政府间协议建立的国际组织都可被看作非政府组织"。1995 年,北京举办第四届世界妇女大会,因同期举行的"世界妇女非政府组织论坛","非政府组织"这一词汇在中国推广开来。

赵黎青总结了非政府组织的三种定义,并认为第二种和第三种定义被广泛使用。第二种定义认为"非政府组织是一种非营利的社会中介组织",具有非政府性、独立性、合法性、非宗教性、非种族性、非政党性质且不谋取政治权力的社会组织;是非营利的,具有志愿性的,组织为社会公益性活动服务的社会组织(赵黎青,1998)。第三种定义认为"非政府组织是非营利性的、非政府性的、独立自主的、非党派性质的,且具有志愿性质,致力服务于各种社会性问题的社会组织"(赵黎青,1998)。

志愿组织(vocabulary organization):志愿组织是指由一定数量志愿者组成,以开展或推广志愿行为、传播志愿精神为业务范围的群体、团队、组织和机构。志愿组织主要强调组织的自愿性,但志愿性并非社会组织特有的性质。政府部门也强调其成员参与活动的志愿性。具体来说,志愿组织是成员自愿参与,具有志愿性,但并不是所有的志愿组织都是具有合法性、正规性、独立性的社会组织。

基金会(foundation):基金会是指利用自然人、法人或者其他组织捐赠的财产,以从事公益事业为目的的社会组织。基金会于 20 世纪在美国兴起,一般为自治机构,旨在资助诸如教育、科学、医学、公共卫生和社会福利方面的科学研究和公共服务项目。

基金会分为面向公众募捐的基金会和不得面向公众募捐的基金会。公募基金会按照募捐的地域范围,分为全国性公募基金会和地方性公募基金会。根据我国的《基金会管理条例》规定,基金会必须在民政部门登记方能合法运作,就其性质而言是一种民间非营利组织。

2.2.2 相似组织与公益组织的交叉与区别

从定义和特点来看,公益组织与第三部门、非营利组织、非政府组织、基金会等有较多相似和重合的地方,如组织具有非政府性、公益性、非营利性;组织成员组织参与社会活动具有志愿性、民间性;组织参与的活动多数以解决社会性问题为目的。但这些组织的概念也有一些细微的差别。例如第三部门、非政府组织、非营利组织中的社会组织包含了如医院、工会、协会、各专业协会、会员组织,或社会中介组织等具有会员组织服务性质的组织,这些组织服务于会员而非社会大众,其组织活动目标也不单纯是社会性问题。

2.2.3 公益组织的特征

在比较了第三部门、非营利组织、非政府部门和基金会的概念后,本书认为公益概念与这些组织的概念有相似之处,但它们又不能完全代表公益组织。非营利组织更注重组织的非营利性和利他性;非政府组织更注重组织的民间性和志愿性;第三部门概念较为综合,除政府部门和私人部门外的组织都属于第三部门,但并未强调其组织运营性质。因此,通过比较,本书认为公益组织具有以下几个定义。

公共利益性:社会公共利益一方面是指组织营运的活动为符合社会需求的社会性事业,具有经常性、持续性、规范性和相对稳定性;另一方面,组织营运的活动需要社会广大公民参与,同时是广大公民能享受到的利益。这是公益组织自身发展的内在需求,也是公益组织发展的基本规律。

非政府性:非政府性是指组织不是政府性的,而是非政府性或民间性的。所谓非政府性,主要是指组织不隶属于政府,不是政府的一部分。组织独立于政府,自发组建、自我管理,有自身运作理念和运作机制。

非营利性:非营利性是指组织的目标不是营利,不是积累财富或实现利润,而是以为社会提供公益服务和社会服务为目标,促进社会的进步和发展。区分组织是否为非营利性的标准有两点:第一,组织的剩余利润是否进行分配;第二,组织的剩余利润是否以任何形式转变为私人财产。

救助性:救助性是指组织从事救助性事业,其目的主要是救助现实社会中的弱者或弱势群体。社会弱者既是公益组织的服务对象,也是公益事业持续发展的社会条件。公益组织从事的救助事业根据不同方向做出不同划分。从救助内容来看可分为生活救助、医疗救助、法律救助等;从救助手段来看可分为资金救助、实物救助和服务救助等(时正新、廖鸿,2002)。

利他性:利他性是指组织所提供的服务不以利己和互利为目的,而是为组织外部及整个社会大众谋取福利。公益组织的服务群体主要是社会大众,不仅对残疾人、老年人等弱势群体进行救助,也对普通公民,即社会的每一个公民提供服务。

志愿性:志愿性是指组织不具有政府的强制性行政权力,也不依靠行政手段发挥作用。组织中的志愿者是个人志愿参与公益组织的服务,并对公益组织的志愿性及公益性表示认可,自愿服从组织的规章制度,认真履行自己对志愿服务的承诺,不以获取报酬为目的,不要求组织给予回报。

2.3 公益组织的类型

正如公益组织概念的说法不一,公益组织的类型也有很多种。

2.3.1 按照法人资格

按照组织是否获得法人资格,公益组织可以分为法人公益组织和非法人公益组织。法人公益组织指的是经过正式登记注册的组织;非法人公益组织指的是未正式登记注册或经过备案但尚未正式登记注册的组织。

2.3.2 按照服务对象

公益组织根据服务对象可分为面向公众的服务型公益组织和面向会员的互益型公益组织。服务型公益组织提供公共福利和公共服务,如环境保护、扶贫开发、医疗卫生、基础教育、社区服务、慈善救助等各种公益服务(Gunn,2004;马贵侠,2016)。而互益型公益组织则主要为组织内部会员提供服务,如工会、商会、行业协会等。本书中所研究的公益组织主要是服务型公益组织。

2.3.3 按照功能视角

公益组织按照功能视角可以划分为两种类型。第一,公益服务类。组织活动范围包括公益慈善、扶贫救助、救灾救济、环境保护、社区建设等。组织的共同特点是谋求社会公益,力求解决社会发展中出现的社会问题。第二,政策倡导类。组织业务类型是关注边缘群体、社会弱者及弱势群体,致力于解决社会发展中的不公平及社会矛盾,以及法律、政策的完善。

2.3.4 按照政府管理方式

公益组织按政府管理方式可以分为社会团体和民办非企业单位(组织)。社会团体如行业性社团、学术性社团、专业性社团和联合性社团。民办非企业单位按功能进一步分为政治、科技、文化、卫生、艺术、体育与慈善事业等。

2.4 中国公益组织的发展历史

西方公益事业经过了近百年才得以发展成熟,而中国的公益事业呢? 在中国,对于公益事业,人们总是有一些误区,认为中国的公益事业发展仅在起步阶段,历史仅二三十年。其实不然,中国的公益事业发展并不能从最近的二三十年开始计算,而是要追溯到清朝,只是由于历史进程中出现了断裂,其才被世人所忽略。因此,本书有必要追溯历史,对中国公益事业的发展进行历史梳理。

2.4.1　从清代到民国的中国公益组织

中国传统的慈善事业从古便有,其救济、赈灾事件在《史记》中都有记载。其出发点是施善人内心的仁爱,对社会弱者施以救济,对受灾民众施以救助。但是,慈善的根本是施善人自身的德行和心性,其目的往往掺杂了对自身及家庭的救赎,在施善过程中往往只关心自身的感受而忽略了被救助人的感受。

中国现代公益意识萌芽于清末时期西方思潮中对传统慈善的认识转变。从传统的赈灾救济到设立义塾、义田,中国的公益事业由此拉开了帷幕。

2.4.1.1　清代公益组织

清代是公益活动较为发达的时期,大量慈善机构纷纷建立,其所涉及的公益活动包括养老、教育、疾病救助等。从救助主体来看,清代的慈善机构主要分为政府主导型的养济院、育婴堂、普济堂等和民间主导型的地方善堂、宗族义庄、商业会馆等(刘宗志,2007)。

政府导向性公益组织:在政府主导的慈善机构中,养济院通常由政府出资修建,政府完全管理,其主要目的是收养鳏寡孤独的穷人和乞丐。养济院最早出现在南宋时期,制度化始于元代,至元十九年(1282)诏"各路立养济院一所"。明洪武五年(1372),"诏天下郡县立孤老院,凡民之孤独残疾不能自立者,许入院,官为赡养",进一步将养济院推广至县级。清承明制,养济院制度更加成熟,设施与条件更加完善,设立范围随着疆土的扩张而更加广泛,基本达到全国平均分布的水平。清代养济院每个地区均有名额,按各省人口及经济情况设定,从几百人到上千人不等。此外,清代在救助对象上也有了明确的规定:"鳏寡孤独及笃废之人,贫穷无亲属依倚,不能自存",要求被救助者必须同时满足丧失劳动能力、无私人财产且没有家庭赡养的。清朝政府的严格规定是为了确保在救助资源有限的条件下,这些社会底层极为贫穷且丧失劳动能力的人群能被优先救助。

雍正年间,政府逐渐参与后转变为官民合办的慈善机构。普济堂,俗呼"老人堂",专门收养60岁以上无依无靠的老人,收养名额以千人为限。名额满后,若有人报名,则将其姓名写在签上,放竹筒内,等待有空缺时摇签顶补。堂内每五人住房一间,每间房间有字号编列,以备查考。每天供应一日三餐,吃饭处如寺院斋堂,每月吃鱼吃肉小荤数次,平日大众菜一味,准许自备菜。每月准离堂三天,如三天不到,则除名。育婴堂则是用于收养社会遗弃婴儿的慈善机构。育婴堂和普济堂起初由清末时期的民间慈善机构出资建造。随着政府的参与和出资,育婴堂和普济堂与养济院一样,在全国范围内覆盖。

民间公益组织:从清中叶开始,中国人口迅猛增长,加之政府连年征战,财力匮乏,民间主导型公益组织得到迅速发展。一方面,民间为主导的综合性善堂在一些大城市兴起;另一方面,完全由民间设立的互助型宗族义庄和商业会馆会所在江南一带迅速发展。

综合性善堂开展公益活动较为广泛,规模较大,具体可以分为如恤嫠、教育技能培训、借钱等慈善性活动和城防、城乡水利路桥建设等公益性活动(方福祥,2007;刘宗志,2007)。嘉庆九年(1804)设立的上海同仁辅元堂为当时上海最大的善堂,是由上海知县倡议,联合多家零散的善堂建立的半官方慈善机构。该堂的经费部分来自政府的拨款,部分来自团体和私人的捐款。该堂开展的活动主要有收留年轻寡妇、收养老弱病残、创办义校、义诊施药、收留弃婴等。

同治十年(1871),爱育善堂在广东善后总局四个高官的授意下成立。爱育善堂的公益活动不仅有赈济贫病、鳏寡、孤独、老弱等传统慈善,还增加了兴办义学和赠医施药的新公益,并将这两个活动作为首要任务,所谓"授人以鱼,不如授人以渔",传统"重养轻教"的慈善思想逐渐转变为以教代养的观念。爱育善堂编写义学课程大纲,使贫困儿童受教育,让他们具备基本的读写能力,能从事简单的文职工作。随后,爱育善堂将工作进一步细分为医疗、教育、济贫和基本慈善四个方面,并将医疗作为首要任务。爱育善堂与传统慈善机构相比,有了一定的创新,也较传统慈善机构更着力向公益组织转变,如维持社会秩序、资助小型慈善机构、资助海防、调解谈判等。

2.4.1.2 民国时期的公益组织

民国时期是中国近代社会转型的转折关口,社会问题日益严重,社会矛盾日益突出。加之连年征战,庞大的军费开支使国家已无力资助慈善事业。除了人为的战争外,自然灾害亦频频发生,进一步加剧了国家的财政紧张。在政府无力救济或救助不力的社会背景下,民间慈善团体、慈善家开始投身社会救助工作,慈善事业开始快速发展。最后,随着西方公益新思潮逐浪涌动,以教代养的公益理念改良了中国慈善事业,逐步形成了"教养兼施"的救助方式(曾桂林,2009)。

民国公益组织运作模式:民国公益组织按照其整合的广度可以分为地方性整合、区域性整合与全国性整合。地方性整合是聚集乡镇中具有善心的人士,为救济当地灾荒而组建赈灾组织,针对当年当地的灾害进行救济。但因为地方性公益组织具有地域局限性,与其他相同的公益组织缺乏沟通,导致了一定程度的资源浪费和捐款重复。如为救济 1920 年北方旱灾,旱灾救济会在各地纷纷建立,仅北京就有救灾团体 20 余个(蔡勤禹,2005)。为了统一管理和资源合理分配,区域性整合出现。如:在北京,1920年,各救灾团体成立北京国际救灾统一总会;1922年,中国红十字会总会、北京地方服务团、北京基督教男女青年会等57个团体发起成立京师公益联合会;1927年,在上海为增加各组织联络互助而成立了上海慈善团体联合会。区域性整合促进了地方性公益组织的联合,加强了社会资源的整合,提高了人、财、物和信息沟通的效率。最后,全国性整合是指打破公益组织的地域限制,建立全国性公益组织网络,如中国红十字会、中国华洋义赈救灾总会等。可以看出,民国公益组织成为社会整合的载体,它将社会各个行业、各个阶层具有公益精神的人士聚集起来,通过组织的力量、民间力量发挥社会救助救济的作用。

民国公益组织的社会影响:民国公益组织的社会影响是全面的,表现在思想文化、社会生产、民族素质、财富分配、环境保护和国际交往等六个方面,涉及经济、政治、文化、社会、生态和外交等领域。第一,推动社会思想与社会风尚变革。民国许多公益组织开展禁烟运动、不缠足运动、普及教育并敦促读书阅报,在潜移默化中促使人们破除封建迷信、废除陈规陋习,起到了启迪民智、开化社会的作用。移糜助赈就是近代一种新的公益消费风尚。张謇在60岁和70岁华诞时,将亲友赠送的馈金及生日宴客费悉数捐建南通养老院。熊希龄在1932年将全部家产计大洋27.5万元、白银6.2万两捐献出来,设立"熊朱义助儿童幸福基金社"(周秋光、曾桂林,2006)。第二,促进社会生机恢复。民国时期频遭自然灾害,加之战事连年,社会民不聊生。民国公益组织多数从事社会救济,救助饥民难民,恢复社会生机。另外,民国还有许多公益组织设立慈幼院、孤儿所、难童教养所等,专门收养贫苦孤弃儿童。儿童作为民族的希望,也是最弱势的群体,公益组织的救助既保护了弱小的生命,又延续了社会生机血脉。第三,提高民族文化素质和民众生存技能。民国时期受"教养兼施,以教为主"的思想影响,出现了专门的公益教育机构。这些教育机构除正常录取富家学生外,还收养孤儿,吸收和培养穷人子女。除此之外,还设立盲童学校及聋哑学校,专门培养盲哑儿童,不仅维持他们的基本生活需求,也教授简易生存技能。公益教育机构设施十分齐全,教育层次分明,且在大学阶段有了明确的专业分科。第四,调节财富分配和资金流动,减缓社会矛盾。社会矛盾的缓解是社会良性运作的基础,民国时期中国的社会主要矛盾是贫富差距,公益组织作为国民收入的再次分配方式,不仅在解决贫富差距、缓解社会矛盾方面发挥了独特作用,也改善了农村基础设施,缩小了城乡差距。在这方面,中国华洋义赈救灾总会最具有代表性。该组织不仅募集资金兴修道路、水渠、河堤,改善农村极为落后的面貌,还将捐款转化为可再生产资金,增强农村抵御天灾的能力。第五,保护环境与维持生态平衡。一些公益组织注重生态环境保护,从植树、放生、收集可再生资源等方面改善生态环境。还有一些公益组织通过保护动物来协调动物与人之间的生态平衡。第六,中外合作互助,推动国际交流。民国时期是中西慈善文化交流与合作的开端,也是中国慈善与公益事业走向世界舞台的阶段。民国时期的中西慈善与公益交流主要体现在救灾领域的合作互助。例如,1922年潮汕地区"八二风灾"发生后,中国红十字会与美国红十字会合作,共赴潮汕地区赈灾;1927年华北大水灾,华北赈灾团体与美国红十字会合作,各拨赈款20万元,以工代赈,雇用灾民,建筑北平通州公路;1937年美国遭遇灾害,中国华洋义赈救灾总会联合中华慈幼会、中国红十字会、上海各界联合救灾会等团体募集赈款20万元等。公益组织通过国际救灾合作,不仅促进了中国公益组织的建设,扩大了中国公益组织在国际上的影响,也推进了国际友谊。

在从清代到民国时期特有的历史背景下,中国的公益组织也有自身的特点。新兴的公益组织都以当时社会背景为前提、社会需求为目标,具有强烈的中国特色。首先,救国救民。在当时特有的社会背景下,救国救民为中国的首要任务,民间公益组织基本都以赈灾、救济、扶贫为主要工作。其中,具有代表性的有清代的养济院、综合性善堂,民国时期的赈灾团体、红十字会等。其次,改良社会。"教养兼施,以教为主"的思想促使公益志士除了积极赈灾扶贫外,也将教育作为不可忽视的公益事业。最后,推广社会思想,推动社会变革。在一个社会,富人的生活方式对社会风气产生巨大影响,工商企业家提倡移糜助赈,反对铺张浪费、贪污腐败,为当时缓解社会矛盾、破除封建迷信、废除陈规陋习、提升国民精神起到了推动作用。

2.4.2 近现代中国公益组织（1949年至20世纪80年代）

2.4.2.1 1949年以后的30年

1949年中华人民共和国成立后,由于革命斗争,整个体制和意识形态受到彻底的改变,民间公益组织处于瘫痪或解散的状态。私有企业被逐渐消灭,由政府承办所有社会事务,包揽所有社会需求,民间公益组织的独立地位被彻底否定,所做的公益事业也被扣上富人"伪善"的帽子,慈善与公益事业陷入困境,销声匿迹长达30年。在这期间,中国不存在任何一个真正意义上的民间公益组织,也没有出现有组织、有规模的公益和慈善活动。

在这个时期,全国总工会、青联、妇联、学联等群众团体是在党的领导下联系各界群众的桥梁,其主要作用是:第一,宣传党的政策,进行党的思想教育;第二,反映各界群众的思想情况;第三,以人民团体的名义进行国际统战。这些群众团体并没有独立性和组织性,而是在国家和共产党领导下,由共产党主导执行政府工作的、具有党政性质的组织,并不算是公益组织。

2.4.2.2　20世纪80年代的过渡期

1978年党的十一届三中全会召开后，随着"解放思想、实事求是"的思想路线确立，改革开放的全面展开，经济的快速发展为公益事业的复兴提供了环境，以1981年中国儿童少年基金会成立为起点，中国当代的公益事业得到复兴并开始发展。

GONGO(Government Organizied NGO)：随着改革开放，我国经济体制由计划经济向市场经济转变，政府职能逐渐不能满足社会需求。于是从20世纪80年代初开始，在群众团体的基础上中国成立了一系列具有中国特色的公益组织，如中国红十字会、中华慈善总会、中国扶贫基金会、中国残疾人联合会、中国青少年发展基金会、中国妇女发展基金会等。而这些公益性组织大多强调"中国"，具有浓郁的政府背景，被称为"官办公益组织"，即GONGO。具体来讲，GONGO是指由政府发起，或由政府财政拨款，或组织中主要领导人和工作人员是政府人员，或组织的设立是为了履行某些公共职能。GONGO成立的主要原因是对于社会某些公共服务，政府精力不够，无法展开工作，而民间力量又缺乏相应的资源和能力，需要政府出面组建、民间协助完成。

GONGO这种半官半民的组织特征是中国双轨经济体制下的直接产物，具有中国社会转型过渡时期的特点。首先，改革开放初期，公益组织对于中国社会群众来说十分陌生，在社会福利领域民众了解得更多的是政府，因此，以政府为背景建立的组织更容易获得社会大众的信任。其次，政府将一些社会保障、卫生医疗、教育、养老等社会服务让渡给社团，既可以通过官办社团对社会福利进行监管，又可以减轻政府的压力，还可以避免可能引起的社会不稳定因素。最后，官办社团以政府为背景更容易得到社会募捐资金和其他社会资源。在过渡的10年间，这些GONGO对中国公益事业做出了重要贡献。

民间公益组织：在过渡期间，民间公益组织纷纷建立，民间公益活动也频频开展起来，内地的公益事业进入一个快速发展时期，并沿着非政府化、法治化、专业化的方向发展。其间，民间公益组织对教育、扶贫、救助妇女儿童、医疗救助、环境保护做出了巨大的贡献。这说明中国对公益组织的社会需求从来都没有减少，社会上希望从事公益事业的公益人士和社会资源也十分丰富。

此类公益组织在社会转型期间形式多样。有些公益组织名义上隶属于政府部门或是官办组织，但实际上由个人运行，受政府控制较少。有些公益组织由民营企业或公司出资，在工商部门注册，但实则跟政府联系不多，由民间运作，称之为"民办非企业单位"。

此外，还有很多尚未在政府备案或登记的草根民间公益组织活跃在基层的各个领域，几乎每个省份、每个地区都有。这些草根民间公益组织力量十分庞大,但较难得到统计。这些组织严格意义上并非"合法"组织,并未备案注册。

2.4.3 现代中国公益组织(20世纪90年代以后)

20世纪90年代,中国改革开放进入建立社会主义市场经济阶段。随着社会经济的飞速发展,民生问题成为中国共产党和政府重点关心的社会问题,地区经济发展不平衡,行业财富差距问题十分严重。资料显示,90年代,中国尚有7000万人未解决温饱问题;全国尚有20万名流浪儿童,且其中10万名儿童为孤儿;全国有5000万名残疾人(何忠洲,2007)。要打破这种社会状况,单靠政府自身力量远远不够。因此,依靠民间力量尤其是民营企业和民间公益组织来解决社会问题成为经济转型中的一种必然趋势。

1993年1月,吉林省社会福利慈善总会成立,这是新中国成立以来首个以慈善命名的社会团体。1994年4月,中国首个全国性的综合慈善组织——中华慈善总会成立,也是中国首个经政府批准,依法注册登记,具有公益性质的非营利社会团体。中华慈善总会的成立标志着消失了将近40年的公益事业被新中国接纳,公益事业有了合法的发展空间,中国公益组织进入快速发展阶段。1994年底,据民政部报告,全国共有县级以上各类社团17.5万个,其中全国性及跨地区性社团1735个,省级社团17792个①。在此期间,涌现的各类公益组织大致有两种推动力量:一种是个人公益先驱,一种是传统的社会团体。

2.4.3.1 个人公益先驱

个人公益先驱主要是由知识分子和社会名流组成。首先,他们有强烈的社会责任感和社会使命感,带有理想主义色彩,自身在各专业领域有一定的威望,知识水平较高,愿意为自己所从事的事业付出心血。其次,这些公益先驱具有先进的管理理念,能提出创造性的方法,并懂得经营和操作自己所创办的事业。最后,这些公益先驱由于自身的知识背景,享有一定的声誉,容易受到公众的信任。

例如,田惠平的北京星星雨教育研究所。这是中国第一家为孤独症儿童及其家庭提供服务,以提供专业技术培训为核心,提升家长对孤独症儿童的养育能力并促进行业的健康发展的民办非营利机构。其服务宗旨是"帮助孤独症儿童,使他们得到早期个别化教育,促进帮助孤独症家长认识孤独症,并掌握在生活中促进孩子良性发展的知识和技巧,促进社会认识、理解和接纳孤独症儿童,

---

① 1998年10月25日《社会团体登记管理条例》和1999年12月28日《民办非企业单位登记暂行办法》发布之后,民办非企业组织从一般社会团体中分离出来。2004年3月8日《基金会管理条例》发布后,基金会也从一般社会团体中分离出来进行单独统计。

尊重他们的生存和发展的权利"。创始人田惠平是留德学生,1986 年开始在重庆高校任教。1989 年田惠平仅 4 岁的儿子被确诊为自闭症,需被人终身照顾。在巨大的打击之下,田惠平了解到中国有 50 万名左右的自闭症儿童,却没有一家可以治疗自闭症儿童的机构。1993 年,田惠平辞去工作来到北京,下定决心要创办一所自闭症学校,让社会了解自闭症儿童,让自闭症儿童有尊严地生活。初期,田惠平在一家幼儿园任教,收治了 6 名自闭症儿童,但由于幼儿园为营利机构,收治自闭症儿童并不能带来经济效益,两个月后幼儿园解除了对田惠平的聘任。1994 年,在条件极其艰苦的情况下,中国第一家服务自闭症儿童的专业机构——北京星星雨教育研究所成立了。

星星雨成立之初,与其他私人创立的非营利组织一样,也存在找不到主管单位,不能在民政部门注册,只能在工商局注册,不能享受税收优惠的问题。田惠平只能靠收取学费保证星星雨的维持运行,但田惠平深知自闭症家庭都已是千疮百孔,因此学费收取不能太贵。虽然由于制度原因,星星雨并不能享受税收优惠,但也获得了一定的照顾。

由于田惠平自身的知识水平和留学经历,一方面,田惠平在中国缺乏自闭症相关专家和教材的情况下,依靠自身知识水平,凭借《孤独症儿童的行为训练》复印本和自己的实践经验,制定出一系列训练方案。另一方面,田惠平利用自身海外留学的经历,利用知识发展国际关系,逐步获得国际的认可和专业上的支持。在教育培训上,田惠平引进美国新泽西伊登服务中心的"应用行为分析法",将其列入培训家长的课程中。在管理制度上,严格按照国际规范,保证财务透明,从而建立了较高的信誉。

随后,田惠平又建立了"星星雨发展基金"。初期,这一基金并不能成为公募基金,不能大规模进行募捐,只能接受小范围的个别捐款。但由于工作业绩及信誉,其被社会大众、知名基金会理事及这个领域的专业人士所认可。2009 年,由民政局审批的中华少年儿童慈善救助基金会成立"星星雨专项基金",对其进行资助。2011 年,民政部注册的中国社会工作发展基金会认定星星雨为合作机构之一。

田惠平作为曾在海外留学的知识分子,凭借着个人对公益事业的热情和理想,运用自身的专业知识和留学背景,凭借着锲而不舍的努力得到社会的认可,一步一步地从困境中走了出来,顺利发展。

2.4.3.2 宗教团体

宗教团体在中国传统社会慈善领域历来扮演着重要角色,但一般慈善含义的活动不在本书的讨论范围之内。但是在改革开放初期,有一家具有宗教性质的公募基金会与其他宗教团体略有不同,这就是爱德基金会。

爱德基金会成立于1985年4月,是由中国基督教领袖丁光训发起,由中国基督教界人士和社会其他各界人士参与组成的唯一经过官方批准可以向外国教会和宗教人士募捐的非营利性公益组织。该组织旨在促进我国的教育、社会福利、医疗卫生、社区发展与环境保护、灾害管理等各项社会公益事业发展。作为民间团体,爱德在享有独立的决策权的同时积极寻求与所有致力于中国社会发展、提高人民生活水平的部门或团体合作,包括政府组织、地方政府、专业机构、大专院校、教会及其他宗教团体等。迄今为止,项目区域累计覆盖全国31个省区市,逾千万人受益。

爱德基金会作为中国最大的具有基督教背景的从事公益事业的非营利组织,为占中国人口约百分之一的基督徒参与社会服务提供了一种新形式,同时为我国的教育、卫生和社会福利事业及农村建设做出了贡献。

2.5 公益组织发展的新形态

中国现在已经进入"信息时代",抑或称为"数字经济时代"。在社会的快速发展中,中国社会改革开放所带来的老的社会矛盾还未解决,新的问题又随之出现,需求的规模及复杂性使传统公益事业应接不暇,公益事业的革新应运而生,从21世纪开始迅速发展,形成强劲的潮流。

2.5.1 互联网背景下的公益组织发展

2.5.1.1 互联网公益兴起的原因

公益组织的发展:正如前文所述,中国改革开放以来,社会经济快速发展,国民财富迅速增长,居民收入水平大幅度提高。但是,政府"一刀切"式地退出社会公共领域,市场未能及时弥补政府的空缺,社会转型前已存在的社会矛盾及社会经济的快速发展后出现的新的社会矛盾导致公共服务需求空缺风险加大,社会公共服务需求与供给严重失衡。而各种公益组织的出现则弥补了社会公共服务的需求空缺,为解决政府职能向市场过渡做出了贡献。

2013年《国务院机构改革和职能转变方案》颁布,明确对行业协会商会类、科技类、公益慈善类、城乡社区服务类社会组织实行民政部门直接登记制度,依法加强登记审查和监督管理。双重管理体制的破除,降低了公益组织的注册门槛,使一批缺少业务主管部门但满足社会需求、力量较为薄弱的公益组织获得了合法地位,为社会服务各个领域注入大量新鲜血液,为公益组织的发展带来了新契机,为公益组织的崛起奠定了坚实的基础。

志愿服务精神的普及:志愿服务精神是联合国前秘书长科菲·安南在

"2001国际志愿者年"的讲话中提出的,其核心思想是奉献、友爱、互助、进步。奉献精神是志愿服务精神的精髓,是指志愿者在不计报酬、不求名利、不图回报的情况下参与推动人类发展、促进社会进步的活动。友爱精神提倡志愿者与人为善、人人平等、互相尊重。志愿者之间的友爱跨越国界、职业、贫富差距,是没有国别差异、民族差异、收入差异、宗教差异的平等之爱。如无国界医生,他们不分种族、国籍、政治立场及宗教信仰,为受自然灾害、战争影响的受害人提供人道主义救援,他们奉献的是超国界之爱。互助精神提倡志愿者之间互相帮助、助人自助。一方面,志愿者凭借自己的双手、智慧、爱心开展各种公益活动,帮助处于困难和危机中的人群;另一方面,志愿者通过互助精神,带动更多内心具有仁爱和公益精神的人加入公益事业。此外,志愿者以"助人自助"帮助受困人群走出困境,自强自立,重新获得独立生活的能力。最后,受助人群恢复生活能力后,再次投入帮助他人、关心他人、为社会做贡献的志愿活动中。这些自愿的、公益的活动都体现了"互助精神"。

进步精神是自我进步、社会进步、共同进步。志愿者通过参与公益活动,提升自身能力的同时促进社会发展。在公益活动中无处不体现"进步"精神,正是这个精神的存在使志愿者甘心付出,追求社会和谐的实现。

中国传统文化中素来都有乐善助人的传统,随着社会经济的快速发展、公民生活水平的提高,公民参与社会管理的意愿强烈,志愿服务精神逐渐成为一种"社会流行"。志愿服务工作取得了显著成就,主要表现在服务领域的扩展、参与人数的增加、服务水平的提高与社会影响力的扩大。2013年底,中国志愿服务联合会(China Volunteer Service Federation,CVF)的成立,进一步促进了中国志愿服务事业的发展,更标志着志愿服务活动的制度化。《中国志愿服务发展报告(2017)》蓝皮书显示,2017年底,中国注册志愿者人数已达到6136万人,实现了31个省区市志愿服务组织的区域全面覆盖。在全国志愿服务信息系统注册的志愿者累计志愿服务时间达到5.79亿小时,人均志愿服务时间为13.85小时。志愿服务从扶贫救灾、助学捐赠、助老扶幼的传统服务领域延伸至社区服务、社会治理、环境保护、社会公共安全等领域,呈现"自愿性、公益性、社会性"的特点。

截至2017年6月,中国志愿服务团体已超过34万个,志愿精神的全面普及与公益事业全面展开,推动了公益事业从单一化向互联网背景下多元化管理模式发展,大大提高了公益事业的资源配置效率与社会价值创造。

互联网的推广应用:随着信息时代的到来,尤其是宽带、无线通信、云数据等技术的快速发展,以互联网技术为代表的信息技术提高了数据传输效率,促进了社会融合。互联网带来的海量免费数据、无限的共享与沟通成为人们的生活、学习与交流的方式,也成为公益事业发展的重要条件。互联网这种社交工具的出现,降低了资源配置的成本,使个体在摆脱组织机构的机制管理后更容易为社会做贡献,让有能力的个体更容易聚集起来,对社会的影响力更广泛(舍基等,2009;毕素华,2013)。

　　首先,互联网作为交互平台,具有使用便捷、信息传播迅速等特点,为公益信息的发布、传播提供了有力平台,扩大传播范围,降低传播成本。其次,在互联网的交互式信息沟通模式下,信息的快速反馈有助于相关公益组织及时公开信息,保证机构运作的公开、透明。最后,互联网的普及打破了空间的限制,为公民广泛参与公益事业、整合社会公益资源、促进公益组织发展提供了肥沃的土壤。

2.5.1.2　互联网公益发展现状

　　当前,互联网公益已经进入相对成熟的发展阶段,随着《中华人民共和国慈善法》的不断完善,互联网公益逐渐向法治化、制度化、规范化的方向发展。并且随着与线下公益的融合发展,公益事业得到跨越式发展。当前,互联网公益已从初始以募集资金为主要功能的发展趋势转变为公益信息传播、公益信息公开与互动、公益善款募集等多元化发展趋势。

　　募捐形式多元化:我国现有的互联网公益筹款方式主要分为三种:基金会网站筹款、互联网劝募平台和众筹平台。三种方式虽然在捐赠金额、捐赠对象和捐赠资源分配上存在区别,但是都离不开互联网的支持。第一,基金会网站募款。基金会网站募款方式以基金会为依托,利用自身网站,联合第三方支付平台进行互联网募捐。基金会网站募捐拓宽了募捐形式,在原有固定募捐成员的基础上扩大了募捐受众群体。第二,互联网劝募平台。互联网劝募平台主要由互联网企业发起,依托互联网平台与互联网企业用户,发起以公益、慈善救助为目的的募集资金或物品的行为。目前,腾讯公益、新浪微公益、支付宝 E 公益是我国互联网劝募平台的主要代表。第三,众筹平台。众筹平台又称为群众集资或群众募资,由发起人、跟投人和平台构成。众筹平台依靠互联网平台,以公益慈善为目的,具有低门槛、多样性、依靠大众力量、注重创意的特征,是一种向群众募资,以支持发起的个人或组织的行为,是互联网支付向公益慈善事业的延伸。众筹与传统慈善捐款有一定的区别:第一,筹资项目的成功标志是在发起人预设时间内达到或超过目标金额。第二,项目成功后发起人可获得资金。在项目完成后,跟投人将得到发起人预先承诺的回报。如若项目失败,则须退还全部筹款金额。第三,众筹不是捐款,跟投人所提供的支持设有相应的回报。

　　捐款规模扩大化:随着互联网的普及和延伸,捐赠规模不断扩大,个人捐款规模不断扩大,网络慈善捐赠逐步向个人化、小额化转变,民众参与度大幅提高。从捐赠流向来看,社会捐赠主要流向基金会和公益慈善组织,其中基金会依托互联网平台接受捐赠金额最多。网络第三方募捐平台作为互联网新兴产物也起了一定的作用,以腾讯公益、淘宝公益、支付宝 E 公益和新浪微公益为代表。在社会广泛关注和支持下,互联网的出现为公益捐款提供了更加便捷的渠道,捐款金额逐年增多。

社会资源整合化:公益组织作为非营利性机构,要完成工作,最有效的方式是"社会资源交换"(科特勒,2003)。公益组织的个体资源有限,完成公益目标需要依靠外界资源互动完成,互动的过程则是社会资源整合的过程。互联网的出现大大提高了公益组织内部资源与社会外部资源调配效率,实现组织内部与外部的资源交换,提高公益组织的服务能力,为社会组织持续不断地注入新鲜血液。

公益领域扩大化:从公益事业领域来看,除脱贫攻坚、社会救助和社会福利、基础医疗卫生、教育等传统公益事业领域外,环境保护、动物保护、灾害事故救援、公共文化体育等新兴公益事业领域逐渐受到大众的关注。例如,支付宝E 公益平台的"蚂蚁森林"低碳计划、"蚂蚁庄园"公益项目捐赠计划,既有传统募款的路径,又体现了在互联网平台与个人微公益的相互融合。

2.5.1.3　互联网公益发展运作模式

个人主导型:个人主导型是以个人为单位,借助互联网平台发布公益信息,通过网络广泛扩散信息,以获得社会各界的支持和捐赠的一种非营利性行为。公益信息发起人可以是求助人、亲朋好友或陌生人。发布目的根据受助人需求不同,可分为款物支持型和非款物支持型。款物支持型通常指受助人的求助目的为筹集善款,如受助人身患重病需要巨额资金治疗。非款物支持型指的是受助人的求助目的为除筹集善款外的其他目的,如寻找走失儿童、救助流浪动物等。

企业主导型:企业主导型是以企业为单位,将自身合法资源无偿贡献给社会大众,以期提高民众生活质量,改善社会环境的企业慈善行为。这种企业慈善行为包括以企业名义和企业家个人名义的捐赠。企业主导型的互联网公益活动通常通过互联网在企业官方网站或与其他互联网第三方平台合作开展公益活动,提供有形或无形的企业资源,如资金、技术、产品、人员等。

公益组织主导型:公益组织主导型以公益组织为单位发起公益活动,其公益组织既包括官方公益组织和民间公益组织在内的实体公益组织,也包括网络公益组织。公益组织依托互联网平台发布公益活动、接受在线捐赠,并在网络上将接收到的捐赠进行信息披露。

企业与公益组织主导型:企业与公益组织主导型由企业和公益组织共同主导,依托互联网实施网络公益活动。这种模式一般由公益组织和企业有意识地联合共同开展公益活动。这种主导模式能够有效调动企业社会资源,满足公益组织相关需求。这种主导模式是一种公益创新模式,但目前推广较少。

2.5.2 社会企业的兴起

2.5.2.1 社会企业的概念

社会企业(social enterprise),是道德要求与经济创造相结合的产物,是非营利组织创新的新形态。在传统理解中,公益行为是一种关乎个体道德自觉所产生的社会行为,而创业则是一种经济行为,其主要目的是创造经济价值。两者之间相互矛盾,使社会企业在学者中尚有一定的争议。

欧洲学者将社会企业定义为一种具有企业精神,可以产生公共利益,以达到特定的经济或社会目标的个体行为组成的组织,该组织不以利益最大化为主要目的,且有助于解决相关社会问题,将所得利润再投入社会。美国学术界普遍认为,公益创业主要为从事社会公益事业的企业,具有商业利益和社会目标双重目标,以及从事商业活动并获得收入的非营利组织。

国内学者则把社会企业视为公益事业自我造血、可持续发展的创新形态,是一种创新性筹集资金和商业化运营的手段。一些学者将社会企业比作除政府、企业之外的第三部门(俞可平,2009)。从国内外学者对社会企业的定义可以看出,社会企业具有经济性和社会性双重性质,可以被定义为以创造社会价值为主要目标,采用商业化运营手段为实现社会价值服务。

2.5.2.2 社会企业的特点

社会使命的价值导向:社会企业与传统企业有所不同,其具有明确的社会使命,更注重强调社会整体效益,并将其作为企业发展的首要目标。它的存在就是为了更好地解决社会问题并逐步完善社会福利体制。

企业化运作的商业模式:社会企业与传统企业也有相似之处,其采用企业化的商业运营模式。社会企业通过商业运营模式逐渐由原有的依靠外界资金维持运营,转变为具有可持续发展能力,并能够创造独立资金来源的经济实体。

公益事业的创新:社会企业是公益组织的创新,与公益事业的创新密切相关。社会企业打破原有的公益不做企业、商业不做公益的两个矛盾,创造出全新的公益模式。从根本上说,社会企业有别于传统的非营利组织,它不仅需要维持原有的组织或活动,还需要创造社会价值,实现可持续发展。

慈爱文化的精神感召:社会企业以创造社会价值为首要使命,在发展进程中,始终以关注社会目标为宗旨,以实际行动关注人的内心良好体验与健康发展。施瓦茨(2016)提出社会企业家所关注的并不是简单地给予或教会人们如何生存,而是通过努力,改善整个社会环境,使弱势群体获得良好的生活。

2.5.2.3 社会企业的分类

组织动机导向角度:社会企业以动机导向为切入点,分为使命中心型、使命相关型和使命无关型。其中,使命中心型社会企业以组织使命为中心开展各项经营活动,采取自主筹集资金的方式完成企业的社会使命;使命相关型社会企业的经营活动和社会目标有紧密的相关性,在创造社会价值的同时创造经济价值,以服务于社会项目的再投资或运营成本;使命无关型社会企业则是指企业的社会使命与经营活动完全无关,这类社会企业的用途在于创造额外经济价值以弥补企业相关支出。

社会创新角度:从社会创新的角度看,社会企业分为就业型和创业型。就业型社会企业旨在解决弱势群体的就业问题,为失业人士、残障人士等提供再就业的机会,其经营模式多为传统模式,以雇用长期边缘化人士,解决就业问题为主。而创业型社会企业则是通过资源整合,充分调动社会资产,从而增加社会财富的总资本。这种社会企业的经营模式多为社会创新型模式,一方面可以增加社会的财富总量,另一方面扩大受益群体,使长期边缘化的人士同时受益。

2.5.2.4 我国社会企业发展来源

我国社会企业最早源于香港、台湾等地区,进入大陆地区时间较晚,且尚未形成较为统一的概念和标准,符合国际标准的社会企业尚少。尽管社会企业在西方国家已有较为成熟的模式,但是我国社会企业家在将模式运用到适合中国国情的过程中仍有较长的路要走。目前,我国社会企业进入蓬勃发展阶段,社会企业开始涌现,发展模式也呈现多元化特点。

非营利组织市场化转型:我国非营利组织的发展目前已进入瓶颈阶段。资金问题、人才问题等问题已成为制约非营利组织发展的重要因素。在此背景下,社会企业为非营利组织的发展打开了一个突破口。为了能够维持组织发展,解决资金、人力等问题,维持组织可持续发展,非营利组织开始向社会企业这种新形态转型。目前,非营利组织转型社会企业主要分为两类:一类是以组织内部拥有的资源为基础,通过商业化模式开展运作;另一类是根据自身需要打造全新的社会企业(陆道生等,2004)。

商业企业公益化转型:近年来,随着新《公司法》的落地,企业社会责任意识在我国兴起。商业企业逐渐意识到其应当承担的社会责任,在追求利益的基础上积极为解决社会问题贡献力量,甚至开始尝试向社会企业转型。一方面,商业企业积极探索协助政府与非营利组织的合作机制,满足被社会忽略或遗漏的大众需求或待解决的社会问题。这不仅有助于凭借政策倾斜和奖励获取更多的机会和资源,也更能获取民众的认同从而提升企业的社会影响力。另一方面,一些社会企业家受政府、社会、文化等外部环境因素的影响,具备强烈的社会责任感和现代化治理理念。同时社会企业家又是影响企业文化及其发展方向的重要决策者,其对社会问题的关注必然在企业组织内部产生深远影响,通过社会化活动的组织和拓展,由企业家与员工共同推动企业组织变革,逐步实现由商业企业向社会企业的转型。

2.5.2.5 国外典型国家社会企业发展史

社会企业是用商业手段解决社会问题的一类组织,这也在一定意义上揭示了社会企业的源头——社会企业是为解决社会问题而生的。被誉为世界社会企业鼻祖的是诞生于1844年的罗奇代尔先锋合作社,其诞生于自由资本主义向垄断资本主义的过渡时期,当时社会矛盾激化,工人处于被剥削、被压迫的地位,生活物质难以有效保障,罗奇代尔小镇工人借鉴欧文空想社会主义模式,以"不追求扩大利润,专门为社员提供质量有保证又价格公道的食品"为目标。罗奇代尔的28名工人联合起来,他们每人出资1英镑,联合运营,资产归全体出资工人共有,男女平等且一人一票,成立民主选举管理委员会;股本享受固定利率,按照社员购买的商品量进行利润分红,同时划出一定比例的利润用于提升社员的文化教育水平,财务状况及时向社员们公布。罗奇代尔合作社的出现和有效运营,在当时垄断资本主义上升期带来的贫富差距的背景下,具有划时代的意义。

而"社会企业"一词最早的理论上的源头应该是马克思的《资本论》:"以社会化生产方法为基础并以生产手段和劳动力的社会累积为前提的资本,在这里,直接取得了社会资本(直接相结合的诸个人的资本)的形态,而与私人资本相对立。它的企业,也以社会企业的资格,而与私人企业相对立。那是在资本主义生产的界限之内,把和私人所有的资本,实行扬弃。"尽管马克思"社会企业"的概念是从整个社会经济制度的角度展开,但是将资本积累和社会目的结合起来了。

现代意义上的社会企业概念出现在20世纪50年代以后。1978年,英国人弗里尔·斯普雷克利(Freer Spreckley)正式提出"社会企业"这一名词,倡导利用市场手段向人们提供社会服务,社会企业兼备商业性和社会性,能够在维持自身持续发展的同时实现社会目标,能够有效解决政府失灵、市场失灵和志愿失灵的"三重失灵"现象。社会企业直到近年才成为一个重要和有影响力的研究前沿,成为新公共管理学、社会学和创业学三个学科共同推动且关注的热点领域。学界普遍认为社会企业组织模式突破了传统的"三部门"研究界限,这种强调混合价值目标的新的组织类型,很大程度上可以解决以往政府、市场和非营利组织无法充分解决的社会问题。

实际上,社会企业代表了一个国家和区域创造性、可持续解决社会问题的尝试和努力,工业化先发国家的社会问题暴露得较早,因而社会企业起步也最早,形成了制度化的社会企业形式,值得后起的工业化国家学习。而各国历史文化不同,面临的社会问题迥异,也为社会企业的差异化发展提供了不同的社会基础。

(1)英 国

英国是现代意义上的社会企业发源地,英国的社会企业实践最早可追溯到英国维多利亚时代的公益慈善活动,主要表现在私人医院、临终关怀运动等方面,其宗旨是通过公益慈善活动服务社会弱势群体,着力解决贫穷、健康、医疗等社会现实问题。不过,这一时期的大多数公益慈善活动都带有一定的市场化因素,通常由政府主导,并不能算作是完全的社会企业模式。第二次工业革命后,随着市场经济的持续发展,环境污染、失业与就业困难、贫困等社会问题普遍出现,客观上要求企业对所在社区的特定社会需求做出回应,承担社会责任。企业通过捐款、投资教育与社会公益事业等,在追求利润的同时为利益相关者及社会大众创造价值。这就是社会企业的价值源头。

普遍意义上的社会企业鼻祖——罗奇代尔合作社就诞生在这一时期。罗奇代尔合作社也是英国合作社集团的前身,该集团从 28 英镑资金起步,到现在发展为年营业额达 133 亿英镑,雇员超过 10.2 万人,开设各类平价商店 5000 多家;每周为 2100 多万消费者提供包括金融服务、食品、殡葬、医药、生活计划、汽车零配件、法律服务、电子产品、旅游等各领域的服务;拥有 720 万个人成员,设有 48 个地方委员会和 7 个地区理事会,是全英最大的社会企业,也是世界上最大的合作社之一,英国社会企业的价值可见一斑。这和英国形成的扶持社会企业的制度化环境是分不开的。

20 世纪 70 年代西方国家进入"滞胀"阶段,为社会企业的发展提供了契机;90 年代崇尚"第三条道路"的工党上台执政,真正开启了英国社会企业发展的大幕。特别是 1998 年英国政府与社会组织部门签署了《政府与志愿组织和社区组织关系协定》(The Compact on Relations between Government and the Voluntary and Community Sector),确立了政府与社会组织的合作伙伴关系。英国社会企业作为公共服务的重要力量登台。

进入 21 世纪以来,英国从政府管理和政策倡导方面加大对社会企业的支持力度。2001 年 10 月,英国政府在贸易与工业部内增设社会企业司,主要承担社会企业发展政策制定,推动社会企业发展,加强对社会企业有效监管等职能。为了解决社会企业发展过程中所遇到的市场问题,2002 年,英国政府发布首个社会企业战略——《社会企业:一个成功的战略》。该战略提出了政府关于社会企业的总方针和扶持政策,确定了社会企业发展的总目标:建立一个有活力的、可持续发展的社会企业,使它能够为包括所有人在内的国民经济的增长做出贡献。这一战略为社会企业扩大融资渠道,获得各类培训,成为更有作为的商业运营体等奠定了基础。这一时期社会企业内涵进一步明细化：英国政府称社会企业是具有某些社会目标的企业，按照组织的社会目标，盈利再投放到业务本身或所在社区，而不是为了股东和所有者赚取最大利润。评价标准中关于创立人和管理团队所具备的企业家精神，在于其运用商业企业式和以市场原则为基础的组织结构、管理模式和运营模式，及其所具备的不依赖于外部资助的可持续收入机制。这为后续社会企业判定提供了依据。

2004年由英国财政部专门创立了一家政府支持的基金会——"未来建设者"（Future Builders），其总资本达1.25亿英镑，专门用于为社会企业等社会组织提供资金支持，由此社会企业发展的资金有了进一步保障。同年，英国政府通过了《公司（审计、调查和社区企业）法令》，该法令专门把社区利益公司单列出来，为社会企业提供了一种独特且易于识别的法律身份，明确了其并不属于传统的慈善组织，并提供了一套监管程序。制度上的完善，为英国社会企业发展提供了制度保障，截至2004年底，英国有1.5万个社会企业，占英国所有企业总数的1.2%，合计聘用员工45万名，30万名志愿者参与其中，其中29%的社会企业位于20%的最贫困地区。

2005年，英国专门成立第三部门办公室，并专设了社会企业和融资组，该项措施的实施为社会企业提供了广泛的支持，颁布了《社区利益公司法》（The Community Interest Company Regulations），对社区利益公司（Community Interest Company，CIC）的标准认定、审批、资产、分红、评估等方面制定了详细的条款。这些规定促进了英国社会企业特别是社区社会企业的合法发展，并在世界范围内起到示范作用。2006年第三部门办公室又发布了《社会企业行动计划——向新的高度进军》（以下简称为《行动计划》），进一步深化了2002年社会企业行动计划。不同部门纷纷从各自领域推动社会企业发展，卫生部专门成立了一个新社会企业局，拨巨款支持医疗护理领域的社会企业；教育与技能部同50家社会企业开展一项名为"社会企业援助"的计划，并将社会企业宣传教育及所开展的活动纳入全国所有公立小学的课程及教学过程当中。

2010年卡梅伦政府上台，设立"大社会银行"，由银行冻结账户提供资金，用于扶持慈善组织、社会企业、社区团体和其他非政府机构，同时采取措施鼓励慈善捐赠和慈善文化。2012年启动"大社会资本"，这是世界上第一家社会投资银行，其6亿英镑的资金来自休眠银行账户及商业银行。资金、政策等方面带给社会企业的政策极大地推动了社会企业的发展，2016年，英国51%的社会企业盈利，20%的社会企业达到收支平衡，47%的社会企业营业额增加，79%的社会企业的当地员工占半数以上，有58%的社会企业所有员工都是当地的。据英国社会企业联盟（Social Enterprise UK）2017年发布的两年一度的《商业的未来：

社会企业现状调研》报告,在英国有 7 万家社会企业,为经济贡献 240 亿英镑,雇用了近 100 万名员工。自 2005 年起,已有超过 13000 家社区利益公司(Community Interest Companies)成立,这是社会企业数目增长的另一证据。实际上,大量如社区行动网络、社会企业家学院、社会企业联盟、社会企业培训和支持联合会等枢纽型社会企业组织的存在,为社会企业发展构建了良好的服务网络。

(2)美国

美国和英国社会企业发展路径有所不同,由于其文化多样性特点,与自由主义价值观和市场精神一脉相承,因此其在社会企业发展方面得到了民间的大力支持,更多地体现出商业化特征和市场化倾向。美国的社会企业更多强调的是一种社会企业理念和社会企业家精神,因此它的社会企业外延更加宽泛,组织形态和发展模式相对多元。

20 世纪 60 年代末,"社会企业"在美国首次被使用,在 60 年代的"伟大社会"(Great Society)计划中,由于处于战后经济的黄金时期,联邦政府在贫困、医疗、教育、社区发展、环境和艺术方面投资了几十亿美元。这些资金并没有通过传统行政体系,而是进入了相关业务领域的非营利组织,由此产生了大量就业,这些组织开始被称为"社会企业"。60 年代开启了美国社会企业的序幕,自此以后在现实和社会组织共生网络发展中,美国社会企业不断向前。

进入 20 世纪 70 年代后,美国资本主义经济进入"滞胀"阶段,当时里根政府不得不削减公共开支,导致医疗领域之外的非营利组织损失约 38 亿美元。在支持变少的情况下,企业被认为是较有效率及创新能力的组织形式,保守派提出无论是非营利组织还是政府,都应该以类商业化的方式来解决社会问题。在这种趋势的推动下,非营利组织开始从事商业创投来填补政府大幅裁减资金导致的空缺,社会企业形态进一步发展,其背后也出现了许多咨询顾问,基金会对其实施帮助并形成支持网络。正是在这一时期,比尔·德雷顿(Bill Drayton)在 70 年代后期首次定义了"社会企业家"的概念,决定在全世界范围内建立一个支持顶尖社会企业家的组织。1980 年,他在美国华盛顿正式创办社会企业阿育王(Ashoka),开启了社会企业支持网络。自成立至今,阿育王孕育了全球 70 多个国家的 3000 位社会企业家,每年输出支持资金 3000 万美元以上。这一时期,作为全球顶级商业高校,哈佛大学学生自发地成立了社会企业俱乐部,搭建与社会企业家交流的平台,推动社会创新。

实际上,哈佛大学一直处于推动社会企业发展的前沿。哈佛大学商学院 1993 年起提出"社会企业倡议"(Social Enterprise Initiative)计划,推动发展关于社会企业的课程设计和研究,进行社会企业案例的搜集和撰写。在哈佛大学的影响下,美国伯克利大学哈斯商学院于 1999 年发起创立的 GSVC 全球社会企业创业挑战赛,经过多年发展已成为由全球历史最悠久、最具影响力的社会企业创业大赛,并获得各国的认可。全球顶尖的管理期刊《哈佛商业评论》也不断推出反映社会企业动态的文章;从 2004 年开始招收第一批社会企业博士,哈佛商学院的这些工作从学术层面推动了社会企业的规范化发展。

在社会企业实践和支持网络不断发展的情况下,美国各州政府逐步提出社会企业的扶持政策,社会企业在法律框架下持续发展。华盛顿州西雅图市政府作为主要发起者发起了"社会企业创新 1998—2001"计划,举办一些社会创业培训及西雅图社会企业展览会,该展会成为美国最早的社会企业定期集会之一,同时促成了西雅图社会企业投资者论坛。2007 年,路易斯安那州副州长米奇·兰德里欧(Mitch Landrieu)发起了美国第一个政府经营的社会创业办公室(Office of Social Entrepreneurship),以应对 2005 年卡特里娜飓风造成的社会问题。2009 年,J. P. 摩根、洛克菲勒基金会和美国国际开发署共同创办全球影响力投资网络(Global Impact Investing Network ,GIIN),其任务是"建立机制、组织活动及开展培训和研究,以扩大这一特殊行业的规模、增进其效应,并设定影响力报告和投资标准"。它发起了一个投资者理事会,成员由投资者、基金管理方、创投基金会、金融服务公司及作为投资对象的社会企业等代表构成,社会企业投资合作网络初步形成。

伴随着支持网络的完善,美国社会企业的形态也不断多元化。2008 年以来,美国各州在商业公司的法律框架中,先后为社会企业设立了"低利润有限责任公司""共益公司""弹性目标公司""社会目的公司"等四种法律形式。四种法律实体形式确立了社会企业的营利性实体地位。2008 年 4 月,佛蒙特州首创了"低利润有限责任公司"(low-profit limited liability company,L3C)。之后又有伊利诺伊州等其他 7 个州采用了 L3C 法案;2011 年 3 月,马里兰州、新泽西州和佛蒙特州通过另外立法创建了一个新类型的社会企业实体——"受益公司"(benefit corporation)。2012 年 1 月开始,加利福尼亚州成为美国第一个授权成立"灵活目的公司"的州,成为社会企业获得认可的第三种形态,它允许一个公司将传统的营利哲学与一个或多个慈善相关的特殊使命相结合。加州的"2011 公司灵活性法案"(The Corporate Flexibility Act of 2011)赋予公司更大的灵活性,使企业家有机会组建一个既追求经济目标又追求社会目标的公司,投资者可以有多元或混合的投资目的;2012 年 3 月,"社会目的公司"(Social Purpose Corporation,SPC)法案在华盛顿州通过,该法案允许营利性的公司去追求一个或更多的社会的或环境的目的,可以同时允许股东获得价值,也可以保护董事及高级职员做出社会目的优先的决策后免受股东起诉。这些多类型的社会企业形式的法律形式确立,为打算成立社会企业的群体提供了法律支持和多元化选择。

美国社会企业近几十年发展迅速,涌现了阿育王基金会、全球影响力投资联盟(GIIN)、新利润平台、绿色回声、斯科尔基金会等众多具有全球影响力的社会企业平台。美国联邦政府也在一定限度内对社会企业提供了支持,如推出相关税务优惠计划,为雇用弱势群体的私营企业提供税收优惠等等。众多的大学、研究会等都对社会企业的发展功不可没,在美国已经形成了主要由私人组织提供的金融支持、教育、培训、研究和咨询服务等类型的全面支持型网络。

(3)新加坡

新加坡被誉为"亚洲社会企业硅谷",其通过借力公共政策构建了一套孵化社会企业的生态系统,进而促进社会企业家精神和社会企业部门的全面发展。新加坡社会企业的历史可以追溯到 1925 年的新加坡政府公务员存款和贷款合作社(Singapore National Co-operative Federation)的成立。在没有银行及其他金融机构的情况下,人们联合在一起建立合作社并作为一种相互救济的方式。这种合作社模式为了满足公务员、教师、军官及私人企业工作人员的需要而不断扩大,先后成立了 43 家存款和贷款合作社。

20 世纪 90 年代以来,为避免新加坡被福利国家模式所累,新加坡政府推出了"多方援手"(many helping hands)战略。该战略鼓励政府和社区组织之间加强合作,鼓励草根组织、宗教团体和志愿福利组织(voluntary welfare organizations)等去帮助弱势和贫困群体。该战略给社会企业充分发展的空间,并促使民间团体与政府形成伙伴关系。有限责任公司(LLP)、私人有限公司、独立法人公司及担保有限公司(CLG)等企业形态陆续加入社会企业阵营,构成了社会企业的多元形态。与此同时,社会青年体育部(Ministry of Community Development,Youth and Sports,MCYS,2013 年更名为社会家庭发展部)设立了社会企业委员会,从国家战略层面推动社会企业发展,在其成立第二年,就发布了《社会企业委员会报告》,报告指出了社会企业面临的三大挑战:能力,包括财务和商业技能、人才和资源管理、销售和现金流管理;商业模式设计和融资,包括定价、市场、商标管理、投融资渠道等;环境和基础设施,包括公众认知和理解、市场进入、商业信息和机会等,这些内容在催化社会企业政策方面起到了关键作用。社会企业委员会在 2003 年 3 月发起设立"社会企业基金"(The Social Enterprise Fund,SEF),2005 年 6 月更名为"关怀企业基金"(Comcare Enterprise Fund,CEF),为社会企业提供种子资金。截至 2007 年 8 月,有 66 家社会企业获得了该基金的资助。

新加坡政府将自身定位为启动社会企业发展的引擎,政府部门发起青年社会企业精神培育计划,鼓励各级学校学生参与社会企业,设立社会企业联盟,并最终形成多来源的社会企业家人才库。此外,新加坡政府还非常重视对社会企业的研究与传播。政府与新加坡国立大学和新加坡管理大学等研究机构合作,出版相关研究成果,传播社会企业理念,并致力于培养社会企业人才,不断提高这一领域的人才密集度,形成了良好的社会支持系统。

(4)孟加拉国

孟加拉国作为一个发展中国家,其社会企业具有良好的价值空间。孟加拉国的社会企业实践最成功的就是尤努斯和他的格莱珉集团。尤努斯本人也因为在社会企业实践及研究方面的贡献而获得 60 多项荣誉,如 1978 年获得孟加拉国总统奖、1994 年获得世界粮食奖、2006 年获得诺贝尔和平奖、2009 年获得奥巴马颁发的总统自由勋章等。尤努斯以格莱珉为起点,正在构建一个全球性的社会企业网络。

尤努斯的格莱珉银行实践开始于 1975 年。当时尤努斯带领着学生去附近的乔布拉村调研发现,穷困的根源并非懒惰或智慧,而是一个结构性问题:缺少资本。能带来改变的就是在他们的工作与所需的资本之间提供一个缓冲,于是他将 27 美元贷给 42 个妇女,向这些没房没产的穷人提供贷款。到 1983 年,专为穷人贷款的"格莱珉乡村银行"终于得到政府批准。截至 2011 年 10 月,格莱珉银行共有 834.9 万借款人,其中 97% 为女性。该银行有 2565 家分行,为81379 个村庄提供服务,覆盖孟加拉国 97% 以上的村庄。格莱珉银行在把钱借给这些穷人的同时,穷人每人购买价值 3 美元的股份而成为银行的股东。到2011 年,格莱珉的贷款者们拥有银行 92% 的股权,其余为政府所有。

2005 年,他向达能集团首席执行官建议创办一家社会企业型的格莱珉达能公司,为孟加拉国营养不良的儿童生产价格低廉的酸奶。这是尤努斯在格莱珉之外建立的第一家社会企业。30 年来,尤努斯发起创建的数十家社会企业,覆盖了教育、医疗、食品等多个领域,这些社会企业不仅提供了大量的就业岗位,为穷人提供了买得起的生活物品,更重要的是为穷人提供了实现可持续发展的机会。尤努斯在孟加拉国建立了一个庞大的"社会企业帝国",为孟加拉国社会问题的解决提供了另外一种可能。

选取英国、美国、新加坡和孟加拉国四国的社会企业历程作为社会企业国外发展史的内容,是为了说明社会企业在不同国家和地区,可以超越社会制度和发展阶段,基于社会问题的有效解决,形成一系列有效实施的经验和做法。尤努斯教授认为自己有"要将社会企业推向全世界"的使命。实际上,近年来无论是尤努斯社会企业机构(Yunus Social Business,YSB)、阿育王基金会、斯科尔基金会还是英国社会企业联盟(SEUK),都通过孵化支持、设立论坛等方式加强了世界社会企业界的联合,为中国社会企业的借鉴发展提供了便利和机遇。

2.5.2.6 中国社会企业发展史

社会企业于 20 世纪末在中国出现,中国的社会企业概念最早见于北京大学教授刘继同于 2004 年 1 月在《中国社会工作研究》第二辑中的文章,2005 年"社会企业"一词在《人民日报》首次出现。从文本意义上说,我国社会企业出现的时间很短,但是从社会企业的内涵来讲,既有社会企业的研究成果从学理上基本漠视了中国独特的制度与文化情境,从微观视角看也缺乏从组织演化角度去理解中国社会企业的出现。中国作为历史绵延从未中断的大国,在历史上的"义利之辨",恰恰是社会企业需要讨论的双元价值前提。因此不论从传统文化和国家制度,还是从企业家精神和市民社会发育,中国的社会企业都应该放到立足国情和外在借鉴的双重情境中去考量。因此,我国社会企业的发展历程,至少应该将社会主义在我国建立后的各种福利企业纳入。

(1)中国社会企业前史(1994 年前)

中国古代的"义利平衡观"影响着诸如北宋义田制度等具有社会企业意涵的制度不断推陈出新,中国近代资本主义企业产生过程中蕴含着社会企业义利融合概念的最初雏形,众多中国近代企业的存在并非以营利为首要或者唯一目的,而是作为承载近代企业家群体爱国热情和民族情感的载体。民族资本家卢作孚在其《超个人成功的事业,超赚钱主义的生意》一文中表明了自己创建企业的目的:"我们做生产事业的目的,不是纯为赚钱,更不是分赃式地把赚的钱完全分掉,乃是要将它运用到社会上去,扩大帮助社会的范围。"这些民族资本主义企业从一开始就是义利融合的。

新中国成立初期建立起的国家集体主义制度塑造了国营单位办社会的功能,国营单位组织成为适应单位体制而被允许合法存在的集政治、社会和经济三种功能于一体的一种"国家单位",提供单位集体所需要的各类社会保障、医疗与社会服务,可以说,单位几乎等同于企业和社区的综合,通过计划手段和单位"小社会"的构建直接解决了很多社会问题,这也是其被认为是"社会企业"原型的原因所在。但是这种模式导致活力效率低下,也影响社会事务功能的进一步发挥。改革开放催生了市场机制,原先的国营企业单位的社会功能逐渐剥离,效率导向和资源优化配置的导向逐渐强化。

在社会民生领域,在新中国成立初期国家就鼓励成立旨在专门解决社会弱势群体就业而设的专门工厂。三大改造完成后,民政部逐渐把一部分自救性生产单位调整为专门安置残疾人的福利工厂,即后续的社会福利企业。1981 年 5

月,国家开始出台政策文件保护和支持社会福利工厂的发展。为了解决福利工厂长期亏损、无法可持续运作的难题,1985年,国家逐步出台和完善了《关于社会福利企业招用残疾职工的暂行规定》《社会福利企业管理暂行办法》《中华人民共和国残疾人保障法》等规章,各地民政部门用市场化机制推动福利企业发展,实行政企分开,鼓励企业化运作,一些地方比如天津、辽宁等甚至向企业改革看齐,开始实行厂长负责制试点工作和试行经营承包责任制。市场化改革激活了组织活力与效率,社会福利企业发展迅速,全国从1986年的社会福利企业19865家、职工88.6万人增加到1991年末的企业43758家、职工170.2万人,创造了更多的就业岗位,同时经济效率也显著提升。在由"强政府,弱社会"向国家与社会分离转型的过程中,社会福利企业虽然逐步引入市场机制,部分激活了要素活力,但是仍然缺少企业家精神引领下的内生驱动力,这也为后续社会力量借助社会企业进入社会福利领域提供了现实空间。

(2)社会企业萌芽期(1994—2005年)

进入20世纪90年代,中国非营利组织开始起步。1994年4月,中华慈善总会成立,其"不要一分财政拨款,不要一个行政事业编制,不要一个现职公务员",开辟了社会组织独立发展的道路。同年,中国最早的全国性民间环保组织"自然之友"注册,中国社会科学院研究员杜晓山在河北省易县率先引进社会企业格莱珉银行模式,创立了"扶贫经济合作社",为农民提供小额贷款服务。1995年9月,第四届世界妇女大会在北京召开。NGO这个名称第一次进入了很多中国人的视线。在社会呼唤和国际借鉴双重推动下,中国非营利组织开始起步,扶贫经济合作社更是具有现代意义的社会企业的先声。这也是当时小额信贷模式的一个缩影,中和农信(前身是从中国扶贫基金会的小额信贷扶贫项目转制成立的小额信贷社会企业)自1996年开始实施小额信贷扶贫项目以来,累计向50多万个农户发放小额贷款近40亿元,共有150多万贫困人口直接从中受益。实际上,当时起步的很多社会企业,都成为当前中国有影响力的社会企业集团。成立于1995年的鹤童,经过多年的努力,已经成为年收入突破3000万元,拥有老年公益基金会、鹤童老年福利协会、1家老年病医院、7家老人院、7家老人护理职业培训学校和1个国家职业技能鉴定所的养老社会服务的产业联合体。再如成立于1997年,为了解决残疾人就业的残友计算机兴趣小组,到现在这个兴趣小组已发展成为拥有1个基金会、14家非营利组织和44家营利社会企业的大型集团——深圳市灿友集团,业务涉及软件开发、动漫、电商、智能建筑等领域。该集团的5000余名员工中超过95%是残疾人。

(3)社会企业发展期(2006—2015年)

2006—2008年是中国社会企业基础设施起步的三年。更多非营利组织自我转型成为社会企业,越来越多具有社会理想的人们加入社会创业中,形成了良好的社会创新文化与社会参与基础。2006年,格莱珉银行创始人尤努斯在获得诺贝尔奖当年就受邀访问中国,促进了社会企业的概念在中国的推广,社会企业概念在中国流行起来。中国第一本关于社会企业的书《如何改变世界》在2006年出版。2006年,中国第一家社会企业的枢纽型组织——恩派公益在上海成立,经过多年发展,恩派公益已成为中国最大的支持型公益机构,孵化了超过600家公益机构和社会企业,在全国30多个城市为数千家优秀的公益机构和社会企业提供综合支持服务。

2007年,几个重要的社会企业支持型基金会相继成立。南都基金会成立于2007年,其使命是"支持民间公益"。2007—2019年的阶段性战略是"建设公益生态系统,促进跨界合作创新"。友成基金会同样成立于2007年,是国内首家由中国内地和港台的著名企业家共同发起,以参与式资助为主要运作模式的创新型非公募基金会。友成企业家扶贫基金会是全国第一家以倡导社会企业家精神为使命的公益基金会,是第一家以发现和支持社会创新领袖型人才为使命的基金会。10年来,友成基金会已累计支出3.5亿元人民币用于打造社会创新的生态系统。这两家基金会在中国社会组织发展历程中,特别是社会企业发展过程中具有风向标式的意义。2007年12月,在首次举办的"香港社会企业高峰会"上,时任香港特首曾荫权特别提出"在中国大陆沿海地区,如上海、广东和深圳等地也开始出现了地区实验性的社会企业孵化园,是地方政府勇敢地迈出了探索的第一步"。此次论坛开启了大陆地区同港、澳台地区社会企业深入交融的历史,中国社会企业发展又多了一个信息通道。

2008年,汶川地震极大激发了全社会的捐赠热情和志愿服务的热情,这一年也因此被很多人视为公益元年,社会组织无论从质上还是量上都有了根本性的飞跃。这也给中国早期的社会企业萌芽提供了空气和土壤。2008年5月,经共青团中央书记处批准,由中国青年报社组建KAB(know about bnsiness)全国推广办公室,正式实施KAB项目,面向全国进行创业培训倡导,进而通过"青年恒好公益创业计划"引导当代青年(大学生)用商业方法解决社会问题,鼓励其创建社会企业,这是社会企业模式首次获得官方认可的开始。2008年,国内第一家社会企业研究中心——上海社会企业研究中心(SERC)在上海财经大学成立。SERC完成了80个社会企业案例,在上海财经大学开设了硕士和MBA的"社会创业学"课程,此后在上海财经大学的影响下,国内一批高校开展了社会企业的相关研究与教学。

2008年,在友成企业家扶贫基金会的资助下,英国驻华大使馆文化教育处开始试点培训社会企业家技能项目,并于2009年6月正式实施,进一步推动了社会创业理念的扩散。社会企业相比民办非企业单位具有"自我造血"的市场运作功能，吸引了一批非营利组织转型，该项目培训了3200多名社会企业家，携手合作伙伴向117家社会企业提供了3700万元人民币的社会投资机会，实质推动了中国社会企业来源和发展路径进一步多元化。

三年大发展初步奠定了中国社会企业基础设施的基本雏形，推动了这一时期在知识传播、政策支持、影响力投资、行业交流方面的纵深发展。在教学、传播和行业研究方面，2011年，友成基金会与中央编译局联合出版了"'友成'社会创新与社会企业译丛"，在2013年博鳌亚洲论坛上发布了第一份中国社会企业白皮书《中国社会企业与影响力投资发展报告》；在团中央支持下，2015—2017年连续三年出版了《中国青年公益创业调查报告》，推动了社会企业的研究与传播。在行业交流方面，湖南大学2010年举办中国大学生公益创业论坛，2011年举办中国公益创业高峰论坛，2012年举办中国公益创业者训练营；2014年，团中央"挑战杯"中国大学生创业计划竞赛品牌升级为"创青春"后，增设公益创业赛，覆盖了全国2200多所普通高校。团中央中国青年志愿服务项目大赛也开设公益创业赛道，2015年社会企业和影响力投资论坛和社会价值投资论坛在我国首次创办，进一步通过赛事、论坛等形式提升了社会创业者特别是青年创业者的交流意愿。在行业支持方面，"银杏计划"项目从2010年启动，支持公益人开创公益事业，2012年刚成立的创思（Transit）直接在使命中阐明自己"与风险投资界，尤其是'影响力投资'领域的主要参与者都有紧密的关系"，开启了中国影响力投资明晰化时代。2015年，中国慈展会发布了中国社会企业认证，2015—2016年，总共有23家机构获得认证，中国社会企业开始走入标准化之路；北京乐平公益基金会"共益企业"（B Corp）的推广、清华大学"X-Lab社创硅谷"启动和运作、"瓶行宇宙"等项目，进一步推动了社会企业分层分类发展。

在这个时期，社会企业开始进入政府社会治理的视野。2011年，北京市委《关于加强和创新社会管理　全面推进社会建设的意见》提出，要"积极扶持社会企业发展，大力发展社会服务业"。同年，《北京市"十二五"时期社会建设规划纲要》明确"积极扶持社会企业"的要求。2013年，佛山市顺德区首创社会企业认证；2014年，《北京市人民政府办公厅关于政府向社会力量购买服务的实施意见》中明确政府购买服务的承接主体包括社会组织、企业、机构、事业单位等，首次将企业纳入政府购买公共服务准入范围，社会企业作为社会治理的一个可选择方进入视野。

（4）社会企业蓬勃期（2016年后）

2016年《慈善法》的出台为拉动社会力量与民间资本进入社会企业，增强社会企业的感召力和吸引力提供了绝佳的政策引导。党的十九大报告提出"打造共建共治共享的社会治理格局",为社会企业参与社会治理提供了明晰的指针。实际上越来越多的社会创业的产生背后,可能有福利制度改革的需要,有制度化的推动,有企业社会责任运动产生的影响,也有全球创新思潮的影响,这一时期的社会企业生态网络基本形成。

在合法性方面,2016年,全国人大代表、共青团中央书记处书记傅振邦在全国"两会"上建议,将公益创业纳入"双创"的内涵范畴,进一步加大对社会创业的政策倡导。2016年11月印发实施的《北京市"十三五"时期社会治理规划》也提出"大力发展社会企业",要"开展专题调研,研究扶持政策,分类开展试点,大力推动以服务民生和公益为重点的社会企业发展",为北京和其他地区社会企业政策制定指明了方向。2018年4月,成都市出台《成都市人民政府办公厅关于培育社会企业 促进社区发展治理的意见》,成都市工商局又陆续出台了《成都市社会企业评审认定管理工作试行办法》等系列配套文件。2019年1月4日,成都高新区发出全国首张"社会企业"营业执照,"成都市智慧源科技有限公司"变更为"成都智慧源教育咨询社会企业有限公司"。3月29日,北京社会企业发展促进会认证首批46家社会企业。如今,企业家精神引领下的社会创业活动日益成为政府政策推动的热点。

在行业基础设施方面,2016年,教育部第二届中国"互联网+"大学生创新创业大赛开始,增设"互联网+"公益创业赛,进一步推动了公益创业理念在大学生群体中的传播。"社创之星"中国社会创业家大赛已经在全国举办七届,覆盖20多个赛区,已经成为观察社会创业融合与趋势的第一现场。2019年,上海交通大学中国公益发展研究院与中国社会治理研究会合作成立的研究平台——中外社会企业研究中心揭牌,社会企业国际研究提速。2016年,友成联合几十家投资机构、研究机构和企业组织,正式发起成立了"社会价值投资联盟"(China Alliance of Social Value Investment,CASVI),连同2018年南都基金会出资5000万元参与禹闳资本新设立的影响力投资专项基金"禹禾基金"两个品牌,在价值澄清、标准认定、生态构建方面进一步优化中国社会企业生态。2019年,"基金会中心网公益大数据研究院启动仪式暨公益大数据圆桌会议"在北京举办,目的是打造一个中国公益行业的数字化基础设施平台,以公益大数据挖掘和研究为支撑,梳理公益行业全景图,研究中国公益对社会发展的价值与贡献,研判中国公益未来的发展趋势,并持续推动公益行业与社会其他领域的积极交流与融合,社会企业将进一步拥抱数字技术。2019年,首部社会企业与社会投资行业权威报告——《中国社会企业与社会投资行业扫描调研报告2019》(简版)正式发布。该报告对社会企业与社会投资行业生态中社会企业、社会投资、支持机构和政策环境等进行全面梳理,进一步理清了中国社会企业发展环境的结构。2019年底开启的"向光奖"评选,标志着行业基础设施的进一步完善。

在价值澄清方面,2017年6月11日,中国人民大学尤努斯中心联合多家学术机构和社会企业发布了《中国社会企业发展北京倡议》,该倡议的目标是凝聚共识、落实行动、建立机制,建立社会企业的一揽子体系,但是中国社会企业的价值、模式、标准之争从未停止。2017年"二光之争",引发了社会上广泛的探讨与争论,它很有可能成为"社会企业"这个概念在中国被广泛认知、推动更多有志之士投身社会企业的一个拐点。在针对社会企业认证标准的讨论中,争议最大的是"社会企业能否分红"的问题。"何为社会企业"仍然存在标准之争。2019年12月,"水滴筹"由"扫楼筹款"引发争议,继而引申出一系列问题,比如,水滴公司是不是非营利组织、何为社会型企业、商业与公益的界限在哪里等等。"水滴筹"事件也成为一次难得的知识普及和理论讨论的契机。对于社会企业的界定,除了"双重目标",还需要解决一个排序问题:当社会目标和经济目标发生冲突的时候,哪个优先? 这些基于现实的争论进一步提升了社会企业的社会影响力,成为社会企业制度化不断完善的契机。

社会企业是一种思维、一种模式还是一场运动? 笔者认为三者兼而有之。中国的社会转型治理,为社会企业提供了如此丰富的实践场景,在达济天下的文化底蕴和社会倡导下,社会企业家群体开始崛起,并成为社会问题解决的中坚力量。公益创投、社区、研究中心、商业企业、慈善组织等社会企业支持力量形成的生态网络正在形成。企业向善的未来出路也给社会企业的扩展提供了来源。在中国社会企业语境下,尽管现行的模式、阶段、价值观在一定意义上是西方的舶来品,但回到社会企业的价值精髓,社会企业是为解决当下问题而生的,在中国特殊国情下,我们需要构建一个更好的有中国特色的社会企业研究和实践的框架体系。中国社会企业历史的一定程度的割裂是我们的理论研究不足造成的,当下中国的社会企业发展得如火如荼,找到国外社会企业可借鉴之处和历史源流,对于未来推动中国社会企业发展意义重大。

3 专题研究一：公益组织成长与能力建设调查研究

在我国经济发展和社会转型的重要时期,公益组织虽然实现了数量和规模的快速增长,但存在着组织能力无法满足自身发展需求、组织成长滞后于持续增长的社会公益需求的各种问题。通过调查和数据分析,主要发现如下问题:第一,资金不足和专业人才缺乏是公益组织发展的瓶颈所在;第二,公益组织追求发展动力充足,而社会关系网络支撑有限;第三,对政府存在惯性依赖,尚未充分挖掘和利用媒体公众资源;第四,政府部门主导推动成立的公益组织发展不尽如人意;第五,公益组织的资源筹集能力和项目发展能力普遍较弱;第六,组织能力是影响公益组织成长的直接核心变量。针对以上问题,提出促进公益性组织持续成长和能力建设的五点建议:第一,加大扶持力度,资金投入和人才培养并举;第二,转变发展观念,充分利用媒体公众资源;第三,发挥领导魅力,广泛拓展社会关系网络;第四,善用社会支持,有效转化为组织发展动力;第五,强化自身建设,突破组织自我发展瓶颈。

3.1 研究背景

当前,我国正处于经济发展和社会转型的重要时期,改革正在从经济领域向政治和社会领域推进,城乡结构、就业结构、社会阶层结构和社会组织形态发生了很大的变化,各种社会矛盾日益突出。而公益组织作为推动创新社会治理的潜力股,不断在社会治理创新中发挥重要作用并逐步成为推动社会进步的重要力量。

在国家推动社会治理创新的背景下,公益组织发展迅速,作为社会治理的重要组织载体,向社会提供公共服务。民政部《2018 年社会服务发展统计公报》显示,在登记制度改革背景下,截至 2018 年底,全国共有社会组织 81.7 万个,其中社会团体 366234 个,基金会 7034 家(公募 1925 家,非公募 5109 家),民办非企业单位 444092 家,2018 年全国社会组织捐赠收入达 919.7 亿元(见表 3-1)。

表 3-1　2010—2017 年全国社会组织数量发展变化

指标	2010 年	2011 年	2012 年	2013 年	2014 年	2015 年	2016 年	2017 年	2018 年
社会团体/万个	24.5	25.5	27.1	28.9	31.0	32.9	33.6	35.5	36.6
基金会/个	2200	2614	3029	3549	4117	4784	5559	6307	7034
民办非企业单位/万个	19.8	20.4	22.5	25.5	29.2	32.9	36.1	40.0	44.4

然而,公益组织的能力建设和持续发展面临考验。近年来,虽然中国公益组织发展迅速,数量和规模都日益扩大,但信任危机事件时有发生,组织能力也有待提升,距离能够提供优质公共服务的现代公益组织还有极大的差距。

我国公益组织的发展受社会制度、社会结构、文化传统等因素影响,有着明显不同于西方发达国家公益组织的特性。我国的公益组织一种是公民自发形成的草根组织,此种模式下的公益组织因自身资源的限制,在合法地位、资金及能力建设方面存在不足,使其发展极为艰难;另一种是在政府主导或推动下形成的,这些公益组织具有特殊的"官民二重性",虽然拥有大量的社会资源,却面临着行政管理模式僵化、公共服务能力不足和社会公信力减弱等问题。整体来看,由于中国公益组织发展起步较晚,普遍存在运作管理不规范、发展不平衡明显、创新力可持续发展性不足等问题。

此外,由于近两年公益组织增长迅猛,我国大多数公益组织还处于成长的初级阶段,组织规模小、结构简单、功能单一,不仅缺乏承担社会治理与公共服务的基础条件,而且大多没有建立完善的用工管理制度和社会保障制度,无法吸引专业人才,从而制约了公益组织向专业化发展。在这样的背景下,公益组织的社会资本和得到的社会支持直接影响着组织能力并制约着组织成长发展,在保障社会价值的效应下,健全自身管理体系、获得自身发展所必要的资源,是公益组织突破自身能力束缚的关键。

3.2　调查目的

如何促进公益组织的全面、协调、可持续成长,并促使公益组织在广泛参与社会治理创新与社会建设当中更好地发挥作用,是各界普遍关心的议题。本研究的目的包括:

(1)不同的公益组织在发展过程中面临的问题具有诸多共性,通过调查研究,发现共同性问题并提出相关建议,帮助公益组织了解整体发展情况,认识自身不足,从组织自身做起,优化组织结构,提升组织能力,促进并规划公益组织的发展。

(2)不同社会资本和社会支持下的公益组织在成长发展上存在差异,其社会资本不同,社会支持不同,直接影响组织的成长性,亦可通过影响公益组织能力,间接影响公益组织发展。因而探究其中的关系,有利于引导相关公益组织理清各影响因素之间的关系。纵观公益组织研究文献,其研究角度虽多,但结论互有重叠和影响,多为对某个城市或某种公益组织现状的研究、某些具体人群(如大学生、居民)对公益支持情况、对公益组织自身能力等方面的研究,缺乏将影响公益组织发展的各因素进行归纳总结并理清其相互关系的研究。

3.3 调研设计与实施

3.3.1 模型设计

一个完善的社会组织,不仅需要健全的体制与高效的团队,而且还需要具备一定的物质资源和社会资源,宏观上可以称之为社会资本。同时,由于社会组织相对独立于国家政府系统和执政党系统,以社会成员的自愿参与、自我组织、自主管理为基础,并且受其本身非营利性质的制约,在发展过程中一定程度上需要依靠社会支持网络,在这种支持系统中得到组织所需的支持,公益组织才能更好、更顺利地发展。

学者崔欣(2007)也在其关于社会资本的研究中证实,社会资本是影响公益组织生存发展的核心要素,同时曾永和(2011)在关于社会组织发展支持体系的研究中突出强调了社会支持对组织成长的至关重要性。公益组织在成长过程中,一方面自身需要不断积累社会资本,另一方面也需获得正式和非正式的社会支持,无论是社会资本还是社会支持,都将影响公益性社会组织的成长。对组织成长的研究中,著名学者钱德勒(1997)证实组织成长的动力是组织能力,社会组织能力即社会组织利用资源,形成和制定组织愿景、战略、使命和目标,并有效实施组织的愿景、战略、使命和目标,为社会提供非营利性质(包括公益性和互异性)产品和服务,形成组织和环境的良性互动,获得竞争优势,确保组织可持续发展中体现出来的潜能和素质。

从王名(2007)、周艳玲(2009)等学者关于社会组织能力建设的研究看,公益组织的能力建设的重要表现形式是组织运作,能否进行有效的组织运作取决于组织在有限的资源环境中积累自身生存和发展的关键社会资本并且获取促进组织有效运作的社会支持。而由于公益组织所处的不同社会环境有着不同的社会资本,获取的社会支持也有所不同,从而形成不同程度的组织能力,进而其成长性也将存在差异。而为何会造成差异,这种差异对组织成长的影响又是如何表现的,基于此,为研究社会资本、社会支持和组织能力对公益组织成长性的影响,以及它们之间的内在联系,本书构建了如图 3-1 所示的概念模型,其中社会资本、社会支持作为前因变量,组织能力为部分中介变量,组织成长为因变量。

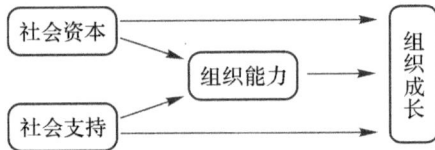

图 3-1   调查的概念模型

3.3.2   变量定义与测量

通过对大量文献的整理,本研究对社会支持、社会资本、组织能力及组织成长进行了定义和测量指标的归纳。

3.3.2.1   社会支持

公益组织在成长过程中获得的社会支持,可定义为组织在社会环境成长过程中从相对稳定的社会关系系统中获得的不同来源、不同程度、不同形式的社会资源支持。在丘海雄、陈健民、任焰(1998)在关于社会支持结构转变的研究中,将社会支持分为正式社会支持和非正式社会支持,本研究在此基础上结合庄受玲(2009)和曾永和(2011)等学者关于公益支持体系的研究成果,将其分为正式支持和非正式支持两个方面,其中正式支持包括政府部门支持、同行组织支持和企业支持,而非正式支持包括媒体支持和公众支持(见表 3-2)。

表 3-2   社会支持测量

变量名称	变量测量		参考依据
社会支持	正式支持	政府部门	丘海雄、陈建民、任焰(1998) 庄受玲(2009) 曾永和(2011)
		同行组织	
	非正式支持	企业	
		媒体	
		公众	

3.3.2.2   社会资本

社会资本即社会组织主体基于组织内外部社会关系网络,不断积累、获取能够为其带来效益的各种物质、人本资源及利用、整合这些资源的能力。结合林南(2005)、崔欣(2007)等学者对社会资本结构和功能的研究,并将其应用到社会组织研究领域，从社会关系网络和内部价值认同两个维度去衡量公益组织的社会资本（见表3-3）。

表3-3　社会资本测量

变量名称	变量测量	参考依据
社会资本	社会关系网络	林南(2005) 崔欣(2007)
	内部价值认同	

3.3.2.3　组织能力

组织能力即社会组织利用资源，形成和制定组织愿景、战略、使命和目标，并有效实施组织的愿景、战略、使命和目标，为社会提供非营利性质（包括公益性和互异性）产品和服务，形成组织和环境的良性互动，体现出来的潜能和素质。在参考林遇昌(2006)、马庆钰等(2011)学者对社会组织能力的结构、分类等研究，并结合公益组织的特性之后，本研究将社会组织能力测量指标归纳为资源筹集能力、项目发展能力和内部管理能力三个方面（见表3-4）。

表3-4　组织能力测量

变量名称	变量测量	参考依据
组织能力	资源筹集能力	林遇昌(2006) 马庆钰等(2011)
	项目发展能力	
	内部管理能力	

3.3.2.4　组织成长

组织成长性即组织在一定时间内由小变大、由弱变强、结构不断优化与创新的持续变化过程及展现出来的整体绩效和发展质量持续稳定增长的态势。结合学者郭蕊(2005)、李玉峰(2008)等人对成长内涵、成长机制的研究，并结合公益组织的实际情况，本研究认为其可以从组织规模变化、团队和项目实施情况及服务能力变化三个方面进行表述（见表3-5）。

表3-5　组织成长测量

变量名称	变量测量	参考依据
组织成长	组织规模变化	郭蕊(2005) 李玉峰(2008)
	团队与项目实施情况	
	服务能力变化	

3.3.3 问卷设计

在设计问卷之前,本研究充分借鉴文献研究成果构建理论模型,并细化了各个变量的测量维度,基于各个变量维度来具体发展模型。同时,结合专家咨询和访谈调研的意见和建议,设计了初步的调查问卷。然后通过预调研和专家咨询进一步修改完善了调查问卷,最终的调查问卷包含6个部分,共71个问题。

(1)公益组织基本信息调查,包括名称、人员规模、成立年限、组织类型等7个问题。(2)公益组织发展情况调查,从办公场所、项目来源情况、资金来源、支持需求和人力资源问题5个方面出发,设置了7个问题。(3)公益组织的社会资本调查,从领导人地位及社会关系、组织成员地位及社会关系、组织内部关系网络等方面着手,设置了10个问题。(4)公益组织的社会支持调查,从政府、企业、同行、公众及媒体支持5个方面出发,以李克特量表的形式设置了22个问题。(5)公益组织的组织能力调查,从资源筹集能力、内部管理能力、项目发展能力3个方面出发,以李克特量表的形式设置了15个问题。(6)公益组织的成长性调查,从组织规模变化、团队与项目实施情况、服务能力变化3个维度,以李克特量表的形式设置了10个问题。

3.3.4 抽样设计与调查

本研究的对象是公益组织,在前人研究的基础上结合浙江省公益组织实际情况,本研究将公益组织分为公益性社会团体、公益性社区基层组织、公益基金会、公益性民办非企业单位四大类别。通过浙江省公益慈善类基金会、典型公益组织和社区公益组织3个层面的调查,共计发放调查问卷750份(含实地调查、电话邀约、电子邮件邀约和QQ邀约),实际回收288份问卷,问卷回收率为38.4%(见表3-6)。

表 3-6 实际发放和回收样本量统计

调查对象	调查协助单位	发放问卷量	实际回收问卷量
浙江省注册登记的公益慈善类基金会	浙江省民政厅	357	38
典型公益组织	浙江省民政厅 宁波市公益服务促进中心 海曙区公益组织服务中心	193	116
社区公益组织	市民政局社会组织管理科 各区公益组织服务中心	200	134
合计	—	750	288

3.4 数据统计与分析

3.4.1 样本特征分析

3.4.1.1 公益组织及被调查者的总体特征

通过对样本的整理分析得到样本特征基本信息（见表 3-7）。

表 3-7 样本特征的描述性统计

变量	分类项目	个数	百分比/%	变量	分类项目	个数	百分比/%
组织类型	公益领域的社会团体	79	29.3	成立年限	2 年以下	72	26.7
	公益性基层社区组织	81	30		2～5 年	102	37.8
	基金会公益项目部门	39	14.4		5～10 年	65	24.1
	公益性民办非企业单位	71	26.3		10 年以上	31	11.5
职位	组织负责人	122	45.2	任职年限	2 年以下	127	47
	中层管理者	67	24.8		2～5 年	100	37
	一般成员	54	20		5～10 年	35	13
	志愿者/义工	27	10		10 年以上	8	3

3.4.1.2 组织人员规模情况

从人员规模分布看，20 人以下的组织占比最大，占总体的 49.3%；其次为 100 人以上的组织，占总体的 23%；然后 21～50 人和 51～100 人的组织分别占总体的 18.9% 与 8.9%（见表 3-8）。

表 3-8 组织人员规模统计

规模	频率	百分比/%
20 人及以下	133	49.3
21～50 人	51	18.9
51～100 人	24	8.9
100 人以上	62	23

3.4.2　描述性分析

3.4.2.1　公益组织项目开展情况

(1)公益项目主要来源。从被调查的公益组织的公益活动项目主要来源看,主要有组织自发项目、社区服务项目、政府购买项目、基金会项目、企业合作项目这 5 种途径(见图 3-2)。

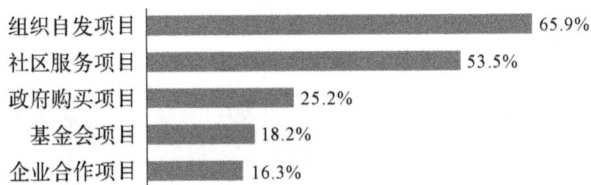

組织自发项目　65.9%
社区服务项目　53.5%
政府购买项目　25.2%
基金会项目　18.2%
企业合作项目　16.3%

图 3-2　项目来源

(2)项目资金来源渠道。从公益组织的数据统计可知,活动资金的来源渠道主要为政府、企业、社会公众和公益创投、个人出资等(见图 3-3)。

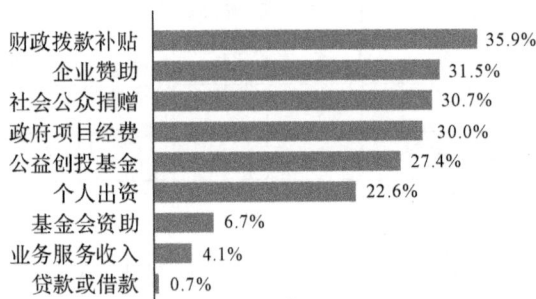

财政拨款补贴　35.9%
企业赞助　31.5%
社会公众捐赠　30.7%
政府项目经费　30.0%
公益创投基金　27.4%
个人出资　22.6%
基金会资助　6.7%
业务服务收入　4.1%
贷款或借款　0.7%

图 3-3　项目资金来源渠道

(3)项目主要影响范围。对 270 家公益组织的项目影响范围进行分析,从图 3-4 中可以直观地看出,市县级的占 44%,社区街道级的占 39%,而省级及以上只占 17%,说明目前的公益组织及其活动的影响范围主要限于市县级。

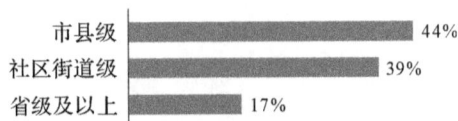

市县级　44%
社区街道级　39%
省级及以上　17%

图 3-4　项目主要影响范围

3.4.2.2 公益组织发展面临的主要问题

(1)公益组织发展的需求分析。从图 3-5 可以看出,70%以上的公益组织皆表示,组织目前发展需要资金和人才支持;表示需要政策与法律支持的占总体的 25.2%,对于办公场所和孵化机构的支持需求各在 15%左右,这说明公益组织目前发展急需资金与人才的支持。

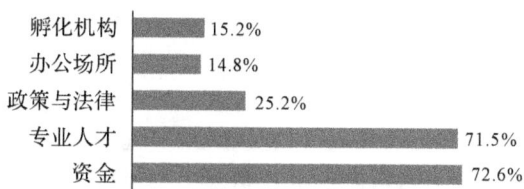

图 3-5　公益组织发展所需的支持

(2)公益组织的人才问题。由图 3-6 可知,在人力资源方面,面临专业人才缺乏的组织占 70.4%,后备人才缺乏的占 47.4%,人才培训落后的占 26.3%,人员流失及组织内部人员协作力不足各占 13.3%和 9.6%,这说明目前在制约组织发展的人才问题中,专业人才和后备人才不足问题尤为突出,而目前大部分公益组织也有意识地通过加强内部人员培训来缓解这些问题。

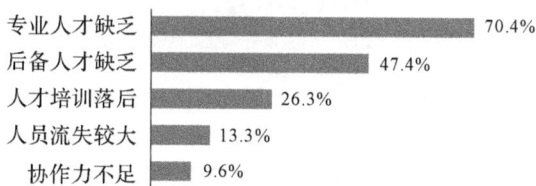

图 3-6　公益组织面临的人才问题

(3)公益组织对各支持方的依赖性。从调查分析看,当公益组织在发展过程中遇到问题时,可能会向政府部门、企业、同行、媒体和民众等对象寻求帮助。结果显示,73.7%的公益组织会向政府寻求更多的帮助;其次是向周边民众、企业和受益群体,各有 30%左右;向大众媒体、国内外组织寻求帮助的占比较少(见图 3-7)。

政府 73.7%
周边民众 33.7%
企业 31.9%
受益群体 28.1%
大众媒体 21.5%
国内外组织 17.8%

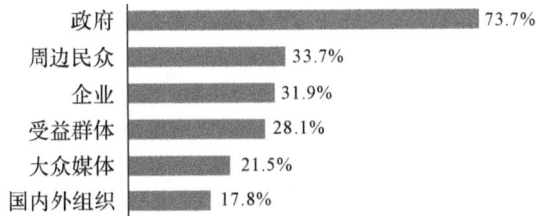

图 3-7　组织对各支持方的依赖性

3.4.2.3　公益组织成长性

通过公益组织对其近两年成员数量、活动实施、项目影响力、服务能力等方面的自我评分,来表征公益组织的成长情况。按照"完全不符合""比较不符合""一般""比较符合"和"完全符合"五个选项分别用1~5分进行赋值。采用算术平均值表示公益组织成长性的总体表现。图 3-8 为不同成长性分值的组织所占比例,通过该分析可了解组织总体发展格局。其中,52%的公益性社会组织成长性评分在 3~4 分,表示组织目前处于一种较稳定的成长状态;32%的公益性社会组织成长性评分在 4~5 分,这些组织目前处于良好而快速的成长态势;只有 16%的组织成长性在 3 分以下,成长态势不佳。总体看来,大部分公益性社会组织发展较好,整体保持良性提升态势。

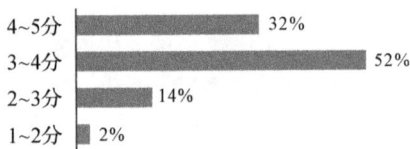

4~5分 32%
3~4分 52%
2~3分 14%
1~2分 2%

图 3-8　公益组织成长性

3.4.3　信度检验

在所研究的变量中,社会关系网络、内部价值认同、政府支持、企业支持、同行支持、媒体公众支持、资源筹集能力、项目发展能力、内部管理能力、组织成长性的 Cronbach α 系数均大于 0.8,如表 3-9 所示。这表明问卷信度水平良好,问卷设计具有较好的架构,保证了调查数据的较好信效度。

表 3-9　信度分析

研究变量	Cronbach α 系数	研究变量	Cronbach α 系数
社会关系网络	0.878	媒体公众支持	0.924
内部价值认同	0.914	资源筹集能力	0.902
政府支持	0.905	项目发展能力	0.927
企业支持	0.805	内部管理能力	0.942
同行支持	0.851	组织成长性	0.964

3.4.4　均值比较

对社会关系网络、内部价值认同、政府支持、企业支持、同行支持、媒体公众支持、资源筹集能力、项目发展能力、内部管理能力、组织成长性等变量进行平均值和标准差的计算。

3.4.4.1　社会资本的均值分析

通过数据分析,社会资本总均值为 3.81。其中,社会关系网络的均值为3.59,明显低于内部价值认同的均值 4.02(见表 3-10),说明组织当前感受到的内部价值认同较好,而社会关系网络方面则较为薄弱。

表 3-10　社会资本各指标均值和标准差

变量(均值平均)	问题项	均值	标准差
社会关系网络 (3.59)	领导者人脉广泛	3.87	0.88
	领导者影响力大	3.74	0.89
	领导者关系网络获得资源	3.55	0.99
	成员有一定知名度	3.44	0.96
	成员关系网络获得资源	3.36	0.92
内部价值认同 (4.02)	成员关系密切	4.01	0.86
	易于沟通协调	4.10	0.83
	有共同价值观	4.16	0.84
	积极参与活动	4.19	0.87
	成员流失率低	3.65	0.92

3.4.4.2 社会支持的均值分析

通过数据分析可知,社会支持均值为3.82。在社会支持中,媒体公众支持表现最佳,均值达到3.82,其次为政府支持,均值为3.71,然后是同行支持,均值为3.54,而企业支持均值仅为3.17(见表3-11)。可见,媒体公众对公益组织的支持较为积极,而企业支持相对较低。

表 3-11 社会支持各指标均值和标准差

变量(均值平均)	问题项	均值	标准差
政府支持 (3.71)	与政府保持联系	4.03	0.91
	获得政府资金扶持	3.61	1.24
	在政府办事便利	3.75	0.90
	承接政府项目	3.55	1.22
	获得技术与人员培训	3.34	1.11
	获得项目信息与资源	3.59	1.05
	政府倡导公益文化	4.07	0.87
企业支持 (3.17)	获得资金物资支持	3.30	1.21
	有需要时获得帮助	3.40	1.12
	承接企业项目	2.81	1.25
同行支持 (3.54)	与同行合作	3.59	1.02
	与同行交流	3.67	0.95
	参加相关论坛与会议	3.36	1.14
媒体公众支持 (3.82)	媒体宣传公益文化	3.91	0.90
	媒体关注公益活动	3.95	0.90
	媒体报道公益活动	3.88	1.04
	与媒体有公益合作	3.59	1.12
	市民关注度高	3.79	0.87
	市民参与度高	3.69	0.81
	群众基础良好	3.92	0.85

3.4.4.3 组织能力的均值分析

通过数据分析可知,组织能力均值为 3.68。在公益组织的组织能力中,内部管理能力的总体均值最高,达到了 3.93,其次为项目发展能力,均值为 3.61,而资源筹集能力均值仅为 3.48(见表 3-12)。这说明当前公益组织的组织能力问题,在内部管理能力方面较为突出,而资源筹集能力相对较差。

表 3-12　组织能力各指标均值和标准差

变量(均值平均)	问题项	均值	标准差
资源筹集能力 (3.48)	资金来源稳定	3.49	0.99
	物资筹集渠道稳定	3.33	0.99
	拥有项目必要资源	3.69	0.87
	能实时筹集资源	3.42	0.98
项目发展能力 (3.61)	项目需求调研	3.59	0.94
	有专人设计开发项目	3.35	1.03
	有专人持续推进项目	3.51	1.05
	总结项目经验并制订计划	3.69	0.98
	形成品牌性项目	3.79	0.98
	项目影响力大	3.75	0.91
内部管理能力 (3.93)	制度系统化	4.00	0.89
	人员管理体系健全	3.88	0.90
	理念与文化有吸引力	3.90	0.88
	管理公开透明	4.12	0.84
	经常内部培训	3.73	0.95

3.4.4.4 组织成长性的均值分析

组织成长性方面,"满足需求能力提高""项目影响力扩大"这两个题项的均值都明显高于组织成长性均值,达到了 4.00,而"成员数量增加"的均值仅为 3.62,明显低于总体均值,同时"项目数量增加"也低于总体均值(见表 3-13)。说明在组织发展过程中,组织对满足服务对象需求的能力提高和项目影响力的扩大表现最为明显,而对组织成员数量和项目数量的增加表现相对较弱。

表 3-13 组织成长性各指标均值和标准差

变量(均值平均)	问题项	均值	标准差
组织成长性 (3.89)	成员数量增加	3.62	0.98
	活动范围扩大	3.89	0.87
	项目数量增加	3.72	0.91
	成员能力素质提高	3.96	0.78
	项目完成度提高	3.96	0.82
	项目影响力扩大	4.00	0.81
	参与者数量增加	3.92	0.80
	媒体曝光率增加	3.98	0.82
	公众号召力增强	3.88	0.83
	满足需求能力提高	4.00	0.79

统计显示的成员数量增加和项目数量增加皆低于其他指标,其中均值最低的为成员数量的增加,而活动参与者数量又保持增长,说明目前公益组织内部成员较为固定,但吸收新鲜血液的能力较低。而项目数量增长情况较差,但项目完成度和项目影响力都有所提高,说明公益组织组织运作能力不断提升,但项目发展和创新力仍然不足。就目前来看,虽然公益组织成长情况较好,但如果不加以重视并解决组织内部成员和创新力方面的局限,组织在未来的发展过程中将会面临后备人才不足、组织竞争力下降的严峻考验,从而制约组织的成长。公益组织成长性各维度均值如图3-9所示。

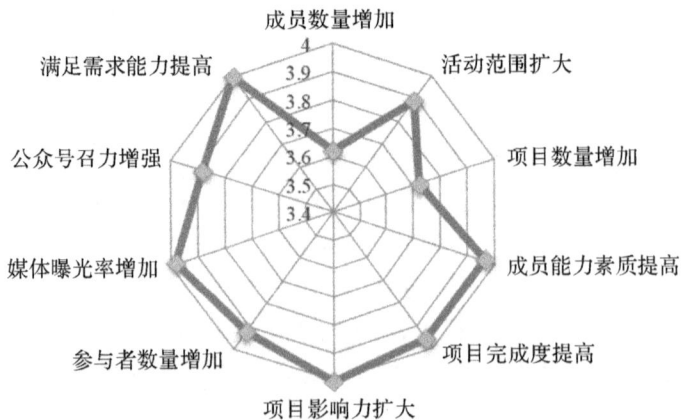

图 3-9 公益组织成长性具体指标均值情况

3.4.5 相关分析

对社会关系网络因子、内部价值认同因子、政府支持因子、企业支持因子、同行支持因子、媒体公众支持因子、资源筹集能力因子、项目发展能力因子、内部管理能力因子和组织成长性因子这 10 个公共因子进行相关分析。如表 14 所示，社会关系网络因子、内部价值认同因子、政府支持因子、企业支持因子、同行支持因子、媒体公众支持因子和资源筹集能力因子、项目发展能力因子、内部管理能力因子、组织成长性因子均有显著正相关性；资源筹集能力因子、项目发展能力因子、内部管理能力因子和组织成长性也存在显著正相关性。因此可对社会资本、社会支持、组织能力与组织成长性之间的内在联系进行进一步分析（见表 3-14）。

表 3-14　各变量间的相关分析

变量	关系网络	内部价值认同	政府支持	企业支持	行业支持	媒体公众支持	资源筹集	项目发展	内部管理	组织成长
政府支持	0.460**	0.345**	1							
企业支持	0.404**	0.265**	0	1						
行业支持	0.496**	0.296**	0	0	1					
媒体公众支持	0.472**	0.344**	0	0	0	1				
资源筹集能力	0.400**	0.319**	0.397**	0.446**	0.363**	0.448**	1			
项目发展能力	0.496**	0.416**	0.385**	0.502**	0.591**	0.598**	0	1		
内部管理能力	0.472**	0.516**	0.432**	0.385**	0.560**	0.585**	0	0	1	
组织成长	0.472**	0.492**	0.448**	0.377**	0.535**	0.592**	0.511**	0.708**	0.735**	1

注：** $p<0.01$（双尾检验）。

3.4.6　回归分析

3.4.6.1　总体分析思路与方法

依据研究模型,将组织能力作为中介变量,社会资本和社会支持作为自变量,组织成长性作为因变量,参考温忠麟、侯杰泰、张雷(2005)等学者的建议,按照以下三步进行中介分析:第一步,分析自变量是否会影响因变量,如果因变量与自变量相关不显著,则停止中介效应分析;第二步,自变量是否会影响中介变量;第三步,自变量与中介变量是否会同时对因变量产生显著影响。若自变量对因变量的影响不显著,而中介变量对因变量的影响显著,那么是完全中介;若自变量对因变量的影响显著但是显著性水平降低,自变量回归系数减少,那么就是部分中介(见图 3-10)。

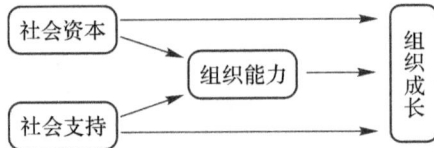

图 3-10　研究模型的分解

本研究在总体框架模型的基础上,细化了各个变量的具体测量维度,其中:自变量社会资本由社会关系网络和内部价值认同两个维度构成,自变量社会支持由政府支持、企业支持、同行支持和媒体公众支持四个维度构成,中介变量组织能力由资源筹集能力、项目发展能力和内部管理能力三个维度构成,而因变量组织成长性为单维度变量。在此基础上,将原有的总体框架模型进行全模型展示。

由于模型中涉及的自变量和中介变量比较多,统计分析处理难度较大,因此将此模型分解为两个子模型分别进行研究。研究一是以组织能力为中介的社会资本影响公益组织成长,研究二是以组织能力为中介的社会支持影响公益组织成长。研究一和研究二中涉及的变量及其统计分析方法如表 3-15 所示。依据两个自变量(社会资本、社会支持)与中介变量的三维度构成(资源筹集能力、项目发展能力、内部管理能力),需要进行六次中介分析和检验,分析厘清各变量之间的内在影响关系。

表 3-15　研究一与研究二中的相关变量

研究一		研究二		分析方法
变量类型	变量名称	变量类型	变量名称	
因变量(Y)	组织成长	因变量(Y)	组织成长	
自变量(X)	社会关系网络	自变量(X)	政府支持	线性回归分析中介分析
			企业支持	
	内部价值认同		同行支持	
			媒体公众支持	
中介变量(M)	资源筹集能力	中介变量(M)	资源筹集能力	
	项目发展能力		项目发展能力	
	内部管理能力		内部管理能力	
控制变量(C)	人员规模	控制变量(C)	人员规模	
	成立年限		成立年限	

3.4.6.2　研究一：以组织能力为中介的社会资本与组织成长

以社会资本作为自变量，组织成长性作为因变量，组织能力（资源筹集能力、项目发展能力、内部管理能力）作为中介变量，加入人员规模和成立年限，分别进行三次中介分析。

（1）社会资本、资源筹集能力和组织成长性的中介分析

依照上述中介分析思路，将社会资本、资源筹集能力和组织成长性进行中介分析。由表 3-16 可知，在模型 2 中，社会关系网络（$\beta = 0.243, p < 0.001$）、内部价值认同（$\beta = 0.319, p < 0.001$）对组织成长性有显著性正向影响；在模型 3 中，社会关系网络（$\beta = 0.353, p < 0.001$）对资源筹集能力有显著正向影响，而内部价值认同（$\beta = 0.151, p > 0.05$）对资源筹集能力无显著影响，选择 Sobel 检验，可得 Sobel$=1.85 > 0.05$，故资源筹集能力在内部价值认同与组织成长性间中介效应不显著。

在模型 4 中，同时加入社会关系网络、内部价值认同、资源筹集能力和组织成长性后，社会关系网络（$\beta = 0.135, p < 0.05$）、资源筹集能力（$\beta = 0.307, p < 0.001$）对组织成长性均有显著正向影响。因此，可以判定：资源筹集能力在社会关系网络和组织成长性中起部分中介作用。

表 3-16　社会资本、资源筹集能力和组织成长性的中介分析

变量	模型 1		模型 2		模型 3		模型 4	
	组织成长		组织成长		资源筹集能力		组织成长	
	β	t	β	t	β	t	β	t
控制变量 人员规模	0.192***	5.507	0.162***	5.479	0.005***	0.122	0.161***	5.922
成立年限	−0.033	−0.751	−0.004	−0.103	0.040	0.817	−0.016	−0.471
自变量								
社会关系网络	—	—	0.243***	4.150	0.353***	4.595	0.135*	2.412
内部价值认同	—	—	0.319***	5.313	0.151	1.921	0.272***	4.915
中介变量								
资源筹集能力	—	—	—	—	—	—	0.307***	7.154
R^2	0.102		0.365		0.172		0.468	
F	15.172		38.069		13.808		46.486	

注：* $p<0.05$，** $p<0.01$，*** $p<0.001$。

(2)社会资本、项目发展能力和组织成长性的中介分析

同样依照上述中介分析思路，将社会资本、项目发展能力和组织成长性进行中介分析。由表 3-17 可知，在模型 2 中，社会关系网络（$\beta=0.243$，$p<0.001$）、内部价值认同（$\beta=0.319$，$p<0.001$）对组织成长性有显著性正向影响；在模型 3 中，社会关系网络（$\beta=0.415$，$p<0.001$）、内部价值认同（$\beta=0.204$，$p<0.01$）对项目发展能力均有显著正向影响。

在模型 4 中，同时加入社会关系网络、内部价值认同、项目发展能力和组织成长性后，内部价值认同（$\beta=0.220$，$p<0.001$）、项目发展能力（$\beta=0.486$，$p<0.001$）对组织成长性均有显著正向影响，故项目发展能力在社会内部价值认同和组织成长性中起部分中介作用；社会关系网络（$\beta=0.042$，$p>0.05$）对组织成长性无显著影响，故项目发展能力在社会关系网络和组织成长性中起完全中介作用。

表 3-17　社会资本、项目发展能力和组织成长性的中介分析

变量	模型 1		模型 2		模型 3		模型 4	
	组织成长		组织成长		项目发展能力		组织成长	
	β	t	β	t	β	t	β	t
控制变量								
控制变量 人员规模	0.192***	5.507	0.162***	5.479	0.005***	0.122	0.161***	5.922
成立年限	−0.033	−0.751	−0.004	−0.103	0.040	0.817	−0.016	−0.471
自变量								
人员规模	0.192***	0.507	0.162***	5.479	0.096**	2.675	0.115***	4.759
成立年限	−0.33	−0.751	−0.004	−0.103	−0.034	−0.745	0.013	0.417
自变量								
社会关系网络	—	—	0.243***	4.150	0.415***	5.825	0.042	0.825
内部价值认同	—	—	0.319***	5.313	0.204**	2.792	0.220***	4.466
中介变量								
项目发展能力							0.486***	11.896
R^2	0.102		0.365		0.289		0.587	
F	15.172		38.096		26.949		74.938	

注:* $p<0.05$,** $p<0.01$,*** $p<0.001$。

(3)社会资本、内部管理能力和组织成长性的中介分析

同样依照上述中介分析思路,将社会资本、内部管理能力和组织成长性进行中介分析。由表 3-18 可知,在模型 2 中,社会关系网络($\beta=0.243,p<0.001$)、内部价值认同($\beta=0.319,p<0.001$)对组织成长性有显著性正向影响;在模型 3 中,社会关系网络($\beta=0.261,p<0.001$)、内部价值认同($\beta=0.393,p<0.001$)对内部管理能力均有显著正向影响。

在模型 4 中,同时加入社会关系网络、内部价值认同、内部管理能力和组织成长性后,社会关系网络($\beta=0.100,p<0.05$)、内部价值认同($\beta=0.104,p<0.05$)、内部管理能力($\beta=0.547,p<0.001$)对组织成长性均有显著正向影响,故内部管理能力在自变量社会关系网络、内部价值认同和因变量组织成长性中均起部分中介作用。

表 3-18　社会资本、内部管理能力和组织成长性的中介分析

变量	模型 1		模型 2		模型 3		模型 4	
	组织成长		组织成长		内部管理能力		组织成长	
	β	t	β	t	β	t	β	t
控制变量								
人员规模	0.192***	5.507	0.162***	5.479	0.062	1.841	0.128***	5.492
成立年限	−0.033	−0.751	−0.004	−0.103	0.004	0.104	−0.006	−0.214
自变量								
社会关系网络	—	—	0.243***	4.150	0.261***	3.914	0.100*	2.124
内部价值认同			0.319***	5.313	0.393***	5.755	0.104*	2.081
中介变量								
内部管理能力	—		—		—		0.547***	12.923
R^2	0.102		0.365		0.318		0.611	
F	15.172		38.096		30.932		82.971	

注：* $p<0.05$，** $p<0.01$，*** $p<0.001$。

3.4.6.3　研究二：以组织能力为中介的社会支持与组织成长

以社会支持作为自变量，组织成长性作为因变量，组织能力（资源筹集能力、项目发展能力、内部管理能力）作为中介变量，加入人员规模和成立年限，分别进行三次中介分析。

（1）社会支持、资源筹集能力和组织成长性的中介分析

同样依照上述中介分析思路，将社会支持、资源筹集能力和组织成长性进行中介分析。由表 3-19 可知，在模型 2 中，政府支持（$\beta=0.121$, $p<0.05$）、同行支持（$\beta=0.182$, $p<0.001$）、媒体公众支持（$\beta=0.233$, $p<0.01$）对组织成长性有显著性正向影响，而企业支持（$\beta=0.060$, $p>0.05$）对组织成长性相关不显著，停止中介效应分析。

在模型 3 中，政府支持（$\beta=0.206$, $p<0.01$）、媒体公众支持（$\beta=0.233$, $p<0.01$）对资源筹集能力有显著正向影响；而同行支持（$\beta=0.020$, $p>0.05$）对资源筹集能力无显著影响，故选择 Sobel 检验，可得 Sobel$=0.32>0.05$，故资源筹集能力在同行支持与组织成长性间中介效应不显著。

在模型 4 中，同时加入政府支持、企业支持、同行支持、媒体公众支持、项目发展能力和组织成长性后，媒体公众支持（$\beta=0.254$, $p<0.001$）、资源筹集能力

($\beta=0.233,p<0.001$)对组织成长性均有显著正向影响，故资源筹集能力在媒体公众支持和组织成长性中起部分中介作用；政府支持($\beta=0.073,p>0.05$)对组织成长性无显著影响，故资源筹集能力在政府支持与组织成长性中起完全中介作用。

表3-19　社会支持、资源筹集能力和组织成长性的中介分析

变量	模型 1		模型 2		模型 3		模型 4	
	组织成长		组织成长		资源筹集能力		组织成长	
	β	t	β	t	β	t	β	t
控制变量								
人员规模	0.192***	5.507	0.118***	4.257	−0.024	−0.673	0.124***	4.672
成立年限	−0.033	−0.751	−0.048	−1.369	−0.018	−0.398	−0.043	−1.307
自变量								
政府支持			0.121*	2.541	0.206**	3.303	0.073	1.576
企业支持			0.060	1.546	0.249***	4.904	0.002	0.053
同行支持			0.182***	3.862	0.020	0.332	0.178***	3.940
媒体公众支持			0.305***	5.315	0.233**	2.965	0.254***	4.548
中介变量								
资源筹集能力							0.233***	5.175
R^2	0.102		0.468		0.312		0.518	
F	15.172		38.593		19.881		40.149	

注：* $p<0.05$，** $p<0.01$，*** $p<0.001$。

（2）社会支持、项目发展能力和组织成长性的中介分析

同样依照上述中介分析思路，将社会支持、项目发展能力和组织成长性进行中介分析。由表3-20可知，在模型2中，政府支持($\beta=0.121,p<0.05$)、同行支持($\beta=0.182,p<0.001$)、媒体公众支持($\beta=0.305,p<0.001$)对组织成长性有显著性正向影响，而企业支持($\beta=0.060,p>0.05$)对组织成长性相关不显著，停止中介效应分析。

在模型3中，同行支持($\beta=0.260,p<0.001$)、媒体公众支持($\beta=0.354,p<0.001$)对项目发展能力有显著正向影响；而政府支持($\beta=0.031,p>0.05$)对项目发展能力无显著影响，故选择 Sobel 检验，可得 Sobel$=0.29>0.05$，故项目发展能力在政府支持与组织成长性间中介效应不显著。

在模型 4 中,同时加入政府支持、企业支持、同行支持、媒体公众支持、项目发展能力和组织成长性后,媒体公众支持($\beta=0.153$,$p<0.01$)、项目发展能力($\beta=0.430$,$p<0.001$)对组织成长性均有显著正向影响,故项目发展能力在媒体公众支持和组织成长性中起部分中介作用;同行支持($\beta=0.070$,$p>0.05$)对组织成长性无显著影响,故项目发展能力在同行支持与组织成长性中起完全中介作用。

表 3-20　社会支持、项目发展能力和组织成长性的中介分析

变量	模型 1		模型 2		模型 3		模型 4	
	组织成长		组织成长		项目发展能力		组织成长	
	β	t	β	t	β	t	β	t
控制变量								
人员规模	0.192***	5.507	0.118***	4.257	0.041	1.317	0.101***	4.110
成立年限	−0.33	−0.751	−0.048	−1.369	−0.082*	−2.119	−0.012	−0.398
自变量								
政府支持	—	—	0.121*	2.541	0.031	0.581	0.108*	2.571
企业支持	—	—	0.060	1.546	0.185***	4.272	−0.20	−0.553
同行支持	—	—	0.182***	3.862	0.260***	4.944	0.070	1.622
媒体公众支持	—	—	0.305***	5.315	0.354***	5.528	0.153**	2.868
中介变量								
项目发展能力	—	—	—	—	—	—	0.430***	8.845
R^2	0.102		0.468		0.499		0.591	
F	15.172		38.593		43.655		53.972	

注: * $p<0.05$, ** $p<0.01$, *** $p<0.001$。

(3)社会支持、内部管理能力和组织成长性的中介分析

同样依照上述中介分析思路,将社会支持、内部管理能力和组织成长性进行中介分析。由表 3-21 可知,在模型 2 中,政府支持($\beta=0.121$,$p<0.05$)、同行支持($\beta=0.182$,$p<0.001$)、媒体公众支持($\beta=0.305$,$p<0.001$)对组织成长性有显著性正向影响,而企业支持($\beta=0.060$,$p>0.05$)对组织成长性相关不显著,停止中介效应分析。

在模型 3 中,同行支持($\beta=0.260$,$p<0.001$)、媒体公众支持($\beta=0.350$,$p<0.001$)对内部管理能力有显著正向影响;而政府支持($\beta=0.103$,$p>0.05$)

对内部管理能力无显著影响，故选择 Sobel 检验，可得 Sobel＝1.88＞0.05，故内部管理能力在政府支持与组织成长性间中介效应不显著。

在模型 4 中，同时加入政府支持、企业支持、同行支持、媒体公众支持、内部管理能力和组织成长性后，媒体公众支持（$\beta=0.135$，$p<0.01$）、内部管理能力（$\beta=0.485$，$p<0.001$）对组织成长性均有显著正向影响，故内部管理能力在媒体公众支持和组织成长性中起部分中介作用；同行支持（$\beta=0.056$，$p>0.05$）对组织成长性无显著影响，故内部管理能力在同行支持与组织成长性中起完全中介作用。

表 3-21　社会支持、内部管理能力和组织成长性的中介分析

变量	模型 1		模型 2		模型 3		模型 4	
	组织成长		组织成长		内部管理能力		组织成长	
	β	t	β	t	β	t	β	t
控制变量								
人员规模	0.192***	5.507	0.118***	4.257	0.008	0.252	0.114***	4.912
成立年限	−0.033	−0.751	−0.048	−1.369	−0.045	−1.137	−0.026	−0.888
自变量								
政府支持			0.121*	2.541	0.103	1.922	0.071	1.763
企业支持			0.060	1.546	0.058	1.326	0.032	0.975
同行支持			0.182***	3.862	0.260***	4.888	0.056	1.356
媒体公众支持			0.305***	5.315	0.350***	5.405	0.135**	2.667
中介变量								
内部管理能力							0.485***	10.582
R^2	0.102		0.468		0.439		0.627	
F	15.172		38.593		34.308		63.035	

注：* $p<0.05$，** $p<0.01$，*** $p<0.001$。

3.4.6.4　回归分析和中介效应检验小结

模型的回归分析和中介效应检验结果如表 3-22 所示。社会资本包括社会关系网络和内部价值认同，两者都会直接影响组织成长性。同时社会关系网络会通过资源筹集能力、内部管理能力间接影响组织成长性，且项目发展能力具有完全中介作用；而内部价值认同则通过项目发展能力、内部管理能力间接影响组织成长性。社会支持变量均能直接影响组织成长性，其中媒体公众支持会

通过资源筹集能力、项目发展能力和内部管理能力间接影响组织成长性;同行支持则通过项目发展能力和内部管理能力间接影响组织成长性;企业支持对组织成长性相关不显著;政府支持会通过资源筹集能力间接影响组织成长性。

表 3-22 变量中介效应总结

自变量	中介变量	因变量	中介效应
社会关系网络	资源筹集能力		部分中介作用
	项目发展能力		完全中介作用
	内部管理能力		部分中介作用
内部价值认同	资源筹集能力		中介效应不显著
	项目发展能力		部分中介作用
	内部管理能力		部分中介作用
政府支持	资源筹集能力		完全中介作用
	项目发展能力		中介效应不显著
	内部管理能力		中介效应不显著
企业支持	资源筹集能力	组织成长性	相关不显著
	项目发展能力		相关不显著
	内部管理能力		相关不显著
同行支持	资源筹集能力		中介效应不显著
	项目发展能力		完全中介作用
	内部管理能力		完全中介作用
媒体公众支持	资源筹集能力		部分中介作用
	项目发展能力		部分中介作用
	内部管理能力		部分中介作用

3.5 主要结论

3.5.1 资金不足和专业人才缺乏是公益组织发展的瓶颈所在

调查发现,资金不足和专业人才缺乏是公益组织在发展过程面临的最大问题,分别占总需求的 72.6% 和 71.5%,明显高于政府政策、办公场所等其他方面需求。可见资金和人力资源支持是突破当前公益组织发展的瓶颈所在。

3.5.2 公益组织追求发展动力充足而社会关系网络支撑有限

组织的领导者和负责人对公益组织的发展起着至关重要的作用。大部分组织目前内部价值认同感强烈，有较强的自我发展的内部动力，但组织领导人或负责人在利用个人影响力筹集公益组织发展资源方面明显支撑不足。

3.5.3 对政府存在惯性依赖，尚未充分挖掘利用媒体公众资源

组织在遇到困难寻求外界支持时，对各方的依赖程度与实际得到的支持形成部分反差。媒体公众发挥的实际支持较高与公益组织实际寻求帮助的行为较低形成鲜明的反差。这既是公益组织对政府部门存在惯性依赖思维的表现，也反映了公益组织尚未充分挖掘和利用媒体公众资源。寻求大众媒体和社会公众的广泛支持是公益组织快速成长的根基所在。

公益组织在发展遇到瓶颈时，更倾向于寻求政府的帮助，可能的原因是，我国的公益事业总体上是自上而下的管理方式，组织面临困难时，其对政府抱有惯性依赖，期待政府能为其解决问题。

3.5.4 政府部门主导推动成立的公益组织发展不尽如人意

调查发现，由政府部门主导推动成立的公益组织占 34.1%，说明政府在积极推动公益组织的发展，而令人感到意外的是，其内部价值认同、资源筹集能力、项目开发能力和内部管理能力的四个维度均值得分，不仅低于其他组织类型，更低于总体均值。此外，公益组织成长性与组织类型存在显著差异，公益性民办非企业单位组织成长均值最高，公益性基层社区组织发展情况较为缓慢，由政府部门主导推动成立的公益组织均值最低。这表明由政府主导推动成立的公益组织发展情况不尽如人意。

3.5.5 公益组织的资源筹集能力和项目发展能力普遍较弱

调查发现，公益组织对其自身能力评价的均值为 3.68，其中资源筹集能力和项目发展能力均低于总体均值，这表明目前公益组织资源筹集能力和项目发展能力相对较差。

3.5.6 内部社会资本和外部社会支持共同支撑公益组织成长

本研究分别以社会资本和社会支持包含的各个因子作为自变量，组织成长性为因变量，组织能力包含的三个因子作为中介变量，进行中介分析，现将结

果总结如下：

内部社会资本包括社会关系网络和内部价值认同，两者都会直接影响组织成长性。其中社会关系网络会通过资源筹集能力、内部管理能力间接影响组织成长性，且项目发展能力具有完全中介作用。而内部价值认同则通过项目发展能力、内部管理能力间接影响组织成长性。这说明组织广泛的人脉圈与较高的知名度，对组织在筹集资源、项目发展、管理人员方面均有促进作用，有助于组织满足服务对象需求的能力。另外，在内部价值认同高的组织中，其组织成员持有共同的公益价值观，参与公益活动的积极性高，互相之间易于沟通和协调，有利于组织健康成长。

外部社会支持包括政府支持、企业支持、同行支持和媒体公众支持，四者均直接影响组织成长性。其中媒体公众支持会通过资源筹集能力、项目发展能力和内部管理能力间接影响组织成长性，而企业支持对组织成长性相关不显著。由此可见，媒体对组织的发展有较大的推动作用，有助于组织增加募捐、削减营销成本、与社会大众实时互动等，对组织提高知名度和扩大项目影响力帮助良多；然而大多组织主动寻求与媒体合作的观念十分欠缺。而政府支持会通过资源筹集能力间接影响组织成长性，而同行支持则通过项目发展能力和内部管理能力间接影响组织成长性。这表明，政府对公益组织的支持，更多的是资金、物资和场地方面，对组织内部管理和项目发展的引导与支持较少。结合深度访谈，同行之间很少进行资源共享，更多的是经验交流，因此其主要对组织项目发展和内部治理有较大的帮助。

综上所述，内部社会资本与外部社会支持均对组织的成长性有显著影响。一方面，通过完善组织内部管理制度，开辟多种资源渠道等方式，有效提高组织人员的稳定性，并激励组织成员参与公益活动；另一方面，针对不同支持自身的特性，善用各方支持，有效转化为组织发展动力，避免出现支持浪费等现象。

3.6　对策建议

3.6.1　加大扶持力度，资金投入和人才培养并举

一方面，政府应该制定促进社会组织健康发展的优惠政策。如改革财税制度，将公益组织作为重要的财政支出项目。这对公益组织起着推动作用，便于其开拓社会项目，满足社会需要。政府还应积极为公益组织搭建服务平台，加大购买服务的力度，积极促进公益创投开展，增强公益项目出资方与组织对接，促进公益项目信息流通性，助力组织拓宽项目。

同时结合深度访谈的相关结论可知，专业人才对组织的发展极其重要。因此，政府应定期进行培训，通过讲座、阅读、研讨、实地考察、观看录像、专题讨论、案例、角色扮演、示范等多种方式相结合，有效地提高组织成员的人力资本，使其具备必要的技巧与知识，从而提升服务能力，发挥服务效果。

3.6.2 转变发展观念，充分利用媒体公众资源

大众媒体作为信息时代的重要媒介，依托大众媒体的信息资源与平台，大力宣传公益组织在我国社会发展中的积极作用，建立健全表彰奖励制度，通过评选、表彰、典型宣传等，让优秀组织和个人享有较高的荣誉和社会地位，褒扬激励更多民众参与社会公益事业，壮大公益服务队伍，并根据组织自身发展需要，积极与媒体、受众群体及同行开展交流合作，比如公益沙龙、行业发展论坛和相关会议等，扩大公益组织的知名度，塑造组织的公益形象，为组织的发展争取更多的资源。此外，组织间也可联合举办大型活动等，吸引有影响力的媒体关注，提高组织的曝光度。通过媒体的宣传，传播公益理念和公益价值观，让更多的人支持公益、参与公益。

3.6.3 发挥领导魅力，广泛拓展社会关系网络

组织领导者或负责人在公益组织发展中起到至关重要的作用。组织管理人员更换频繁，尤其是领导人的更换，可能将会给组织带来瓦解的危机。因此，组织需要完善治理机制，提高管理人员（尤其是领导者）和骨干成员的稳定性，充分利用领导人的社会关系网络资源，吸引更多的支持来帮助组织更好发展。

一方面，充分发挥组织领导者的人脉资源。领导者的人脉资源在部分社会企业合作中发挥着重要作用，所以应加强拓展社会组织在公共服务提供中与企业的合作范围，利用其行业影响力，接触更多关注该领域/群体的同行、领导或企业管理层，为社会企业合作的实现提供更多的可能。

另一方面，拓展组织的社会关系网络。组织之间应着力搭建公益信息平台，增强组织内部与外部的交流合作。积极开展多项公益活动，邀请各行各业的公益人士，结识更多的社会组织或企业的相关负责人，培养互相之间的感情。除此之外，组织成员不应仅仅局限于自身组织，还应参加各类不同的论坛和会议，多与不同行业的社会组织或者企业进行沟通交流并建立友好关系，努力拓展自己的人际关系网络，为组织获取来自更多渠道的资源与支持。

3.6.4 善用社会支持，有效转化为组织发展动力

研究发现，不同的社会支持对公益组织成长性的推动效果不同。这表明要充

分利用社会各类支持,将现有的资源合理利用,努力将其转化为组织发展的动力。

首先,同行之间可进行联盟,构建资源分享平台,明确战略目标,建立完善的组织架构。各组织可通过定期召开会议,确定未来工作方向,促进各个组织成员之间的交流,交流工作经验。其次,组织需改变与企业的被动型合作理念,充分利用组织领导者或者组织成员的人脉资源,接触到更多的社会组织或者企业负责人,主动向他们介绍组织的公益文化与理念,努力争取与企业之间建立长期的合作关系。最后,充分利用组织现有资源。组织应明确组织内各责任主体的职责,对高层人员进行规划,从而"专事专人",充分发挥组织内人才的能力,并且让组织内成员相互分工协作,利用现有较少的资源发挥更大的作用。

3.6.5 强化自身建设,突破组织自我发展瓶颈

调研结论显示,公益组织在发展过程中随着时间呈现出不同特点,其中在2~5年间有所下滑。首先,公益组织必须明确组织自身的特征和定位,避免一窝蜂式的盲目跟从,根据社会需求,打造并创新公益项目,做出亮点,形成自身的品牌项目。同时组织要转变在资金、物质资源等方面对政府部门的依附思维,加强与企业的合作,充分发挥企业资金筹集、项目实施灵活等特点,从而保证在转型期间项目顺利开展,保持自立自强,在众多公益组织中实现健康可持续的成长,在转型过程中不被淘汰。其次,提升人力资源建设。政府有关部门应该完善对公益组织专业人才引进和用人制度,探索建立薪酬标准、年金制度和培训制度,给予组织合法的主体地位,为组织的人力资源管理创造良好的外部环境。加强内部成员间联系与沟通,运用目标激励等方式,有效调动成员的积极性。最后,加强财务管理制度。对内部财务信息的公开,让赞助者、捐赠人充分了解他们所捐组的资金、资产等能被有效利用,从而提高组织的知名度和良好的声誉,争取到更多的资金支持。

参考文献:

[1]毕素华.网络民权社会与公共慈善精神的培育[J].理论探讨,2013(6):168-172.

[2]蔡勤禹.民间组织与灾荒救治——民国华洋义赈会研究[M].北京:商务印书馆,2005:61-64.

[3]曹克.重庆市公益服务类青年自组织社会资本调查研究[D].重庆:重庆大学,2014.

[4]陈洪涛."社会组织"概念的政策与理论考察及使用必要性探析[J].社团管理研究,2009(6):21-24.

[5]陈洪涛.为什么要用"社会组织"[J].中国非营利评论,2008(1):248-251.

[6]程虹娟,张春和,龚永辉.大学生社会支持的研究综述[J].成都理工大学学报(社会科学版),2004(1):88-91.

[7]程玥,马庆钰.关于非政府组织分类方法的分析[J].政治学研究,2008(3):90-98.

[8]崔欣.中国草根非政府组织发展中社会资本的匮乏[D].北京:中央民族大学,2007.

[9]德鲁克.创新与创业精神[M].张炜,译.上海:上海人民出版社,2002.

[10]方福祥.明清杭嘉湖慈善组织的特征分析——兼论公共领域与市民社会[J].浙江社会科学,2007(6):153-159.

[11]冯伟.近五年来我国社会组织研究的文献综述[J].中国市场,2015(7):121-122.

[12]傅金鹏.社会组织提供公共服务的问责工具分析——以地方公益创投为例[J].中国行政管理,2013(10):36-41.

[13]高成运.民间组织能力建设的视角与路径[J].学会,2006(5):15-21.

[14]桂勇,黄荣贵.社区社会资本测量:一项基于经验数据的研究[J].社会学研究,2008(3):122-144.

[15]郭峰,付娟.高职大学生心理韧性与社会支持的调查研究——以江苏省五所高校学生为例[J].无锡职业技术学院学报,2015(4):8-11.

[16]郭蕊.企业可持续成长能力的关键纬度及分析模型[J].科学学与科学技术管理,2005(11):137-141.

[17]何增科.深化社会管理体制改革的十大构想(下)[N].中国社会报,2011-05-10(3).

[18]何忠洲.中华慈善总会的民间尝试[J].中国新闻周刊,2007(30):34-37.

[19]红会队医出发[N].申报,1922-08-13.

[20]黄振海.促进我国社会组织发展的若干思考[J].学术界,2011(6):210-215.

[21]加尔文.基督教要义(上册)[M].香港:基督教辅侨出版社,1957.

[22]金迎春.浅谈中国非政府组织的分类与发展现状[C].中国法学会行政法学研究会2010年会论文集,2010-02-03.

[23]科尔曼.社会理论的基础[M].邓方,译.北京:社会科学文献出版社,1999-354.

[24]科特勒,安德里亚森.非营利组织战略营销[M].孟延春,译.北京:中国人民大学出版社,2003.

[25]李超玲,钟洪.非政府组织社会资本:概念、特征及其相关问题研究[J].江汉论坛,2007(4):43-45.

[26]李俊群.从制度供求的角度看当前社会组织的运行状况[J].社团管理研究,2011(1):8-10.

[27]李玉峰.试论现代企业经营管理新理念[J].现代商业,2008(2):122.

[28]梁君林.基于社会支持理论的社会保障再认识[J].苏州大学学报(哲学社会科学版),2013(1):42-48.

[29]林南.社会资本——关于社会结构与行动的理论[M].张磊,译.上海:上海人民出版社,2005:28.

[30]林遇昌.中国NPO面临的挑战与对策[J].社会福利,2003(6):14-15.

[31]刘宗志.清代慈善机构的地域分布及其原因[J].河南师范大学学报(哲学社会科学版),2007,34(5).

[32]陆道生,王慧敏,毕吕贵.非营利组织企业化运作的理论与实践[M].上海:上海人

民出版社,2004.

[33]马庆钰,等.社会组织能力建设[M].北京:中国社会出版社,2011.

[34]民政部.1994年民政事业发展统计报告[R].1995-01-04.

[35]宁波市海曙区民政局.海曙区社会组织培育发展文件资料汇编[Z].内部资料,2011.

[36]普特南.使民主运转起来:现代意大利的公民传统[M].王列,等译.江西人民出版社,2001:195.

[37]戚小材."仁"以"诚"立:社会公益组织的诚信[J].湖南师范大学社会科学学报,2006(2):41-43.

[38]秦晖.从传统民间公益组织到现代"第三部门"——中西公益事业史比较的若干问题[J].中国社会科学季刊(香港),1999(冬季号).

[39]丘海雄,陈健民,任焰.社会支持结构的转变:从一元到多元[J].社会学研究,1998(4):23-31.

[40]舍基,胡泳.无组织的组织力量[J].发现,2009(10):16-18.

[41]施建锋,马剑虹.社会支持研究有关问题探讨[J].人类工效学,2003,9(1):58-61.

[42]施瓦茨.涟漪效应[M].晏和淘,等译.北京:中信出版集团,2016.

[43]时正新,廖鸿.中国社会救助体系研究[M].北京:中国社会科学出版社,2002.

[44]宋濂.元史.[M].北京:中华书局,1976.

[45]田涛.大清律例.卷八.户律.收养孤老[M].北京:法律出版社,1999.

[46]王娟.近代北京的慈善事业研究[M].北京:人民出版社,2010:164-165.

[47]王黎青.非政府组织的扶贫事业[J].中国农村经济,1998(9):29-33.

[48]王名,贾西津.中国NGO的发展分析[J].管理世界,2002(8):30-45.

[49]王名.非营利组织的社会功能及其分类[J].学术月刊,2006(9):8-11.

[50]王绍光.多元与统一:第三部门国际比较研究[M].杭州:浙江人民出版社,1999.

[51]王颖.公共服务多元化视角下社会组织与企业合作的影响因素研究[D].上海:华东理工大学,2015.

[52]温忠麟,侯杰泰,张雷.调节效应与中介效应的比较和应用[J].心理学报,2005(7):268-274.

[53]夏建中,张菊枝.我国社会组织的现状与未来发展方向[J].湖南师范大学社会科学学报,2014(1):25-31.

[54]燕继荣.民主:社会资本与中国民间组织的发展[J].学习与探索,2009(1):60-65.

[55]杨道波,王旭芳.公益组织的法律定位思考[J].理论探索,2009(3):127-130.

[56]俞可平.发展社会企业,推进社会建设[J].经济社会体制比较,2009(增刊).

[57]玉苗.从传统慈善到现代公益[J].广西社会主义学院学报,2014,25(4):90-96.

[58]曾桂林.民国时期的红十字立法初探[J].苏州大学学报(哲学社会科学版),2009,30(5):107-111.

[59]曾桂林.民国慈善法制研究[M].北京:人民出版社,2013:359.

[60]曾秋光,曾桂林.慈善事业与近代中国的民族精神[J].湖南师范大学社会科学学

报,2009,38(3):114-117.

[61]曾永和.社会组织发展支持体系研究——以上海为例[J].青岛行政学院学报,2011(1):47-53.

[62]张宝娟.公益组织培育发展研究——基于江苏省的实证分析[J].社团管理研究,2013(3):18-22.

[63]赵黎青.非政府组织的扶贫事业[J].中国农村经济,1998(9):29-33.

[64]郑大进.正定府志.[M].北京:中国书店出版社,2010.

[65]中国红十字会救护汕灾[N].申报,1922-08-26.

[66]中国红十字会总会.中国红十字会历史资料选编(1904—1949)[M].南京:南京大学出版社,1993.

[67]中国志愿服务联合会.中国志愿服务发展报告(2017)[M].北京:社会科学文献出版社,2017.

[68]周秋光,曾桂林.中国慈善简史[M].北京:人民出版社,2006:320.

[69]周秋光.熊希龄集(下)[M].长沙:湖南出版社,1996:2207.

[70]庄受玲.美国公益支持体系的考察学习[J].映绿通讯,2009(6):2-3.

[71]Barrera M. Distinctions Between Social Support Concepts Measures and Models [J]. American Journal of Community Psychology, 1986(14): 413-445.

[72]Cohen S. & Wills T. A. Stress, Social Support, and the Buffering Hypothesis [J]. *Psychological Bulletin*, 1985, 98(2): 310-357.

[73]Grootaert C & van Bastlaer T. Understand and Measuring Social Capital [R]. Washington D. C. : World Bank, 2002.

[74]Organisation for Economic Coorperation and Development. Classifging Edncatonl Programmes: manual for ESCED-97 implementation in OECD Countries [M]. Paris: OECD,1999.

[75]Sabatini F. Social Capital as Social Networks: A New Framework for Measurement and an Empirical Analysis of Its Determinants and Consequences [J]. The Journal of Socio-economics, 2009(38): 429-442.

第二篇　社会价值创造过程：机会、资源与模式

本篇聚焦于社会价值的创造过程。考虑到社会企业作为公益组织的一种新形态，其价值创造过程最具复杂性和典型性，也更有可持续性，因此本篇选取社会企业这一典型的公益组织形态来解析其社会价值创造过程。

本篇首先介绍描述社会价值创造过程的概念框架,包括五个主要方面:社会价值创造、机会识别、资源整合、价值创造模式、所处的环境。其中最重要的维度"社会价值创造"在模型中占据核心地位,其他维度都指向中心位置。社会企业开展一系列活动以创造社会价值。它们根据自己的知识和判断,识别和利用机会、调动资源、采取决策和行动,提供服务并对政府、市场和社会做出回应,以实现其社会使命。

　　基于上述框架,本篇对社会价值创造过程的三个重要环节(机会识别、资源整合和模式选择)进行了系统的阐释和解析,以期为社会企业提供战略指引、明确其业务方向、设计合适的价值创造模式,通过合理的商业化手段支持其社会目标实现可持续发展;进一步系统总结了社会企业在双重价值创造过程中的双元价值平衡策略及其优缺点,为解决社会企业价值创造中的社会价值和商业价值的平衡问题提供了解决方案;最后从社会企业需求侧的视角,探究社会企业社会使命和商业目标的结合如何成为一种资源竞争优势并产生需求外部性,进而影响社会企业的市场战略选择,为解决社会企业价值创造中如何选择市场扩张战略提供了解决方案。专题研究二通过多案例研究,从社会创业者身份视角为社会企业双元价值平衡模式选择问题提供了实证证据;专题研究三通过单案例研究,对互联网环境下的平台型公益组织的社会价值创造过程进行了分析与阐释。

4　社会价值创造过程的概念框架

社会价值创造如同创业过程一样,是多维的、涉及多学科的概念,因为社会创业实现其社会使命的活动本质上也是一种创业行为。社会创业是一种基于情境的现象,不同的情境因素也影响着社会价值创造的过程。

图 4-1 显示了描述社会价值创造过程的概念模型。它包含五个主要维度:(1)社会价值创造;(2)机会识别(启动社会价值创造过程);(3)资源整合;(4)业务模式;(5)环境背景。社会价值创造处于中心位置。其他方面如社会企业家的能力、机会识别和资源整合,都是围绕社会价值创造而展开。这些维度之间相互作用并贯穿于实现社会使命的社会价值创造过程中。

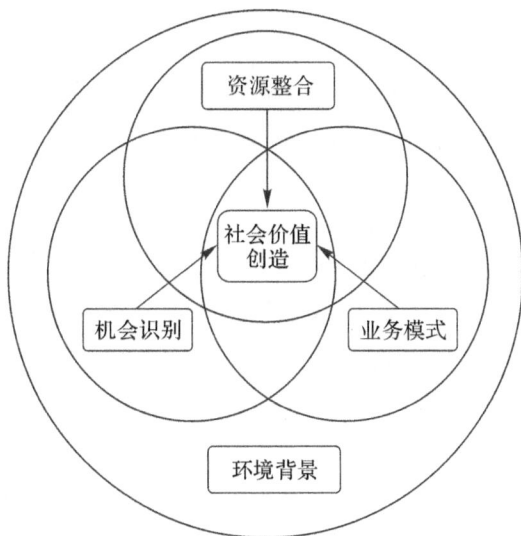

图 4-1　社会价值创造过程的概念框架

4.1 社会价值创造

社会创业的核心维度是"社会价值创造"。社会使命,即解决社会问题和创造社会价值(Dees,2002;Austin et al.,2006)是社会创业的核心问题。社会企业家创造社会价值并带来社会变革,在传统企业家致力于创造经济价值的领域,社会企业家致力于创造社会价值(Young,2006)。但在社会创业背景下,"社会价值"的概念并不清晰。

在评估慈善组织的社会价值时,Polonsky 和 Grau(2008)将"社会价值"定义为慈善组织对所有利益相关者的总体社会影响。用他们的话说:"慈善组织的社会价值可以被定义为慈善组织对所有利益相关者的影响。这些利益相关者包括捐助者、员工、志愿者、其他慈善机构和非营利组织,以及慈善组织正在帮助的人们甚至整个社会。Dees(2001)认为,对于社会企业而言,无论是慈善活动还是商业活动,利益相关者都包括受益者、资本提供者、劳动力和供应商。社会企业家为所有利益相关者,包括受益者(个人/组织/社会)、所有者/资本提供者/投资者、员工/雇员、供应商和环境创造价值,其中受益人是获得组织创造的部分价值的利益相关者之一,是价值创造的直接的意向目标(Lepak et al.,2007),特别是社会边缘化的弱势群体或部门(Phills et al.,2008)。

与我们在绪论中的讨论一致,本部分的研究将"社会价值"的概念限定为社会企业家对受益人(个人/群体/整个社会)的总体影响。如 Young(2006)提到,社会企业家创造价值是"社会性"的,它使那些有迫切的、合理的需求却无法通过其他方式满足的人受益。同时,在接下来的讨论里,我们将所有组织(非营利组织、公共部门、营利组织和跨部门伙伴关系)包括在社会创业中,并且不论这种组织建立过程是否在任何法律框架下注册。其要点是是否以社会使命为核心并致力于实现其社会使命。

4.2 机会识别

机会识别被认为是创业中最重要的问题之一,"没有机会,就没有创业。一个潜在的企业家可以非常勤奋和有创造力,但如果没有机会,创业活动就不会发生"(Short et al.,2010)。同样,机会识别也是社会创业的一个重要方面。企业家关注有利可图的机会,而对于社会企业家,机会是发现并解决社会问题、满足社会需求,创造社会价值并实现社会变革(Dees,2001,2007;Seelos & Mair 2005;Peredo & McLean,2006;Hockerts,2006;Austin et al.,2006;Zahra et al.，2009；Corner & Ho，2010）。机会可产生于人口、营养、资源、环境、健康、性别、教育和安全机会等多个领域（Elkington & Hartigan，2008）。传统企业家发现利润最大化的机会，社会创业者则发现社会价值创造的机会。

4.3　资源整合

资源整合是社会创业的另一个重要方面。霍华德·史蒂文森（Howard Stevenson）在机会导向的创业中增加了资源整合的维度。他在研究中发现，企业家突破他们自身的初始资源禀赋的限制，超越当前控制的资源而追求机会，也调动他人的资源来实现目标。与企业家类似，社会企业家不受当前资源的限制大胆行事（Dees，2001）。Seelos 和 Mair（2005）也提到"社会企业家将传统企业家的资源整合与改变社会的使命相结合"，包括财务、人力和其他各种资源。事实上，资源整合不是获取现金或资产，而是建立执行任务、实现使命的能力（Dees et al.，2001）。文献显示，最普遍的情况是，社会企业家通过"拼凑"在资源匮乏的环境中获取资源（Zahra et al.，2009；Domenico et al.，2010；Desa，2011）。资源"拼凑"是通过创新的方式充分利用现有资源来解决问题，由此，社会企业家的创造力在充分利用现有资源解决问题时发挥着重要作用（Yujuico，2008）。资源整合的概念比"拼凑"更广泛，社会企业家不仅通过创新的方式充分利用已有的有限资源，也不允许自身的初始资源禀赋限制他们的选择，而是勇于行动，利用他们的创造力，找到获取新的资源的途径，动员他人的资源来实现社会使命。

4.4　价值创造模式

业务模式是指社会企业通过何种方式创造价值及如何创造价值。换言之，就是在价值创造过程中各个要素组成及其逻辑关系，业务模式反映了价值实现的路径。对于社会企业而言，社会企业双重价值的实现也要以商业模式为依托并实现商业价值创造过程和社会价值创造过程的整合，兼顾社会价值与经济价值两条路径及两者交互作用和流程的衔接。

具体而言，业务模式的组成要素包括两个层面：第一个层面也是核心要素，是社会企业的价值定位，回答创造什么价值、为谁创造价值的问题。它决定了社会企业为其社会目标群体和商业目标群体提供什么价值、满足什么需求和解决什么问题。价值创造是通过为目标群体提供特定的产品和服务满足其特定的社会需求实现的。第二个层面是为实现价值创造所必需的要素，包括：一是客户细分,回答为谁创造价值的问题。社会企业通常面临"多边市场"的多种客户群体,包括社会目标群体和商业目标群体。二是客户关系,指社会企业与客户细分的目标群体之间建立的联系。三是渠道通路,是社会企业接触目标群体并把产品或服务提供给目标群体的途径。四是关键业务,回答如何创造价值的问题,是社会企业为了让业务模式运转并创造价值所必须从事的业务活动。五是核心资源,是建立和运转业务模式创造价值所需要的关键资源和能力。六是重要伙伴,创造价值过程中的主要合作伙伴,包括供应商和合作伙伴形成的网络以及志愿者等。七是收入来源,社会企业各种收入流的资金来源途径,包括商业活动产生的收入来源和社会捐赠、投资产生的收入,商业活动产生的收入来源占有的比例表明社会企业的市场化程度。八是支出结构,社会企业投资于社会使命和商业活动产生的成本支出及结构。

Osterwalder 和 Pigneur(2010,2011)开发的"商业模式画布"由九个关键要素组成,可以直观地、可视化地显示各个要素及其相互关系(刘志阳,2018)。我们借鉴这一框架开发了社会企业价值创造的业务模式画布,可以清晰地解析社会企业价值创造过程及其逻辑。

4.5 环境背景

社会创业是社会企业家与环境之间持续互动的过程,社会企业及其活动都嵌入其中(Mair & Schoeni,2007；Austin et al.,2006；Dorado,2006),环境同时为个人提供创业机会并为他们的行为设定界限,换句话说,个人可能会将环境视为资产和负债(Welter,2011)。环境背景包括社会背景、空间/地理背景和制度背景等。Misra & Kumar(2000)综合了人口学特征(社会企业家的概况:家庭背景、出生、年龄、家庭教育程度、性别、婚姻状况和工作经历等)和心理特征(企业家的动机倾向)。因为创业行为是以情境为基础的,人口特征可能会影响其他构想,如意图和态度。背景不在企业家的控制之下,但可能会影响社会创业的成功或失败(Wei-Skillern et al.,2007)。这个框架与创业行为理论(Gartner,1985,1988)一致:个人行为是人与情境之间相互作用的结果。因此,在创业理论的基础上,笔者将社会创业概念化为社会企业家的能力、机会识别和资源整合在其所处环境中追求社会使命的组合。从这个意义上说,"社会创业"被概念化为一种"多维模型",它是一个个体/组织识别和利用机会,超越资源限制,创造性地解决社会问题,创造社会价值的过程。

5 过程一：机会识别

社会企业通过创业活动提供公共产品和服务,创造社会价值,提升社会福利。在市场失灵、政府失灵的领域存在的社会问题、公共问题,常常可以成为创业者能够利用的创业机会。创业的核心是"创业机会"的观点,已得到众多学者的认同(Short et al.,2010;Suddaby et al.,2015;斯晓夫等,2016)。"没有机会,就没有创业。"(Short et al.,2010)传统的创业机会的观点认为,机会客观存在于世界之中,等待创业者去发现,而近期的创业学者则达成较为一致的共识:创业机会不仅存在于客观世界,还存在于创业者的主观内心,需要创业者进行机会构建甚至机会创造。机会的构建或创造在创业者与社会环境不断的交互过程中迭代。就此而言,社会创业作为一种以创新的商业手段解决复杂社会问题的创业行为,与机会的构建或创造过程存在天然联系。虽然社会创业和商业创业一样,创业的起点均是识别创业机会(Austin et al.,2006),但两者在机会来源、机会开发过程、机会对创业者的要求等方面,均存在较大不同。

5.1 创业机会识别理论

5.1.1 创业机会识别的定义

要创业就必须首先有创业机会,创业机会是"通过引入新的方法,把新产品、服务、原材料、市场和组织方式进行有机结合的一种状态。创业决策与通常的战略决策或业务决策不同,并非在多种可能的方案中寻求最佳或最满意决策方案。创业决策是创造性决策,是创业者'建构'创业的方法、结果"(Eckharclt & Shane,2003)。创业机会不同于其他营利性的机会之处在于:前者是发现新方法、新组合,而后者仅是方法或组合的最优化(Kirzner,1997)。由于创业过程中的新组合、新方法及其可能的结果未知或充满不确定性,难以通过对可选方案的计算、分析和比较及最优化方案的选择而做出创业决策。

尽管创业机会的识别是一个主观的过程,但是机会本身对每个主体来说是客观的。创业机会有各种各样的形式,既存在于产品市场,也存在于要素市场。在产品市场的创业中,Druker(1985)描述了3种不同类型的机会:(1)随着新技术的发明而产生的新的机会;(2)在时间、地理上信息不对称情境下,对市场无效率(market inefficiencies)的改进;(3)人口学层面的变化,或政治、制度规则改变,使得资源利用的相对成本和收益发生变化。

一些研究者认为,创业机会的出现主要原因是不同人对不同资源的价值认知不同,其资源转化的能力亦不同(Kirzner,1997),由此会对资源的价值及其市场出清价格有自己的看法。从这个意义而言,对机会的认知和看法的不同造就了创业机会,机会识别的关键在于围绕信息进行个性化的处理和使用。有学者研究了在同样情境下为什么有些人能够而另一些人却不能发现机会(Shane,2000),认为其原因主要依赖两个因素:识别机会所必须拥有的先验信息、有效识别机会的认知特征。Ward(2004)认为信息处理过程、知识的创造和机会鉴别是互相关联的过程,而机会本身即是创业的一个主要特征。

上述学者从不同角度定义了创业机会,但无一例外,他们都认为机会识别是创业活动中的重要一环。总体来看,按机会的来源,创业机会主要有三种核心的界定方法:机会的外在市场论(机会来源于市场);机会的单一认知论(机会就是创业者看到的)和机会的互动认知论(机会来源于特定的创业者对特定机会的发现)(王皓白,2010)。

5.1.2　创业机会识别的理论流派

5.1.2.1　市场机会论

市场机会论源于经济学的主流范式中的"新古典主义学派",严格地讲,新古典主义学派并没有明确提出创业者和创业机会的概念。新古典学派把管理者看成是精明的计算者,其作用是"机械式地应对外部的变化,而不是主动对外部变化施加积极的影响"(Baumol,1993),甚至没有把创业引入经济增长。他们提出的是创业均衡理论(equilibrium theories of entrepreneurship),并且假设任何人都能够识别市场机会,认为"市场就是由那些利益最大化的代理人组成,而他们的集体决策决定了市场的出清价格,在所有的时点上,所有的创业机会都能够被识别、交易都能够顺利进行"(Shane,2000)。因此新古典学派的创业机会理论认为,所谓创业机会就是所有人都能识别的市场不均衡。

5.1.2.2　创新机会论

创新机会论源于奥地利学派,熊彼特(1934)首先提出现代意义上的创业概念,并把创业定义为"引入了全新的组合",这个组合就是企业(enterprise),个人的作用就是执行创业(entrepreneur)。他认为创业的概念可分为广义和狭义的,广义而言,创业者并不限于独立的商人,也包括公司的执行董事、股东、雇员等;狭义而言,创业者必须找到一个新组合,且不需要永远和公司捆绑在一起,有时创业者仅是一个"推动者";当创立事业的使命完成之后,创业特征一旦消逝,创业者就不再是创业者。熊彼特从创新与经济增长的角度审视创业机会,认为由创业机会产生的创业利润,是经济增长的源头,创业者需要通过创新形成创造性破坏,而创业机会来源于技术革新、市场变化及新产品需求。某些行业的倒退、市场本身的增长都会带来创业机会。机会来源于需求的拉动,来源于社会经济环境的变化,包括人口统计学的变化、社会政治的变化、行业的变化,或微观情景中消费者偏好的变化等。

5.1.2.3　创业认知论

创业认知论源于芝加哥学派,这个流派强调创业者认知在创业过程中的关键作用,认为创业者是不确定世界中的"风险承担者"(Knight,1921)。创业者拥有异于非创业者的特征和能力,更依赖对信息的敏感做出判断,更能从稀缺资源及风险两个维度识别创业机会,其潜在的假设是:收益来自风险。其思想要点是认为创业机会识别是通过创业者的主观认知介入发现市场机会。市场上的创业机会无处不在、无时不在,机会能否被识别只因创业者的认知差别而不同。创业机会识别只是一个主观变量:"凡是知觉到的机会就能够产生利润和收益,机会仅仅是'创业者对通过某些方法获得收益'的认知。"就特定意义而言,创业机会识别是创业者对外在环境的"某种认知模式"。进一步研究发现,创业者对创业机会的识别取决于他们的先前经验和以往知识,并认为创业敏感性是影响机会识别的另一重要因素,创业者愿意花很多时间去搜索机会、广泛关注各种信息来源,并且愿意承担风险,因而对机会的敏感性很高。总体而言,此学派的理论认为创业者的机会识别是基于其主观认知特征的、对市场机会的感知,创业者是机会识别的学习和认知者。

5.1.2.4　"市场信息—创业认知"互动论

"市场信息—创业认知"互动论源于奥地利学派,该理论将创业定义为信息不对称和信息鸿沟(information gap)出现的结果。一方面,创业机会来源于人的认知,创业者具有创业敏感性。创业敏感性是一种持续关注的能力,机会发现并不是随机的发现(non-random discovery),创业者对经济发展的贡献源于他们对机会的敏感、对市场的勇敢开拓,他们知道去哪里搜寻信息,而不是被动地接受或获取某些市场知识,只有具有一定敏感性的人才能发现机会。另一方面,创业机会与信息本身密切相关,信息的异质性使那些敏感性高的人看到了其他人看不到的机会,因此,信息的特征也是机会识别的重要基础,知识或信息的分布是不均衡的,信息不对称和信息鸿沟产生创业机会,而机会本身也包括许多不同的属性,如经济价值、新颖价值、感知价值和接受价值。创业机会识别是创业者的认知和市场信息互动的过程,原型理论(prototype theory)的提出为解释对复杂事物的认知及其过程提供了理论基础。其基本逻辑是:认知主体通过经验积累,形成对事物认知的基本框架和原型,这种原型具有某种固定的特征和属性,创业者通过原型与其所面对的机会的比较进行创业决策。该理论的假设是:创业者在识别机会之前,已具备创业机会识别的认知原型,而原型的属性和特征基于经验的积累,机会能否被识别取决于原型与机会的匹配程度,匹配程度越高,机会越容易被识别。

概括而言,新古典学派市场机会论完全建立在理性经济人的假设之上,几乎忽略创业者的能动性,认为创业仅仅是市场在起作用,该理论因其前提假设过于偏离实际,已经退出历史舞台。奥地利学派的创新机会论奠定了创业理论的基础,首次肯定了创业者的创新行为对机会识别的重要作用。芝加哥学派则进一步引入认知理论,强调创业者的认知特征的作用,从而把机会发现转化为机会识别,解释了为什么面对同样的市场,有些人能而另一些人却不能识别创业机会。奥地利学派的"市场信息—创业认知"互动论则从创业者认知和机会本身的属性和特征互动的角度,更好地解释了创业机会识别的动态过程,这一理论为当前更多的创业领域的研究者所接受,成为近期关于创业机会识别及开发过程相关研究的重要理论基础。

5.2 社会创业机会识别

按照"市场信息—创业认知"互动论的思路和框架来分析社会创业,会发现社会创业机会识别与一般创业机会识别具有相同或相似之处,但又有两个不同特征:第一,社会创业机会和商业创业机会的特征和来源不同,社会企业家的机会嵌入社会企业家的社会背景中,具有更高的社会嵌入性特征,一些学者认为,这是社会创业机会与商业机会明显的不同。第二,创业者的某些认知特质决定了他们选择社会创业还是商业创业。

5.2.1 社会创业机会的界定

商业创业机会是"通过引入新的方法,把新产品、服务、原材料、市场和组织方式进行有机结合,创业决策不是最优决策,而是具有创造力的决策,创业者建构了创业的方法、结果或者两者兼而有之"。

社会创业作为创业的一种,同样需要引入新方法、新组合,但社会创业所创立的通常是横跨营利组织和非营利组织的混合组织类型,为了保持营利性和公益性的平衡,社会创业往往需要发现和挖掘经济和社会双重价值的机会,创造混合价值。社会创业机会与商业创业机会的重要差别是社会创业需要更多地关注社会使命、满足社会目的,由此创业机会的来源、客户对象等与商业创业具有明显差别。从机会来源而言,商业创业的机会来源于市场,而社会创业来源于社会问题;从最终使命而言,商业创业侧重经济利益,社会创业侧重社会利益兼顾经济利益;从机会特质而言,商业创业机会侧重机会的经济性,社会创业机会侧重机会的社会性;从目标群体而言,商业创业涉及市场上的消费者,社会创业的目标群体是没有或缺少支付能力的社会弱势群体。所有的创业活动都从一个富有吸引力的创业机会开始,而社会创业机会是需要投入时间、金钱等一系列资源才能产生社会影响力的潜在可能性。

5.2.2 社会创业机会的来源

社会创业机会的来源可以从不同角度进行分类,概括而言,包括从社会需求的角度进行分类、从环境变动的角度进行分类和从参与主体的角度进行分类。

从社会需求的角度而言,社会创业机会通常来源于市场失灵、政府失灵的领域。从本质而言,市场和政府存在的价值都是通过提供产品或服务满足社会需求,两者各有自身的运行机制和逻辑,又相互补充、相辅相成,在大多数情况下,能够满足大部分公众对公共产品和服务及一般产品和服务的需求。然而,两者的运行机制和逻辑又有各自的缺陷,存在失灵的领域,在这些失灵的领域会因特定的社会需求得不到满足而滋生社会问题,并由独立创业者或组织机构进行创业机会的开发(Prahalad,2006)。

在市场失灵方面,市场机制因其固有的内在缺陷,无法满足社会对公共产品的需求;或者由于外部性、垄断和信息不对称等问题,经济效率和社会福利遭受损失。这通常包括三种情况:第一,在市场机制下,企业必须通过为顾客提供产品和服务而获取利润,通常企业只关心那些有足够消费能力的顾客,而不关注那些消费能力不足的顾客,特别是那些社会需求满足度远处于社会平均水平之下同时购买能力严重缺乏的弱势群体。有学者指出,"企业存在的目的不仅仅是创造顾客,还在于满足已经大量存在于'金字塔底层'那些消费能力不足的顾客的需求",但这在很多情况下只是一厢情愿的想法。第二,在市场机制下,企业通常更关心那些能够获得快速、直接回报的领域,而对那些对应社会公众广泛需求,但难以获得直接或短期回报,或市场尚未发育完全的领域,诸如环保、医疗、养老、科技等领域的长期投资缺乏兴趣或耐心。第三,在市场机制下,企业以追求经济利润为根本目标可能会产生负外部性,特别是在垄断和信息不对称情况下更为明显,如企业为追求经济利润而污染环境,从而损害公众的环保需求等。

从经济学的角度来看,上述领域对应的社会需求,如 Prahalad(2006)所言的满足"金字塔底层"贫困民众的需求,或环保、教育领域的需求等,对应的产品通常具有公共物品的属性。公共物品难以通过大规模收费来收回成本和维护费用,更难以产生足够的利润,因此非常可能会供应不足,从而产生市场失灵。市场失灵在公共物品的供应上极其容易出现,很多社会创业的宗旨即是解决社会公共物品的供应不足,通过满足这部分被市场选择性忽视、遗漏或被损害的社会需求来创造社会价值,由此市场失灵的领域常常成为社会创业机会的重要来源。

在政府失灵方面,所谓"'政府失灵'是指政府的活动并不总像应该的那样'有效'或像理论上那样'有效'",政府无法在公共物品得不到很好满足的情形进行有效回应,从而使公众对公共物品的需求得不到很好的满足。概括而言,"政府失灵"包括以下几种情况:一是由于行为能力和其他客观因素制约,政府干预经济活动达不到预期目标。二是政府干预经济活动虽然达到了预期目标,但公共部门在提供公共物品时趋向于浪费和滥用资源,致使公共支出成本昂贵或者效率低下,导致资源并未得到充分有效的利用。三是政府干预经济活动达到了预期目标,也有较高的效率,但带来了事先未曾预料到的不利的后果或副作用。此外,政府的不适当介入和垄断力量也会产生政府失灵,例如,政府可能为了地方经济发展,不顾生态环境的保护和优化,引入污染企业;政府垄断力量使纯粹的市场机制无法实现对资源的有效配置,某方面的社会需求不能通过正常的市场购买得到满足。

与市场失灵一样,尽管政府失灵机制不同,但同样导致公众在很多领域的社会需求无法得到有效满足,从而成为社会企业创造社会价值的机会。例如,政府因精力和财力所限较难对艾滋病、自闭症等特殊群体加以有效干预,从而产生社会组织的创业机会;政府过度强调地方经济发展而忽视环保,从而产生了环保组织的社会创业机会;等等。社会创业者可试图在政府无法满足的社会需求与自身的能力之间寻求一个平衡,利用创新的模式解决公共产品供应不足的问题。此外,公共政策的变化还可能加速社会创业的进程,因为有些政策不仅创造了新的社会需求,还能够为新的社会创业模式的产生拓展空间,这为社会创业机会的开发提供了契机。

从环境变动角度而言,有学者认为,社会创业机会主要来源于技术变革、公共政策变化、公众观点变化、公众偏好的改变和人口统计上的变化。第一,技术变革往往能够产生社会创业机会,例如,互联网的发展促使与网络产品和服务相关的需求,如信息、沟通、交往和购物的需求爆炸性增长,事实上,在网络创业的实践中,很多案例是不仅商业创业非常成功,社会创业也同样成功。第二,公共政策的变化也可能产生社会创业机会,有些政策变化不仅创造了新的社会需求,还使社会创业者用新方法、新途径满足社会需求成为可能,如汶川地震的发生导致灾后重建政策具有极大的倾斜性,包括灾区企业税收的减免等,由此导致很多社会创业的涌现,包括去灾区开办儿童摄影培训、灾区心理咨询等。第三,某一领域公众观点的改变可以引发社会创业机会。例如,早期我国社会公众对经济发展的重视远高于对环境保护的重视,但随着生活水平的提高,环保意识逐渐增强,公众反对环境污染的情绪高涨,由此为致力于通过环保产品或环保活动保护环境的社会创业者提供了社会创业机会。与公众观点改变相似的是公众偏好的改变,例如当前公众对健康的重视程度越来越高,由此对绿色有机食品的偏好也越发强烈,为满足人们这一需求,一些社会创业者通过农村电商等形式将乡村精准扶贫与绿色农产品消费连接起来,创办社会企业。在很多情况下,消费偏好方面的改变往往是潜在的或"隐藏"的,因为具有某种特定潜在需求的人群并不一定会很明显地表现出对一种产品或服务的需求偏好,可能在特定的环境才能激发出来,这就需要创业者有敏锐的洞察力并创造满足消费偏好的条件。第四,社会和人口统计学意义上的变化也会引发社会创业机会,例如,中国当前一方面面临重度老龄化、快速老龄化的趋势;另一方面由于人们生活水平、健康水平和教育水平的提高,很多健康且有一技之长的退休老年人面临无所事事、被社会边缘化甚至沦为家庭和社会负担的窘境,我们在本书第9章将提到的"银巢养老"将此视为社会创业机会,借鉴"积极老龄化"的理念,将这部分老年人视为"价值创造者"而非单纯的"被服务者",建立平台组织这些老年人通过灵活就业、弹性就业等方式积极参加为弱势群体提供教育培训、技能传授、法律咨询等服务,开展社会创业。

从参与主体角度而言,Hockerts(2006)将创业机会分成"积极的社会活动"(activism)、"自助"(self-help)和"慈善"(philanthropy)。第一种社会创业机会来源于社会创业家的"积极的社会活动",社会活动家通过密切的交流、协作活动,对政治家和管理者产生积极影响,使他们理解实现其政治和商业目的最佳途径之一就是支持社会创业,一些社会企业家也是积极、活跃的社会活动家,通过社会活动探索更加系统的方法,以获取政界和商界精英的支持。他们往往面临两种选择,要么逐渐淡化社会目标而向商业靠拢,要么完全离开商业成为纯粹的社会活动家。第二种社会创业机会可能来源于社会创业的受益者的二次社会创业，通常而言，社会创业的受益人往往在能力上处于弱势，实际上他们常常在社会企业家社会创业的基础上，通过社会创业来帮助自己，即所谓"自助"，自助是社会创业最为常见的一种方式。自助型的社会创业的受益者有两个特点：受益人是廉价劳动力的来源；比商业创业的客户更具耐心。第三种社会创业机会来源是慈善投资，商业投资是期望产生商业价值回报，而慈善投资是"利他"使命下，在社会价值上给予慈善投资者足够的回报。慈善驱动的社会创业机会有三方面的优势：投资者是稳定的资助来源；与纯粹的提供慈善资助不同，慈善投资还提供有价值的创业建议；通过慈善投资的过程建立社会创业合作网络。

事实上，如果从社会需求的角度来看待社会创业机会，社会需求可以引发社会创业，同样也可以引发商业创业，因为本身任何机会都具有社会性和经济性，而侧重社会性的会选择社会创业，而侧重经济性的会选择商业创业，从本质上说，社会需求才是机会的最重要来源。

5.2.3　社会创业机会识别过程

任何创业行为都始于对一个富有吸引力创业机会的识别（Howard，1985）。对于社会企业家而言，所谓"有吸引力的机会"，就是一个能产生足够社会影响力的机会，而这个机会需要社会企业家投入极大的精力、财力和物力。"社会创业的机会不像失落的宝藏一样就在那里，而是需要社会企业家去设想、开发并进行创造性的提炼和搜寻的过程。"（Arthur，2008；Hockerts，2006）

社会企业家首先要发现机会，产生一个富有创意的想法，然后尝试进行机会转化，把这个想法转化为一个富有吸引力的"可操作"的机会，此时，需要社会企业家有洞察力地分析和逻辑思考，这是一个更加富有创造力的活动过程。机会发现和机会转化这两个过程阶段都融合了社会企业家大量灵感、洞察力和想象力，通过这些创造性的活动，最初的想法会被系统地转化为社会创业机会。通常，只有少数想法能通过创造性的发展转化为值得追求的、能够持续创造社会价值的长期机会。

在 Guclu 的社会创业机会识别过程模型（见图 5-1）中，社会创业的想法来源于两种情况：一种是社会需求，社会需求实质上是社会现实和社会满意之间的鸿沟，社会需求的识别建立于不同的价值观念、社会阅历和视野基础之上，只有具备一定的社会视野，秉持某种价值观念、具有同情心或道德水准的人，才能看到这些社会现实和社会满意之间的鸿沟，并将其视为社会价值创造的机会，尝试通过社会创业也即建立一个新的事业的方式来解决这些问题。另一种是社会资产。往往还存在一些并不以需求的形式表现出来、但是确实是需要解决的社会问题,如资源配置的不当导致的某种效率低下,因此作为社会的一部分的社会资产也是社会创业机会的来源(Knight,1997)。识别这种社会创业的机会来源,更需要依赖个人的社会经验和深刻洞察,发现社会变革的潜在机会,通过机会运作和资源组合,将一个社会创业机会转化为具有社会影响力的社会创业项目,最终形成社会影响力。

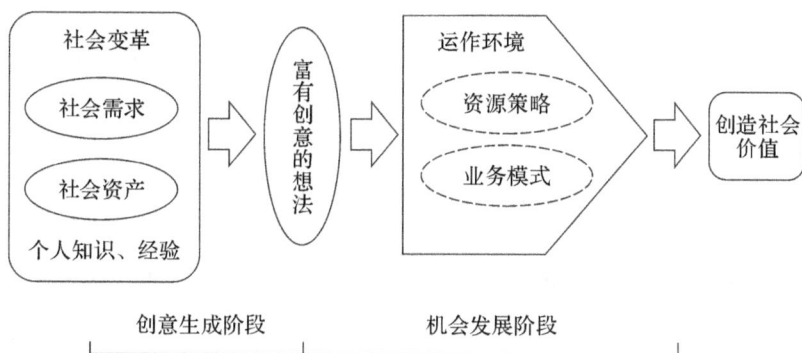

图 5-1 社会创业机会识别过程

资料来源:Ayse Guclu,J. Gregory Dees,Beth,B. A. The Process of Social Entrepreneurship——Creating Opportunity Worth of Serious Pursuit[C]. Center for the advancement of Social Entrepreneurship,2002,11(1):1-15.

5.3 社会创业机会识别的双重维度:社会性与营利性识别

社会创业机会具有社会价值和经济价值双重底线的特征,在对社会创业机会的界定中,被普遍认同的重要内涵和基本标准就是双重底线。这个观点把社会创业的社会性和经济性放在了平等的立足点上,由此,兼具社会性和经济性成为社会创业机会的基本特征,对应地,社会创业机会识别也就包含了社会性识别和营利性识别两个方面。

社会创业机会的社会性,实质上是机会所具有的创造社会价值的潜力及可能性。对于社会创业机会的社会性,有学者认为实现社会公正是社会创业最为重要的目标之一,社会公正是针对弱势群体的保障,是实现社会平等的基本途径。在美国社会项目影响力评价中,Guildford(2000)提出了社会项目机会的 4个特点:获得项目影响地区利益相关者广泛的理解和支持;聚焦在人类社会、文化环境与利益相关者最为直接接近的关键因素上;保证社会与环境正义,即社会影响力在社会人群中的影响的分布要均衡;有评估和监督机制。Burdge

(1994)也提到了社会项目社会性的几个重要方面,包括:项目影响的广泛性,多元化的公众参与,确认所有潜在的受影响的群体或个体;项目影响的平等性,谁将得到什么,谁将失去什么,弱势群体是否有代言人;项目影响的凸显性,是处理公众真正关心的问题,而不是容易计算的问题。Vanclay(2003)则把社会项目的机会特征定义为以下几个方面:尊重人类的基本权利;推动人类社会各方面的平等;项目决策公正、公平和透明;项目要受到社区的广泛支持;要能够有积极的社会产出;方案要可行。

社会创业机会的商业性是机会所具有的创造商业价值、保证项目可持续性的潜力及可能性。对于社会创业机会的商业性,很大程度上可以借鉴商业创业领域的研究,Timmons(1994)认为,创业者必须识别创业机会的特征,并从以下几个方面对机会的特征进行界定:价值性,即为顾客或最终用户创造的最大价值;市场性,即有旺盛的市场需求和利润;团队性,即创始人和管理团队的能力和配合;针对性,即能够解决某一重大问题或满足某项重大需求。傅家骥(2003)认为创业机会具有如下特征:特定商业机会的原始市场规模;特定商业机会将存在的时间跨度;特定商业机会的市场规模将随时间增长的速度;特定商业机会对"某个创业者"自身的现实性。Mullins(2017)则把创业机会分为包含行业吸引力、市场吸引力、目标市场利益吸引力、可持续优势等客观方面,以及包含团队使命、个人志向和冒险倾向、关键成功因素的执行能力、与价值链内外的关系网络等主观方面。苗青(2006)则构建了二阶因素模型,一阶因素包括机会的营利性和机会的可行性两个,二阶因素则包含机会的新颖性、潜在值、持续性、实践性、独立性、可取性六个。在双重底线的基本原则下,王皓白(2010)把社会创业机会分为社会性和营利性两个方面,并进一步把社会性分为多元性、可行性和公平性三个维度。其中,多元性是指社会创业机会必须是能使多元利益相关者共同获益或者共同决策的机会,可行性是指必须在实践操作上可行,公平性是指受益结果分配必须在受益人群中比较均衡;把营利性方面分为持续性、可获性和独占性三个方面。其中,持续性是指社会创业机会的营利必须能够持续,可获性则是营利能够被创业者获取,独占性则能够保障这种营利的能力。

5.4 影响社会创业机会识别的个人因素

机会识别通常是一种未预先计划的行动,社会企业家关注社会问题,围绕着他们发现的社会问题或需求开展行动,机会不会以现成的形式"跳出来",而是在塑造和发展的迭代过程中出现(Dimov,2007),并随着时间的推移而发展并推进社会价值创造。在这一过程中,社会企业家的社会背景和个性特征发挥着关键作用。从个人特征而言,社会创业者的创业敏感性、知识和信息存量、认知风格和特征等也对创业机会识别发挥关键作用;从社会背景角度而言,社会企业家的机会嵌入社会企业家的社会背景中,具有更高的社会嵌入性特征,社会企业家的社会背景因素包括家庭和社交背景、教育经历、工作经历、个人经历或事件等。

5.4.1　社会创业者个性特征

5.4.1.1　创业信念

创业信念决定着创业动机的指向和强度。社会创业与商业创业不同的一个关键点在于:创业者的出发点主要是利他(altruism),他们追求社会公正、解决社会问题、增进公共福利。社会企业家虽然同时追求经济目标和公益目标,但其动机中最为核心的是利用机会来进行社会变革和改善,与利他动机相辅相成的就是其提供的核心产品是公共服务。当然,社会企业家并不只有利他动机,而是同样拥有利己动机,准确地讲,社会企业家进行社会创业往往是出于混合动机。许多学者研究发现,社会企业家有着很强自我实现动机,这促使他们更敏感地发现社会需求,更执着地追求社会创业的机会,获取广泛的社会影响,推进制度变革。作为创业的一种,社会企业家既有利己的动机,也有利他的动机,是利己与利他的混合体。相对而言,商业创业的核心动机是利己的,尽管其中也存在少数的利他动机。在商业创业的研究中,利己主义(egoism)是基本假设,商业创业动机无一例外来源于利己动机,无论其结果是利己还是利他的。真正理性的利己动机包括对工作的热爱、享受创建组织并从中获利的过程,创业者只是被对他自己有利的动机所驱动,并且通过理性的方式达到这个目的,这个理性的方式中包含着利他的成分。总而言之,社会企业家的动机中既有利己也有利他,只不过侧重利他,经济利益是一种手段,而商业企业家的动机也有利己和利他,只不过侧重利己,社会福利增进只是一种副产品而已。

王皓白(2010)研究了动机对创业者机会识别和创业决策的影响,并通过实证研究发现社会企业家的利他动机显著强于商业企业家的利他动机,商业企业家的利己动机和社会企业家的利己动机没有显著差别,社会企业家的利己动机与利他动机没有显著差别,商业企业家的利他动机显著弱于利己动机。从动机的角度来研究创业者对商业创业或社会创业的选择,社会企业家之所以选择社会创业而没有选择商业创业,是因为他们有显著高于商业企业家的利他动机,社会企业家拥有利他和利己更加平衡的动机结构,而商业企业家的主要驱动是利己动机。相应地,创业者在创业机会识别方面,利己动机使其对机会的商业性识别更为敏感,而利他动机使其对机会的社会性的识别更为敏感,作为兼顾经济目标与社会目标的社会创业者,利他和利己更加平衡的动机结构有利于其对社会创业项目中机会的社会性和商业性的捕捉和识别(见图5-2)。

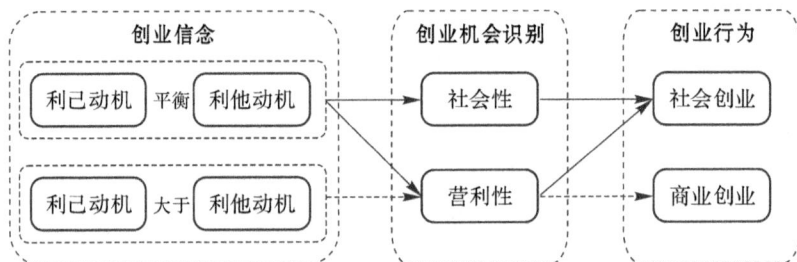

图 5-2　创业信念、创业机会识别与创业行为

信念能提高创业者的创业动机强度,帮助创业者减少对不确定性的耐受能力和创业拖延。创业机会的开发需要创业者有"第一人"的信念,进而采取创业行动。创业信念来自个体的异质性知识、经历和深层次价值观,以及由此形成的自我效能感和社会身份认同。具有社会责任感的创业者,他们希望成为社会改变者,发现市场或政府失灵,寻找创业机会,其价值观的出发点不是单纯地赚取利润,而是抱持希望世界更加美好信念。当他们意识到严重的社会问题时,出于同情心、同理心的感同身受,他人遭受伤害或遭遇不公时而产生的亲社会的情绪连接,很多时候是引发他们开发创业机会的关键因素,就此而言,社会创业者对美好社会的信念,促使其产生了创业愿望,而创业愿望是创业的原动力,它推动创业者去发现和识别市场机会。没有强烈的意愿,再好的机会也会被视而不见从而失之交臂。个体的异质性知识、经历则可以提升其自我效能感,使之增强自己的行动以带来改变社会的信心,这会进一步强化其社会创业动机。总之,创业者的信念是其选择社会创业的深层次动机。某一社会需求越符合社会创业者个人的价值观和信仰,就越可能唤起个人的自我认知和社会创业愿望,创业机会与创业者的关联性越强,社会创业者也就越可能认可其社会价值,从而识别和开发这一创业机会。

5.4.1.2　创业敏感性(alertness)

Kirzner(1997)最早提出创业敏感性的概念,认为创业敏感性对于创业机会识别至关重要,创业敏感性是"一种发现尚未发掘的市场机会的能力,是一种大胆构想未来的倾向性"。创业敏感性尤其体现在识别用户未满足的需求,以及发现新颖的资源组合方式上,是"个人对可获得(但被忽视)的创业机会的敏感性"。Arthur(2008)提出创业敏感性是社会创业机会识别的重要因素,也是研究创业问题的一个很好的切入点。他认为敏感性的实质就是把自己置于信息流中,从而扩大遇见机会的概率,创业者对创业信息具有更高的敏感性,更倾向于在信息的收集和整理上花费时间,创业敏感性使创业者具有搜寻和注意环境变化及市场非均衡状态的信息的倾向。Gaglio 和 Katz(2001)发现敏感性不仅体现在信息收集的努力程度上,更体现为一种对机会"精明的评价"促成社会创业者的"灵光闪现"。创业者(尤其是成功创业者)具有特定的"信息加工图式",创业敏感性使创业者对不符合现有图式的信息采取特定反应,努力做到克服现有的局限,将市场供给与社会需求相匹配,进而创造社会收益。创业敏感性实际上表现为"对创业事件和形势的动态评估",创业者具有更强的把握现实的能力,善于发现、对机会的把握更加准确。创业敏感性是正确地感知市场环境、正确识别关键驱动因素、正确推断因素间的动态关联性的能力。创业者的敏感性很好地解释了为什么有的人能识别市场或政府的失灵产生的需求,并进而找寻到一个社会创业机会,而有些人却不能。

5.4.1.3　认知风格(cognitive style)

认知风格是一个人解决问题、思考、知觉、记忆的习惯性方式,是个体在认知方面表现出来的、相对稳定的收集和处理信息的个人化特征。实际上认知风格就是个人收集和加工信息的个性化的一贯风格。在心理学上,认知风格是广泛关注和成果丰富的领域,认知风格决定了人们的认知方式,决定了人们在面对相同的事物、相同的环境时,会有不同的主观感知、态度和行为反应,包括反应的方向、速度和强度。在认知风格的研究中,与创业最为相关的是"创新—适应"认知风格(Kirton-Adaptive-Innovative Style,KAI)理论。该理论假设:创新与适应处于认知风格的两个极端,其中处在一端的认知者是适应者,其决策的依据往往是现有框架和情境,处在另一端的认知者是创新者,区别于适应者,创新者面对相同的情景做出完全不同的选择,其决策的依据往往是打破现有框架。创业者本质上是创新者,他们的认知方式决定了他们往往还是已有框架的打破者。学者进一步对 KAI 进行了验证,并对 KAI 的维度进行了划分,具体包括原创度、细节效率和遵从权威。原创度指的是做出的选择与众不同的程度,细节效率是指工作仔细的程度,遵从权威则是指工作原则是否以打破常规或墨守成规为标准。

5.4.1.4　知识和信息存量

创业者依据其掌握的信息做出创业决策。当社会创业者获取相关信息后,他们将利用这些信息,生成创意、形成创业方案、采取创业行动。在社会和市场领域存在着大量的信息,而信息具有不完整性和不对称性,不同人掌握的信息存量和内容不同,创业者必须掌握一定数量的市场信息和其他参与者的信息,并对市场机会和其他参与者的策略做出判断。创业者掌握的知识和信息对于资源配置十分重要,创业者需要正确的知识、敏锐的眼光,以使资源配置更加准确。创业者需要足够的信息才看到创业机会和盈利可能,信息匮乏则可能加大风险、成本,从而导致创业失败。Venkaraman(1997)认为个体具有独特的以往知识,而不同时段、不同时点上的知识串接起来,就形成了知识走廊,知识走廊包括工作经历、学习经历、生活经验等各个方面,影响创业者的各种思考能力、逻辑分析能力,进而对机会识别有重要影响。Shane(2000)认为创业者具有丰富的专业技术知识和管理知识,有助于准确快速辨别创业机会,并且个体的技术和商业知识对进入哪种市场、生产哪种产品和服务有影响。对于社会创业来说,创业知识包括商业领域和慈善领域两个方面的知识。在获取知识的途径方面,教育经历、工作经历和生活经验都是获取知识的重要途径。

5.4.2　社会创业者社会背景

5.4.2.1　家庭背景

相关学者通过多案例研究发现,家庭背景在社会企业家机会识别和观念发展方面发挥着重要作用,其中包括家庭的社会经济背景、家庭教养及家长灌输的社会和道德观念、家庭提供的决策自由和家庭支持等。

有的社会创业者从小生活在商业家庭中,对创业较为敏感,并在父母那里学习到了商业技能,同时家庭的财务状况使其没有因为经济压力而选择短期就能在经济上盈利的项目。事实上,在我们研究时观察到的案例当中,从事社会创业的创业者大多数出生于经济较为宽裕的家庭,这样的家庭经济背景使其能够关注和长期坚持自己的价值观和理念,避免短期的投机性或逐利性行为。家庭教养、家长灌输的社会和道德观念对一个人价值观的形成有长期性的影响,进而影响其职业取向。同样在一些案例中,很多社会创业者也都是在成长过程中受父母价值观的影响,关注社会生活中的弱势群体或环境等社会问题,促使他们能够将社会创业视为职业选择。并且当他们不得不在经济利益和社会价值之间做出选择时,其根深蒂固的强烈的道德感往往使他们不会妥协,不会为单纯的经济利益而牺牲其社会使命。家庭提供的决策自由和家庭支持在社会创业的早期阶段发挥重要作用,在我们观察到的案例中,多数社会创业者的家庭都有较为宽松的家庭氛围,家庭为他们提供了自主决策的支持,他们可以做想做的事情,在家庭中一直被鼓励做出自己的决定。他们的社会创业都得到了家人的全力支持,家人的信任促使社会企业家更加自信地发展他们选择的机会。总体而言,社会企业家的家庭和社会背景对他们产生了重大影响,影响了他们的机会识别和理念发展。

5.4.2.2 教育经历

正规教育特别是高等教育通常是获得社会企业知识的主要途径,特别是对那些"有意地、主动地"选择和采用社会创业模式的创业者。事实上,社会创业者对社会创业机会的识别通常有两种情况:一种是"有意"型,一种是"无意"型。对于"无意"型而言,社会创业并不是其预先计划好的或经过深思熟虑的决定。这类人从未想过他们会成为社会企业家,他们根本没有预先计划。事实上,当他们开始社会创业时,其中一些人甚至没有听说过"社会创业"或"社会企业"的概念。他们并不是以社会创业者的自我身份认定开始,而是从解决身边的社会问题开始,围绕着人们的社会需求而展开,他们通常在一段时间后才确定了他们的行动的社会意义及前景。还有一些人确认了社会问题,但只是将这些社会需求或问题单纯地看作是"商业机会",许多社会企业家后来才意识到他们正在做的是"社会企业"。对于"有意"型社会创业者而言,他们通常通过高等教育的学习机会,了解和掌握了社会企业和社会创业的理念和方法,然后有意去关注社会问题,寻找和发现社会创业机会,然后付诸行动开展社会创业,在此过程中,他们具有的社会创业知识,以及专业技术知识和技能在机会识别和理念发展中发挥了重要作用。

很多案例显示,所有具有良好的特定领域的专业技术知识的社会创业者,都在其专业领域找到了社会创业的机会。例如,印度的一家由 Armida Fernandez 博士(新生儿科医生)、Devi Shetty 博士(心脏外科医生)和 Ashwin Naik 博士(外科医生)创建的面向穷人的医疗机构(SCN),致力于为负担不起昂贵的医疗费用的人们提供专业化的医疗服务,利用他们的专业技能在医疗领域找到了社会创业的机会。我国也有很多具有农业工程和农业经济管理方面的背景知识的社会创业者,在乡村振兴的背景下找到了改善农民社会经济状况的社会创业机会。也有很多在校经济管理特别是营销领域的大学生,利用其获得的营销专业知识和技巧及信息技术和电子商务平台,为贫困偏远地区的农产品找到市场,帮助当地农民脱贫致富。

在上述案例中,社会创业者都是利用自己的知识和技能,发现和利用机会并开发其社会创业模型。这与现有的创业文献(Venkaraman,1997;Shane 2000;等)一致,即创业机会的识别与创业者已经掌握的知识和信息有关。Shane(2000)在一项研究中也发现,所有人都不太可能认识到全部的技术变革带来的创业机会,创业机会的发现与创业者的知识领域密切相关,专业化的知识和技能在创业机会识别中起着重要作用,而通过正规教育获得的知识不仅影响了创业机会识别,还有助于在后续的创业过程中更好地利用和开发这一机会,创造更多的社会价值。

5.4.2.3　职业经历

先前的工作经验也在发现社会创业机会方面发挥着重要作用。工作经历不仅包括专业经验,还包括个人的志愿服务和创业经历。Wry 等(2017)的研究表明,长期的在营利领域和非营利领域的职业经历及由此确立的职业身份和关系网络,会影响社会创业者的价值取向及由此形成的对机会的社会性和商业性的敏感度,其在商业领域或非营利领域的专业知识及信息反馈,会进一步影响其社会创业策略及双元价值平衡模式,对此我们在专题研究二中将有进一步深入的研究。从广义的职业经历而言,同教育经历类似,工作经历也是获取专业化的知识和技能的重要途径,而专业化的知识和技能在创业机会识别中起着重要作用,甚至在很多情况下,通过工作经历获得的专业知识和技能可能更为深入,这将更有利于创业者在其专业相关领域找到社会创业机会。在实践中,社会企业家大多也都是通过专业经验,包括职业经验、志愿服务经验、创业经历获得知识。尽管有些创业者特别是以大学生群体为主的社会创业者在开始社会创业时并没有相关职业经历,但职业经历确实影响了那些具有这种经验的创业者的机会识别。事实上,许多社会企业者是在他们的专业工作中认识到了社会问题或社会需求,并将这些问题视为机遇,提出解决这些社会问题的想法。因此,工作经验不仅增强了他们的知识,也为他们提供了解社会问题的机会,随后社会企业家发展了他们的想法来解决这些问题。创业文献也证实,社会企业家的先期职业经验或创业经历促进了他们的机会识别和利用。Madsen 等人(2003)指出:"以往的就业和创业经历,与内在的人格特质一起影响新创企业的基础和发展,创业之前的职业生涯路径越长,企业家积累的经验就越多,影响也越大。"以前的创业经历与进入再创业的可能性正相关,并在发现和利用机会方面取得进展,拥有先前创业经验的企业家比创业新手发现更多的商业机会。研究发现,志愿工作经历作为一种工作经历形式,也在为社会企业家发现和确定机会发挥了同样重要的作用。

5.4.2.4　社会网络与社会资本

另一个对社会创业机会的识别和开发产生显著影响的因素是社会网络。在社会网络中,成员为实现其期望目标,通过互动交换获取社会网络中的信息与资源,先前经历(包括行业经历、创业经历和教育经历等)都对个体的社会网络产生促进作用。创业者的社会网络,包括网络结构与关系强度,对于机会识别均有影响。总体而言,社会网络有助于网络成员获取潜在的市场信息和相关资源,进而激发社会创业者的创业想法、识别并开发创业机会。在现代社会生活当中,任何个体都嵌在庞大的社会网络之中,时刻与周边各类人群进行互动。

一些创业者或许无法第一时间意识到潜在的社会创业机会，但这些机会却有可能由其他网络成员（如顾客、员工、同事或熟人等）提供或者暗示。研究表明，社会创业者与社会网络接触经验越多，其发现社会创业机会的可能性越大。Zahra 等(2009)将社会创业者分为社会修理工、建构者和变革者，也体现了不同的社会创业者所嵌入的社会网络的范围大小是依次递进的，其所识别和开发的社会创业机会也相应在层级和范围上有所不同。

社会资本根植于社会网络当中，是个体在社会网络中长期的互动过程中形成的基于声誉、信任和承诺等获取及利用知识、信息、人力资本等资源的能力。Sengupta(2009)发现，社会资本与社会网络与企业家创业过程中获得社会资源密切相关，社会资本可以扩大企业家的社会学习范围。亦有证据表明社会资本促进了有意识的社会变革过程。因此，社会资本都会影响机会识别。Ramos Rodriguez 等(2010)的研究支持了这一结果："尽管智力资本因素确实产生了积极的影响，但个人通过他们参与的社交网络获得外部知识，是发展识别新的商业机会能力的基础。"在社会创业的背景下，"知识"的概念不应仅限于正规教育和工作经历领域，而是嵌入社会企业家不同的社会背景中，Kwon 和 Arenius(2010)认识到社会企业家是嵌入社会背景中的，其创业活动依赖于社会资本，社会创业活动是由个人和情境因素共同决定的。一些学者(Mair & Marti, 2006)也强调了社会企业家与其社会网络背景之间的深层关联，强调了社会企业家与他们所处环境之间持续互动的重要性，"嵌入性的概念意味着不可能将社区企业家与社区/社会分离开来，社会创业不能像商业创业那样从纯粹经济意义上理解，而是需要根据社会背景和环境来审视，认识到社会背景对社会创业的重要性"。吉登斯(1984)的"结构洞理论"成为研究社会企业家精神的重要工具。Zahra(2008)强调社会网络背景在创业机会识别中的重要性，某些背景更有利于发现创业机会，某些则为社会创业创造机会。同样，在社会创业的研究中发现，非正式(新的社会价值观，企业家的社会态度和社会网络)和正式机构(支持机制)对于社会创业的产生很重要，非正式机构影响更大，因为它们不仅影响到社会创业的实施，而且影响它们的出现。

5.4.2.5 独特经历

个人独特的生活经历也可能影响社会创业的机会识别。这种影响通常包括三个方面：其一，某段生活经历或某个偶发事件为其带来了强烈的情感冲击，使其日后对相应的社会问题特别关注；其二，某个经历使其接触了特定的社会领域，使他们意识到了特定领域的社会问题；其三，某种学习或工作经历使其获取了与解决特定社会问题相关的知识和技能。例如，Yiu 等(2014)的研究发现，如果创业者过去的经历令人痛苦，包括有限的教育机会、失业经验、农村贫困经历及创业困难等,他们就会积极参与与其经历相关的社会创业项目。这表明了不同背景下的个人经历在很大程度上影响了机会识别。

Singh(2016)的研究发现,社会企业家儿时的生活经历对他们的社会创业机会发现和选择也有不同的影响。在他跟踪的一个案例中,创业者出生在一个小村庄的农民家庭,目睹并经历了农民的问题和挣扎,因此在博士毕业后他忽略了所有有利可图的工作机会,并选择追求他解决农民贫困问题的终生梦想。而在另一个案例中,创业者 Ashwin Naik 博士目睹了他的父母面临农村缺医少药带来的考验和磨难,他们不得不长途跋涉到大城市,受尽挫折和煎熬,穷人无法获得优质医疗服务的困境使得他长期关注这一问题并发现了利用现代医疗和信息技术创新性解决这一问题的机会。在我们接触的案例中,也有很多因为其独特的生活经历或情感冲击而选择社会创业,例如一些社会创业者因为在支教过程中目睹贫困山区儿童营养不良而选择发起儿童营养午餐项目,一些社会创业者因为自己的子女受自闭症的困扰而发起救助自闭症儿童的社会创业项目等等。还有一些社会创业者是因其特定的经历接触和认识到了某个特定领域的社会问题,例如,很多社会创业者是在大学学习中参与了创业计划竞赛,如"创青春"公益创业大赛等,为其提供了发展自己想法的机会,并学到了相关的知识和技能。Corner 和 Ho(2010)在他们的研究中也支持上述观点,他们认为,社会企业家的个人经历促成了形成机会识别和发展所需的特定领域的意识和信息。先前的信息无论是从工作经验、教育还是其他方式发展而来,都影响了企业家理解、推断、解释和应用新信息的能力。Dorado(2006)也认识到,在社会创业中,个人经验和机会之间还有一个尚未明确的联系,社会企业家不仅通过教育和工作经历(专业、企业家和志愿者经历)获得知识,而且还从儿童时期开始在各种环境中的生活经历中获得知识和技能。这些知识、技能和个人独特经历中的情感冲击,共同影响了社会创业者对与之相关的社会领域的机会识别。

6 过程二:资源整合

资源稀缺一直是创业实践中面临的难题。追求经济收益最大化的商业创业尚且面临资源稀缺的难题,而社会创业遵循以商业化手段创造社会价值关系逻辑,以社会价值最大化为使命的社会创业应对资源稀缺几乎是常态。如何链接资源、获取资源、整合资源和利用资源,是社会创业过程中必然面对、必须解决好的问题。

6.1 创业资源整合理论

6.1.1 创业资源的概念

资源是主体所拥有的或所能支配的有助于实现其目标的各种要素及组合。创业资源是创立企业及企业成长过程中所需要的各种生产要素和支撑条件。对创业者而言,广义上只要是有助于新创企业或创业项目发展的各种要素,均可归入创业资源的范畴。一般认为,创业活动本身就是资源的重新组合,创业资源更突出的特点是:"不求为我所有,但求为我所用。"

创业资源大致有 5 种分类方式:(1)按来源可划分为自有资源和外部资源。自有资源是创业者自身拥有的资源,如自有资金、自有厂房、专利技术等;后者是从外部获取的资源,如银行贷款、租赁设备等,也包括由人际和关系网络形成的资源。自有资源的丰富程度会影响外部资源获取能力。(2)按存在形式可划分为有形资源和无形资源。有形资源指具有物质形态的资源,如建筑物、机器设备和原材料等;后者指具有非物质形态、价值难以用货币度量的资源,如知识和信息、品牌和商誉等。通常,有形资源的价值容易用货币度量,无形资源的价值难以用货币度量,无形资源是撬动有形资源的重要手段。(3)按照性质分为人力资源、物质资源、财务资源、技术资源等。人力资源是指创业团队成员及其知识经验、关系网络等;财务资源包括资金、股票等资产;物质资源主要是指各类有形资产;技术资源包括关键技术、制造工艺等。(4)按照生产过程中发挥的功能分为生产性资源和工具性资源。生产性资源直接用于生产过程,如机器设备、原材料等;工具性资源则专门用于获得其他资源,如技术人才、商标等。(5)按照在创业过程中的作用分为运营性资源和战略性资源。运营性资源支持现有运作,包括人力、已有技术、资金、物质等资源;战略性资源支持未来发展,如知识资源、研发能力等,通常具有稀缺性、不可替代和难以模仿等特征。

6.1.2 创业资源整合理论流派

6.1.2.1 资源基础理论

资源基础理论的基本假设是:企业具有不同的有形和无形的资源,这些资源可转变成独特的能力,资源在企业间是不可流动的且难以复制;这些独特的资源与能力是企业持久竞争优势的源泉。其基本思想是把企业看成资源的集合体,将目标集中在资源的特性和战略要素市场上,并以此来解释企业的可持续的优势及其差异。概括而言,资源基础理论主要包括以下三方面的内容:

第一,企业的竞争优势来源于异质资源。资源基础论认为,各种资源具有多种用途,其中又以货币资金为最。企业的经营决策就是指定各种资源的特定用途,且决策一旦实施就不可还原。企业在资源方面的差异是企业获利能力不同的重要原因,也是拥有优势资源的企业能够获取经济租金的原因。作为竞争优势源泉的资源应当具备以下五个条件:有价值;稀缺;不能完全被仿制;其他资源无法替代;以低于价值的价格为企业所取得。第二,资源的不可模仿性。企业竞争优势根源于企业的特殊资源,这种特殊资源能够给企业带来经济租金。优势企业的特殊资源肯定会被其他企业模仿。资源基础理论的研究者们认为至少有三大因素阻碍了企业之间的互相模仿:因果关系含糊;路径依赖性;模仿成本。第三,特殊资源的获取与管理。资源基础理论为企业的长远发展指明了方向,即培育、获取能给企业带来竞争优势的特殊资源。具体来说,企业可从以下几方面着手发展企业独特的优势资源:组织学习、知识管理、建立外部网络。

资源基础理论同样存在着缺陷:首先,过分强调企业内部而对企业外部重视不够,由此产生的企业战略不能适应市场环境的变化;其次,对企业模仿资源的确定过于模糊,操作起来非常困难,而且这种战略资源也极容易被其他企业所模仿。

作为战略研究的一个重要理论,资源基础理论已成为解释企业资源和竞争优势之间关系的重要理论。该理论承袭了彭罗斯企业成长理论解释企业内部生产性资源和服务性资源如何影响企业成长的分析逻辑,以及德姆塞茨关于要素市场可以帮助企业通过获得要素资源来创造经济租金的理论逻辑。按照资源基础理论的观点,资源为企业带来竞争优势的前提是具有价值、异质性、不可替代性和不可流动性等属性,这是竞争租金的产生基础。经过众多学者的发展和完善,资源基础理论已成为研究企业资源问题和竞争优势的主流理论,并且已经扩展应用到多个相关研究领域。

在创业研究领域,最初资源基础理论主要被用来研究创业情境下的企业创建和成长问题,研究目的主要是验证该理论在创业情境下的适用性,而非拓展该理论的解释边界。随后,有学者开始基于资源基础观,把创业资源的价值异质性作为一个核心概念。所谓的"价值异质性"是创业者对把资源转化为产品或服务能产生的价值有差异性的回报预期,创业资源的价值异质性要通过创业者的机会搜寻和价值认知能力(对应于机会识别)、整合资源创造创业租金的能力(对应于创业机会开发)体现出来,而这两种能力都是创业企业构建竞争优势的核心能力。由此,资源基础理论和创业理论被关联起来。实际上,资源的价值异质性是基于创业租金来源的理论分析来界定的,机会搜寻和价值认知对应于资源基础理论中的李嘉图租金创造机制,换言之,前一种能力主要体现在对创业机会的识别和捕捉上,而后一种能力则主要体现在机会开发过程中对资源的创新性利用,两者分别对应于传统的资源基础观和动态能力观中的资源获取(resource picking)和能力构建(capability building)这两种租金创造机制,由此可见,资源基础观在创业研究领域的应用主要体现在创业机会识别和创业资源整合两个方面。

然而,将资源基础理论应用于创业领域,有其必然的局限性:第一,资源基础理论的立论基础是资源要素的属性,由此其解释范畴通常受制于创业资源要素本身的特征,无法用来诠释资源紧缺情形下的创业过程。第二,资源基础理论实际上是为战略资源规划提供理论依据,在实际运用中强调的是事前决策,无法解释创业者在发现创业机会后,如何利用手头资源进行"即兴创作"的过程。

6.1.2.2 资源拼凑理论

"拼凑"(bricolage)实际上是一个源于人类学的概念,最初是由法国人类学家列维·斯特劳斯(Levi Strauss)在其1967年出版的著作《野性思维》中提出,主要是指人类在处理问题的过程中,不断重新发现事物的内在属性,并充分挖掘其内在价值。换言之,"拼凑"在人类学中意指人在环境影响下所表现出来的一种行为方式:利用手头一切可利用的资源来完成任务。将"拼凑"的概念延展到创业领域,可以发现其刻画的情境与现实中创业者的决策具有异曲同工之处。绝大多数创业者在创业初期都会遭遇创业资源拮据的困境,创业企业通常能够突破既有资源先前利用经验的束缚,重构或者富有创意地利用手头资源。

创业资源拼凑的关键，就是发现手头资源的新用途并以此开发创业机会，进而实现创业价值。

Baker(2000)将"拼凑"概念引入基于资源视角的创业研究，认为资源拼凑（利用现有资源）和资源搜寻（获取新的资源）是创业者克服资源约束的两种重要策略，不同的策略选择会导致创业企业后期资源配置的差异。Baker和Nelson(2005)在分析了29家受资源约束的创业企业如何整合资源开发创业机会的过程之后，提出了"创业拼凑"概念，将其定义为"凑合地整合利用手头资源，以此来解决新问题和开发新机会的过程"，并构建出了创业资源拼凑过程模型（见图6-1）。

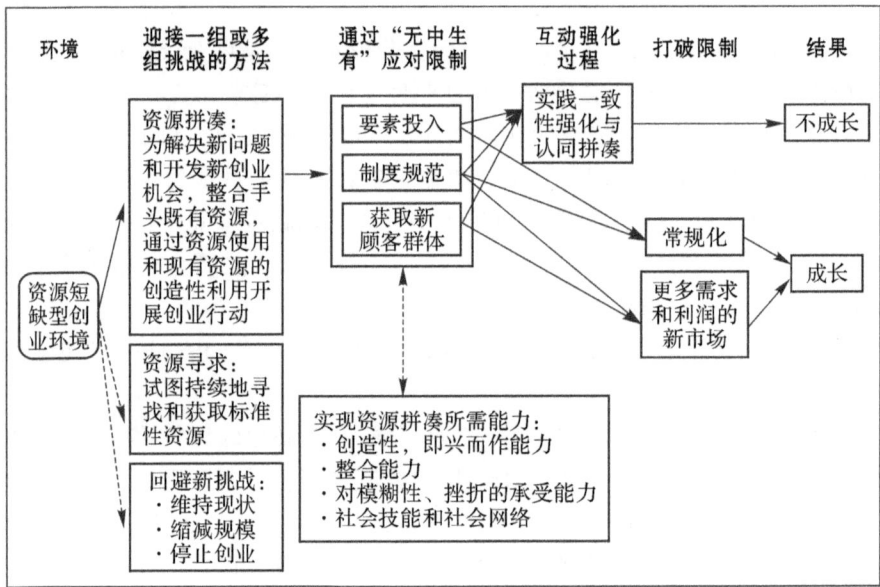

图 6-1　创业资源拼凑过程模型

如图6-1所示，创业者有三种途径应对资源短缺环境中所遇到的创业挑战：其一，通过资源拼凑来解决资源约束。其二，通过寻求和获取新的外部资源来迎接挑战。其三，创业者回避这些挑战，不再积极地做出创业行动，而是采取维持现状、缩减规模或停止创业等消极行为。在选择通过资源拼凑进行创业的情况下，创业者也有三种可选择的路径，分别是要素投入、制度规范化和获取新顾客群体，而这三种拼凑路径又会产生三种不同的破除资源限制的方法，包括通过对现有创业实践的一致性强化形成认同拼凑，将创业拼凑变成创业常规，以及进入需求和利润更多的新市场。为有效实施创业拼凑战略，创业者需要具备五种拼凑能力：创造力、即兴而作的能力、对手头资源的整合能力、对模糊性和挫折的承受能力,以及必要的社会技能和构建社会网络的能力。

通常来说,创业实践都需要各种资源来支撑,如雇用新员工、租赁办公场地或厂房、购买设备和技术研发等。然而实际情况是,大多数创业过程都面临着严重的资源短缺,创业初期的新创企业无法为顾客提供可靠的产品售后保障,无法为新员工提供稳定的预期薪酬或雇佣合同,也无法向银行提供贷款抵押以获取创业必需的启动资金。而且多数创业者往往缺乏历史信用记录、资本基础和先前经验,这进一步降低了他们从风险投资人那里获得股权和战略融资的可能性。创业资源匮乏使创业者无法筹集到创业所需的资本,因此创业者不得不依靠自有资源,通过对手头有限资源的创造性整合和利用,因陋就简、自力更生,开展创业实践。

创业者如何在资源高度束缚的情境下成功创业?资源拼凑理论对此做出了很好的理论诠释。如果说资源基础观在创业研究中的应用无法解决租金因资源属性而受到约束的问题,那么,资源拼凑理论正好能够解决这个问题,并且可从资源整合利用的视角去分析资源拼凑的价值创造潜力。创业拼凑理论揭示了创业者如何在资源高度匮乏的创业环境中整合手中现有资源,通过对有限资源的创造性利用和选择性拼凑实现企业成长,从而为创业者创建新企业提供了一条可选择的创业路径。

有学者将创业资源拼凑行为分为两种类型,即"手段导向型创业资源拼凑"和"基于社会关系网络的创业资源拼凑"。在手段导向型资源拼凑过程中,创业者如同荷马史诗《奥德赛》中的主人公奥德修斯那样,不向资源约束低头,而是想方设法利用现有资源来实现既定目标。此种资源拼凑方式的特点在于整合利用可动员的分散资源来有效突破资源约束的制约。基于社会关系网络的资源拼凑又称"网络拼凑"(network bricolage),是指创业者通过社会关系网络来获取和利用资源的一种战略行为,它超越了传统的关系网络利用方式,不拘泥于固定的网络资源,也没有详尽计划或者工具性的网络关系维护目标,而是通过利用现有的社会、商业或者个人关系来拓展资源获取渠道,以解决在创业过程中必然会遇到的融资、供应商、客户、办公场所和咨询建议等不同问题。在网络拼凑中,现存和潜在的关系网络都是创新性地整合资源的重要渠道。

简而言之,资源拼凑理论认为特定资源的价值不是既定的,对现有资源的重新整合会产生新的价值,通过创业者的创造性行为与其他资源进行交互可以挖掘出现有资源的新用途,而配置现有资源的方式差异则对新企业成长造成了关键影响。这一理论的提出是创业管理研究的重要突破,对我们如何更好地理解资源束缚下的新企业创业过程做出了重要贡献。通过拒绝把手头的资源当作无用之物,拼凑实现了无中生有。拼凑能力不但能够帮助新企业开发和探索那些意料之外的创业机会,也有助于我们更好地理解新企业在表面看上去相同的资源环境中生成异质性价值的动态过程。

6.2 资源与社会创业的关系

社会创业颠覆了传统商业创业以社会责任和实惠价值为手段,以经济利益最大化为目标的内在逻辑,遵循"经济价值—社会价值"的"手段—目的"关系。由于其使命是社会价值最大化,社会创业难以与商业创业一样,获得更多的外部投资和其他资源投入,因而面临资源更加稀缺和匮乏的困境,这就使社会创业者在社会创业过程中,必然要更细致地分析资源需求,规划好如何获取、整合与利用这些资源。社会创业研究的奠基人之一格利高里·迪斯(Gregory Dees)构建了社会创业的"能力—资源"模型,从社会创业需要何种能力、谁会提供这些能力、需要哪些资源、资源来自哪里这几个问题出发,阐述了资源与社会创业之间的关系。

6.2.1 需要何种能力——明确社会创业所需的能力

社会创业者(团队)必须认真考量其社会使命中定义的目标及实现目标需要何种能力,并以此为起点规划资源整合的过程,而不是在没有明确上述问题的情况下,过早地启动筹措资源的过程,否则,资源与能力的不匹配可能导致资源不足、资源的冗余或无效利用。例如,一个以改善贫困人口医疗为使命的社会创业,其目标就是为需要医疗服务的贫困人口打造一个他们能负担得起的医疗项目,而需要的相应的能力就可能包括医疗技术、医疗设施和场地、管理方案、法律支持等。

6.2.2 谁会提供这些能力——设计符合能力要求的人力资源框架

在明确社会创业所需的能力基础上,社会创业者(团队)必须概括出哪些能力是完成使命必须具备的,以及谁能够提供这些能力。仍以上述的医疗项目为例,如果社会创业团队成员本身皆为医院的医生或护士等专业技术人员,团队本身具备医疗技术能力,可能就不再需要额外的医疗技术人员的加入;而如果团队成员本身不是医疗技术人员或人员不足,就需要医疗领域合作伙伴的加入。人力资源框架的制定需要创造性,因为能力的分布通常并不总是明确和唯一的,需要发现和开发,而且社会创业所需人力资源往往不都是全职,需要以更灵活、柔性的方式引入合作伙伴、兼职人员、志愿者等。因此社会创业者要注重内部人力资源的开发、注重授权而非"事必躬亲",同时注重外部人力资源的联合与合作，才能创造更多的新价值。

6.2.3 需要哪些资源及资源来自哪里——开发资源规划

能力的实现需要特定资源的支撑，社会创业者需要为所需的每种能力配备必要的资源，并为其寻找明确的来源途径。在完成资源规划的框架蓝图后，社会创业者需要寻找并决定每种资源的来源。例如，提供医疗服务需要社会创业者奉献自己的时间，同时也需要租用医疗场地和专用设备，这些资源都要明确其相应的来源途径。在此基础上，还要明确具体活动，任何一种能力的实现方式，包括与之匹配的资源来源，都需要有相应的详尽资料。例如，为获得每种能力需要多少投入、需要多少志愿者时间，筹款的安排是什么等具体活动，都需要进一步明确。同时还要考虑动态因素，比如第一年需要什么，最重要的资源是什么，已有和还需要哪些资源，是否有后备资源等具体活动，都需要有具体的时间和活动安排。

6.3 社会创业的资源类型

6.3.1 内部资源和外部资源

商业创业所关注的重点是价值获取，强调企业不仅能够利用资源创造价值，更能够获取利用这些资源所创造的价值，从而获得超额利润，保持竞争优势。由此，商业创业的资源类型通常按照资源属性进行划分，如物质资源、人力资源、财务资源、技术资源和商誉等无形资源，旨在强调创业活动如何整合和控制这些异质性资源以创造和获取价值。社会创业通过创新的模式和资源的整合来追求机会，从而促进社会变革、解决社会问题、创造社会价值，社会创业所关注的重点是价值创造而非价值获取，这是社会创业区别于商业创业的本质属性。基于此，Austin 等(2006)基于理论研究与比较分析发现，社会创业的资源外向流动性较低，比之于商业创业，尽管资源更为稀缺，但并未表现出商业创业资源的趋利性特征，也不同于商业创业对资源表现出更多的独占性和控制性的特征。Meyskens 等(2010)指出社会价值创造的内在逻辑使社会创业更易于建立稳定的外部网络环境，从而吸引外部资源。由此，社会创业的资源类型可以大致划分成内部资源和外部资源。

一般而言，社会创业在组织层面上的规模较小，且盈利能力较差，其内部资源往往表现为社会创业者及团队所拥有、控制或可以直接使用的有形资源和无形资源。社会创业的外部资源，是指社会创业过程中可以从外部获取、利用的各种资源,如从亲朋好友、合作伙伴等处筹集到的资金,从政府部门获得的政策支持、经营空间等,社会创业的内部资源会影响外部资源的获取与使用,如已有的有形资源有利于从银行获得贷款,信用水平、社会关系网络等资源有利于从外部获得融资等。

6.3.2　有形资源和无形资源

社会创业所需资源从表现形态上又可以分为有形资源和无形资源。有形资源包括物质资源、财务资源、人力资源和技术资源等。其中物质资源包括土地厂房、设备设施、自然资源和原材料等。财务资源包括资金、证券、股票等,社会创业的财务资源更多来自社会创业者个人、家庭、亲朋好友等途径。人力资源包括初始创业团队成员、员工、志愿者等人脉资源。技术资源包括专利、技术和关键技能等。有形资源通常是直接用于价值创造过程的生产性资源,是社会创业者或团队已有的显性资源。

无形资源包括社会创业者教育水平、信用水平、社会关系网络和个性特征等。有研究表明,教育水平与社会创业之间呈正相关关系。教育水平不仅为社会创业者提供专业知识和技能,也可以扩展其社会关系网络,成为一种无形资源。社会创业者的个人信用水平是其调动资源的前提,具有高信用水平的创业者,不用付出较高成本甚至不需要成本就可以获得所需资源,在社会创业过程中,信用水平起到的是撬动外部资源的"杠杆"作用,利于在社会创业过程中持续获得外部资源。社会创业者的信用水平来源于过去的社会关系及地位、职业及经济能力、人格形象等。社会关系网络及其所涉及的人脉资源等,是社会创业者获取外部资源以推动社会创业项目持续发展的必要条件。构建社会关系网络需要社会创业者建立与其他组织和个人的良好合作关系。相比于商业创业,社会创业由于其跨行业跨部门的特点,往往涉及营利部门、非营利部门及社区等多方关系,在社会创业过程中需要与不同部门进行沟通、协调与协作,处理复杂的多方利益相关者关系,因而对社会关系网络的依赖更强。

社会创业者的个性特征也可成为一种无形资源,有助于社会创业过程中外部资源的获取,有研究表明,亲和力作为一种个性特征,在社会交往中有助于增加信任和彼此理解的能力。在人际关系中,亲和力意味着考虑对方的感受,从而形成良好的互信环境与关系,有助于促进合作关系并且获得资本增值。Nga和Shamuganathan(2010)的研究表明,社会创业者的亲和力对社会创业的多个维度,如社会使命、可持续性、社会网络、创新能力、财务收益等都会产生积极的促进作用。

6.4　社会创业的资源来源

社会创业的资源来源分为市场来源与非市场来源两个途径，前者主要是通过市场交易的方式获取资源，后者主要是通过非市场交易的方式获取资源。具体又可分为以下几种形式。

6.4.1　资源购买

资源购买是指以资金通过市场交易购入资源，如购买办公空间、机器设备、专利技术、聘用员工等。购买是最为常见的资源获取途径，但社会创业特别是在初期阶段，由于财力有限，即便有经济盈利能力，通常也较弱，因而在资金短缺的约束下，购买资源受到较大制约，往往难以通过购买市场中的资源而完全满足资源需求。此外，另有一些资源，如关系资源、隐性知识资源等，通常很难在市场上直接购买。

6.4.2　资源吸引

资源吸引是通过发挥无形资源的杠杆作用，吸引社会上的资源以非交易的形式投入，常见的形式有公益创投、捐赠（资金或物资）、志愿者等。例如，可以针对社会痛点问题设计有吸引力的可行性解决方案，通过社会创业项目路演，以项目创造社会价值的前景、社会创业团队能力和声誉等获取和吸引资源。社会创业团队可以充分利用公益创投招标、社会创业高峰论坛、社会创业项目大赛等提供的社会创业项目路演机会，向投资人、公益平台等展示项目前景和特色，从而吸引各方资源加入。

6.4.3　资源借用

资源借用是指社会创业者及团队连接、借助和利用外部资源帮助社会企业实现自身的社会价值创造的目的，"不求为我所有，但求为我所用"。例如，社会创业组织通过加入某一公益平台，在平台协助下进行资源整合与利用。当前在我国已经存在很多以基金会为主的平台型公益组织，如敦和基金会、南都公益基金会、腾讯公益等，平台与社会创业组织之间可以建立互惠互利的关系，社会创业组织通过平台不仅可以获得资金、场地等显性资源，还可以借助平台获得人脉、渠道、信息等隐性资源，而平台也可以通过支持社会创业组织扩展解决社会痛点问题的范围，提升资金、信息等资源的配置与利用效率，提升自身的能力，扩大社会影响力。

6.4.4　资源积累

资源积累是社会创业者及团队通过运用自己的已有资源,不断在内部培育新资源的过程,如通过提升盈利能力积累资金,通过教育培训积累人力资源等。尤其是对于人力资源,由于其自身的可发展性,社会创业组织可以通过教育培训和实践锻炼逐步积累相关人力资源,学习并提升创业团队及员工的知识水平与技术能力,激发团队的主观能动性与创造力。通过自我积累获取资金和人力等资源,也是目前社会创业过程中最为普遍的资源来源途径。

6.5　社会创业的资源整合过程

6.5.1　资源拼凑:社会创业资源整合的理论基础

资源约束是任何创业过程首先要面对的障碍,很多创业者都因为无法获取必要的创业资源而难以开发创业机会。在商业创业情境下,创业项目的经济前景常常有助于吸引更多的外部资源投入。然而,按照资本逐利逻辑,追求经济收益最大化的商业创业尚且面临资源稀缺,而社会创业遵循以商业化手段创造社会价值的逻辑,其如何应对资源稀缺,则更是一个难题。原因在于,社会创业通常针对的是弱势群体或"金字塔底层"的社会需求,其受众通常难以足额支付产品和服务的价格,由此社会创业过程在盈利能力方面相比商业创业存在明显不足,社会创业面临更大的资源压力。特别是社会创业初期通常会面临这样的问题:创业者手头只有少量的、零散的资源可用,距离其实现创业目标的资源需求相距甚远,创业者如何利用手头现有的、很多人认为是没有价值的零散资源,进行创造性使用并以此开发创业机会,这是传统的资源基础理论所难以回答的。

如前所述,由 Baker 和 Reed Nelson(2005)等引入创业领域,在近年得到许多学者关注并快速发展的创业资源拼凑理论,对创业者在资源整合与利用方面的行为特征进行了深入解读,也对社会创业者如何在面临资源短缺约束的情境下,通过创新方式整合与利用资源实现社会价值创造有很强的指导意义。资源拼凑理论包含三个核心概念:手头资源,即创业者/新企业/市场中具备但并未被发现或重视的资源,包括创业者不必经过费力搜寻,而是通过社会交换或非契约形式即可低成本获得的资源,以及个体层面的经验、知识、关系等无形资源;将就使用,即创业者面对资源约束时,不纠结手头资源是否切实可行,利用手头资源应对挑战或开发机会,而不犹豫手头资源是否能产生理想的结果;资源重构,即整合资源以实现目标,指创业者根据目标,以不同的策略及方式来创造性地组合资源及再造资源利用方式。

6.5.2　社会创业初始阶段的资源困境

为启动其创业运作,社会创业者需要动员不同类型的资源,包括人力资源(创始团队成员、雇员及志愿者)、财务资源和其他资源(如土地和基础设施等)。在这一阶段,社会创业者普遍面临两个方面的资源困境。

资源短缺的限制:在创业初期阶段,由于资源有限,多数创业者都从聘用有限数量的有偿雇员及有限的财务预算起步,他们都面临着各种资源短缺的限制。雇佣员工人数和资金的最低限度取决于他们社会创业项目的类型及他们为实现其社会使命而采取的方法。就此而言,纯粹慈善型的社会企业和部分资助型的慈善社会企业最初通常拥有较多的志愿者和较少的有薪雇员,混合型组织和营利性社会企业因其所在的领域和采用的业务模式不同,对资金的要求和最低雇员人数的要求也有所不同。例如,如果一个本职为医生的社会创业团队,通过利用自己的专长直接向人们提供医疗服务开展某项社会创业项目,就不需要庞大的财务资本和大量的有偿雇员,并且由于资金的限制,他们通常会坚持有限的财务预算,尽量少使用有偿雇员。

难以获得第一笔外部资金:Singh(2016)基于九个社会创业的案例研究显示,在创业初始阶段,获得第一笔资金对所有创业者来说都是最困难的,主要原因在于,人们对其创业的想法既不了解也不确信。在初始阶段,创业者获取资金大多是通过其社交网络和职业关系中的各种熟人和渠道筹集资金。然而,在大多数情况下,已有的资源包括创始人自己的资源已被用于满足项目的前期投入。对于非营利性社会企业或项目而言,只有当充分证明他们的模式有创新性和可行性,能够解决社会问题,具有社会价值,人们才可能愿意为其提供资金,显然,在缺乏了解和信任的前提下,这并非易事。对于营利性社会企业或项目而言,还必须向人们证明其项目的社会使命,并具有可持续的商业模式,外部投资者才可能投入资金,这对初期的创业者来说可能是最大的挑战。而一旦创业者战胜了这个挑战,获得了第一笔资金,后续的筹款可能就变得相对顺利。

简言之,不论社会企业的形式如何,几乎所有的社会创业者在初始阶段都面临同样的难题:资源短缺和获得第一笔外部资金的困难,并且如何证明和说服别人相信其创业想法是一个重大挑战。而一旦他们证明了这一点,获得了第一笔资金,随着企业的成长、环境的变化,更多的资金就会跟进。因此,虽然创业者们通常从最小的资金投入和最低数量的有薪雇员开始,但随着社会企业的发展,他们逐渐能够筹集到更多的资金并聘用更多的有薪雇员。一般来说,慈善型社会企业通过各种来源的资助者的捐赠和赠款筹集到更多资金,而营利性社会企业更多通过投资者和银行贷款获得资金。

社会创业过程的资源整合,尤其是在资源整合前的准备过程中,要以资源拼凑作为资源整合的方法与途径。社会创业面临的资源稀缺迫使创业者采取创新性资源整合方式,以资源拼凑的方式利用现有资源,在拼凑中发现资源的新用途并调动一切可以利用的资源,可以解决或很大程度地缓解社会创业中的资源约束瓶颈。明确了拼凑这一资源整合的方式后,以资源拼凑的三个核心概念为基础,社会创业的资源整合过程可以划分成如下四个阶段,分别对应社会创业机会识别和开发利用中的"准备阶段—机会识别—机会开发—组织成立"的过程主线。

6.5.2.1 资源整合前的准备

社会创业要求创业者能够直面社会痛点难点问题,并克服资源短缺的约束并加以解决。在开启社会创业之前,社会创业者及其团队需要进行一些专门的准备,以利于在社会创业过程中进行资源整合。

建立与提升个人信用水平:如前所述,社会创业者的个人信用水平是其调动资源的前提,人们的任何社会活动都嵌入于特定的区域、组织、社群和关系网络之中,在社会交往过程当中,信任是一种隐性契约和交易规则,违背了这一规则,不仅会对所在区域、组织和社群产生整体的交易交往破坏效应,使交易的成本增加甚至难以进行,而且会对自身产生不利的消极影响。因此,信用水平是非常重要的资源,起到的是撬动外部资源的"杠杆"作用,具有高信用水平的创业者,不用付出较高成本甚至不需要成本就可以获得所需资源。在社会创业过程的初始阶段,资源通常来自创业者的自我积累或亲朋好友的投入或支持,如果创业者的口碑太差,没有较好的信用水平,获得外部资源和进行资源整合的难度会加大。特别是我国当前公众对社会创业的认知程度仍然很低,对社会创业也缺乏专门法律法规的界定与监督,人们往往对社会创业者的真实目的心存疑虑,在此情境下,社会创业者及其团队的信用水平就尤其重要,其不仅影响社会创业过程中资源的持续获取,甚至在资源整合前的准备阶段,直接决定了社会创业能否顺利开启。因此,社会创业者必须持续维护和提升个人的信用水平,这也是社会创业者自身必须具备的素养。

审视与积累人脉资源:人脉资源的形成与社会创业者及其团队的信用水平息息相关。由人脉资源构成的社会关系网络是社会创业者及其新创立的社会企业的社会资本,社会创业信息的获得、资源的连接、资源获取和利用往往都要通过社会关系网络来实现,因此,社会关系网络一定程度上决定了个人和组织整合稀缺资源并由此获益的能力。从个体层面看,创业者的人际关系对创业活动的成效,如机会识别与开发、资源整合、绩效水平提升等都有直接的促进作用。在社会创业过程中利用人脉资源或社会关系网络并不等同于所谓的"拉关系""走后门"等寻租行为,而是基于正常的社会交往建立的、能够为创业带来有价值的信息和资源的人际关系网络,如师生关系、同学关系、同事和朋友关系等。因此,对社会创业者及其团队而言,不仅要善于建立和维护上述在社会生活中常见的社会关系网络,更要学会在公益和商业领域积攒人脉、拓展社会关系网络,例如,同社会组织和公益平台、其他社会创业者及其团队、受众及志愿者等利益相关者建立良好的互动关系,积极参加社会创业论坛、项目路演等活动,为项目启动后续的资源整合打下良好基础。

6.5.2.2　手头资源的梳理(机会识别阶段)

如前所述,资源稀缺是创业过程中的常态,在社会创业中尤为明显,其原因在于资源的社会价值导向而非利益驱动,而在机会识别与开发阶段,社会创业所要解决的关键问题,一是如何改变资源的趋利性认知,构建跨组织的经济—社会、手段—目的关系的资源利用认同机制;二是要全面梳理手头掌握的各种资源,并结合自己的信用水平和人脉资源情况,搜寻可以连接、支配和利用的各种资源,为后续的社会创业活动做好准备。总体来看,社会创业的手头资源可分成自有资源与扩展资源两类,前者是社会创业者自身拥有和掌握的手头资源,后者是其可以通过信用水平和人际关系进一步支配和利用的资源。

自有资源主要包括实物、劳动力、知识技能三方面。其中,实物资源表现为场地、资金、设施设备、工具等;劳动力资源主要表现为社会创业者自身,以及可以调动的家庭成员、亲朋好友等;知识技能主要表现为某一方面的知识储备,如医疗、语言等各种技能。在组织正式成立前的机会识别阶段,社会创业既难以提供相应产品与服务,也难以提供有经济吸引力的前景,不得不寻求可低成本获得的资源,以支撑其创业过程的资源需求并弥补其经济能力的先天不足,而不能仅仅依靠"即刻可取"的静态资源。在此情况下,社会创业者要依靠和运用其信用水平和社会关系网络,吸引外部的静态资源加入,从而减轻由于外部资源拥有者的"经济理性"而造成的资源输入瓶颈。例如,尤努斯在创建格莱珉银行的初始阶段,就是凭借其大学教授身份的良好信用,以及他与乡村留守妇女建立起的依赖于人际关系的小额信贷网络,有效解决了面向贫困人口的社会创业活动难以将产品和服务设定高价而导致的经济能力的不足。

自有资源是社会创业者可以迅速投入使用的手头资源,不需专门费时费力去搜寻,扩展资源则需要社会创业者依赖其社会关系网络进一步搜索、延展和整合。机会识别阶段,社会创业者手头资源的投入和获取,体现出更多的非经济理性特征,特别是社会创业者的信用水平和人脉资源的"可延展性",能够有效克服资源的趋利倾向,通过手头资源的流动与共享鼓励授权或合作,从而帮助社会创业者建立稳定的获取扩展性资源的外部网络,并与他人合作共同探索可持续的社会价值创造方式。

6.5.2.3 资源将就使用与积累(机会开发阶段)

在机会开发阶段,社会创业者已经识别了需要满足的社会需求,定义了需要解决的社会问题,明确了社会创业过程的价值定位,选择社会创业的组织形式并正式创建组织,在此基础上使用手头资源开展社会创业活动,创造相应产出并不断进行资源积累。在此阶段,按照资源拼凑理论的内在逻辑,由于社会创业固有的资源约束的存在,社会创业者可能无法选择资源的种类、数量和质量,但是可以通过手头资源的"将就使用",创造经济、社会、环境等方面的产出,如实体产品、社会服务等,不断创造经济价值和社会价值,从而实现资源积累,以及对新的扩展资源的吸引。

应该指出的是,所谓的"将就使用",并不是简单的"将就",而是在现有资源的约束条件下,对资源的潜在价值的"挖掘"或"二次开发",以及资源的重新组合。社会创业者既可通过使用"现成"资源找到解决社会问题的可行方法,也可通过重新定义社会价值的概念及与之相关的"潜在"资源,以创造新的社会价值,促进利益相关者转变原有观念和思路,转而关注创造社会价值过程的有效性,调动资源主动参与的积极性,从而以"将就使用"手头资源创造社会价值。例如,倡导积极养老的"银巢"养老服务中心,把退休、健康且有一技之长的老年人视为人力资源,实现老年人从"社会负担"到"价值创造者"的转变,从而重新定义资源及社会价值的创造。大学生社会创业项目"晨夕相伴",将独居老年人的住房与刚毕业大学生租房需求连接起来,大学生可以用较低价格租住老年人的住房并提供合理的照料与陪伴服务,从而将老年人住房资源与大学生的人力资源重新组合,创造社会价值。

在机会开发阶段,社会创业应重点关注资源将就使用的效率及资源积累效应,一方面,资源的将就使用以创造社会价值为使命,资源的短缺与追求社会使命最大化之间的矛盾,迫使社会创业者注重资源使用效率,力图通过手头资源利用效率的提升最大化社会使命。另一方面,社会企业力图通过资源的持续积累突破眼前的瓶颈,但由于社会创业的受益方往往难以足额支付产品和服务价格,以及社会创业的经济能力的先天不足,资源的积累也远非易事,社会创业者必须创造切实可行的方案或依托所处关系网络获取必要的经济能力并扩展社会影响,逐步实现资源的积累过程。

6.5.2.4 资源重构与吸引(组织成立后)

在社会创业组织成立后,需要更大范围、更深程度地利用外部资源,从而进入资源的重构与吸引阶段。一方面,在市场逻辑下,市场主导的资源作为要素投入社会创业过程之中,创造商品和服务,拓展与政府、企业等部门的关系,创造经济收益,从而实现商业价值的"工具属性"目的。另一方面,在社会逻辑下,关系主导的资源通过关系网络提升社会大众的认知水平,提升社会影响力,吸引更多资源的加入,为资源重构打下基础。资源重构作为缓解制度压力、应对市场功能失灵、调动利益相关者的资源共同创造社会价值的手段,构建可复制的系统方法,实现社会使命,可通过影响力传播、建立分支机构、特许经营等手段迅速将社会价值传播到更大范围的受众,并刺激社会变革和满足更大范围和更深层次的社会需求。

社会创业的资源重构可以影响制度变革、技术规范构建及提高社会认知水平的内在机制。Estrin 等(2013)研究发现,社会创业能够作为一种社会变革的路径生成机制,推动国家、社会层面的社会资本建构。通过社会创业活动能够增强创业者的技能与自信心,一部分人成为社会的系统变革者,在非正式制度情境下推动社会与商业创业蓬勃发展。由于社会创业者面临的资源稀缺性程度更高,在双重价值导向的资源利用认同机制建立之前,难以利用既有社会资本实现外部新资源整合,需要创造性地利用手头资源,在创造社会价值与经济价值的同时,实现社会资本的不断积累,进而拓展原有关系网络。而后随着社会资本积累程度的加深,让社会企业在组织层面实现持续成长,并进一步推动社会的变革。

6.6 影响资源整合的几个关键要素

6.6.1 个人与职业关系网络：社会资本的作用

如上所述,社会创业者在创业初始阶段,通常面临财务困难,因此他们都通过个人社会关系网络(家庭成员、朋友和血缘关系)和/或职业关系网络获得人力、财力和其他资源,以实现其创业目标。原因是资源嵌入了个人的社交网络或社团。个人通过直接和间接的关系临时获取资源,借用资源来实现某个目标,而这类资源通常必须退还或得到补偿。因此,这些资源驻留在社会关系网络之中,而不是个人资产。通过个人和职业关系网络提供的资源是"社会资本",包括知识信息、创意和想法、潜在客户、商业机会、金融资本、权力和影响力、情感支持、商誉、信任和合作等。社会企业家利用他们的社交网络自身优势获取可用于实现其目标的资源,他们的正规教育和职业经历促进了其社交网络的扩张。Madsen 等(2003)也提到,以往的经历和职业对于建立网络至关重要,这表明人力资本和社会资本显著相关,因为人力资本是指人的知识、技能和能力,这来自他们的教育、培训和职业经验。一方面,人力资本提供了形成更多新关系网络的机会;另一方面,更大的社会关系网络又为个人提供了更多机会,来增强他们的知识和人力资本。

相关研究还表明,具有较高信任度和被信任度的社会企业家能够利用自己的优势影响其社会网络关系。社会网络中强有力的联系通常与信任有关,因此他们更有能力在创业过程中获得信息、实物、资金和情感方面的支持。例如,我们在对"银巢养老"等案例的调查中也发现,创业者在创业初期面临资金困境时,由于其家人和亲密朋友对他的信任和信心,不仅被其说服,为其提供了很多资金支持,一些团队成员也在最初一年里为其工作,不收取任何工资报酬或只收取少量的工资报酬。就此而言,基于个人关系的社会资本的关系维度是十分重要的,关系资本来源于人们具有的特殊关系,例如尊重、信任和友善,也强调了关系资本在创业过程中的特殊作用。

因此,由社会网络关系产生的社会资本及通过社会关系网络生成、积累和传播的规范和价值观,在调动各种类型的资源方面发挥了重要作用,特别是在社会企业家的创业初始阶段。一些关于社会创业的研究和一般创业的研究也有类似的发现。Bhatt 和 Altinay(2013)进一步发现,即使在社会创业的发展阶段,与投资者的密切关系也有助于获得稀缺的资源。Sakurai 认为社会资本在社会创业中发挥了同样甚至超过了商业创业的重要作用,因为在社会创业初期更缺乏相应资源。

高水平的社会资本(例如良好的声誉、广泛的社交网络)有助于企业家吸引关键人才,而社会网络关系在创立企业中发挥了重要作用,企业家利用其社会资本,在创建企业过程的每个阶段更容易获取资源。他们还提到,在创业的初始阶段,企业家希望有一个受保护的环境来讨论他们的想法,因此他们将讨论限制在最密切的关系中。Madsen(2003)等人在对知识型企业创业研究的基础上,提出以往的经验和就业经历对于建立、确保企业早期和持续融资的网络至关重要。不仅所有的社会企业家会利用他们的社会网络/关系获得资源,以实现他们自己的社会使命,而且他们在行业内或跨行业形成了各种新的社会网络关系,以利于在社会价值创造的全过程中获得可用资源。他们发展了各种社会网络关系,并与多个组织建立了伙伴关系和合作关系,无论是政府、非政府组织还是个人,都可以由此获得各种资源,如基础设施、资金及学习先进技术和技能。Westlund 和 Gawell(2012)认为,社会企业家会有意识地建立有用的社会关系网络来获取和调动资源。因此,社会创业者的社会网络关系和人力资本不仅影响了机会识别,而且随着社会价值创造过程中新网络的形成而增长。

6.6.2 集体的努力：创业团队作用

社会企业家常常把成功归因于强大、有力的团队，相对于商业创业者，他们更愿意把成功看成是团队成员的共同努力，而不仅仅是个人的能力。这也从一个角度表明，强大有力和执着坚定的团队，在实现社会企业家的社会使命中发挥着重要作用。一些学者强调，社会企业的创始人需要更强的合作意愿和能力，在社会价值创造过程中"集体行动"至关重要。Shaw 和 Carter（2017）认为，与商业创业强调企业家的"中心性"相比，社会创业更依赖于其他组织、个体、委员会和志愿者的参与，"社区"和"集体"这两个关键词在描述社会创业的创业过程时是常被提及的概念。社会企业家在启动了社会价值创造过程后的不同发展阶段，都不得不直接或间接地依靠其他个人和组织的帮助来实现他们的社会使命。一个强有力的团队和集体努力是帮助社会企业家实现其社会使命的决定性因素。

在建立团队的过程中，社会企业家更倾向于鼓励其组织内的参与式决策，并相信团队成员的能力，给予他们充分的决策自由，并为他们提供相应的指导。特别是小型社会企业，相对更缺乏明确的等级结构，其团队化、扁平化的组织结构促进了组织内的这一过程。除了鼓励参与式决策，创业初期的团队还通过分担、分配任务来确定专业团队成员的职责，通常由团队中具有不同专业背景的人来承担具体责任。同时以不同的方式来培养团队成员的能力，比如让他们自由地提高决策能力，并通过培训提高他们的技能，并在社会企业中为员工的成长和幸福创造强大的组织结构和文化。通过这些努力，社会企业建立起强大、坚定、有力的团队，帮助社会企业实现社会使命。

6.6.3 知识、技能和能力：人力资本的作用

如前所述，社会创业者在初始阶段都面临严重的资源约束。尽管他们倾其所有，通常也难以满足创业的资金需求，并且缺乏其他所需的资源，例如人力资源和基础设施。但是，对解决社会问题的执着信念促使他们在这个资源匮乏的环境中不轻易妥协或放弃，也没有因为资源的匮乏而限制他们的想法，而是利用自己的知识和智力、能力和技能，即"人力资本"来获取所有必需的资源。Becker 将来自教育、培训和经验的人的知识、技能和能力称为"人力资本"。他们还动员其他人的资源来实现其社会使命，为此，他们在他们的个人社会关系网络和职业关系网络（社会资本）内动员他人，说服他们为其想法投资并/或为其社会企业工作，以实现其社会使命。例如，在我们的调研案例中，有的社会创业者在创业的最初几年里，成功地劝说他的家人和朋友为其提供资金并为他工

作,而没有拿任何报酬。社会企业家不仅在初始阶段就利用其社会资本进行资源获取,而且在社会价值创造过程中形成若干新网络,形成各种合作伙伴关系,以获得更多的资源来实现其社会使命。

上述对社会企业家调动各种资源的论述与 Dees(1998)的观点一致,即社会企业家不允许他们最初的资源禀赋来限制他们的选择。他们追求机会,勇敢地行事,而不受制于已有资源。因此,Dees 在对社会创业的定义中增加了"智谋"(resourcefulness)。在社会价值创造过程中,社会企业家充分发挥其"智谋",在资源匮乏的环境中充分利用可用资源来完成任务。在社会创业文献中,有一个类似的概念——资源拼凑。按照列维·斯特劳斯的说法,"资源拼凑"指的是通过创新的方式组合资源以使其得到充分利用并解决问题。社会企业家利用他们的创造性和创新能力,充分利用现有资源,并在运作过程中以创新的方式将其结合起来。

Singh(2016)在研究中发现,社会企业家的人力资本在动员和利用资源方面发挥了重要作用。Bhagavatula 等(2010)在对低技术行业企业家的研究中也发现,经验、专业技能和语言技能等人力资本对资源获取和机会识别具有直接作用和中介作用。上述讨论表明,社会网络,即个人社会关系网络和职业关系网络,知识、技能和能力(人力资本)及背景因素在调动资源社会价值创造方面发挥了重要作用。换言之,在个人社会关系网络和职业关系网络及知识、技能和能力方面的能力影响着社会价值创造过程中的资源整合。

人力资源的消耗、保留与招聘。社会企业都面临着资源消耗、损耗问题。在人力资源方面,最重要的损耗就是员工的流失。社会企业的人力资源流失的原因各不相同,取决于具体情境因素,可能涉及行业背景、薪酬待遇、组织管理、环境和工作声誉等各种因素。从薪酬待遇方面而言,社会企业尤其是非营利性社会企业,大多只能向员工支付有限的薪水,无法像营利性公司那样给予员工有竞争力的高薪待遇。因此,非营利社会企业的薪酬结构常常是其减员最重要的原因之一。此外,在非营利部门,如果任何组织没有从任何地方获得赠款或捐赠,会降低员工在此工作的意愿。特别是在组织处于初创阶段时尤其如此,因为员工可能会担心得不到持续的工资,这在非营利部门是普遍的现象。受此影响,一些有专业资格的人不想在非营利或非政府组织部门工作,有些人更愿意在公司的企业社会责任部门中从事类似的工作。

多数人都希望工作更加稳定、安全和有尊严。而当一项工作不被认为是稳定、安全和有尊严的,组织就可能面临人员流失的问题。这涉及两个重要的因素,即文化背景和工作本身的声誉,这些因素也造成了非营利部门社会企业的人才流失问题。社会文化和历史背景决定了人们对某项特定工作的看法,当人们认为某项工作有尊严，即工作声誉较高时，即便对应的薪酬较低，也可能会选择这项工作。对社会企业而言，由于其工作内容、服务对象多数与弱势群体相关，很多人并不认为这类工作有较高的声誉，且缺乏稳定和安全感，由此可能使这类工作在吸引和保留员工方面面临困难。但当员工有强烈的社会使命感，他们会将这类工作视为荣誉，从而减少员工流失。特别是当一项工作不仅能使员工在社会使命中获得良好的薪水和声望，他们还有机会通过经验和学习获得知识时，员工流失的可能性就会大幅降低。

尽管社会企业都强调员工的激情和承诺，但同时也尽力使用不同的方法招聘和留住员工。尽管社会企业会试图根据非营利标准提供有竞争力的薪酬，但薪酬通常还是远低于企业界。社会企业家非常清楚，他们不能为员工付出多高的报酬，只有那些有兴趣和真正承诺为社会使命工作的人才能坚持下去。基于此，社会企业通常更强调精神激励，包括员工的成就感、满足感、获得锻炼和能力提升的机会等，例如与团队成员分享成功喜悦并给予他们赞赏和礼物，为员工提供更多的教育培训和了解、连接社会的机会，帮助员工根据他们的想法创立新的项目或社会企业，帮助他们解决更多的社会问题，并通过帮助他们建立创新模式来间接地创造社会变革等。此外，还有研究表明，由于薪酬支付能力有限，无论社会企业的法律组织形式如何，那些在农村或城市地区与贫困人口或社区合作的社会企业家都强调从社区本身招聘更多的工作人员。其用工成本相对较低，更容易招聘，并且与社区有良好的关系，其社区嵌入性也决定了他们愿意接受相对较低的报酬，并且相对稳定，流动性较低。

7　过程三:模式选择

　　"以商业手段解决社会问题"的社会企业近些年迅猛发展并受到各界的普遍关注(Mauksch et al.,2017;Battilana & Lee,2014;苗青、张晓燕,2018;肖红军、阳镇,2018;刘志阳等,2018)。社会企业旨在有效地满足现有市场和公共机构未能满足的基本人类需求,更为关注"政府失灵""市场失灵""志愿失灵"的领域(李健、向勋宇,2018)。Austin(2006)等将社会企业定义为"一种可以在非营利、商业或政府部门内部或跨部门进行创新和创造社会价值的活动"。Perrini和 Vurro (2006)认为,社会企业的不断出现和普及,一方面源于非营利部门的利益相关者提高经济效率和组织有效性的要求,另一方面源于营利部门的利益相关者促进社会责任行为的要求。与此要求相对应,社会企业在实践中也呈现出多样性的形态。Dees(2002)发现社会企业的形态从主要关注社会使命到以社会目标为次要目标的商业企业的范围内变化。一个社会企业既不是纯粹的慈善组织,也不是纯粹的商业组织,而应实现两者适度的平衡。

　　可持续发展要求社会企业必须持续不断创造价值(Agnieszka,2014)。创造社会价值是其获取合法性的基本前提,创造商业价值是其生存和发展的保证(Bellostas et al.,2016)。尽管对于究竟什么是社会企业还存在很多争议,但学者们较为一致的意见是:社会企业应恪守"双重底线",同时创造社会价值和商业价值,商业价值可以为其提供持续的资金来源,以更好地实现社会使命(Maurer et al.,2011);反之,社会使命也可以为社会企业的商业运作提供合法性支持并提升其竞争优势(盛南、王重鸣,2008)。然而,双重价值的结合也为社会企业带来了巨大的挑战,这一方面是因为两者各自遵循不同的逻辑,在同一个组织内融合双重逻辑可能会带来严重的冲突;另一方面也由于社会企业各自不同的价值定位,在广泛的社会企业类型频谱上表现出更多的多样性和异质性。社会和商业背景下不确定的环境、多方利益相关者的诉求和压力,都为社会企业带来很多自身发展方向、路径及模式等诸多方面的困惑。已有文献对社会企业双重价值为组织带来的机遇和挑战给予了极大关注,但相关研究多从组织内部管理的视角展开并给出了应对策略(Battilana et al.,2015;Santos,

2015；Wendy & Marya，2019；Pache & Santos，2010），如通过适当的治理结构、组织设计、人力资源管理策略等来提高组织应对矛盾冲突的能力等（Smith & Besharov，2019；Sergio，2019）。但很少有学者从社会企业的价值创造模式视角来深入分析这一问题。稳定的资金来源是社会企业可持续发展的关键，这是该领域的基本共识。然而，在社会企业面对各自不同的社会使命，面对不同的社会目标群体和商业目标群体的复杂情境下，应当如何进行价值定位、如何选择适当的价值创造模式？如何在实现社会使命的同时获得稳定的资金来源？不同类型的社会企业应如何制定战略决策？这些都成为不可回避的问题。然而，迄今为止，已有文献并未对此提出一个较为清晰的分析框架，实践者也缺乏清晰的理论指导与切实可用的分析工具，并由此陷入长期的无目的摸索和无效的争论之中。

接下来，我们在进一步解析社会需求、市场化程度与价值创造的关系基础之上，基于不同类型的社会企业的价值定位，以市场收入占资金来源比例作为衡量市场化程度的表征指标，开发了一个用于分析社会企业价值创造过程模式的基本框架，以此分析不同类型的社会企业在价值创造过程中的价值定位、核心资源、目标客户、资金来源和支出等各要素之间的关系，解析社会企业价值创造模式及相关要素的结构性变化对社会企业绩效的影响，对于社会企业面对不同的社会使命及社会需求，如何构建合理的价值创造模式以促进其健康成长具有参考价值。

7.1 价值创造的本质：满足社会需求

社会企业通过商业活动获取利润，以此来实现社会目标（Emerson，2003）。双重价值贯穿了社会企业发展的整个过程。无论是目标设定、组织运营还是绩效评估，都围绕着双重价值而展开（苗青、张晓燕，2018）。社会企业对商业价值的追求与商业企业类似，主要是通过创新性利用资源、提供产品和服务获取收入，以实现财务上的可持续性。这些收入既可以保证社会企业的生存和发展，同时也是实现社会目标所必需的资源。比之于社会价值，通过商业活动所创造的商业价值更加客观，也更容易量化，可以通过销售额、利润及其增长率等指标来进行精确的衡量（孙世敏等，2011）。然而，社会企业是使命导向型组织，为公共利益而创造社会价值才是其根本目标，社会价值的创造面向不同的领域及不同的目标群体，比较有代表性的包括减少贫困问题、扶持弱势群体、创造就业机会、促进社区发展等。由于社会价值的无形性和多样性，涉及广泛的、各不相同的领域及目标对象，通常难以准确度量和比较。有学者认为，如何测量和比较基于不同经济社会背景、针对不同干预对象、满足不同社会需求的社会价值创造，是一项"若非不可能，就是一个极大的挑战"的任务（Kroeger，2014）。由于商业价值和社会价值的内在逻辑和表现形式均不同，对同时追求商业价值和社会价值的社会企业而言，势必带来两种价值的巨大冲突及运营管理上更大的复杂性。

现有文献对社会企业的双重价值带来的挑战给予了极大关注，相关研究更多关注如何应对或平衡双重价值的逻辑冲突，但却相对忽略了两者的共通性（Di Domenico et al.，2010）。从社会需求的角度而言，无论是商业价值创造还是社会价值创造，两者的逻辑起点都是满足社会需求，只是各自满足的社会需求的属性及相关领域不同。商业价值创造满足的是广大消费者的一般消费需求，消费者需要按市场价格为之付费，消费需求的满足可以通过市场化的机制实现（Fosfuri et al.，2015），企业也由此创造商业价值，同时商业价值的创造也可以用货币的形式表现并可以精确度量；社会价值创造满足的是特定群体的特定社会需求（Diener et al.，2013），如听障人士这一群体的教育需求，或者是对应更为广泛的社会群体公共利益的社会需求，如公众对于食品安全和环保的需求。这种社会需求因其"特殊性"或"公共性"而具有更大程度的"社会性"的属性，只是这一"社会性"属性及其边界通常难以准确界定，同时"社会性"决定了社会价值的创造难以通过市场化的机制实现，除非某些情况下这种社会需求亦兼具一般消费需求的属性。

7.2　社会需求的类别及其与价值创造的关系

Kroeger（2014）引入社会需求满足度（satisfaction of social need）的概念，把社会需求划分为位于平均社会需求满足度之上的社会需求和位于平均社会需求满足度之下的社会需求，后者通常对应弱势社会群体。同时，Kroeger 把社会价值创造定义为一种由社会干预引起的在社会福利方面处于弱势的群体的积极改变，即被干预对象在干预前后在某一领域的社会需求满足度的提升程度。但并不是所有的社会需求满意度的提升都可以定义为社会价值创造，Kroeger 对此做了进一步界定：第一，社会干预的目标对象是社会弱势群体；第二，社会需求满足度的提升在社会平均需求满足度之下。换言之，若将某一方的社会需求满足度的平均水平定义为临界值，一项社会干预只有针对那些社会需求满足度指标落在临界值之下的群体并提升其社会需求满足度值，才被认为是创造了社会价值。而针对社会需求满足度值本来就高于临界值的任何群体的任何进一步提升其社会需求满足度的活动，都不认为其创造了任何社会价值，

Sinkovics 等(2015)亦认为社会价值创造的本质即是消除社会群体由于其弱势地位而产生的"社会约束"(social constraint)。这一定义也与我们通常的理解相一致,即公益组织或社会企业的社会使命通常是针对弱势群体,满足他们某一方面的具有"特殊性"的社会需求,而这一"特殊性"通常就表现在其满足度远低于平均的社会需求满意度水平。

我们部分采纳 Kroeger(2014)的观点,但对其做了进一步的补充。通过对实践的观察不难发现,社会企业的社会使命通常不仅仅是针对弱势群体的社会需求,而且也针对更为广泛的社会群体的某方面社会需求。此类社会需求因其涉及普遍的公共利益而具有"社会性"的属性。例如,利用现代通信技术而创建的公共交流平台,为人们的社交活动带来了系统性的改变,满足了人们的现代社交的需求;利用先进的产品检测技术为人们提供食品安全检测的社会企业,满足了人们对食品安全的需求等等,这类社会需求通常有普遍性和迫切性的特点,满足这类社会需求可以采用社会企业的模式已在业界和学界形成了较多的共识(Kuratko et al.,2017;Austin,2006)。由此,本书对社会企业的定义是把双重价值整合在运营过程当中,社会使命的目标对象是处于平均社会需求水平以下的群体,或需求强度大、群体规模大的"社会性"问题,由此,社会价值的创造也对应上述两类社会需求。而一般性消费需求是一般商业企业关注的领域,商业企业在运营基础上产生利润,再去投资社会问题,是企业社会责任的范畴(刘志阳,2015)。

社会需求可以从另一个角度划分为消费性需求和生产性需求。对个体或社会群体而言,消费性需求是指为满足消费性需要而产生的需求,是为满足个人生活的各种物质产品和精神产品的需要,包括人们生活中对衣、食、住、行等物质产品的需要,以及对文化、教育、艺术等精神生活的需要,如住房需求、教育需求等。此外,对企业或集体客户而言,还存在一种生产性消费需求,是为满足生产过程中物化劳动和活劳动消耗的需要,包括企业的生产需要劳动力,需要厂房、土地和机器设备、原材料,以及信息、技术服务等,我们也可以把它归为消费性需求之列。生产性需求是指为满足个体或群体参与社会生产需要而产生的需求,通常是就业需求但不局限于正式的就业,也包括以其他方式参与经济社会生活并为社会创造价值的活动,如志愿服务、灵活就业、自主创业等。任何价值创造活动,都围绕上述两种需求展开。

就社会企业而言,其社会使命即其社会价值创造活动的最终目标通常针对社会群体的生产性需求或消费性需求,更具体而言,通常是社会需求满足度在社会平均水平之下的弱势群体的生产性需求或消费性需求,以及广泛的、普遍的社会群体某一方面的迫切的消费性需求。这也与我们在现实中的观察一致。

图 7-1 示意性地表示了社会企业按其社会使命针对的需求类别即社会价值创造范畴的分布情况。需要指出的是,此图只是示意性地显示出其大致分布情况,并非基于严格的统计数据。中间位置的横线代表社会需求平均满足度水平,从图中可以看出,社会企业的社会价值创造通常分布在社会需求平均满足度水平线之下,即其社会使命通常针对社会需求满足度在社会平均水平之下的弱势群体。一般而言,与早期非营利机构更多针对弱势群体的消费性需求不同,当前社会企业相对更多集中于弱势群体的生产性需求领域,通常表现为工作整合型社会企业(李健、项勋宇,2018)。也有少部分社会企业分布于社会需求平均满足度水平线之上,致力于满足更广泛的公众的消费性需求,这类社会企业通常市场化程度更高、规模更大,我们将在下文进一步说明。

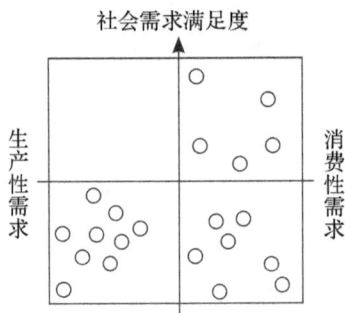

图 7-1　社会价值创造的范畴

7.3　社会需求、市场化程度与社会企业的价值定位

　　社会企业的市场化程度反映社会企业用商业手段获取市场收入和盈利的能力,可以用社会企业的市场收入所占全部资金来源的比例来表示。所有的社会企业履行其社会使命必然都会产生成本费用,社会企业的可持续性发展要求其支出必须有足够的市场收入或其他社会投资来满足,通常社会企业的资金来源包括两部分:(1)市场收入,即通过商业化运作在市场上销售其产品或服务获得的收入。(2)社会投资,包括基金或私人捐款及政府的资金支持。只有当资金来源大于支出时,社会企业才能生存和可持续性发展。如果社会企业获得的社会投资低于支出,就必须想方设法提升其市场收入的数额及所占比例,依靠市场收入实现自我造血来维持其运作。

　　市场化程度也预示了社会企业创造商业价值和社会价值的战略方向,决定了社会企业在"为社会使命获取资金"和"以社会使命获取资金"之间的价值定位。在已有的文献中,社会企业的差异经常被描述为从侧重社会价值到侧重商业价值之间连续变动的频谱(肖红军、阳镇,2018),在频谱的一端,社会使命本身构成了价值命题,社会企业家为之寻求资金。而在频谱的另一端,社会使命成为手段,以此产生更加商业化的价值命题。介于两者之间的是社会使命具有商业价值并可以被市场化。社会企业具有双重价值定位,但各自的侧重及实现方式有所不同。而社会企业在何种程度上通过销售产品和服务获得市场收入,以及市场收入占其全部资金来源的比例,则既显示了其在消费者市场上建立了怎样的商业地位,也决定了其在何种程度上能够通过市场收入支持社会价值的创造,从而决定了其双重价值定位的不同组合模式。

与此同时,社会企业的社会使命所针对的社会需求的属性也制约了其价值定位及可能的市场化程度。首先,社会需求的属性(如是否位于社会平均需求满足度之下)决定了社会企业的社会价值定位;其次,具有特定属性的社会需求对应的目标群体,由于其群体规模、经济社会地位不同,其作为商业性资源的价值亦不相同。具体而言,如果社会企业的社会目标群体同时被用作商业目标群体,则社会企业所能获得的市场收入取决于不同目标群体客户细分市场的大小和性质,客户细分市场越大,价值主张的商业价值越高,就能够创造越多的利润。反之,社会企业的市场化程度则可能因此受限,特别是对那些社会使命针对弱势群体的社会企业而言尤其如此。如果社会企业的社会目标群体是有生产性需求的社会群体,社会企业将其用作生产性资源,则社会企业需要用创新的方式将其与一般市场上的消费需求桥接,此时,社会企业的市场化程度则受社会目标群体的生产能力及一般消费目标市场的市场容量大小和性质的双重制约。

综上,社会企业的价值定位,受社会企业的社会使命所针对的社会需求的属性,以及与此相关的可能的市场化程度的制约,也因此决定了社会企业可能采取的价值创造模式。由此,我们可以根据社会企业的社会使命所针对的社会需求及社会企业的市场化程度,在二维空间中定位社会企业的价值创造模式,如图 7-2 所示。

在图 7-2 中,水平轴代表社会企业的市场化程度,由市场化收入占其全部资金来源的比例来表征。随着市场化程度的增加,社会企业所需要的通过捐赠、政府支持所获得的外部资金逐渐减少并被市场收入所取代。在水平轴上向左移动,社会企业更多地关注社会使命,这需要更多的社会投资者的外部资金,市场化程度降低。在水平轴上向右移动,社会企业通过或依靠社会使命创造商业价值,从而产生更多市场收入,市场化程度增加。纵轴代表社会需求,横轴的上半部分区域代表处于平均社会需求满足度之上的社会需求,下半部分代表平均社会需求满足度之下的社会需求。圆圈代表社会企业分布,与图 7-1 所示一致,

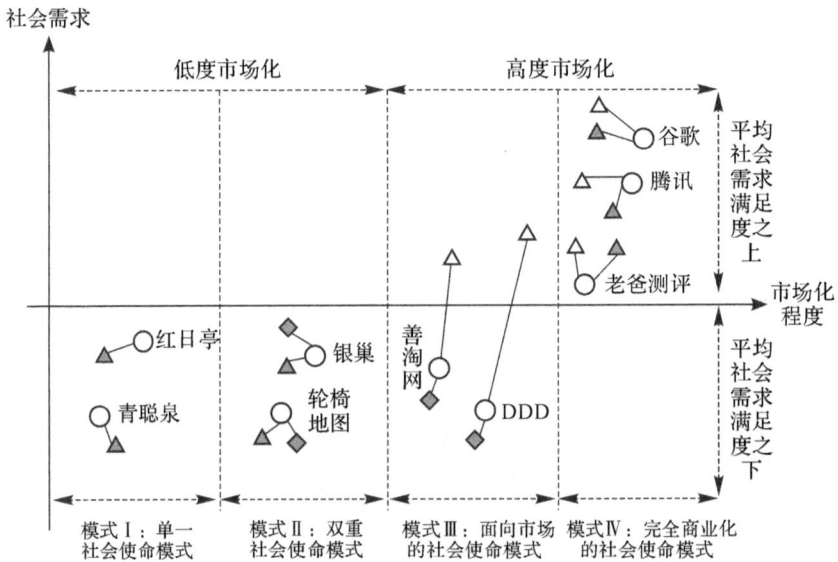

图 7-2   社会企业的价值定位与价值创造模式

注:图中○代表不同模式的社会企业的典型样本;◇代表生产性需求目标群体,△代表消费性需求目标群体,两种图形中若为灰色填充色,代表社会目标群体,若无填充色代表商业目标群体,当社会目标群体仅有部分市场化利用,仍视为社会目标群体。

社会企业多分布在社会需求满足度处于平均水平之下的区域,少部分分布于社会需求满足度处于平均水平之上的区域,但值得注意的是,这部分社会企业的市场化水平反而最高。

由于不同的目标群体是社会企业价值创造的载体,因此目标群体也决定了社会企业的价值定位,并进一步决定了与此相匹配的价值创造模式。由此我们可以发现,具有不同社会使命和目标群体、高度多样化的社会企业,可以按其社会使命针对的社会需求属性及市场化程度,在图 7-2 中定位为四种结构相似的模式,四种类型各自有不同的价值定位、目标群体及对应的价值创造模式。不难看出,模式 I 和模式 II 仅有社会目标对象(或社会目标对象与商业目标对象重叠),且目标对象的社会需求满足度都处于平均线之下,可商业化潜力小,因而社会企业市场化程度低。模式 III 和模式 IV 均有商业目标对象和社会目标对象且两者分离,其商业目标对象多处于社会需求满足度平均线之上,可商业化利用程度高,因此社会企业的市场化程度高。

图 7-2 中也标注了几个不同类型的社会企业的典型案例。需要说明的是,图中每个案例的确切位置都有争议,因为本书提出的社会需求满足度和价值创造市场化程度并非精确的概念,研究目的也不是对其准确量化并以此对社会企业进行精准定位。尽管如此,上述由社会需求满足度和市场化程度组成的框架

还是可以大致描述和揭示社会企业的价值创造模式在一个共同范畴内的差异性，以及在一个特定类型内的一致性，从而不影响本研究的有效性。下面我们以这几个典型案例对四种不同的社会企业价值创造模式进一步分析说明。

7.4 社会企业的价值创造模式

我们借鉴 Osterwalder 和 Pigneur(2010,2011)开发的"商业模式画布"为分析工具，该框架基于商业模式的 9 个关键要素组成(刘志阳,2018)。"商业模式画布"可以直观地、可视化地显示各个要素及其相互关系，从而便于理解价值创造过程及其逻辑。商业模式反映了商业组织价值实现的路径，社会企业双重价值的实现也要以商业模式为依托并实现商业价值创造过程和社会价值创造过程的整合。一些研究强调了社会企业与商业企业在商业模式上的共通性，认为可以将商业企业的价值实现路径用于社会企业的价值创造模式分析(Michelin & Fiorentino,2012;Dohrmann et al.,2015)。为了实现双重价值，社会企业需要对传统商业模式进行创新(McGrath,2010)，特别是资源的整合及业务流程的整合要保证在财务可持续性的同时实现社会使命。基于这些共性及差异，本书的分析一方面采用一般商业模式分析中常用工具"商业模式画布"的基本范式，另一方面将社会价值创造的相关要素及流程整合到这一框架之中，兼顾社会价值与经济价值两条路径及两者交互作用和流程的衔接。

我们结合社会企业的特征对"商业模式画布"进行了进一步改进，形成"社会企业价值创造模式画布"，具体见图 7-3。需要说明的是，图 7-3 中描述的 9 个关键要素是社会企业价值创造模式涉及的关键要素的完备组合，足以阐明各个关键要素之间的关系及价值创造原理。但并非所有 9 个要素都是描述每一种价值创造模型的本质所必需的，有些价值创造模式只涉及其中的几个而非全部要素。

在图 7-3 中，包含 9 个核心要素，依次是：(1)价值定位。它处于核心位置，回答了创造什么价值的问题。它决定了社会企业为其社会目标群体和商业目标群体提供什么价值、满足什么需求和解决什么问题。价值创造是通过为目标群体提供特定的产品和服务满足其特定的社会需求的。(2)客户细分。回答为谁创造价值的问题。社会企业通常面临"多边市场"的多种客户群体，包括社会目标群体和商业目标群体。(3)客户关系。指社会企业与客户细分的目标群体之间建立的联系。(4)渠道通路。是社会企业接触目标群体并把产品或服务提供给目标群体的途径。(5)关键业务。回答如何创造价值的问题，是社会企业为了让业务模式运转并创造价值所必须从事的业务活动。(6)核心资源。是建

重要伙伴	关键业务	价值定位	客户关系	客户细分
*价值创造的最重要伙伴是谁? *参与哪些业务活动? *提供哪些资源?	*创造价值、业务模式运转必须从事哪些活动? **核心资源** *创造价值所需的关键资源和能力是什么?	*为目标对象提供什么价值? *满足了什么需求? *解决了什么问题? *提供什么产品或服务?	*与每一个客户群体之间是何关系? **渠道通路** *到达目标群体的途径是什么?	*为谁创造价值? *社会目标群体是谁? *商业目标群体是谁?
支出结构 *最重要的支出是什么? *哪一项业务产生最大的支出? *各项支出的比例?			**收入来源** *哪些价值创造带来收入? *各种收入的来源途径是什么?	

图 7-3　社会企业价值创造模式画布

资料来源:根据 Osterwalder & Pigneur(2010)、Dohrmann 等(2015)、刘志阳(2018)等整理,由于商业模式画布是一个通用的分析框架,本书此后不再注明此资料来源。

立和运转业务模式、创造价值所需要的关键资源和能力。(7)重要伙伴。创造价值过程中的主要合作伙伴,包括供应商和合作伙伴形成的网络及志愿者等。(8)收入来源。社会企业各种收入流的资金来源途径,包括商业活动产生的收入来源和社会捐赠、投资产生的收入,商业活动产生的收入来源占有的比例表明社会企业的市场化程度。(9)支出结构。社会企业投资于社会使命和商业活动产生的成本支出及结构。

7.4.1　模式Ⅰ:单一社会使命模式

我们从图 7-2 中最左边的模式,即价值创造市场化程度最低的模式开始。如图 7-4 所示,其特征是社会企业重点关注社会使命。编号的箭头用以说明价值创造模式关键要素之间的特定关系,其中实线箭头表示主要关系,虚线箭头表示补充关系,该补充关系也隐含了基本模式的扩展变体。

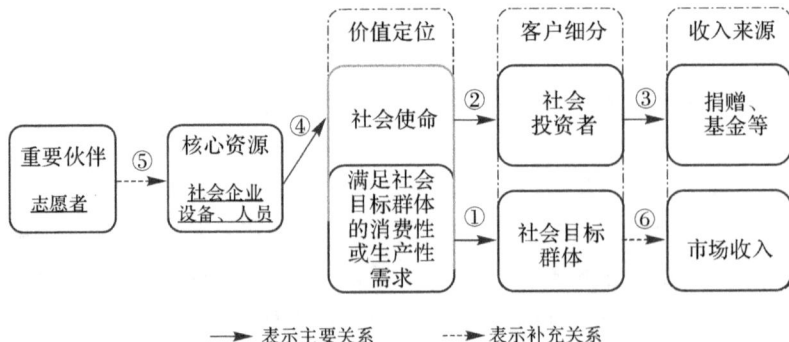

图 7-4　模式Ⅰ:单一社会使命模式

　　在这一类型的价值创造模式中，社会使命是其核心价值定位，它通常满足弱势群体的生产性或消费性需求。因此，该社会使命针对的是社会目标群体（关系①），该目标群体通常没有支付所提供的商品或服务的财务能力。为了获取支持社会使命的资金，社会企业还必须向社会投资者求助（关系②），以获得基金投资支持或捐款（关系③），使社会使命可实施于社会目标群体。这些资金用于实现社会使命的开支，如原材料供应、人员工资和基础设施，它们构成了为社会使命创造价值的必要资源（关系④）。完成这些业务活动通常（但不一定）由志愿者支持（关系⑤），以减少成本开支。

　　从市场化程度的角度来看，该模式的目标群体是社会需求满足度低于平均线的弱势群体，他们通常没有足够的支付能力来购买相关的产品和服务，这意味着社会企业也不可能从其提供的产品或服务中获得足够的收入以弥补其成本支出，因此需要额外的社会资金投入或捐赠来保证其履行社会使命，其资金来源中商业收入占比为零，在某些情况下，社会目标群体可能被要求支付低价或象征性地支付少量费用，从而产生少部分的市场收入（关系⑥），然后这些收入可用于社会企业将产品或服务提供给更大数量的有需要的人，或减少社会投资所需的资金数额。虽然市场收入的产生只是对该模式的一种补充，但也意味着一定程度的市场化。总体而言，该种模式的收入来源中市场收入所占的比例为零或很少，意味着其市场化程度很低。

　　被称为"一粥一茶温暖一座城"和"温州慈善地标"的红日亭，是这一模式的一个典型范例。红日亭最早由孙兰香和一群老人创办，40余年来风雨无阻，从夏供伏茶冬施粥，到节庆节气免费供应民俗小吃等，对象是外来务工者、生活清贫者、孤寡老人、城市清洁工和过往行人，施粥数量达到每天用80多斤大米，煮18锅粥，茶水每天供应一两吨，惠及600多人，先后荣获"感动温州十大人物"特别奖、"浙江慈善奖"等荣誉，2017年被评为第三批全国学雷锋活动示范点。"红日亭"的资金来源主要是社会各界捐赠，所有的善款善物都会写下收据交给爱心人士，并在"乐捐榜"上展示，所有资金及物资去向也会列得清清楚楚，接受监督，其工作人员也都是义务参加劳动的志愿者。

　　另一个案例是上海青聪泉儿童智能训练中心，青聪泉是一家为自闭症儿童和发育障碍儿童及其家庭提供康复训练指导的非营利性机构，成立于2004年，为孩子们提供各种训练并积极开展家长交流活动，倡导全社会关注自闭症及其他特殊儿童，为他们建立更好的社会支持系统。青聪泉依靠专业团队为数百名自闭症儿童提供了早期康复训练，但由于市场没有打开，该机构收入非常有限，巨大的资金缺口导致其难以运作，2007年公司性质转为民办非营利性企业，以更方便获得社会捐赠及基金会和政府的资金支持。

在上述两个案例中,社会使命都是针对社会需求满足度较低的弱势群体,创造单方面的社会价值,由于很难通过市场化的方式获取收入,因此社会企业不得不依赖社会投资者包括公众捐赠、慈善机构的投入或政府部门购买服务来维持运转,其人员也更多依赖志愿者的参与降低人工成本,它们更接近于传统的非营利组织。在某些情况下,社会目标群体可能被要求以低价支付少部分费用,从而产生部分市场收入,然后这些收入可用于扩大服务人群或减少社会投资所需的资金数额。虽然市场收入的产生只是作为资金来源的一种补充,但它也意味着社会价值的一定程度的市场化,使其在图 7-2 所示的图谱中稍微向右侧移动。

7.4.2 模式Ⅱ:双重社会使命模式

第二种模式为双重社会使命模式,具有比第一种类型更高的价值创造的市场化程度。这种类型的社会企业的社会使命涉及两个不同的社会目标群体,其中一个有消费性需求,一个有生产性需求,并且两者都处于社会需求满足度平均水平之下。此种情况下,由于生产侧社会目标群体的免费或低价的生产支持,双边使命所需的资金即成本支出可能由此减少。此模式与第一种模式的类似之处是:社会使命仍然是其核心价值定位。但由于社会使命是双重的,通过社会使命对所涉及的两类目标群体进行类似市场化的匹配,并减少所需要的成本支出,起到与增加资金来源同样的效果,由此价值创造过程中的市场化程度相对更高。

如图 7-5 所示的价值创造双重社会使命模式,这一模式的社会使命通常包括两个方面:一方面满足某一社会目标群体的消费性需求,另一方面满足另一社会目标群体的生产性需求。因此,社会使命是针对两个社会目标群体,它们分别位于客户细分领域的消费侧(关系①)和生产侧(关系②)。具体而言,生产侧的社会目标群体为消费侧社会目标群体提供免费的生产支持(关系③),这可以理解为生产侧的社会目标群体同时被用作业务模式中的资源输入(关系④),以满足消费侧社会目标群体的消费需求(关系⑤)。应当注意的是,在支持社会使命过程中,此模式中生产侧的社会目标群体和单一社会使命模式中作为合作伙伴的志愿者之间存在着关键的概念差异,因为双重社会使命模式中的社会使命被确定为为生产侧社会目标群体创造价值,我们在下面的案例中进一步说明。

在这一模式中,由于社会使命针对的消费侧社会目标群体的消费需求,其购买能力仍然很弱,虽然生产侧的社会目标群体可以提供免费(或少量费用)的生产性支持并由此降低实现社会使命的成本支出,但社会企业的收入可能仍然

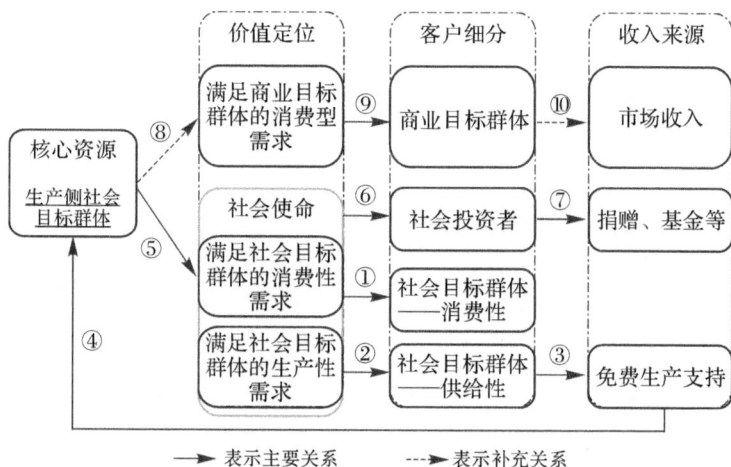

图 7-5　模式Ⅱ：双重社会使命模式

不足以维持其运转,此时,还必须引入社会投资者(关系⑥),这些社会投资者投入资金或捐赠(关系⑦),用于原材料供应和基础设施等支出,而生产过程中人员投入则主要由生产侧的社会目标群体承担。由于生产侧社会目标群体在生产方面提供支持,消费侧的社会目标群体大多免费接受产品或服务。对于一些社会企业,如果免费生产支持在产出的产品或服务在质量上足以额外满足市场上一般消费目标群体(关系⑨)的消费需求(关系⑧),则免费生产支持及其对应的产品或服务可以部分市场化,在这种情况下,可以更大程度地减少所需的社会投资者的资金数额,从而使这一模式的市场化程度更高。然而,此情形下市场收入仍然只是对以两个社会目标群体为对象的双重社会使命的核心商业模式的补充。

　　对应这一模式的一个典型案例是宁波银巢养老服务中心(简称银巢),银巢是一家正式注册的社会组织,2017 年成立于宁波,由 90 后女孩李静慧带领 20 余位大学毕业生创办。银巢养老服务中心以服务于健康的、有一技之长的退休老人,提升其晚年社会融入度和生活幸福度为宗旨,倡导"积极老龄化",实现老年人由"被服务者"向"价值创造者"的转变。具体做法是:聘请健康的、有一技之长的退休老人为兼职教师,利用闲余时间为特定社区的农民工子弟、贫困及弱势家庭子女,以远低于市场的价格提供教育培训。这样一方面为这些老年人提供了灵活再就业的机会,避免老年人晚年社会生活边缘化,提升其社会融入度和幸福感,又能同时获得一定的经济收入;另一方面也为农民工子弟、贫困及弱势家庭子女提供了低廉的受教育机会,从而实现"双重公益"。在此案例中,离退休老人是社会目标群体之一,解决的是其参与社会价值创造的生产性需求,而他们作为银巢养老的核心资源,向社会目标群体即农民工子弟、贫困及弱势家庭子女提供教育培训,满足其消费性需求。由于这些有知识有技能的离退休老年人通常有较好的生活条件和经济水平,并且参与社会是其自身的主要目的,因此无须支付或只需支付少量费用,由此他们提供了有效的生产支持,大大降低了支持社会企业运转所需的费用支出。同时"银巢"也通过参与公益创投、政府购买服务等形式获取更多的社会资金支持。

另一个例子是知名社会企业"轮椅地图"(Wheel Map),它创建了世界上第一张由在线人群提供的轮椅可到达和不可到达地点的在线地图,从而支持城市轮椅用户的出行便利及社会参与(Dohrmann et al.,2015)。基于开放式街道地图制作线上平台,用户可以很容易地将公共场所标记为轮椅可访问、不可访问或部分可访问。此外,还通过网络平台的相关功能提供信息共享和参与网络社区组织的便利。网站提供的信息是免费的,容易搜索,可以适应个人需要并可与他人分享。因此,使用轮椅的残疾人融入日常生活的机会日益增多。"轮椅地图"模式的基本结构也是建立在两个不同的社会目标群体之间的桥梁上,即城市轮椅用户作为消费侧的社会目标群体,对话题感兴趣的互联网用户作为生产侧的社会目标群体,其中大多数与轮椅用户相同或密切相关,提供各种街道、公共场所轮椅可达性的信息,提供免费的生产支持,以帮助实现免费地图平台的社会使命。为了获得更多的社会使命所需资金,还通过满足另一个商业目标群体的消费需求来产生市场收入,如联盟收入等。这些收入流虽然只是作为补充,但仍可以在一定程度上减少社会投资者所需的捐款,因为它桥接了两个不同的社会目标群体,加之有话题兴趣的互联网用户提供免费生产支持,这使得"轮椅地图"有了相对更高的市场化程度,所需资金也随之减少。

7.4.3　模式Ⅲ:面向市场的社会使命模式

第三种模式的社会使命只针对有生产性需求的社会目标群体,虽然社会目标群体是社会价值创造的受益者,但并不免费提供生产支持,而是成为创造新的商业价值的有偿资源。与单一社会使命模式及双重社会使命模式的根本不同是,这一模式没有消费性需求的社会目标群体。相反,社会企业在商业层面关注的是市场上一般的消费目标群体的消费需求。由于这类消费目标群体作为商业目标对象,通常其社会需求满足程度高于平均水平,且有较高的支付能力,因此,社会企业所需的资金越来越多地被市场收入所取代,从而增加了社会企业价值创造的市场化程度。换言之,与前两个业务模式中显示的社会使命的价值创造不同,此模式下社会企业实现了从"为社会使命获取资金"转换为"以社会使命获取资金"。

图 7-6 所示的面向市场的社会使命模式中,社会使命只针对位于生产侧的社会目标群体(关系①),满足其生产性需求,这类群体多为就业或在从事生产性活动方面有障碍的弱势群体。同时将这一群体作为生产资源(关系②),生产性社会目标群体生产的产品或服务用于满足消费侧(关系④)的市场目标群体的消费性需求(关系③),从而产生市场收入(关系⑤)。在此,由于消费者对社会企业的社会使命的认同产生价值溢价,他们可能会以高于商业企业提供的同类产品或服务的价格购买社会企业的产品,从而一定程度上也成为社会投资者并帮助社会企业产生更多的市场收入。市场收入用于原材料的供给、基础设施,也用于生产性社会目标群体参与生产活动的人员开支,这些资源构成了社会使命创造价值的必要资源。如果社会目标群体作为生产资源过于昂贵或生产力过低,那么其提供的产品或服务所产生的市场收入可能不足以满足社会企业的支出。在这种情况下,社会使命还必须进一步吸引社会投资者(关系⑥),以支持他们的社会使命的资金需求(关系⑦)。

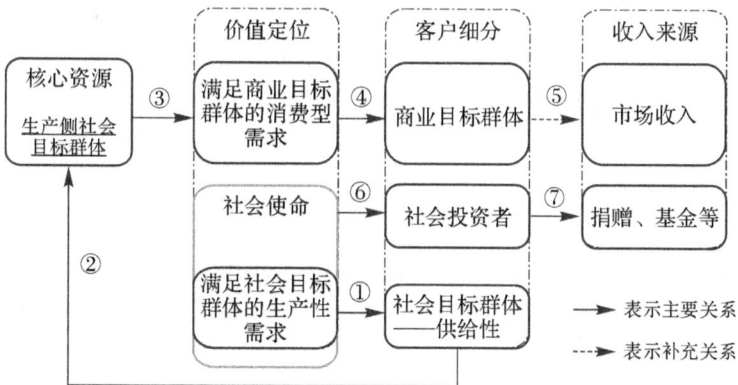

图 7-6　模式Ⅲ:面向市场的社会使命模式

与面向市场的社会使命模式对应的一个典型社会企业案例是善淘网。善淘网由留学英国海归周贤女士创办,是中国首家在线慈善商店(苗青,2015)。其基本运营模式是:以收购或接受捐赠的形式获得衣物等闲置物品,或各类公益商品及公平贸易产品等,并聘用残障人士对这些物品进行二次加工处理,然后将加工整理后的物品在线销售,其使用的域名 buy42(buy for two)寓意是鼓励大众以恻隐之心来购买产品以益人益己,由此将电子商务和慈善事业融为一体,并协助慈善组织和公益机构进行在线筹资。此案例中,核心的社会使命是为残障人士提供就业、培训和融入社会的机会,面向的是弱势群体的生产性需求。反过来,这些有生产性需求的弱势群体又成为社会企业的重要资源,提供可向商业目标群体销售的产品。由于商业目标群体对应的市场容量大,社会企业可以借助电子商务和网络营销扩大市场规模,从而提升市场化程度并获得更多的市场收入,满足了其自我造血和持续发展的需要,使得善淘网可以在将所得收入扣除必要运营费用后,依据捐赠者和购买者的意愿投入指定的其他公益项目,扩大了其社会价值创造的范围。

另一个典型案例是杰米·霍肯斯坦(Jeremy Hockenstein)创办于柬埔寨的Digital Divide Data(DDD)。DDD 成立于 2001 年,是一家非营利性的信息技术外包公司(Wendy & Marya,2019),它在柬埔寨全国范围内雇用最贫穷的年轻弱势群体成员,进入信息技术数据输入外包行业,其社会使命是为他们提供在职培训和正式奖学金、医疗保健和其他社会福利,并帮助他们在"毕业"后从事报酬更高的工作,获得更好的经济条件。同时将这一社会目标群体作为生产性资源为专业的 IT 公司提供数据外包服务,获取商业回报。2015 年 DDD 已经在东南亚范围内开设了 5 个分支机构,雇用了 1200 多人,业务收入超过 1100 万美元,累计有 900 名员工毕业,他们毕业后找到了更好的工作,每个人的收入大约是具有类似技能的同龄人收入的 8 倍。DDD 还获得了斯科尔基金会和洛克斯勒基金会数百万美元的赠款,以支持其扩展社会企业业务模式。与上一个案例相同的是它们的社会使命都针对有生产性需求的社会目标群体,并将他们视为核心生产性资源以实现商业目标,不同之处是 DDD 的商业目标对象是公司客户,采用的是"to B"模式,而善淘网的商业目标对象是消费者,采用的是"to C"模式。

应特别指出的是,面向市场的社会使命模式的核心是针对社会目标群体的生产性需求,并把这一群体视为价值创造的关键资源,而在传统商业企业市场上,这些群体通常被作为弱势群体而被排除在一般就业市场之外。这一模式的市场化程度的差异取决于所产生的市场收入的数量,而这可以通过两个途径提高:一是提升产品或服务的盈利能力。通常而言,社会企业提供的产品和服务质量越好,产品和服务越是差异化和多样化,目标客户群越大,社会企业的利润也就越大。二是提高目标群体的生产力,为社会目标群体提供教育和培训是可行路径。在某些情况下,基于社会目标群体的特异性来生产和提供具有高度竞争力的或有特殊要求的产品或服务,可以产生差别化竞争优势。例如,Autcon专门雇用自闭症患者作为 IT 部门的技术顾问,利用自闭症患者在软件测试和分析方面的逻辑分析优势(Ashoka,2015)。这些自闭症员工的专业性使他们能够比非自闭症员工更好地完成 IT 工作的具体要求,他们的特殊能力作为一种有独特价值的资源,为 Autcon 在市场中创造了竞争优势和价值。另一个例子是发现之手(Discovering Hands),通过训练盲人成为熟练的医学触觉检查者来检测乳腺癌,从而创造了一种新的低成本、高准确率的乳房检查方法,盲人群体优于常人的敏感触觉成为预防性乳腺癌诊断领域的宝贵资产和独特能力。由此,社会企业的专业化程度和产品差异化程度将极大地影响财务结果,提升其市场化程度。

7.4.4　模式IV:完全商业化的社会使命模式

第四种模式是完全商业化的社会使命模式。与其他三种模式相比,该模式最突出的特征表现为3点:(1)社会使命针对的并非一定是社会需求满足度在平均线之下的目标群体。而是平均需求线上下均可(但通常平均线之上居多),且相对更为广泛和普遍、又较为紧迫的社会需求(如社交需求、信息需求、环保需求等)对应的目标群体。(2)社会使命是满足社会目标群体的消费性需求。换言之,该模式以解决公众广泛、紧迫的社会需求为社会使命,消费层面的社会目标群体被社会使命所吸引,并由此成为社会企业的核心资源。(3)社会企业以社会目标群体为核心资源,向商业目标群体(可以是公司客户,也可以是社会群体)提供产品或服务,从而为社会企业带来大量的市场收入,并大大减少或完全取代社会使命所需的外部资金。因此,该模式下的社会企业以价值创造的市场化程度最高为特征,是一种完全商业化的社会使命模式。与其他模式不同,该模式通常可以完全实现“以社会使命获取资金”,因而可能不需要额外的社会投资或捐赠。

如图7-7所示,社会使命只针对消费性需求,满足定位在消费侧的社会目标群体(关系①)。该目标消费群体本身不需要支付费用,而是被用作社会企业的核心资源(关系②),以满足商业目标群体(关系④)的消费性需求(包括公司客户的生产性消费需求和一般社会群体的消费性需求)(关系③),从而产生市场收入(关系⑤)。市场收入用于原材料供应、人员工资,特别是基础设施。作为补充,社会企业也可以吸纳一部分社会投资者(关系⑥)的投资资金或捐赠(关系⑦),但这并不一定是必需的。应注意的是,模式Ⅲ和模式Ⅳ在结构上几乎相同。重要的区别是,在模型Ⅳ中,社会目标群体位于消费侧,消费性社会目标群体被用作进一步创造价值的资源,而在模型Ⅲ中,社会目标群体位于生产侧。模式Ⅳ市场化程度更高的原因是,消费性目标群体的群体规模、消费需求弹性更大,因此消费市场的市场规模更大,社会企业有更大的市场扩张的空间。

与此模式对应的一个典型案例是老爸评测科技有限公司(简称“老爸评测”)。“老爸评测”成立于2015年,是一家专注于解决有毒有害产品问题的社会企业(苗青、张晓燕,2018)。通过跨界结合移动互联网、自媒体、众筹检测、合格产品团购等多方资源,“老爸评测”成功以创新商业模式促进了社会问题的有效解决,荣获2015年度“中国社创之星大赛”总决赛冠军。“老爸评测”的创始

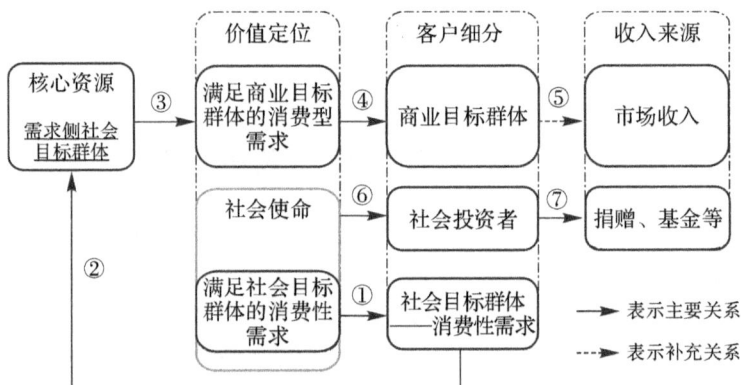

图 7-7　模式 Ⅳ：完全商业化的社会使命模式

人魏文锋先生，是一名有 17 年检测工作经验的家长。出于职业的敏感，他怀疑女儿使用的包书皮有毒，于是自费上万元到检测中心对市面上的问题书皮进行了检验。为了"让天下的孩子们远离有毒有害产品"，他发起了"老爸评测"项目，先后检测了包书皮、跑道、魔术擦等产品，为家长们提供了安全和健康的产品信息。早期阶段"老爸评测"公益使命突出，但经济价值创造明显不足，运营主要依靠自费和众筹，因而入不敷出。为了解决组织的生存问题，"老爸评测"于 2016 年引入商业手段，建立了"老爸商城"微商城和淘宝店，销售通过检测合格的"白名单"产品来获取收入。这一方面满足了家长对安全产品的需求，同时实现自我造血及可持续发展；另一方面推动厂商自觉地生产优质、合格的产品，改变行业生态。通过该模式的建立和引入，其不仅在财务方面实现了扭亏为盈，其产品销售收入也不断增加，2017 年利润达 400 余万元。与此同时，"老爸评测"将不少于 1/4 的利润用于产品检测以支持其社会使命，其产品检测的能力及范围随着收入的增加也不断拓展。

在此案例中，"老爸评测"的社会使命是让孩子远离有毒有害产品，针对的是家长和孩子这一社会目标群体的安全需求。在此过程中，"老爸评测"利用了自身的检测背景和能力，建立了专门的检测实验室，考虑到大部分有毒有害产品的检测需要具有资质的专业机构和专业仪器且耗资巨大，"老爸评测"也与外部的专业实验室建立了合作关系，并在微信公众号、公司网站、新浪微博等多个平台上公布检测结果，使家长们可以免费获得信息，因此社会目标群体并不产生市场收入，但由于"老爸评测"成功赢得了公信力，获得了来自家长的信任和支持及社会的认可。对有毒包书皮进行曝光等相关微信公众号文章在家长的朋友圈刷屏，阅读量上百万，视频点击量也达到 120 万次以上，多家媒体争相报道，这使"老爸评测"收获了一大批粉丝。由此，这些大量聚集的社会目标群体成为"老爸测评"的引入商业机制的资源,在商业模式的选择上,出于独立性和公信力的考虑,"老爸测评"放弃了向社会目标群体收取提供检测报告或产品安全信息费用的方案,也放弃了向厂家收取广告或检测费用的方案,而是最终选择通过微信商城和淘宝会员店等平台向广泛的消费者出售安全产品。这里应注意的是,其最终选择的商业目标群体和社会目标群体在逻辑上是分离的,尽管在实践中两者可以有部分重叠。在此过程中,"老爸评测"从检测机构获得产品的检测信息,免费提供给社会目标群体,从厂商处获得安全产品,出售给商业目标群体。"老爸评测"成功获得了经济利润,实现了市场收入的持续增长和财务上的可持续。

完全商业化社会使命模式以社会目标群体为核心资源,向商业目标群体(通常为有商业需求的公司客户,或有消费需求的社会群体)提供产品或服务,社会企业面对的市场规模及成长空间更大。特别是在现代互联网和移动信息技术的加持下,商业目标群体的可及性大大增加,为社会企业通过市场化途径迅速扩大规模提供了可能。能够说明这一模式下社会企业的价值创造市场化可以推进到何种程度的两个极端案例是腾讯和谷歌。由于这两个案例广为人知,我们不对其业务流程做具体展开,仅从其社会价值和商业价值创造的角度略加说明。腾讯的核心业务之一微信为公众提供开放的移动在线社交平台,为社交模式带来了根本性改变。"谷歌"的核心业务是免费在线搜索,使信息可全球访问,并创造免费的在线工具,如"谷歌地图"和"谷歌学术","谷歌地图"不仅免费,而且在自然灾害期间的支持方面非常有效,该工具可自由用于在地震之后寻找家庭成员,或在洪水灾害期间标记主要出入口和支持点。两者作为社会技术进步中的变革者,都为社会创造了系统性的根本变化,并实现可持续改进。它们提供的核心产品和服务用户可自由访问,满足了社会目标群体广泛的社交需求和信息需求,而且基本上是免费的。但与此同时,两者又都将其海量用户作为核心资源来满足另一层面的商业目标群体或公司客户的消费需求。例如个性化广告业务将商业公司作为其市场目标客户。由于社会网络的巨大影响和传播力,商业公司可购买个性化广告或植入其他业务,借此创建自己的公司或品牌简介,并推广、提升他们的在线知名度和流行度。腾讯和谷歌由此产生巨大的市场收入。

对于完全商业化的价值创造模式,可能存在的争议是:这类企业是否为真正意义的社会企业,或者,即便这类企业创办初期有明确的社会使命,但随着商业化程度的提高,其是否已经发生了"使命偏离"(mission drift),即是否偏离了原来根本的社会福利目标,从而蜕变为一个商业企业(Ebrahim,2014)。事实上,关于社会企业的边界,通常并没有被广泛理解和普遍接受的定义。对此,如前文所述,我们的理解是:社会企业与商业企业划分的一个核心标准是其社会使命是否融入其双重价值创造过程。例如,我们将腾讯视为一家社会企业,是因为其核心业务的"社会性",始终围绕为公众提供开放的移动在线社交平台这一社会使命,而不是因为其在有巨大的社会影响和经济能力后创办了"腾讯公益"。

7.5 小结

本章从社会需求的视角,揭示了社会企业市场化程度及价值创造模式的底层逻辑,并构建了社会企业价值创造模式的分析框架。概括而言,社会企业的双重使命所针对的社会需求的属性及其对应的目标群体的特征,决定了社会企业的价值定位,进而影响其价值创造过程中各要素之间的组合关系、价值创造的模式及可能的市场化程度。基于几个典型案例的分析进一步表明,按此分析框架可以对社会企业进行清晰的分类和定位,对其价值创造的过程机制及内在逻辑展开进一步深入的分析。已有研究已经对社会企业双重价值的相关议题给予了极大关注,相关研究通常从两个视角展开。一是从组织内部视角研究社会企业如何应对双重价值带来的逻辑冲突;二是从组织与外部关系视角研究社会企业的商业模式(李健、陈淑娟,2017),但与后者相关研究大多停留在借用商业模式的范式分析社会企业的商业活动的层面。苗青(2018)、刘志阳(2015)、郑娟(2014)等尝试从整合的视角分析社会企业的价值创造,Dohrmann 等(2015)则更进一步,借助商业模式画布分析社会企业价值创造的货币化,但这些研究亦停留在业务流程的协同与整合层面,没有深入社会企业价值创造的本质,由此也难以揭示其潜在机理。本书则从社会需求的视角揭示了社会企业价值创造的本质,明确了决定社会企业价值创造模式的底层逻辑,是对已有研究的进一步推进和深化。

上述的研究结论也有重要和明确的管理含义,特别地,本书所开发的社会企业价值创造分析框架可以为社会企业提供战略指引,帮助社会企业明确其业务方向、设计合适的价值创造模式,通过合理的商业化程度及商业化手段实现自身的造血功能及可持续发展。

首先,社会企业应依据自身的社会使命及其相关的目标群体的社会需求属性明确价值定位,进而选择与之匹配的价值创造模式。本书提出的社会企业价值创造分析框架及对不同的典型案例的解析表明,不同类型的价值创造模式产生不同的资金收入,而资金来源是社会企业持续发展的关键。如果从战略角度评估社会企业的发展方向与发展潜力,社会企业家必须对此有清晰的判断。本书的研究结果表明，社会企业的市场化能力、盈利潜力取决于社会使命及目标群体的性质。具体而言：一是如果社会使命针对社会需求满足度平均线以下的目标群体的消费性需求，由于这部分群体通常规模有限并且购买能力不高，通常难以通过市场化的方式获得资金收入（如"红日亭"和"青聪泉"）。如果社会使命同时针对社会需求满足度平均线以下的另一个目标群体的生产性需求，可以通过这部分群体的生产性支持而减少实现社会使命的成本，从而使市场化程度略有提高，但其潜力有限（如"银巢"和"轮椅地图"）。上述情况下，社会企业应更多拓展社会投资的资金来源。二是如果社会使命针对社会需求满足度平均线以下的目标群体的生产性需求，并且这部分群体有一定的生产能力可以为一般市场提供产品和服务，可以实现相对较高程度的市场化，此时需要开发另一端的消费市场，进行位于一端的社会目标群体的生产性需求和位于另一端的商业目标群体的消费性需求的桥接（如"善淘网"和"DDD"）。特别是当生产侧的目标群体具有特殊技能，可提供异质化的产品时，社会企业可能在消费市场上获得差异化竞争优势，从而大幅提高其市场化程度及市场收入。三是当社会使命针对社会需求满足度平均线以上的消费性需求，尤其是当这种需求具有普遍性和迫切性时，最容易实现市场化。此时社会企业通常面对两方面的消费目标群体，其中社会使命针对的群体被视为关键资源，社会企业需要通过创新的方式实现两者的连接（如"老爸测评"、腾讯和谷歌）。

其次，社会企业可以通过调整价值创造模式的要素结构，或转换价值命题获得可持续发展。虽然总体上社会企业的市场化程度、潜在的盈利能力取决于其社会使命及对应的目标群体的社会需求，但并不意味着社会企业面对特定的情境就难有作为。本书的研究结果也表明，通过价值创造模式要素结构的简单变化，就可能对社会企业的价值创造和市场收入产生显著的影响，因此，追求通过更大程度的市场化水平提升可持续发展能力的社会企业，要根据环境变化的需要调整其价值创造模式，甚至可以通过转换价值命题，重新对社会问题进行定义，发现新的潜在社会需求及相关资源，例如可以通过对社会目标群体和商业目标群体进行重新定义实现新的价值定位。事实上，本书给出的从模式Ⅰ到模式Ⅳ四种由市场化程度相对较低模式到相对较高模式的连续变化，喻示了可能的调整方向。例如，如果一个早先采用模式Ⅰ的社会企业，主要依靠社会投资者的捐赠维持运转，而社会投资者拒绝再提供资金，从而危及社会企业面向消费性需求的社会目标群体的社会使命，那么社会企业可以寻找能够满足该社会使命要求的具有生产性需求的目标群体，并通过满足生产侧社会目标群体的生产需求，减少人员费用支出来创建双重社会使命，从而过渡到模式Ⅱ。或者，该社会企业可以进一步搜索并发现一个市场目标群体，并将面向原社会目标群体的活动作为一种生产性资源输入。例如,"红日亭"可以寻找一个有消费需求的媒体合作伙伴,将"红日亭"及其代表性人物、活动打造成一个IP形象,拍摄现实生活短视频、纪录片,提升媒体的影响力或满足其广告需求。满足市场目标群体的消费需求将推动价值创造从低度市场化的单一社会使命模式向相对高度市场化的面向市场的社会使命模式转变,从而由模式Ⅰ跃升到模式Ⅲ,采用新的价值创造模式可能会为社会企业带来更多的市场收入,进而取代所需的社会投资资金,盈利潜力和可持续能力也相应提高。上面给出的只是一个简单的例子,事实上,社会企业的本质就是通过创新性的资源整合解决社会问题(Sakhartov & Folta,2014;万希、彭雷清,2011),与各种不同的情境相结合的资源组合与模式创新有无数的可能和巨大的空间,本书给出的分析框架及模式则为此提供了思路及分析工具,上述的简单例子也清楚地说明了,从社会企业价值创造的底层逻辑出发,模式结构的简单调整就可能产生巨大的杠杆效应。

　　上述建议不仅适用于社会企业,也同样适用于政府、基金会或其他社会投资者开展公益创投时对社会企业或孵化中的社会创业项目进行前期评估。公益创投是指社会投资者借鉴商业创业投资的运行机制,对社会服务组织给予持续金融支持并参与管理的一种资本行为(苗青,2018)。但在我国的实践中,公益创投的内涵有所扩展,很多公益创投的实质是政府采购公益项目或基金会对公益项目的支持,也有一部分是本义上的公益创投,要求所投资的组织或项目具有财务上的可自我造血和可持续发展能力。在此背景下,如何甄别、判断某一组织或项目的市场化潜力、盈利能力及未来的可持续发展能力,或者如何根据其社会使命定位及价值创造模式设计,选择投资支持与公益创投目标相匹配的组织或项目,就成为重要的决策考量,本书的结论和建议对此具有同样的借鉴和参考意义。

8　社会价值创造中的双元价值平衡

对社会企业而言,价值创造就是社会企业能为其社会目标群体和商业目标群体各自创造什么价值,以及这些价值是如何创造出来的。经济价值创造主要是为商业目标群体提供的产品和服务,而社会价值的创造则是为其社会目标群体或环境问题在某个方面(一个或多个)改善,如受益群体的健康水平、教育水平的提升,环境改善和社区发展等。其中,前者通常具有使用价值并可以直接货币化,能够通过市场交换获取收入和利润,而后者通常是不具有使用价值并表现为非货币价值。在具体的价值创造的过程中,社会企业既需要运用组织内部所拥有的能力及资源来开展公益活动及生产经营活动,同时也需要外部合作伙伴的参与,连接和整合外部资源,以提升价值生产过程的效率(苗青、张晓燕,2018)。

8.1　双重价值的内涵

8.1.1　社会价值

为公共利益而创造社会价值是社会企业的根本目标。社会企业的使命导向(mission-driven)从本质上将其与追求利润最大化的私营部门区别开来。具体而言,社会企业比较有代表性的社会使命和目标包括扶助弱势群体、减少贫困问题、创造就业机会、促进社区发展等。这些使命与目标符合公认的道德认知和社会规范,是社会企业存在和发展的合法性基础。社会企业通过开展与之紧密相关的业务和活动,获得社会的认可及公众的支持。在实践过程中,社会企业追求的社会价值往往通过其使命和愿景进行传达,以突出和强调其对公共利益的追求,并在其具体的项目和活动中得到确认。

8.1.2　经济价值

与商业企业类似,社会企业通过创新性地整合和利用资源、开发机会、提供产品和服务,获取收入和利润,实现财务上的可持续性。这些收入既可以保证组织的生存和可持续发展,同时也是社会企业实现其社会目标所必需的资源。社会企业通过追求经济目标获得交易上的合法性,进而为其在市场上从事商业活动提供保证。相对而言,通过商业活动所获取的经济价值更容易通过销售额、利润、增长率等定量指标进行精确衡量,因而也更容易量化、更加客观。

社会企业通过商业活动创造利润,以此来支持社会企业的持续发展和社会目标的实现。由此,社会企业必须在社会价值和商业价值之间求得某种程度的平衡,这种平衡可能随组织的不同而不同,对于同一组织也可能有阶段性的侧重,但长远而言,两者不可偏废或各自都有其不可逾越的底线,亦即社会企业具有社会价值和经济价值双重底线。这种双元属性贯穿了社会企业发展的整个过程,无论是使命和目标设定、组织的运营,还是最终的绩效评估,都围绕着双重价值而展开。因此,考察社会企业的关键在于理解和把握其双重价值。

8.2　双重价值与双元合法性

8.2.1　"双元合法性"(dual legitimacy) 的含义

合法性是指组织在特定情境下被内外部利益相关方所认可与接纳的程度及授权过程,通常包括内部合法性与外部合法性。合法性是任何组织生存与发展的基础,一旦失去合法性,组织的存在也就失去了依据,其发展更无从谈起。对商业企业而言,因为其强调股东利益最大化和盈利的使命,与外部更广泛的利益相关者及社会对其参与解决社会问题、承担社会责任的期望往往相矛盾,由此经常遭遇内部合法性与外部合法性的冲突。对社会企业而言,理论上社会企业更容易获得外部合法性,因为其社会价值创造的使命目的与外部的社会期望相匹配,但在实践过程当中社会企业也往往面临内部和外部合法性的双重挑战,原因在于:一方面,其商业化运作方式会让内部员工对其使命感到困惑,特别是当内部员工的社会背景、价值取向多元的情况下更容易引发内部观念和行为的冲突。另一方面,商业化的运作方式也容易招致外部利益相关方的质疑。

8.2.2　"双元合法性"的调适

为解决上述问题,社会企业必须在实践中采取适当的双元"合法性"的调适策略,通过使命变革、制度建构与机制创新,塑造内部合法性和获取外部合法性,形成内部合法性与外部合法性的调适一致。从内部合法性看,社会企业通过使命变革,将盈利目的和追求积极社会影响有机融合,因而其组织机构及职责必然被重新定义,必须在承担经济责任、社会责任的双重职责之间达成适当平衡,相应地,员工的价值观和行为规范也重新被赋予经济效率与社会伦理方面的新要求,并在不同的部门和员工之间创造对话空间和协调机制。从外部合法性看,社会企业通过生产要素的市场化与社会化双重配置,公益目标群体、商业目标群体及其他利益相关方被充分考虑到决策过程之中,定期接受外部利益相关方综合、可信、独立、透明的第三方审核,评估其运营绩效和社会绩效,从而获取更广泛的社会支持与认可。

"双元合法性"的调适需要社会企业在实践过程中"双元运作"的融合匹配。社会企业的双重价值均衡与双重"合法性"追求决定其在运作方式上明显区别于商业企业和非营利组织,其核心特征是:在运作过程中对经济效率与社会伦理的"双元性"要求进行有效融合与匹配,形成"鱼和熊掌兼得"的双元运作机制(肖红军、阳镇,2018)。社会企业将商业企业的商业化运营和非营利组织的公益性运作有机融合起来,发挥两者各自的优势,形成适应不同情境、不同领域、不同阶段和不同要求的混合运作模式。从运作机制看,社会企业要突破商业企业对竞争机制和"零和博弈"的过度强调,将竞争与合作进行整合,强调价值创造过程中的多方主体动态互动,形成以共创共赢为主要特征的新价值创造系统。从衡量标准看,社会企业改变商业企业以经济效益为衡量成功的单一或主导标准,或非营利组织以社会效益为衡量成功的单一或主导标准,取而代之的是将经济效益标准与社会效益标准融合,形成以经济价值与社会价值相融合的以综合价值为绩效的衡量标准。

"双元合法性"的调适是社会企业实现"义利并举"的关键所在,它体现了社会企业双重价值实现的过程,也可以有效地揭示社会企业双重价值创造过程的内在机理(见图 8-1)。如苗青(2018)所言:目前对社会企业的研究大多关注社会企业的"头"与"尾","头"是双重底线,"尾"是双重价值,而对社会企业的"中"较为忽视,即对如何实现目标、获取结果的中间过程和机理缺乏深入讨论。社会企业优先实现社会价值有助于获得公众的接纳,建立道德合法性;而经济价值的实现则有助于建立在市场上交易的合法性。从优先序列上看,公众接纳是基础,处于优先地位;交易合法是途径,顺序次之。只有依次建立这两个合法性,社会企业才能最终实现双重价值。

当然,由于社会企业的类型及其组织模式和业务模式极为多样,其所面对的公益对象、商业对象各不相同,所处的社会背景、商业背景等情境因素纷繁复杂,其价值创造过程及与之匹配的"双元合法性"的调适过程亦依具体情境而千变万化,难以一概而论。我们将在第三篇对此进行更加深入的探讨。

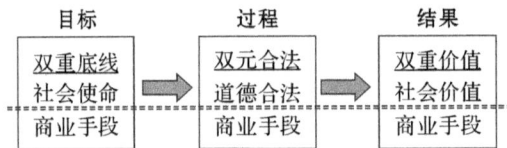

图 8-1 社会企业的双元合法性

资料来源:苗青,张晓燕."义利并举"何以实现——以社会企业"老爸评测科技有限公司"为例[J].吉林大学学报(人文社科版),2019(3).

8.3 基于双重价值的组织光谱

在日趋社会化的商业环境中,社会公共利益与私人利益越来越紧密交织、不可分割,组织的价值与目的越来越趋于混合化,多种生存逻辑的共存共演成为混合组织的新特征(Rawhouser et al.,2015)。社会企业以创造"公共利益"为目的,同时被允许既可以为一个或多个"特定公共利益"目的服务,又被允许追求适当的经济利益,最终实现整体和长远利益目标。社会企业可以从使命与运行逻辑两个维度进行定义,使命能够表明一个组织的存在价值,而运行逻辑则可以反映组织的运行原则和基本规律。使命通常表现为组织对不同类型价值的追求,并据此形成对组织形态的不同划分。Alter(2007)基于组织对可持续发展中不同价值维度的追求提出组织混合光谱,如图 8-2 所示。在组织混合光谱中,越靠近左边,组织对社会价值有更强烈的追求;越靠近右边,组织对经济价值有更多的追求,极端情况是最左端的传统非营利组织和最右端的纯商业组织,它们分别追求单一性的社会价值或经济价值。这两者之间存在着一个很宽的组织类型光谱,从左至右依次为具有创收行为的非营利组织、社会企业、社会责任担当型企业、践行社会责任的商业企业和纯商业组织,体现出从追求社会价值到追求经济价值的目标过渡。组织混合光谱意味着组织的价值目标和使命追求可以在经济价值与社会价值的二元价值中进行混合,由此形成多种混合型组织形态。社会企业就是一种将经济价值创造与社会价值创造共同作为组织使命,经济价值追求与社会价值追求相混合并实现均衡的组织。它是一种将经济价值创造与社会价值创造有效融合,在运行过程中把遵循市场逻辑、效率原则与社会逻辑、伦理原则相结合,实现自身与社会共生共进的混合组织。

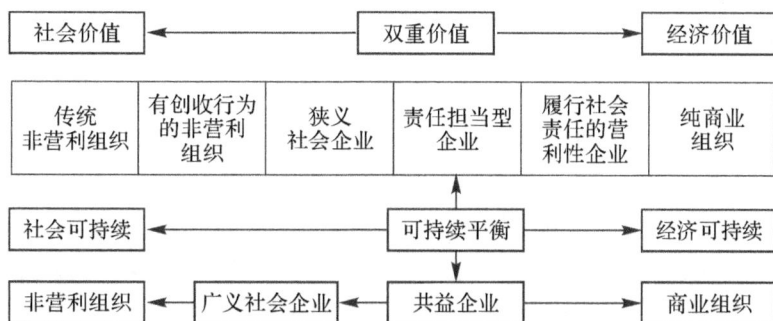

图 8-2   基于不同价值追求的组织混合光谱

资料来源:肖红军,阳镇.共益企业:社会责任实践的合意性组织范式[J].中国工业经济,2018(7).

更具体地,如果将组织对经济价值与社会价值的追求程度按照高低进行划分,那么组织的价值追求可以分为四种类型:失衡Ⅰ型(经济价值远高于社会价值)、失衡Ⅱ型(社会价值远高于经济价值)、低阶均衡型(经济价值与社会价值相匹配,但都处于较低水平)和高阶均衡型(经济价值与社会价值相匹配,且都处于较高水平)(肖红军、阳镇,2018)。从不同类型组织的价值均衡定位看,商业企业更强调经济目标,往往忽视或弱化社会目标,经济价值创造维度具有较高的能力水平,社会价值创造维度的表现通常远远不及经济价值实现程度,因此在价值均衡定位上属于失衡Ⅰ型。非营利组织以社会利益最大化为基本使命,通过公益性运作聚焦于社会价值创造,往往不开展营利性的活动,在价值均衡定位上显然属于失衡Ⅱ型。而社会企业强调以解决社会问题和实现社会目标为出发点,并采用商业化方式开展运营活动,以便维持或提升其社会价值创造能力与水平,因而在价值均衡定位上呈现为均衡型。但这种均衡又可以分为低阶均衡与高阶均衡,对于一部分社会企业而言,特别是一些由传统非营利组织转型的社会企业,由于社会烙印的影响及经营能力的缺陷,经济造血与循环功能天然不足,社会价值创造能力和水平也最终受到影响,结果是经济价值与社会价值实现水平都不高,在价值均衡定位上呈现为低阶均衡。而另一部分社会企业则较好地解决了商业企业与非营利组织价值创造过程中出现的经济价值与社会价值割裂与分离状态,实现了经济价值与社会价值创造过程和结果的高层次均衡,在价值均衡定位上属于高阶均衡型(肖红军、阳镇,2018)。

8.4   双元价值平衡模式

上述基于不同价值追求的组织光谱对组织类型的划分,为我们明确不同价值导向的组织类型提供了依据,但这种划分方法倾向于将社会企业视为一种不同于传统组织形式的独特组织类型,因为社会企业混合了"两个或多个传统上不会结合在一起的组织元素"(Battilana et al.,2017)。虽然明确社会企业和传统组织类型之间的这种定性差异是有价值的,但这种离散化的划分有可能过度简化了社会企业之间的潜在异质性,从而低估不同程度二元价值平衡程度亦即混合性对组织的影响。为了解决这一问题,Battilana 等(2017)提出应该基于混合是一种"程度"而不是"类型"的观点来对混合组织开展更深入的研究,而经济逻辑和社会逻辑只是这个程度变化连续体两种极端的情况,从而超越了组织(例如,社会、经济或混合)的粗略概念化分类,并指出混合组织中的混合逻辑程度的可变性可能影响组织的绩效。

为了更清楚地说明上述问题,在这里我们需要引入"混合组织"的概念。混合组织是指"在一个组织中融合了多种组织核心元素,包括价值取向和目标、组织身份和意义、结构、活动及过程"(Battilana & Lee,2014)。而这些组织核心元素通常情况下是不会结合在一起的。广义而言,只要组织混合了多种核心组织要素,就可称之为混合组织,例如,一个既有国有资本又有私人资本投入的企业,就是一种形式的混合组织。

在此,我们关心的是组织在社会性和经济性两个维度的价值取向上的混合与平衡,即作为一种特定类型的混合组织——社会企业的双元价值平衡。近年来,从混合组织的视角,研究社会企业的文献日益增多(Battilana & Lee,2014),并成为管理和创业学术研究的一个重要领域。相关研究大致分为三种主要视角(Battilana,Besharov & Mitzinneck,2017):组织外部层面的制度逻辑、组织层面的治理结构和组织形式、组织内部层面的个体身份和组织的运行管理。

混合组织相关文献通常认为,组织主要服务于经济或社会功能,两种逻辑在混合组织中并存并竞争(Jay,2013;Pache & Santos,2013)。由此导致混合型组织在社会价值和经济价值导向之间产生冲突,这种冲突贯穿于混合组织的核心职能和业务活动,并导致不同的结果。一方面,有研究表明冲突可能导致资源分配中断(Smith,Gonin & Besharov,2013)、引起降低组织效率的部门或个人之间的冲突(Fiol et al.,2009)甚至决策瘫痪(Pache & Santos,2010)。也有研究已经表明,经济目标和社会目标的不一致会产生长期影响,"冲突—和解"不断纠缠循环的过程中,当不同力量博弈的结果导致行动与既定战略目标不一致时,可能发生"使命偏离"(即与既定使命或核心目标的意外偏离)的风险(Ben Ner,2002;Ebrahim et al.,2014;Grimes,Williams & Zhao,2018)。另一方面,也有研究表明,混合组织的经济目标和社会目标并不总是冲突的,甚至在一定情境下可以相互强化。服务于多重目标对象可以使组织获得更多合法性,并更容易获取关键资源(Oliver,1991;Pfeffer & Salancik,1978;Wry,Cobb & Aldrich,2013;Tobias et al.,2013)。例如,一家原先市场化运作的养老组织,在转化为社会企业、在融入更多的社会目标的前提下,可能获得更多的合法性支持,并在承接政府购买服务等方面更容易获取关键资源。

虽然社会企业作为一种特定类型的混合组织,追求社会价值是其根本目标,但在实践过程中,不同组织依不同情境会有不同的权衡,即便同一个组织在不同阶段,可能也有不同的侧重。这表明,考察社会企业的双元价值平衡,需要超越传统的将组织离散分类为混合(或非混合)的范畴(这种粗糙的定义和测量方式可能促成了对组织类型及其价值平衡的非此即彼观念),而将混合概念化为一个程度性的概念:由一端的社会逻辑和另一端的经济逻辑所锚定的连续体,这将有助于对混合组织及其价值平衡模式,以及混合程度(亦即双元价值平衡模式)的差异如何影响组织在创造经济和社会价值方面的成功或失败,有更深入、更细致的理解。

Battilana 等(2017)提出应将混合性视为“程度问题”,一个简单方法是,按照经济逻辑相对于社会逻辑的相对重要性,将其概念化为“一个由一端的经济逻辑和另一端的社会逻辑所标定的连续体”,沿着这样的连续体,社会企业从强调经济逻辑的非平衡模式,到对等地强调两种逻辑的平衡模式,再到强调社会逻辑的非平衡模式,处于中间位置往往有最大的混合性。尽管这种连续性的构想是对原先关于组织类型连续体光谱的一种改进,但仅是按照某一特定的社会企业内部经济逻辑、社会逻辑的相对重要性的单一维度的划分,忽略了经济逻辑或社会逻辑自身的强度。例如,按照上述划分方法,一个具有弱经济逻辑和弱社会逻辑的公司,将被视为与一个有较强经济逻辑和较强社会逻辑的公司具有相同程度的混合性,或具有相同的二元价值平衡模式。然而,事实上后者即具有较强经济逻辑及较强社会逻辑的社会企业具有更高强度的混合性,与前者相比,这种高强度的混合性可能带来更多的挑战,这种差异可能会影响组织中很多重要问题及解决方案,例如是否存在及在何种程度上存在经济目标和社会目标的冲突,以及这种冲突是如何出现的、能否及如何解决等。

为了更好地理解混合形式即社会价值和经济价值双元平衡模式的复杂性和多样性,我们引入二重逻辑相对性(即分布)和强度(即显著性)方面的概念,通过这两个维度来区分社会企业社会价值和经济价值双元平衡模式的差异,并试图借此对不同组织双元平衡模式进行更深入、更细微的考察和解释。

8.4.1　相对混合强度

相对混合强度是指组织内部多重逻辑的分布,亦即组织内部经济目标和社会目标的相对重要程度或组织内部经济和社会逻辑平衡方式。组织对多个不同目标的强调（或关注）可能程度有所不同，例如，某一特定组织主要关注经济目标（比如90%的注意力和资源被分配于实现经济目标），其次才是关注社会目标（例如10%的注意力和资源被分配于实现社会目标）。与上一节的论述一致，按照经济目标和社会目标的相对重要程度，可以对社会企业的双元价值平衡程度进行划分。

举例而言，作为非平衡模式（低相对混合性）典型，许多大公司都将其大部分资源和努力用于创造和获取经济回报，同时以高度组织化的形式履行企业社会责任（CSR），并且通常定期发布企业社会责任年度报告，在报告中列举其积极影响社区的具体目标（如"到2025年，为社区兴建5所小学，提供2000人次志愿服务"），以强调和展现企业为实现社会目标、承担社会责任所做的努力。广义而言，这种承担社会责任的公司也被视为社会企业，但显而易见的是，这类企业以追求经济成果为第一目标，其相对混合强度较低，是一种双元价值的非平衡模式。与之相对应，当组织对经济逻辑和社会逻辑的强调相对均衡时，就会产生较高程度相对混合强度，即双元价值的平衡模式。一个好的例子是达能集团，达能前董事长兼首席执行官范易谋（Emmanuel Faber）宣称，达能"致力于开发新的、更具包容性的商业模式"，并与穆罕默德·尤努斯（Mohammad Yunus）一起创建达能社区，通过为人们提供健康营养食品和安全的生活场所，来帮助缓解贫困。目标是确保经济和社会目标相互促进，而对两者的强调"不会随着时间的推移而弱化和消失"。为此，达能努力改变其商业模式和组织方式，并采取各种方法和程序调整组织的核心活动，使其与企业的混合价值导向相一致。

基于经济逻辑和社会逻辑重要程度的相对性，描述组织的双元价值的平衡模式的基本思路如图8-3所示。在图中，纵轴代表社会价值（相对于经济价值）从低到高的相对重要性，横轴代表经济价值（相对于社会价值）从低到高的相对重要性。传统的社会企业在社会价值上相对较高，在经济价值上相对较低（低度混合性、非平衡模式），传统的经济组织在经济价值上相对较高，在社会价值上相对较低（低度混合性、非平衡模式），而"传统"的社会企业是平衡的，社会价值和经济价值相对平衡。在此，我们使用"传统"这个词来呼应前文提到的以前对于组织形式的三分法，但预期在这个连续体（虚线对角线）中，组织平衡模式仍会有显著差别。接下来，我们引入"强度"的概念来揭示这种差别并进一步深入分析。

8.4.2 绝对混合强度

绝对混合强度是指经济逻辑、社会逻辑在一个组织内所具有的活力

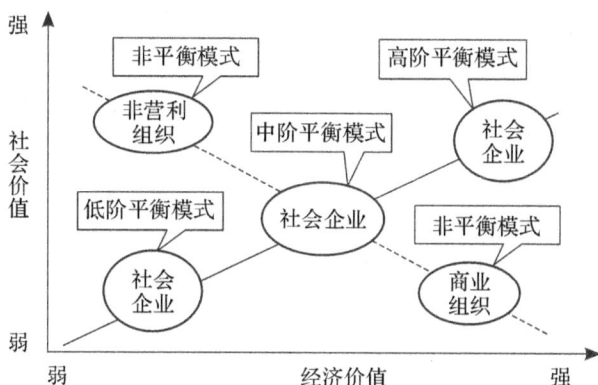

图 8-3 混合相对性与双元价值平衡

(vigor)。一个兼具强大的经济逻辑和社会逻辑的组织具有高水平的混合强度（社会逻辑和经济逻辑的高阶平衡），并可能寻求规模扩张，以扩大其社会和经济使命的影响力。

例如，Vava Coffee 于 2009 年成立了一家合资企业，旨在减少肯尼亚特色咖啡种植户与客户之间的价值链步骤。该组织致力于增加肯尼亚农民所获得的价值，并致力于创造可观的经济增长，以提供满足全球咖啡需求的优质产品（Chhabra，2018）。相比之下，社会逻辑和经济逻辑较低的组织具有较低水平的混合强度（社会逻辑和经济逻辑的低阶平衡）。这类组织的社会逻辑和经济逻辑均较为薄弱，一般而言，服务于生活社区的小型社会企业（简称社会）多归属于这一类组织，尤其是那些基于创办人个人兴趣爱好和专长的小型社企（hobby businesses），和那些面向社区某些方面日常生活提供日常服务的小型社企（lifestyle businesses）。这类社企通常不致力于大幅增长，尽管规模较小，但仍可以在一定范围和程度上为员工提供就业机会、支付报酬，并在社区中发挥某方面的特定作用，创造一定的社会价值。例如，浙江大学宁波理工学院校园内有一家学生主导创办和经营的"阳明咖啡"，为校园师生提供有特色的手工研磨咖啡和美食，以及休闲和交流的场所，同时吸纳残疾人和贫困生在咖啡厅内工作，在一定程度上实现了利润目标和服务社区目标的融合与平衡，但又不十分注重规模的扩张和利润的增长。创始人解释说："我喜欢校园的环境与氛围，又特别热爱咖啡和美食。我想一个有情调、有品位的咖啡厅能够提升校园的文化氛围，能给我们校园带来一些特别的东西。而且它又能帮助到一些需要帮助的人，这让我很开心。"

上述例子清晰地显示，按照组织内经济逻辑和社会逻辑的活力/强度这一维度，也可以把社会企业的双元价值的绝对混合强度（平衡模式）描述为一个连续性变化的分布。我们用图 8-4 对此进行进一步的刻画和解释。在图中,纵轴代表社会逻辑的强度(由低到高),横轴代表经济逻辑的强度(由弱到强)。传统的社会组织(非营利组织)被认为具有高强度的社会逻辑和低强度的经济逻辑,传统的经济组织(商业组织)被认为具有高强度的经济逻辑和低强度的社会逻辑。特别需要说明的是,在图 8-3 中,我们基于相对混合强度所定义的"传统社会企业",在引入"绝对混合强度"这一维度之后,又可以进一步细分为三种类型,并沿图 8-4 中向右上方倾斜的实线依次分布,包括低强度社会逻辑和经济逻辑的混合组织、中等强度社会逻辑和经济逻辑的混合组织及高强度社会逻辑和经济逻辑的混合组织。

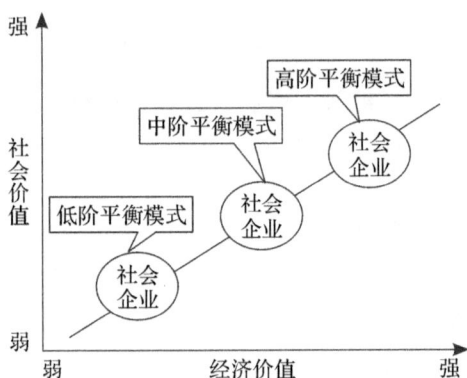

图 8-4 价值强度与双元价值平衡

综合上述观点,本书将组织的社会逻辑、经济逻辑的相对重要性和强度两个维度结合起来分析,就可以得到社会企业双元逻辑混合程度或平衡模式的分布图谱(见图 8-5)。我们展示了社会逻辑强度的纵轴和经济逻辑强度的横轴上混合程度的示例。图中虚线表示按社会逻辑、经济逻辑的相对重要性表示的混合程度,虚线两端相对混合程度较低(不平衡模式,一端是侧重经济价值的商业企业,一端是侧重社会价值的社会企业),虚线中间相对混合程度最高(平衡模式)。对角线实线表示混合强度,从低混合强度(即低社会强度、低经济强度;低阶平衡模式),增加到中等混合强度(即中等社会强度、中等经济强度;中阶平衡模式),再到高混合强度(即高社会强度、高经济强度;高阶平衡模式)。图 8-5 右上角的社会企业混合强度最高。

从社会逻辑和经济逻辑的相对性和强度两个维度对社会企业的双元平衡模式进行界定,为我们更深入地从本质上理解社会企业的复杂性、多样性和异质性打开了另一个窗口。在以往的文献及社会公众的认知中,除了从具体业务模式层面(如市场中介型社会企业、创业支撑型社会企业、雇佣型社会企业等)

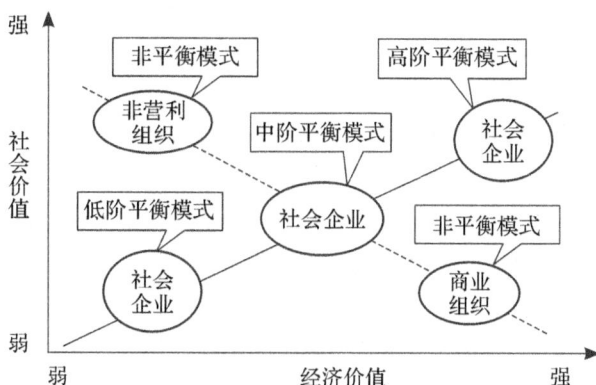

图 8-5　社会企业双元价值平衡模式

和服务面向层面(如工作整合型社会企业、弱势群体帮扶型社会企业等)对社会企业的类型进行划分,人们对社会企业本质的认识停留在"社会企业通过商业手段运用解决社会问题的组织"这一层面,将社会企业仅仅视为组织类型光谱中的一种特定的单一类型,而忽视了社会企业之间的差异。对社会企业的双元平衡模式进行界定使我们可以超越这一对社会企业过于简单化的、刻板的认知,有助于我们对现实中社会企业的异质性、丰富性及其依具体情境和发展阶段的变化有更深入的理解。

　　更重要的是,社会企业双元价值的平衡模式可能对其运营管理策略和绩效(包含社会绩效和经济绩效)产生重要影响,以往关于各种环境和组织因素对社会企业绩效的影响的研究得出了很多矛盾的、相互竞争的结论,我们提出的分析框架提供了一个新的可能的解释:社会企业双元价值的平衡模式可能是环境和组织因素与社会、经济绩效之间的中介或调节变量。例如,创始人的背景经历可以在社会组织的创立和发展过程中形成深刻的烙印,从而对社会企业的双元价值平衡产生影响(例如,是高相对性混合、高强度混合还是两者兼而有之),而平衡模式会进一步影响社会企业在运营过程中在社会逻辑和经济逻辑之间的矛盾冲突水平及管理策略(Jay,2013;Pache & Santos,2013),进而影响社会企业经济价值和社会价值创造的绩效。

　　换言之,什么因素导致了社会企业采取不同的双元价值平衡模式?不同的双元价值平衡模式如何影响企业的运营管理策略和行为进而影响社会企业的社会企业经济价值和社会价值创造绩效,即双元平衡模式的前因和后果是什么?这既是学者在理论研究中应关注的问题,也是社会企业在实践中应关注的问题。Shepherd 等(2018)认为,影响社会企业双元价值混合程度/平衡模式的组织要素主要包括:①企业家,如企业家的背景经历、亲社会动机和社会情感;

②目标社群,即社会企业的经济或商业活动的目标对象群体,目标社群是"对创
造经济和社会价值的潜在机会的真实性提供反馈的利益相关者"直接塑造了对
潜在机会的看法,而这反过来又影响到新兴组织的混杂程度(Shepherd,2015);
③创造某种经济和社会价值的潜在机会的性质,如为某种潜在的社会需求提供
产品或服务的可商业化程度及风险等。而社会企业双元价值混合程度/平衡模
式的结果包括:①社会企业运营管理策略和行为;②社会企业社会价值和经济
价值创造上的绩效水平(见图 8-6)。

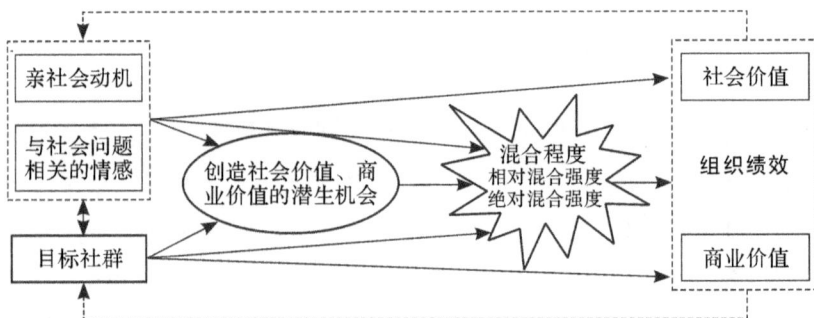

图 8-6　混合程度与价值创造

资料来源:Dean A. Shepherd,Trenton, Alma Williams et al. A Framework for Exploring the
Degree of Hybridity in Entrepreneurship[J]. Academy of Management Perspectives,2019,33
(4):491-512.

8.5　双元价值平衡策略

如前所述,不同的外部及内部原因导致组织多种价值和逻辑的共存。在某
些情况下,创始人的背景和身份激励他们积极创建社会企业,但其内在的双重
价值逻辑亦存在固有的冲突(Dimitriadis et al. ,2017;Wry & York,2017)。在
另一些情况下,多重逻辑的冲突是由不同组织成员的价值观所导致(Zilber,
2002;Delmestri, 2006),也有可能是由监管需求(Christensen & Laegreid,
2011)、政治环境(Nee,1992)、文化期望(Glynn & Lounsbury,2005)或获得资
源(Galaskiewicz,Bielefeld & Dowell,2006)的计划外变化引起的。

这种多重逻辑共存的情形在组织的运作过程中长期存在,为组织提供了更
多的潜在的机会。第一,组织可以保持对多种身份、形式或逻辑的承诺,可以提
高组织的合法性,从具有相互竞争期望的外部群体获得资源的机会,包括客户
(Smets,Morris & Greenwood,2012)、专业人员(Dunn & Jones,2010)和资金支
持等。第二,可以为组织及其面对的社会挑战提供创造性的解决办法,从而推动

创新(Diaggio & 1988;Hsu,Negro & Peretti,2012;Jarzabkowski et al. ,2013)。

然而,持续的价值冲突也意味着持续的挑战,一是价值冲突可以引发"身份的冲突"——"作为一个组织的我们是谁"。由于不同的内部和外部成员有不同的理解(Albe & Wetten,1985;Gioia et al. ,2013),在内部,不同个体所持有的不同价值观和信念引发的争论(Pratt & Rafaeli,1997;Anteby & Wrzesniewski,2014;Besharov,2014),可能升级为持续和往往难以解决的冲突(Battilana & Dorado,2010)。二是持续的价值冲突还会引起外部利益相关者群体对组织的竞争期望,他们从看似不相容的逻辑角度看待组织(Rao,Monin & Dura,2003)。例如,社会企业与重视管理专长和财务表现的商业支持者以及主要关心社会使命和影响的非营利利益相关者进行斗争。

对社会企业而言,社会和商业使命既是组织的核心,又似乎不兼容,若处理不当,通常会引发极端冲突,并可能导致任务漂移或组织消亡(Besharov & Smith,2014)。由此,如何在组织发展过程中维持并平衡其双重使命,保证组织的长期可持续发展,是一个艰巨的挑战。

在应对双元价值冲突的短期反应方面,有两个主要的研究流派。第一个流派强调组织层面的结构、策略和行为,即组织可以通过结构、策略和行为的调整缓解冲突。例如,Battilana 和 Dorado(2010)强调了员工雇用和社会化的作用,他们发现,结合了银行商业逻辑和社会福利逻辑的小额信贷组织,通过雇用缺乏经验的员工并使他们社会化,而不是雇用有丰富的行业经验的银行家或社会工作者可以避免冲突。Pache 和 Santos(2013)的研究则分析了法国社会企业是如何通过将社会福利逻辑、商业逻辑的"有选择地结合"(selective coupling)来满足看似不相容的需求、平衡不同的逻辑。在同一研究背景下,Battiana 和同事(2015)发现,"谈判空间"(negotiation space)通过使有不同的价值逻辑、负责应对竞争需求的不同方的员工参与协商和竞争来缓解冲突、解决分歧。其他一些研究则强调通过制度化和协作(Ramus,Ouaro & Bruoni,2016),以及意义建构(sensemaking)来调节不同员工对经济绩效和社会绩效的不同理解(Jay,2013)。

第二个研究流派关注点在群体和个体的动态互动过程。例如,Ashford 和 Reingen(2014)研究了一个天然食品合作社是如何通过与每一方相关的组织内群体之间的决策和权力的变化,以及维持和修复关系的过程,实现兼顾组织理想主义和实用主义。在对一家天然食品零售商的另一项研究中,Besharov(2014)描述了多元化管理者如何缓解第一线员工之间的冲突。在个人层面,研究详细说明了成员如何在不同的空间和情形下,灵活地借鉴和采纳多种逻辑,而不是一成不变地固守成规,一成不变地坚持一种逻辑。

虽然上述研究有助于我们理解组织对双重价值逻辑冲突的短期反应,但由于组织的动态发展和环境条件的变化,双重逻辑之间持续冲突的长期挑战依然存在。Ashford 和 Reingen(2014)指出,理想主义者和实用主义者在自然食品合作社中的权力转移和合作并不能从根本上解决紧张局势,外部力量影响也造成持续的压力,因为利益相关者的期望和相对权力的变化,以及市场或社会问题的变化都会带来新的矛盾性的挑战(Greenwood,2012)。如果组织不适应这种动态变化,就有失败的风险。因此,组织必须长期应对这种冲突以维持组织发展。

8.5.1 脱耦策略

脱耦(decoupling)策略的研究可以追溯到早期关于制度理论方面的研究(Bromley & Powell,2012;Crilly,Zollo & Hansen,2012;Meyer & Rowan,1977;Zajac,1994,1998,2001)。相关研究认为,在相互冲突的制度逻辑的条件下,组织会象征性地认可一种逻辑所规定的做法,而实际上执行的却是另一种逻辑所规定的做法,后者通常是更符合组织目标的逻辑。换言之,脱耦指的是组织将其规范性或规范性结构与其实际业务结构分开的过程(Bromley & Powell,2012)。或者说,它指的是"组织严格遵循环境(包括制度、道德等)所规范和定义的准则或行为规则,但并不试图在业务层面认真执行"(Scott,2003)。因此,组织刻意在象征性地采用的政策和实际的组织行为之间制造和保持距离(Tilcsik,2010)。"脱耦"常常发生于外部制度相关者阐述的政策或准则与组织成员内部推动的行为规则发生冲突的情况(Bobenbaum & Jonsson,2008;Tilcsik,2010)。在此情形下,各组织象征性地采纳或迎合外部促进的政策,同时实际执行与其内部规则相一致的做法。这种策略可能增加了某一组织生存的机会,因为它可以防止内部和外部制度相关者之间的冲突升级。因此,它成为组织尽可能减少合法性威胁的保障机制(Baum & Jonsson,2008;Brunsson,2002)。尤其是组织在面临各种相互矛盾的不同政策规制时,更容易采取脱耦策略(Kostova & Roth,2002)。

早期的研究发现,脱耦策略常发生于企业社会责任(Corporate Social Responsibility,CSR)领域。其缘起于企业社会责任领域常见的 CSR 本末倒置现象,譬如:有的企业员工工资福利都不能保障,却对自由裁量的捐赠青睐有加;有的企业对最基本的产品质量都无法保证,慈善及社区活动却频频出彩;有的企业环境表现糟糕,对社会公益却异常热心,等等。面对以上员工福利、食品安全和环境保护等基本的 CSR 都不能完成,相反社会慈善、捐赠及社区参与等高级、自由裁量的 CSR 却表现良好的现象,即 CSR 本末倒置的所谓"逆序格局",其背后的行动逻辑,有学者从脱耦的角度给出了解释,即企业为了获取合法性支持,在表面上采纳企业社会责任的相关标准或突出其中的某些更显性化的行为,而实际上却尽可能地追逐利益最大化,其履行社会责任的某些行为表现,更是一种行为掩饰或漂白。

社会企业领域的脱耦现象及其背后的行为逻辑也与此极为类似,组织或迫于政策及社会规则压力,或出于获取更多的合法性支持的需要,甚至有部分组织为隐匿其追逐商业利益的真实目标,对某一种价值逻辑刻意迎合甚至夸大,而实际上执行的却是另外一种价值逻辑。相反的情况也同样存在,尤其是在公益创投领域,近些年,公益创投对于所支持的组织或项目是否有能力通过引入商业模式实现自我造血、保证组织的可持续发展越来越关注,刻意夸大商业上的成功预期或隐瞒商业上的缺陷的情况十分常见。在我国当前社会企业刚刚兴起而利益相关者及环境问责压力逐渐增大的情况下,这种现象更为普遍。

脱耦策略的一个主要假设是,组织内所有成员都遵循相同的逻辑(真实的)并愿意保护它。与之相关的另一个假设是,组织能够避免或以隐匿、欺骗等方式应对外部审查,使其无法确认组织政策和真实做法之间的不一致。在组织价值逻辑、制度逻辑长期冲突的背景下,这些假设可能会受到挑战。对于商业企业的社会责任行为,这种策略可能还会在较长时间内行之有效。但对于相互冲突的逻辑均已显性化的社会企业,其内在的结构及外部的审查,共同决定了脱耦策略可能很难长期维持。

尤其是社会学的研究早已表明,在组织内外,在深层次的个人价值观和信仰上,冲突的潜在性更为明显。当不同的个体持有相互冲突的价值信念时,长期采用脱耦策略更难以奏效,甚至适得其反,因为管理者阳奉阴违,或对不同的人说不同的话,而这一旦被揭穿,受众将特别不能原谅组织的伪善。

8.5.2　权衡(妥协)策略

对于面临逻辑冲突的组织来说,妥协(compromising)是另一种可行的策略(Kraatz & Block,2008)。所谓妥协包括组织尝试在权衡两种价值逻辑基础上适度改变的内部的制度及行为规则,以及在外部利益相关者相互冲突的期望之间建立一个可接受的平衡(Oliver,1991)。这可能是通过制订符合两种逻辑预期的最低标准,将相互冲突逻辑的行为要求的要素结合在一起,或者通过与制度参与者进行谈判从而改变他们的要求来实现的。妥协策略可以让混合组织部分地满足利益相关者提出的相互冲突的要求,从而避免失去支持的风险。

妥协策略在多元目标的组织中十分常见,例如,Scott(1983)指出,医疗机构面临着救死扶伤的医疗逻辑和政府强加的经济效率逻辑的矛盾,不得不设法达到医疗和财务两方面的最低标准,以获得专业界人士和政府的共同支持。小额贷款公司中也可以找到妥协策略的实例,当陷入将利率设定在利润最大化水平的商业逻辑和降低利率以减轻贫困客户的财务压力的社会发展逻辑的两难困境时,小额贷款公司往往选择在两者之间妥协,将利率设定在一个中间水平,低于商业化利率水平,但高于受益方的预期。这一经过妥协的定价策略通过部分符合双方的要求来表明对双方的诚意(Meyer&Rowan,1977),若非如此,例如只遵循银行的商业业务逻辑,则可能导致社会发展领域相关的社会支持不足,而且其合法性也将受到严重质疑。

妥协往往被视为组织"不得不为之"的策略而在实践中广泛存在,但此策略有一个显而易见的缺点:它可能无法使组织获得利益相关方充分的支持,特别是从长期来看尤为如此。在相互矛盾的、相互竞争的外部期望之间勉强达成的妥协,可能最终不能满足任何一方持久的期望,由此也可能导致内部信奉不同逻辑的组织成员、群体之间的严重分歧。此外,妥协对于嵌入相互冲突的制度逻辑中的组织,也并非总是在各种情形下均可采纳的策略,尤其是当不同逻辑对应的目标十分显性化和明确,难以降低或改变,或者当不同逻辑所倡导的具体的实践完全不兼容时,妥协策略就失去了回旋的空间。

8.5.3 选择性耦合策略

选择性耦合是指在组织目标和战略层面兼容两种价值逻辑,但在实践层面,某一个"业务单元"选择性地完全采纳符合某种逻辑所倡导的做法,并通过"业务单元"的组合使组织总体上能够满足两种价值逻辑的要求。选择性耦合是 Pache 和 Santos 在 2013 年对法国的 4 家工作整合型社会企业的研究中发现并提出的。他们在研究中发现,社会企业在面对社会逻辑和商业逻辑的两种价值逻辑冲突时,并不是简单地采取"脱耦策略"或"妥协策略",社会企业应对多元价值逻辑冲突的行动策略远比通常想象得复杂,在不同的"业务单元",社会企业会选择性地完全遵循某种特定逻辑并整合这种逻辑所规定的相关要素。Pache 和 Santos 识别了 10 种主要"业务单元",包括:采取什么法律地位、所有权结构、利润去向、分支机构形式、分支机构治理结构、本地化程序、品牌策略、监管方式、行业联系、志愿者流动性等。

由相互冲突的竞争逻辑所产生的广泛的行为互动,为混合组织针对不同的"业务单元"采用不同的策略提供了机会并创造了更多可能。组织可以通过采纳从每种逻辑中提取的元素制定行动策略组合来协调相互竞争的逻辑,以争取广泛的认可。在 Pache 和 Santos 的研究案例中,一个名为 Socycle 的工作整合型社会企业,在所有权结构设计上,组织由社会使命的倡导者所拥有,所有营利性分支机构由当地的 Socycle 非营利组织拥有,以"确保股东或经理身份的人不能行使控制权",这种所有权结构意味着遵循社会福利逻辑规定的利润去向:分支机构产生的利润被分配给非营利组织所有者,并使用这些资源来进一步投资和推进该组织的社会使命。同样,Socycle 设计的治理模式也是基于社会福利逻辑所倡导的"局部嵌入式"的本地化治理模式,对分支机构的控制由当地公益或非营利组织人员组成的董事会行使,以保证组织能够获得本地强大的政治支持,且所有分支机构被要求加入当地的专业工会,以此强化它们与当地社会部门的联系。与之相反,在其他一些"业务单元",Socycle 则采取完全符合商业逻辑的运作模式。例如,在品牌管理方面,它要求所有分支机构的产品、服务和活动都使用一个统一的品牌、分支机构的名称使用品牌和所在城市名称的组合,但都共享相似的视觉特性和一个共同的网站。为了确保一级业务的标准化,Socycle 建立了一个全国组织,负责在全国范围内对组织业务发展进行监测和控制,并统一调集和分配重要资源,此外,Socycle 要求其所有分支机构指定供应商和销售渠道。总体而言,Socycle 应对逻辑冲突的方式并非"脱耦"或"妥协",而是通过有选择地将不同"业务单元"相对应,并通过"业务单元"的组合,实现两种逻辑的耦合。

选择性耦合策略的一个突出优势是:由于其"业务单元"各自完整地契合了相应的逻辑,由此使组织更有可能取悦于相应的利益相关者,从而获得广泛的支持。与"脱耦"策略相比,选择性耦合似乎是一种更安全、更可行的策略,因为它不会使组织处于假意遵从而被识破或揭穿的风险之中,而这在持续的逻辑冲突中是极有可能发生的情况。同样,选择性耦合策略在实践层面也优于妥协策略,因为它使组织不必与利益相关者进行重复、持久和艰难的谈判,也不必在每一种逻辑所提倡的做法之间耗费大量精力权衡折中而无所适从。因此,与妥协策略相比,选择性耦合策略可能是一种成本较低的策略(Battilana & Dorado, 2010)。

选择性耦合策略在具体的实践中可以采用不同的组合模式,适用于不同的情境,这取决于组织与其所嵌入的环境中的多方利益相关者的持续互动。组合模式的多样性为组织提供了更多的选择和行动空间,使组织能够制定灵活的应对模式从而避免重大合法性威胁,并长期维持组织的运营活动,而一旦某种特定的组合模式与其所嵌入的环境达成某种平衡,就可能形成一种相对稳定的结构,从而有利于组织的持续发展并得到各方稳定的支持,因为特定的组合配置对于各利益相关方也意味着是对一种做事方式的持久承诺。也有研究表明,采用选择性耦合策略的组织的业绩水平的年增长率均高于同行业的平均水平。

8.5.4 弹性平衡策略

弹性平衡策略是 Ali Aslan Gümüsay、Michael Smets 和 Timothy Morris (2019)提出的,他们认为,当组织内多元逻辑均是高强度的、中心性的和不兼容的时候,传统的策略如结构分离、混合策略及选择性耦合策略就变得难以实行,尤其是要求组织的某个单元和个体来应对这一复杂局面就更加不切实际。这时为避免彼此强烈冲突的逻辑使组织陷入瘫痪或解体,组织需要在多个层次上采取更加包容的、弹性的策略来应对逻辑冲突的挑战,称之为弹性混合策略。具体而言,弹性混合策略包括以下几个要点。

组织层面的多义(polysemy):是指组织故意不明确其目的、定位和表达,而是明智地使用支持多种含义的概念、词汇、标志或图像,由此减少它们所代表的逻辑之间的冲突。作为对制度复杂性的一种组织反应,它为组织单元或个人管理自己相互冲突的制度承诺创造了条件。借用 Zilber(2011)的观点,多义的词汇或象征符号具有"在不同的条件下以不同的方式解释的可能",从而可以利用它矛盾的"对立统一体"(Schad et al.,2016)的特征,将不相容的逻辑进行调和。

多义作为应对制度复杂性的方法,它通过对制度需求的模糊性解释和传达,支持多种目的或意义的共存,从而为其内部和外部提供了多样化的阐释空间,使各自不同的甚至相互冲突的解释能够在相同的背景下共存,维持了混合组织的统一多样性。

由此也为组织单元和个人提供了更大的灵活性,使其能够在组织内实践自己的价值观,动态地平衡其制度承诺。组织没有规定任何理想的平衡点(Smith & Lewis,2011),也没有在结构上固化其选择性耦合的元素中的逻辑平衡(Pache & Santos,2013)。相反,通过多义策略,它开辟了更大的解释空间和实践余地,不仅仅是高级管理人员,一线工作人员也可以亲自和动态地平衡自身矛盾性的要求(Smith & Besharov,2018),由此对个体层面的前线工作人员动态平衡相互冲突的逻辑(Smets et al.,2015),以及个体具有相互冲突的身份时的"身份归属"问题(Smith & Lewis,2011)提供了解决方案。特别是多义可以避免脱耦策略"对不同的人说不同的话"的伪善及其潜在风险。它对于混合组织管理的关键在于:它创造了灵活性,没有虚伪,管理者对不同的人说同样的话,而他们听到的却又不同。多义策略又分为概念性多义和表达性多义两种形式。

概念多义性(conceptual polysemy):是指组织在发展其使命、定位及与重要制度相关的核心术语时,有意使用更高阶的、抽象的、模糊的概念,而不对涉及逻辑冲突的核心问题给出精确回答。例如,在 Ali Aslan 等(2018)给出的案例中,一家处于创建时期的伊斯兰银行(KT银行)面临伊斯兰宗教和商业逻辑的激烈冲突,而组织对于诸如"什么是伊斯兰银行,什么是伊斯兰教法"这样的核心问题,并没有在相关声明或文件中给出明确回答,但正是这种缺乏明确的答案的做法为不同信仰和逻辑提供了空间,含糊不清的协会条款、高级管理人员的包容性表达,表明这种开放态度是一种有意识的选择。如 Selznick(1957)所言:具有更抽象的使命陈述的组织可以在制度化和适应性上两者兼得。概念多义创造的模糊性为雇员个人判断组织的宗旨,以及组织作为雇主的合法性创造了空间。正如很多社会创业组织都经历过因价值逻辑冲突而导致员工离职所证明的那样,当组织试图在社会逻辑和市场逻辑之间强加某种平衡,或强加一种特定的逻辑所强调的实践做法,常常会导致持相反的逻辑的员工失去信心,严重时可能会导致组织崩离解体。这种多义性对混合组织尤其是初创和发展中的混合组织保持和团结稀缺的、但又有多样性的员工是至关重要的。相关研究亦表明,当组织应对组织内不同个体认为是自己的"终极关注"的信仰(Tillich,1957)时,组织并没有办法规定所谓的"正确"的信念,从而平衡相互冲突的关切,而应对相互冲突的信念的唯一途径是:为他们创造共存的空间。

表述多义性(presentational polysemy):是对概念多义性的补充和延伸,它是基于概念多义的开放性的文本和视觉表现形式。它在文本和视觉表现上保持了一种模棱两可,"容许不同的解读和不同的行动,同时保持一种统一的表象"(Giroux,2006)。在此情形下,"逻辑之间的不相容程度得到了缓和,更重要的是,各组织协调相互竞争的逻辑的酌处能力——无论是实质性的还是象征性的——得到了显著加强"(Greenwood et al.,2011)。与制度理论认为制度或管理规章会像法令一样被接受不同,表述多义性考虑到了"接受者的解释倾向和能力"(Christensen & Cornelissen,2011),支持对组织及其成员在制度复杂性方面的多层次理解,其表示性手段,如徽标、任务说明或广告口号,并不仅是单一的话语渠道,而是社会和制度复杂性的现实载体(Ocasio, Loewenstein & Nigam,2015)。尽管存在着多样性,但表达多义性可以培养集体意识和社会认同感。同样在上述案例中,KT银行精心制作多义性的表达方式、标志和图像,使得其视觉呈现如日历或产品上的图像使用非常微妙的宗教符号,那些精通伊斯兰教的人将认识到其宗教内涵,而其他人则可以从艺术或文化角度欣赏。一个突出的例子是银行的徽标:在绿色的背景上有一棵黄色的日期树(date tree)。对于那些不熟悉伊斯兰信仰的人来说,这似乎是一个平淡无奇的配色,可能会让人联想到环境或经济可持续性。穆斯林则会认为绿色是"伊斯兰教的颜色",并将这个日期与其宗教故事联系在一起。很明显,这一图案设计提供了解释的灵活性及含义的多元性和开放性,它向熟悉伊斯兰的人发出了强烈的宗教信息,但也向其他人发出了环保和可持续性的信号。尤其是当象征符号指向故事而不是一个具体的概念时,这种效果会得到加强。利用讲故事的力量,为一项新的事业建立了合法性(Lounsbury & Glynn,2001),同时扩大了行动的范围,因为信息越模糊,投射的空间就越大(Eisenberg,1984),这在商业领域尤其是品牌宣传的场景下,是经常使用的手法。同时,KT 银行还在营销横幅和广告牌上,将日期树移植到标志性商业场景中,比如某一金融中心或港口,视觉化地传递将金融或贸易与可持续性或宗教相结合的理念,尽管这一关系的确切性质取决于受众的宗教敏感性,但其微妙的形象无疑向信教人士传达了宗教价值观,同时为其他人提供世俗的商业解读空间。此外,KT 银行也在其具体业务活动中使用双重含义的说法或口号,"使用相同的语言,同时与不同的目标群体对话"。能体现这一微妙之处的是其营销宣传口号:"Now there is a bank that does not trade with everything, but always with accountability."译为:"有这样一家银行,有所不为,但永远值得信赖。"其隐含的意义是 KT 银行的宗教承诺不会投机或交易(与《古兰经》中所说的"真主允许贸易和禁止利益"相呼应),但也可以被世俗观察家解读为一个独特的市场定位。

复调(polyphony):是借用自音乐领域的专有名词,在音乐理论中,它是指把几个不同风格的音符组合在一起,从而形成一首乐曲。复调是多义的不可缺少的对应面,多义是在组织层面通过概念性多义和表达性多义创造解释空间并保持开放性,而复调则描述在个体层面如何使用这一解释空间。简单地理解,复调的字面意思是"多种声音",即"多种独立和未合并的声音和意识的共存"(Bakhtin,1984)。复调这一"多种声音"背后的机制,是组织中个体明智地使用地点、时间和语言来实现"多种声音"的同时性,但分离相互冲突的逻辑。

多义和复调作为一组相互对应的概念,结合在一起才形成闭环,因为多义是在组织层面无法将特定受众分离来传达信息时使用的(Meyer & Hllerer,2016),然而,对于员工个体而言,适当的"分离"才是关键。复调使得个体通过与同事的互动建立身份识别(Besharov,2014),并保护其不受持有相互冲突价值承诺的人的审查和挑战(Smets et al.,2015)。尽管多义有助于组织通过为其员工不同的信念创造"解释空间"来避免不同信念之间的矛盾,但也造成了员工之间冲突的潜在可能性。因此,"创造空间"(making space)的机制需要辅之以"获取空间"(taking space)的机制。允许员工在不受他人监督或不被他人赞成的情况下实践他们各自的信念,允许同一组织中的不同个体实践他们自行选择的不同价值规范。复调将相互冲突的逻辑的分离与整合个人化,将主动权交到个人手中,并在个人真正地跨越地点、时间和语言的行动实践中,勾勒出多义所需的必要的宽度或界限。复调包括空间复调(spatial polyphony)、时间复调

(temporal polyphony)和多语复调(multilingual polyphony)三种形式。

空间复调(spatial polyphony)：是指组织为个体提供更多的讨论、交流和表达空间，这种空间可以是有形的，也可以是无形的"关系空间"，并给予员工选择进入不同的空间的自由裁量权，而不是按照组织的规定，从而使不同的员工在各自选择的空间里不受持有不同价值逻辑的同事所带来的压力，从而能够"安全"地、不受干扰地讨论他们的议题。因为空间的选择和使用完全是由个人决定的，而且没有组织上的期望或工作流程的压力，因此个人有更多的个人裁量权占用不同的组织空间，这些空间代表不同的逻辑，他们认为可以为他们的个人价值观和信仰找到"呼吸空间"(Kreer et al.，2015)。空间复调具有组织嵌入性，因为个人不只是占用一个中性的物理场地，相反，这种场地是有目的建造或构造的空间，其元素使用、设计都有象征目的并呈现特定逻辑。组织在提供这样一个空间时，显示了它对其所代表的特定逻辑的承诺信号，承认它的中心地位并允许它对整个组织产生溢出效应。这种空间复调对应的场地在多元价值逻辑共存的组织中十分常见，比如某些组织为其不同的社会目的和商业目的所各自设立的活动室，或利用现代信息平台所设立的 QQ 群、微信群等讨论交流群组等。

时间复调(temporal polyphony)：是组织内部的制度逻辑的暂时性的分隔，一种逻辑在一段时间内暂时更集中，而它的另一种逻辑则在另一时间更集中。与空间复调不同，个体的"声音"可能占据着相同的物理空间，但时间不同。例如，在有特定象征意义的社会节日对特定类型的员工进行工作调整或空间开放。通过时间复调的安排组织活动形成一种"时间结构"，使用"时间结构"来指导、引导和协调他们正在进行的活动。时间复调不仅限于协调活动，而且还延伸到支撑它的基本制度逻辑，由活动及其时间结构协调冲突的逻辑，而不是相反。事实上，暂时性(temporality)作为管理制度复杂性的一种机制，目前受到的关注还十分有限(Raaijmakers et al.，2015；Reinecke & Ansari，2015)。从这个意义上讲，时间复调是对其空间复调的一个新的重要补充。它有助于组织抑制处于同一空间的员工之间的冲突。值得注意的是，时间复调不是组织预先规定不同时期的不同活动，而是个人利用其工作的时间结构来缓解中心性的、不兼容逻辑之间的紧张关系，使其中某一逻辑不在特定的时间过多地呈现和集中。

多语复调(multilingual polyphony)：是指允许组织内使用不同的语言及不同的专业话语体系。使用多种语言通常见于跨国性组织当中，而使用不同的专业语言体系则往往与组织内不同的价值逻辑对应，商业业务通常有对应的商业话语体系，而社会业务也通常有对应的社会话语体系，语言或话语体系选择不是一种排他机制,而是一种识别和信号显示,志同道合的人可以形成特定的话语场域,不同的话语场域在组织内共存。比较而言,空间和时间复调则是直观的,如 Poole 和 Van de Ven(1989)所言:"社会悖论是一个受其时间和空间限制的现实世界",相互冲突的逻辑的物理呈现是共同的,而多语言复调增加了第三个维度,它是"空间和时间在心理层面的压缩或扩展"(Schad et al.,2016)。但在功能上,与空间和时间复调一样,多语复调机制允许多个逻辑共存,从而最大限度地减少逻辑冲突的可能性。

综上所述,多义和复调通过在组织层次和个人层次之间的相互作用,帮助多元组织动态地应对中心性的、不兼容的逻辑。由于具有高度冲突的多元逻辑的组织通常无法强制性地对员工强加一种特定的逻辑平衡,它必须更具包容性并提供多种选择,为每个员工提供达成个人逻辑平衡的灵活性,这是通过概念性多义和表达性多义实现的。而在个体可以自由地、通畅地跨越和选择空间、时间和语言组成的组织场域单元的过程中,个体可以按自己的信念给予不同的逻辑以不同的显著性,并与动态地平衡他们所面临的任何紧张关系。我们将这种对冲突逻辑的动态调整称为弹性平衡策略。它由多义和复调的跨层次递归构成,并将组织的统一性与个体的多样性有机结合。

借鉴阴阳学说的意象化描述,我们用图 8-7 对此进一步解释。两个核心的、不相容的逻辑 A 和 B 共同构成了某个组织。在图的左半部,一条竖向的实线曲线来表示静态的、固定的、结构性的逻辑平衡。与之对应,在图的右半部,多重虚线表示多种逻辑平衡是如何共存、动态波动并创造弹性。弹性平衡不寻求对相互冲突的逻辑的"非此非彼"(neither nor)的选择(Meyer & Hllerer,2016),而是拥抱建设性的"亦此亦彼"(both/and)的兼容性解决方案。实现的方法是采用一种更为弹性的分合策略:作为个体暂时地在不同的空间中进行冲突解压,然后回到一起,为他们的各自的信念找到"回旋余地"或"呼吸空间"(Kreerer et al.,2015)。而当员工在个体层面上找到重新平衡逻辑的空间时,组织就可以有效率地、同步地进行一系列混合与平衡,并有效地实现"不同的事情对不同的人意味不同"(Kraatz & Block,2008)。

与权衡、分隔或选择性耦合策略对比,后者通过妥协、分离或组合在结构上降低了特定逻辑的中心性或不兼容性,但由此形成的组织结构永久地固化了组织规定的两个逻辑的平衡,如图 8-7 中的静态平衡情况所示。当制度裂痕不仅贯穿整个组织,而且也与组织的人密切相关,并且逻辑平衡需要动态变化时,这些解决方案就成了问题。组织化地强加一种逻辑相对于另一种逻辑的中心性和支配性地位,将导致与不同的个人信仰发生冲突并阻碍组织整合。尤其是当组织无法通过招聘社会化、无法依靠员工的认知和规范灵活性或无法利用逻辑

的基本兼容性来应对逻辑冲突问题时,弹性平衡提供了一种选择,来扩大组织
逻辑和组织目标获得成员的广泛接受程度(Kreer et al.,2015)。这意味着弹性
平衡策略在应对激烈冲突的、不相容的逻辑情况下尤为关键,因为在此情形下,
各种价值逻辑背后体现了坚定的信念,而这些信念是不可改变、难以妥协的,而
且事实上往往超出了组织的权威。弹性平衡策略使组织可以同时拥抱不同的
逻辑并灵活地应对,而不是试图通过一次性的组织结构或文化重构永久性地、
一劳永逸地解决矛盾。其隐含的假设是,动态地分离和集成相互竞争的逻辑对
组织当前及未来发展都是至关重要的,这也符合矛盾论的哲学观点,即矛盾从
未得到、也永远得不到解决或克服,充其量只能是动态平衡的。特别是当组织
分裂成为一种真正的风险时,至关重要的是,组织变革不是一种选择,而是维持
一种矛盾的现状(Jay,2013)。弹性平衡可以持续不断地、动态地处理持续存在
的矛盾关系、减少冲突,从这个意义上说,弹性平衡可以防止组织断裂、解体,增
加组织的可塑性、修复力与生命力。

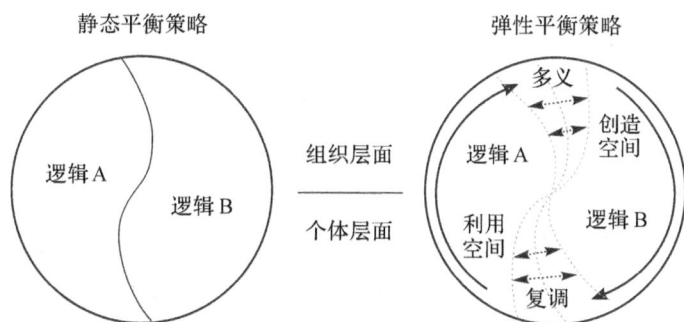

图 8-7　静态平衡策略与弹性平衡策略示意

资料来源:Ali Aslan, Gümüsay Michael Smets, Timothy Morris. "God at work" Engaging
Central and Incompatible Institutional Logics through Elastic Hybridity. Academy of
Management Journal,2018,63(1).

　　Gümüsay A. A., Smets, M, Morris, T. "God at work", Engaging central and
incompatible institutional logics mough alateic hybriorty[J]. Academy of Management
Journal,2020,63(1):124-154.

　　弹性双元策略及其包含的多义和复调的机制,可以理解为对 Besharov 和
Smith(2014)的框架的扩展。在图 8-8 中的灰色半圆表示向外移动并扩展有争
议象限的边界,多义通过它所提供的模糊性和解释性、灵活性,使冲突的逻辑变
得更加兼容,而复调可以让个人在特定的地点、时间和/或语言情境下更好地应
对潜在的冲突。因此,弹性双元为双元组织提供了"制度弯曲"而不是"组织断
裂"的必要弹性,因其容纳相互冲突的逻辑的变化、不平衡的特点,对组织而言,

两种逻辑仍然是中心性的和不相容的,但相互冲突却减少了。

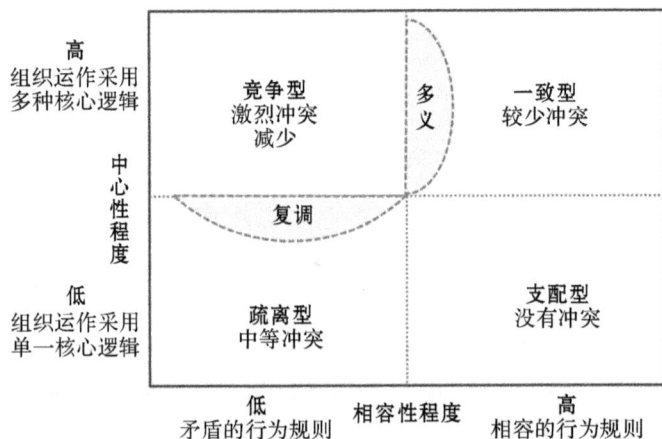

图 8-8　弹性混合策略与减少冲突框架模型

资料来源:Ali Aslan Gümüsay Michael Smets Timothy Morris. "God at work" Engaging Central and Incompatible Institutional Logics through Elastic Hybridity. Academy of Management Journal,2018,63(1).

　　概括而言,弹性平衡策略并没有真正解决双重逻辑冲突和由此产生的矛盾,而是通过多义创造更大的空间,并通过复调给个体更多的余地,使组织更有包容性,从而避免矛盾冲突的尖锐化和组织的撕裂。由此,弹性平衡不仅有利于组织创建时期的人员整合,也有助于组织在后续的发展中保持灵活性、稳健性和复原力。

8.5.5　动态平衡策略

　　虽然上述研究有助于我们理解组织对双重价值逻辑冲突的短期反应,但由于组织的动态发展和环境条件的变化,双重逻辑之间持续冲突的长期挑战依然存在。Ashford 和 Reingen(2014)指出,理想主义者及实用主义者的权力转移和合作并不能从根本上解决紧张局势,外部力量影响也造成持续的压力,因为利益相关者的期望和相对权力的变化,以及市场或社会问题的变化都会带来新的矛盾性的挑战(Greenwood,2012)。如果组织不适应这种动态变化,就有失败的风险。因此,组织必须长期应对这种冲突以维持组织发展。

　　应对价值逻辑长期冲突的一种策略是阶段性平衡策略。所谓阶段性平衡策略是指组织在特定时间阶段内相对更侧重于某一种逻辑及其支持的实践,但在另一个时段则相对更侧重于另一种逻辑及其支持的实践,同时,通过特定的机制设计保证每一种逻辑及其支持的实践都不至于偏离太远,而是在两者之间波动往复。由此,从长期来看,组织实际上实现了两种逻辑的平衡,确保了组织终极使命的实现。

动态平衡策略是 Wendy K. Smith 和 Marya L. Besharov(2019)提出的,他们在对一个在柬埔寨实施的名为 Digital Divide Data(DDD)的社会企业长达10 年的跟踪研究中发现了这一策略,这一策略的构成要素包括以下几个方面:①矛盾框架(Paradoxical frame)。即长期存在于组织之中的双重价值逻辑的矛盾关系,其基本假定是,双元组织中相互冲突的价值逻辑之间的矛盾关系是长期存在、不断出现的,组织无法消除或一次性解决这一矛盾,而必须在其中穿行并找到前进的途径(Jay,2013;Ashford & Reingen,2014;Smets et al.,2015)。②双重护栏(guardrail)。护栏是一种形象比喻,是指为组织的社会使命和商业使命各自设置的底线,组织无论何时都不能超越底线,而实践中的做法一旦接近或达到某一个底线,组织就会启动一种反应机制,使组织实践重新向另一个方向反弹,从而确保组织长期一直维持在双重护栏限定的中间区域。③行动实践。是组织在面对矛盾的紧张关系情形下,不断调整实践中的方向及做法的过程,包括面对紧张关系—解释组织身份意义—付诸实践—碰触护栏—面对新的紧张关系—重新解释组织身份意义—再付诸实践—再碰触护栏这样周而复始的周期性循环,在这一过程中组织不断调整身份意义、侧重的逻辑及行为实践,增强组织的行为适应性,但不发生过度的使命偏移。

在上述要素中,矛盾框架和双重护栏共同构成了组织的结构化柔性(structured flexibility),使组织能够借助稳定的组织特征与适应性实践过程的相互作用跨越时间持续发展。其中矛盾框架取决于组织领导者对双重价值逻辑双方既矛盾又相互依存关系的认知理解,护栏则包括正式的组织结构、领导者的专业知识以及与每一种逻辑相关的利益相关者关系,这三者共同发挥作用,作为每一种价值逻辑的守护人,监督组织的行动实践是否牺牲一种价值而强调另一种价值,是否过度偏移组织的使命。

组织借助结构化柔性适应性地调整行动实践、实现双重价值的阶段性平衡的过程可以用图 8-9 来表示。在图中,矛盾框架和双重护栏共同构成了组织的结构化柔性。其中,矛盾框架将相互冲突的价值逻辑描述为持续和普遍的,这意味着在双元组织内价值冲突是动态和不确定的,它要求领导人乐于接受和解决而不是回避紧张局势,而接受矛盾和解决问题使领导者认识到矛盾将随着时间的推移而发生变化和演变,由此寻求"可行的确定性",通过谈判达成的临时对策,使组织能够向前迈进而不是试图一劳永逸地永久解决问题,因此矛盾框架有利于实践和试验并鼓励新奇和创造性思维。护栏由正式结构、领导者专业知识和外部利益相关者关系组成,也包括与专业组织的联系或可见的符号。护

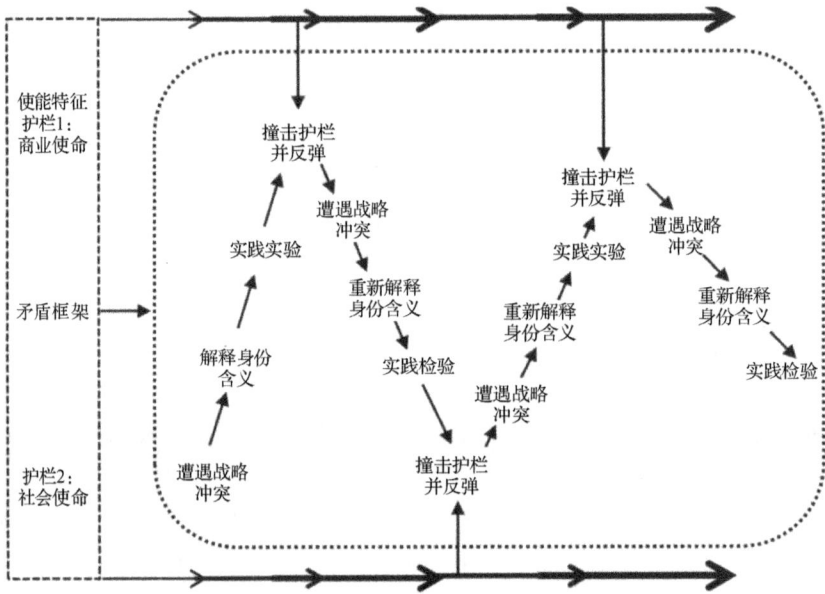

图 8-9　基于结构柔性的动态平衡策略

资料来源：Wendy K. Smith & Marya L. Besharov. Bowing before Dual Gods：How Structured Flexibility Sustains Organizational Hybridity. Administrative Science Quarterly, 2019,64(1):1-44.

栏起到设定界限和重新定向的作用。图 8-9 中用平行的水平线代表护栏,护栏创造了一个有限度的空间,组织可以在其中进行试验和变革,尝试各种实践方法。在没有护栏的情况下,行动实践将不受约束,当组织只偏重一种价值逻辑及实践时,就会面临使命漂移的危险(Smith & Besharov,2014;Ramus & Ouaro,2014),护栏通过设置界限来阻止这种漂移。组织的行动实践被框定在双重护栏的框架之内,当组织面临阶段性矛盾冲突的紧张关系时,这时组织一方面需要审视自己的组织身份意义,明确自己是谁及应该做什么的问题;另一方面需要采取务实的策略解决当前突出的问题,这就可能使组织的行动实践有阶段性的侧重,而随着时间的推移,这种侧重性的行动实践将导致方向偏移,并与护栏发生碰撞,但是当行动实践碰撞护栏的瞬间,护栏所具有的精心设置的结构、领导者专业知识和外部利益相关者反馈使领导者意识到,实践行动过度强调了双重价值逻辑的一方,并提醒他们注意另一方的重要性。护栏因此促使领导者重新审视组织身份意义和改变实践,从而促进了新的行动实践周期。图中用箭头描述了这个过程,而护栏在整个过程中都扮演着"守护底线"的角色,由此护栏对于维持组织的双重价值使命是至关重要的,它事实上可以理解为一种容错和纠错机制,组织的行动实践可以在容许范围内不断摇摆、震荡,但长期看,它为组织提供了一种持续性适应能力,使组织在面临不断变化的复杂的矛盾关系时,可以动态地、灵活地调整策略,但又兼容社会和商业的双重逻辑,确保肩负双重使命的组织的长期发展方向及战略稳定性。

　　与其他策略相比,这一阶段性的动态平衡策略,可以防止双重价值逻辑及其对应的行动实践的无序的混合,过分强调两者的协同作用,而不区分任务阶段及任务内容可能造成有害的复杂性并导致更严重的矛盾和冲突(Gilbert et al.,2018),或产生实际上其中某一重逻辑占主导地位的虚假协同(Smith,2014)。Wendy K. Smith 和 Marya L. Besharov(2019)对此有一个形象的比喻:先前许多研究都将混合组织中的双重元素理解为固定的、刚性的,类似于石头或砖块两个固体,当它们碰撞时,其刚性的特征必然产生摩擦和阻力,这使秉持每一个逻辑的单元或个人都严格地致力于对组织的身份进行不同的解释,导致长期持续的关于战略和行为决策的激烈冲突(Battilana & Dorado,2010;Battilana et al.,2015)。另一些研究则将双重元素理解为适应性和灵活性,类似于油脂或面团,其可塑性使它们能够形成一个新的两种元素混合在一起的合成实体,这种混合通过模糊其不同的元素或创造虚假的协同来应对双重价值逻辑矛盾的挑战,其结果是导致组织定位的模糊不清或其中一种价值逻辑占据主导(Smith,2014;Dalpiaz,Rindova & Ravasi,2016)。而阶段性动态平衡策略中的结构化柔性,则把双重元素的固定性和灵活性相结合,类似于有弹性的布或橡胶。当这些物质发生碰撞时,它们会发生一定程度的弯曲或变形,但不会失去原来的形式,从而形成一个既相对固定又有较大灵活性的结构。

8.6　小结

　　双重价值逻辑的冲突给以社会企业为代表的二元组织的管理和发展提出了巨大挑战,表面看,双重价值逻辑的理念简单清晰,但其给组织带来的管理复杂性绝非两者的简单相加,而是一种指数级增长。原因在于,在各自不同又动态变化的情境下,依不同的条件、不同的利益相关者、不同的管理对象、不同的任务内容,两种价值逻辑的相对强度、绝对强度及其对应的具体组成元素,以及其所要求的策略和行动实践,在现场场域有复杂多变、难以穷尽也难以预测的组合。打一个形象的比喻,如果把单纯追求商业价值视为 0,把单纯追求社会价值视为 1,两者的动态组合就会衍生出无数可能。

　　为应对由双重价值逻辑带来的复杂性,二元组织在实践中摸索和发展出各种各样的应对策略,不同的管理学者也对这些实践中的策略和做法进行了概括和提炼,本章总结了几种常见的策略,各种策略的有效性和适用条件依情境而变化,不能一概而论或简单套用。各策略的基本内涵、适用场景(隐含假设)及优缺点具体如表8-1所示。

表 8-1　双元价值平衡策略及其优缺点

策略	提出者	基本内涵	隐含假设	优缺点
脱耦策略	Boxenbaum & Jonsson, 2008; Brom,ley & Poell, 2012; Crilly, Zollo & Hansen, 2012	象征性地认可和执行一种逻辑所规定的做法,而实际上执行另一种逻辑,通常是更符合组织目标的逻辑所规定的做法	假定所有组织成员都遵循相同的逻辑并愿意保护它;组织能够规避外部的监督和审查	在外界制度环境不利的情况下快速获取合法性;低成本;承诺与行为不一致的高风险
妥协/混合策略	Battilana & Dorado, 2010; Dalpiaz, Rindova & Ravasi, 2016; Tracey, Phillips & Jarvis, 2011	组织尝试在权衡两种价值逻辑的基础上,适度改变内部制度、行为规则或标准,将相互冲突逻辑的行为要求的要素结合在一起,或者通过与制度参与者进行谈判从而改变他们的要求,以及雇用对特定逻辑没有事先承诺的员工来克服逻辑上的不兼容等方式,在利益相关者相互冲突的期望之间达成一个可接受的平衡	假设共存的逻辑充分兼容,可以围绕共享目标对不同的价值逻辑进行调整;秉持不同价值逻辑的人有足够的认知灵活性来共同开发新的综合实践	部分地满足利益相关者提出的相互冲突的要求,从而避免失去支持的风险;无法使组织获得利益相关方充分的支持;当组织成员坚持他们各自的信念并抵制妥协,将导致较高的协调和管理成本
结构分离策略	Jarzabkoski, Matthiesen & Van de Ven, 2009; Kraatz & Block, 2008; Reay & Hinings, 2009	通过组织职能划分的结构性分离,来降低相互冲突的逻辑的中心性	假定不同逻辑之间有限地相互依存,并且接受他们特定的价值承诺被边缘化	可能导致组织单元及其工作人员疏远的风险;降低组织运作效率;使命偏移的风险
选择性耦合策略	Pache & Santos, 2013	在组织目标和战略层面兼容两种价值逻辑,但在实践层面,某一个"业务单元"选择性地完全采纳符合某种逻辑所倡导的做法,并通过"业务单元"的组合使组织总体上能够满足两种价值逻辑的要求	双重价值逻辑在战略层面可以共存,在业务层面可以分离并得到利益相关者的认可	由于其"业务单元"各自完整地契合了相应的逻辑,由此使得组织更有可能取悦相应的利益相关者,从而获得广泛的合法性支持;较低的管理成本和风险

续表

策略	提出者	基本内涵	隐含假设	优缺点
弹性平衡策略	Ali Aslan Gümüsay, Michael Smets, Timothy Morris, 2019	通过表述层面的多义创造更大的解释空间,并通过个体层面复调给个体更多的选择余地,在多个层次上采取更加包容的、弹性的策略来应对逻辑冲突的挑战	组织内多元逻辑均是高强度、中心性和不兼容的;双重逻辑冲突和由此产生的矛盾不可避免且无法永久消除	可以持续不断地、动态地处理持续存在的矛盾关系、缓解冲突,防止组织断裂、解体,增加组织的可塑性、包容性与生命力
动态平衡策略	Wendy K. Smith, Marya L. Besharov, 2019	组织在特定时间阶段内相对更侧重于某一种逻辑及其支持的实践,但在另一个时段则相对更侧重于另一种逻辑及其支持的实践,同时,通过特定的机制设计保证每一种逻辑及其支持的实践都不至于偏离太远,而是在两者之间波动往复。由此从长期来看,组织实际上实现了两种逻辑的平衡,确保了组织终极使命的实现	由于组织的动态发展和环境条件的变化,双重逻辑之间持续冲突的挑战长期存在,不可能一劳永逸永久解决问题;组织在面临不断变化的复杂的矛盾关系时,可以阶段性地、灵活地调整策略	既可以动态地、灵活地调整策略,增强组织的效率与合法性,又兼容双重逻辑,确保双重使命的实现和组织长期发展方向及战略稳定性;对领导层的信念及专业知识的要求高

— 173 —

9　社会价值创造中的市场化战略

　　社会企业运用商业力量解决社会问题、环境问题,取得了巨大的社会影响(Haigh,2015;Porter & Kramer,2011;Santos,2015)。这些将社会和商业结合起来的混合组织能够繁荣发展,一个重要的原因是其社会使命和商业目标之间的协同效应使两者相互强化(Battilana & Lee,2014;Bellostas et al.,2016;Hazenberg et al.,2016)。然而,社会使命和商业目标在同一组织内的共存,需要"社会价值"和"商业价值"两种不同价值及其对应的逻辑、行动之间的紧密协调与精确同步,并贯穿于社会企业的制度、决策和业务活动。尽管这种协调效应具有潜在的优势,但社会企业仍然面临着两种不同价值相互冲突的挑战,若应对不当,会使社会企业要么产生使命漂移(Battilana & Dorado,2010;Ebrahim et al.,2014),要么在财务上不可持续(Sergio,2018),甚至可能导致组织瘫痪或解体(Pache & Santos,2013)。

　　换言之,具有稳定的商业利润来源是社会企业可持续发展的关键。在此前提下,社会企业的双重价值对其商业利润的来源,即其产品/服务的市场需求有何影响? 这种影响是如何发生的? 社会企业应如何应对并制订恰当的市场战略? 这些就成为不可回避的问题。令人遗憾的是,迄今为止,鲜有文献对此进行深入探究。基于此,本书试图从社会企业需求侧的视角,运用社会身份认同理论,探析社会企业社会价值和商业目标的结合如何成为一种资源竞争优势,触发需求侧的动态演进并产生需求外部性,进而影响社会企业的市场战略选择,这对理解双重价值及其逻辑为社会企业带来的机遇和挑战具有重要意义。需要指出的是:由于社会企业是一种非常分散的组织类别,其业务模式十分多样化(Fosfuri et al.,2015;Santos et al.,2015)。为了聚焦研究问题,我们将研究对象限定在商业目标群体和社会目标群体相分离的一类特定的社会企业当中,即社会企业的社会活动目标对象是一个特定群体,而商业活动的目标对象是另一个群体,后者并不关注企业的社会活动本身,但他们购买社会企业的商业产品/服务,并关心产品/服务的象征性含义。

9.1　社会企业的差别化竞争优势

社会企业融合了社会价值和商业目标,从而产生协同效应,使社会企业在市场上具有竞争优势(Fosfuri et al.,2016)。其基本逻辑是:通过引入特定的社会价值,企业与客户建立基于价值的关系,这些客户虽然没有从社会企业的社会行动中直接受益,但却因为价值认同选择支持社会企业的价值(Barnett,2007)并购买其产品或服务,这种客户群体共同的消费行为及使用者形象成了社会身份的象征。这反过来又产生积极的外部性需求,最终可以转化为价值溢价和对社会企业产品及服务的忠诚。仍以德国"小太阳"为例,事实上,对于发达地区的消费者而言,购买"小太阳"的灯具将他们与倡导环境责任、发展机会平等这一标志性的、引人注目的社会身份联系在一起,在此情形下,社会逻辑和商业逻辑相互强化,产生正的外部性。下面我们对这一机制进一步展开说明。

9.1.1　社会价值观、社会身份与消费行为

社会价值观与特定的社会价值相对应,社会价值观是个人、群体或组织对特定社会议题的立场、看法和态度。可以根据社会价值的显著程度来对其进行描述(Mehra,1998)。某些社会价值具有更广泛的吸引力,而且往往为大多数人所支持。例如,很少有消费者不认同与食品健康有关的议题;而另一些社会价值可能更具体,仅有少数人关心和支持,例如是否要保护中华鲟的问题。社会价值的显著程度可能与人口特征(例如地理位置、种族、生活条件等)有关并且随着时间而变化。显著程度还与个体感觉到内部群体(支持某些价值的人)和外部群体(不支持这一价值的人)之间差别及彼此的界限相联系。社会价值的显著程度越强,其可替代性就越小。

社会价值观之所以重要,是因为它区分了人们的个体身份和社会身份并提供认同感。个体在社会中的身份包括两个组成部分:个体的自我意识和群体归属,即个体身份与社会身份(Reed,2002)。社会价值观的作用首先体现在定义个人身份方面,人们对不同的社会价值有不同程度的关注,即个人对社会价值的偏好是不同的。因此,社会价值观是个人特征的关键组成部分,它界定了个人特征及其作为社会成员的身份(Ashforth & Mael,1989)。社会价值观也决定了个体的社会身份即群体归属,当个人把自己视为具有共同价值观的群体的一员时,就会从中获得归属感和自尊,并通过分类、识别和比较等过程,采取与该群体的社会价值观相一致的行为(Shih,1999)。具体来说,分类的深度越大,即个体和群体之间的契合程度越大,比较的程度越深,即群体内和群体外的差

别或分离程度越大,作为群体成员的身份感就越强,对其行为的定向和规范作用就越强。在此,个人身份和社会身份的区别是我们理论机制的关键:社会身份直接取决于群体互动过程并因此受到正或负外部性的影响(Tajfel & Turner, 1979)。社会身份理论表明,任何形式的群体分类,例如关心或不关心环保、弱势群体等,都会导致某种形式的社会身份认同和群体内特定的行为反应。

社会价值观不仅影响个体身份和社会身份的形成,而且影响消费者行为和选择。消费者行为的研究表明:存在这样的消费者群体,他们不仅关心企业产品的功能和质量,也重视产品的象征意义,而且还受到具有这些价值观的群体社会身份认同的影响(Ravasi,2012)。消费模式和选择表明了顾客的自我认知,因此人们购买产品是为了确认他们对某些社会价值观及群体归属的坚持。对于这类消费者,社会心理因素是其消费过程中的重要效用函数(Benjamin, 2010)。当他们购买产品或服务时,社会身份的力量可以反映在消费模式当中,不仅因其所代表的社会价值,也因其所代表的社会群体。因此,顾客效用和支付意愿不仅取决于产品或服务的有形质量,也取决于产品或服务所唤起的自我意识和群体归属的积极功能。

9.1.2 基于价值关系的社会企业差别化竞争优势

共同的社会价值是连接社会企业与其产品/服务消费者的纽带。社会企业与市场的互动关系体现在两个不同层次。首先,通过支持某些社会价值,社会企业与关心特定社会价值的个人建立了基于价值的关系。社会企业通过政策和行动,表达对具体社会问题的坚定承诺,将公司的产品和服务与其所支持的社会价值进行关联(Maurer,2011)。其次,由关心和支持社会企业价值的顾客群体形成的社会身份,决定了与此价值相一致的消费模式。在消费过程中,这些顾客需要象征性符号来显示他们对这一社会群体的归属和对相应价值观的坚持。由此,与这些消费者建立基于价值关系的公司处于特殊地位,可以向他们的产品/服务注入象征意义,从而使其对特定的顾客群体更具吸引力(Fosfuri et al.,2015)。这一过程为社会企业创造了一种差异化竞争优势(Porter & Kramer,2011),因为购买具有象征意义产品/服务的消费者,往往表现出更大的忠诚度和支付意愿,其原因在于,他们的消费行为激活或强化了一种特殊的自我认知和社会身份。

社会企业的双重价值混合为这一差别化竞争优势的形成提供了基础条件,因为追求社会价值和商业利润的行为往往可以相互强化。一方面,社会企业的社会承诺使它成为一套特定社会价值观及其象征符号的专门提供者,并通过消费者的消费行为建立了社会企业与顾客之间基于共同价值的联系,从而为社会企业带来了一种差异化竞争优势。另一方面,其产品/服务作为象征性符号,通过特定的消费模式及消费中的社会分类与比较过程,进一步强化了消费者的社会身份。

以资源为基础的竞争优势的主流逻辑认为,企业应最大限度地利用其核心资源以实现额外回报(Markides & Williamson,1996)。企业有在不同领域配置和利用这些资源的强大经济动机(Helfa & Eisenhardt,2004;Sakhartov & Folta,2014),但由于范围经济的限制(Wang & Barney,2006),获得竞争优势有难以复制和模仿等资源特性,这意味着企业可能由于高交易成本而难以扩大市场规模(Wan,2011),因此企业可能面临扩大市场规模和多元化等策略的权衡。这种逻辑也同样适用于社会企业,因为社会企业的核心战略资源是与客户建立基于社会价值的关系,这种战略资源难以模仿,也不容易交易,却可以成为社会企业的差别化竞争优势(李健、陈淑娟,2017;赵辉、田志龙,2014),也可以扩展并应用于不同的领域。当顾客被公司的社会价值观所吸引,试图在不同的领域表达自己的身份、在不同的环境中将此作为社会身份的标记符号时,这种无形资源就会由顾客需求而产生范围经济。一家能够利用与客户基于价值的关系资源,并使其成为特定社会价值符号的社会企业,就获得了向其他客户及产品扩展其象征意义的机会。

9.2 社会企业产品/服务的需求外部性

9.2.1 需求外部性的产生机制

为说明问题,我们假定一个社会企业,其产品/服务注入了社会价值象征意义,其销售收入取决于客户群体规模(用 N 表示)和客户平均支付意愿(用 W 表示)。我们首先分析,在考虑产品/服务附加的社会价值情况下,客户群体规模与平均支付意愿之间的关系。

最初被社会企业的产品/服务所吸引的客户,可能是那些关心并支持社会企业价值,并希望能够通过购买及使用行为,保持或强化其特定社会身份的消费者。对于他们来说,社会企业的社会投资创造了一个基于价值的连接,并在其产品/服务中注入了象征意义,使客户愿意为这些产品/服务付出更多的代价(Ravasi,2012)。这部分额外增加的平均支付意愿(用 W 表示),是在考虑并排除其他有形和无形产品属性之后,归因于产品的象征意义的货币价值。这部分增加的 W 又包含两个部分:一个来源于个人的自我感觉效应也即个人身份感知的效应,是顾客为其所关心的社会价值而愿意支付的价格(用 W_1 表示)。另一个来自社会群体效应(Reed,2002),也就是来自对共享同一社会价值的群体的身份归属即社会身份感知价值(用 W_2 表示)。这两个组成部分之间的区别很重要,因为只有后者即社会身份的群体效应,会依客户群体规模的大小产生正或负的需求外部性。

图 9-1 描述了这种关系。垂直轴代表平均支付意愿(W)及平均成本(AC)和平均利润(AR)(需要指出的是,这里的成本和利润仅考虑与社会企业的社会投资相关的成本和利润);水平轴代表社会企业的客户群体规模(N)的大小。持有社会价值观 X 的社会身份群体集合为 N_X。在此,我们只关注社会身份的群体效应,因为个人的自我感觉效应与客户群体规模无关。在图中,平均支付意愿(W)随着客户群体规模的增加而变化,先增加后减少,转折点是 N_X。在 N_X 左侧,客户群体规模小于持有相应社会价值观的社会身份群体集合,此时,社会企业只关注其社会身份群体集合中的客户。他们通过购买和拥有社会企业的产品或服务而获得象征意义,特别是这些客户在共享相同社会价值观的群体中获得了被感知的成员资格。随着越来越多的用户获得社会企业的产品或服务,社会身份的分类和比较功能加强(Shih et al.,1999),这些客户对群体成员身份有了更强烈的感知,并将价值观不同的人视为外部群体(Stets & Burke,2000),社会企业的产品/服务因为其身份识别、社会区分功能的增加而产生积极的需求,随着企业的产品/服务产生更多的社会身份识别能力,客户的平均支付意愿 W 也相应增加。这一机制解释了社会逻辑和商业逻辑如何相互作用形成一个积极的、自我强化的反馈循环,解释了双重价值的融合有助于将社会群体效应转化为平均支付意愿,原因在于注入特定价值观的产品或服务被视为一种象征符号,而且随着这种象征符号在相关社会群体中的使用变得更加普遍,符号的象征力量也随之增加,由此产生需求的正向外部性效应。

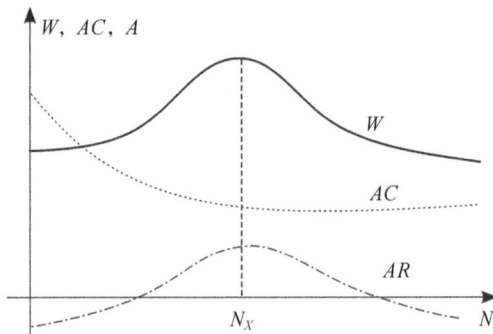

图 9-1　需求外部性的产生机制

社会企业如果选择继续扩大其客户群体规模,使之在曲线上向右移动从而超出 N_X 点,这是我们的理论逻辑的一个关键点。超过 N_X 点,意味着客户群体规模将超出对应的社会身份群体集合,亦即要有社会身份群体集合之外的客户加入。此时很有可能发生的是,产品/服务需求可能不仅仅是那些分享社会企业所支持的社会价值观的顾客,其他顾客可能仅仅因为对产品/服务的质量或有形特征感兴趣而愿意购买产品,这些顾客对产品附加较少的象征意义,从而平均支付意愿减少。更重要的是,来自该公司倡导社会价值观的坚定信仰者之外的顾客大量涌入,会稀释其产品/服务的象征意义,购买和适用社会企业产品/服务的社会身份比较和区分功能弱化,这将导致原有的顾客群体的支付意愿也随之降低,严重时甚至导致原有客户群体的大量流失,从而产生需求的负向外部性效应。

为了说明这一问题,我们引用一个实例,以便更清楚地解释上述机制。"南关厢素食馆"是浙江海宁第一家公益素食馆。该素食馆于2015年通过众筹的方式创立,专业经营,账目公开,餐馆盈利全部用于环保、关爱留守儿童公益项目等。餐馆也成为志愿者参与公益服务的平台和载体,在这里公益理念将更进一步融入人们的生活,倡导"吃一餐饭,就是参与一次公益活动"。我们假设南关厢素食馆希望通过商务午餐或举办商务社交活动来提高工作日的客流量,假设这些活动也吸引了附近大型肉食加工厂的员工,而这家公司又以对当地的河流的污染而闻名。因为存在社会身份的群体效应,南关厢素食馆的价值观和社会使命的铁杆信徒很可能会由此而放弃这家餐馆,因为那里的饮食及在那里就餐不再被认为是爱护环保的社会身份分类的标志。换言之,南关厢素食馆的优势可能因肉食加工厂在此举办活动或晚宴而受到损害,并可能危及其原核心客户的平均支付意愿,甚至可能伤害"南关厢素食馆"作为一家社会创业组织在餐饮业的发展前景。

上述由社会身份而产生的需求外部性效应,直接影响了社会企业客户群体规模与盈利能力的关系。社会企业的社会投资平均利润为平均支付意愿与平均成本的差额。与社会价值相关的成本也包括两个组成部分:固定成本和变动成本。固定成本包括组织与社会价值相关的活动、宣传、竞赛等,可变成本随着客户群体的增加而增加,取决于其商业活动产生的社会投资,如产品的营销活动支出等。图9-2中显示了与社会价值对应的平均成本曲线(AC)。如图所示,平均成本曲线随客户群体规模的增加而降低,相应地,平均利润曲线先升高而后降低,在临界点 N_X 达到最大,超过一定的临界点,平均支付意愿的下降幅度大于平均成本的下降幅度,此时绩效开始恶化。即社会企业的盈利能力随着客户群体规模的大小的变化而变化,呈现先增加后减小的趋势,客户群体规模与盈利能力之间呈倒 U 形关系。

9.2.2 社会价值显著程度的影响

经上述分析可知,社会企业产品/服务的需求外部性效应在临界点 N_X,即客户群体规模达到社会企业的价值观对应的社会身份群体集合边界时,需求外部性效应开始由正向转为负向,换言之,社会身份群体集合边界是需求外部性效应的关键分界点,而社会身份群体集合的大小,取决于相应的社会价值的显著程度。如前所述,社会价值的显著程度是刻画社会价值观特征的一个重要维度,某些社会价值具有更广泛的吸引力,而且往往为大多数人所支持,而另一些社会价值可能更具体,仅有少数人关心和支持。由此,有必要考察社会价值观显著程度、客户群体规模与需求外部性的关系。

假设有两个社会企业,各自持有不同的社会价值 a 和 b,其中,b 比 a 有更高的显著性。与上述分析同理,我们可以画出两者各自的平均支付意愿与平均成本曲线,具体见图 9-2。由于盈利能力与相关变量的关系已经明晰,在此略去。

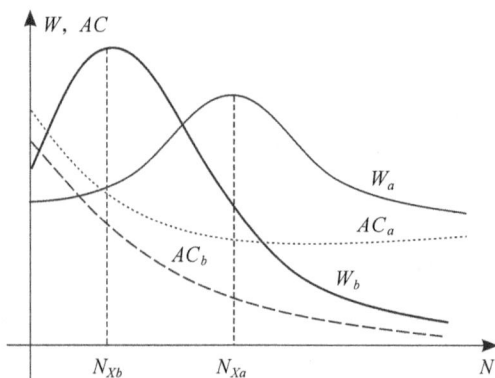

图 9-2 价值观显著性对需求外部性的影响

在图 9-2 中,我们用 W_a 曲线表示支持社会价值 a 的社会企业平均支付意愿和平均成本与客户群体规模之间的关系,W_b 线表示支持社会价值 b 的社会企业平均支付意愿和平均成本与客户群体规模之间的关系。与社会价值 a 相比,社会价值 b 有更高的独特性。持有社会价值 a 的社会身份群体集合为 N_{Xa},持有社会价值 b 的社会身份群体集合为 N_{Xb},$N_{Xb} < N_{Xa}$,因为社会价值的独特性越强,对应的支持人群越少。与我们先前的讨论一致,平均支付意愿 W_b 以更高的值开始,曲线增长速度更快,在达到临界点 N_{Xb} 后下降速度也更快。原因在于:首先,更独特的价值提供了更强的比较、识别和区分能力,从而使内部群体和外部群体之间的界限更加清晰(Stets & Burke,2000)。其次,出于同样的原因,社会身份集合 N_{Xb} 提供了比 N_{Xa} 更强的约束。最后,当社会价值高度独特时,在 N_{Xb} 之外增加新客户意味着他们身份的异质性会随之增长,社会价值的身份象征意义因此被稀释,社会企业能够通过社会价值承诺获取的经济价值数额,随着客户群体规模的扩大而以更快的速度减少。由此,我们得出以下结论:由于社会价值的独特性界定了对应的社会身份群体集合的规模,对于社会企业来说,其所支持的社会价值的独特性影响产品/服务需求外部性的强度和临界

点,其显著性越高,正负外部性效应都越强,并且临界点的到来越早。这进一步影响客户群体规模和盈利能力之间的关系,使社会企业产品/服务的平均支付意愿曲线与利润曲线都变得更加陡峭。

9.3 社会企业的市场扩张战略

社会企业可以基于与顾客价值关系这一特殊资源,建立差别化竞争优势并持续获利,有助于社会企业在竞争激烈的市场中茁壮成长,这反过来又确保产生必要的资源使其社会行动更具影响力。很自然地,社会企业会试图寻求在市场扩张以获得更丰沛的资金来源,在给定产品/服务质量水平的条件下,市场扩张的途径无非有 4 种:①利基市场战略,即集中于与社会企业社会价值观对应的社会身份群体集合所限定的细分市场,寻求用单一产品/服务尽可能吸引满足这一细分市场里的所有顾客,实现在细分市场里的销售增长。②无差别市场扩张战略,即社会企业试图将单一产品/服务扩展到社会身份群体集合外的客户,为社会身份群体集合内外的客户提供无差别的产品/服务,以此寻求扩大客户群体规模。③基于单一市场的多元化市场扩张战略,即社会企业只针对社会身份群体集合内认同和支持社会企业价值观的客户群体,提供不同的产品/服务。表 9-1 列出了 4 种战略的划分标准,及各自的含义、特征及优缺点。下面我们运用前述分析中的需求外部性原理,对这 4 种市场扩张战略做进一步分析。④基于二元市场的多元化市场扩张战略,即社会企业针对社会身份群体集合内外的不同市场上的客户,开发不同的产品,寻求市场销售的更大增长。

表 9-1 社会企业的市场扩张战略

	单一市场	二元市场
单一产品/服务	①利基市场战略 含义:将与社会企业社会价值观对应的社会身份群体集合视为利基市场,寻求用单一产品/服务吸引和满足这一市场里尽可能多的顾客。 特征:单一市场、单一产品/服务。 优点:充分利用差别化竞争优势,高客户认同,管理简单,容易实现。 缺点:增长范围受限于支持社会企业价值观的客户群体规模。	②无差别市场扩张战略 含义:为社会身份群体集合内外的客户群体,即支持或不支持社会企业价值观的客户群体提供无差别的产品/服务,以此寻求扩大客户群体规模。 特征:二元市场、单一产品/服务。 优点:扩大客户群体规模。 缺点:产生需求负外部性,差别化竞争优势被稀释,原客户群体流失。

续表

	单一市场	二元市场
多种产品/服务	③单一市场多元化市场扩张战略 含义:只针对社会身份群体集合内认同和支持社会企业价值观的客户群体,提供不同的产品/服务。 特征:单一市场,多种产品/服务。 优点:最大限度利用差别化竞争优势和范围经济的好处,强化客户认同,管理复杂性和成本相对处于中等程度。 缺点:增长范围有一定限制。	④二元市场多元化市场扩张战略 含义:针对社会身份群体集合内外的不同市场上的客户,开发不同的产品,寻求市场销售的更大增长。 特征:二元市场、多种产品/服务。 优点:最大限度扩大市场规模。 缺点:市场难以有效分割,稀释差别化竞争优势,管理的复杂性和成本大幅增加,实施困难。

9.3.1　利基市场战略

这一战略是将社会企业社会价值观对应的社会身份群体集合视为利基市场,寻求用单一产品/服务吸引和满足这一市场里尽可能多的顾客,从而实现销售增长。利基市场战略是市场营销领域的一种典型战略(Porter,1996),公司通过提供与客户特定偏好相匹配的产品或服务,收取更高的价格,从而锁定特定的客户细分市场。这种战略通常适用于发展初期规模较小的企业,或者具有特殊的专属资源或生产技术并由此产生差别化竞争优势的企业。与传统的商业企业的利基战略相比,社会企业的差别化优势是建立在对其社会价值观的坚定信仰者的支持之上,可以理解为社会价值观是社会企业产品/服务细分市场的关键变量。通过前面的分析可知,社会企业在这一市场里,可以充分利用社会身份效应所产生的产品/服务需求的正外部性,扩大客户群体规模,实现销售增长。但这一策略面临的一个关键问题是,市场规模存在一个边界,当客户群体规模扩大到社会身份群体集合所限定的临界点(图 9-2 中的 N_X)时,市场趋于饱和。并且,当社会企业支持的社会价值观显著程度越强,临界点越低,市场规模越小并越趋于饱和,这限制了社会企业市场的进一步扩张。在实践中,由于社会企业提供的产品,尤其是社会价值观显著程度强的服务类产品,往往具有区域市场分割的特点,此时社会企业可以通过跨区域经营突破利基市场规模的限制。

9.3.2　无差别市场战略

为社会身份群体集合内外的客户群体,即支持或不支持社会企业价值观的客户群体提供无差别的产品/服务,以此寻求扩大客户群体规模。在此种情况下,客户群体规模超过了图 9-2 中的临界点 N_X。然而,当客户群体超越 N_X 点后很可能会产生负的、逐渐强化的需求外部性,这导致社会企业在试图采用无差别市场扩张战略扩大客户群体规模时面临一个的问题:社会企业的产品/服务的差别化竞争优势来源在于社会群体效应及其所激活的正向需求外部性,而当不具有相同社会价值观的人加入客户群体时,企业产品/服务的社会价值就会受到损害,进而威胁到社会企业产品/服务差别化竞争优势存在的基础。由于新加入的客户并不支持社会企业的社会价值观,而仅仅可能因为对产品的有形特征感兴趣而愿意购买产品,不愿为产品的象征意义额外付费,从而平均支付意愿降低。为吸引这些新客户,社会企业在价格策略上有两种选择:或是降低总体价格,或是采用价格歧视策略,即对持有社会价值的群体和不持有社会价值的客户制订不同的价格,但这又可能降低盈利水平,甚至造成对原有的忠实客户的伤害。

表面上看,社会企业的无差别市场扩张战略类似于传统商业领域中的典型无差别市场战略。传统无差别市场战略忽略顾客对产品/服务的特定偏好,而不同的客户的偏好是相互独立、互不影响的。在这一前提下,如果公司采用差别化市场战略,为不同人群提供不同产品/服务,那么产品/服务越是指向某种特定偏好,顾客对其的平均支付意愿越高。例如,如果一家饮料公司以对某种特殊口味有偏好的顾客为目标市场,那么这些顾客会更愿意为这种特殊口味的饮料支付额外费用。但是,如果该公司采用无差别市场策略,试图向不同口味的所有客户包括那些不喜欢它的人销售这种特殊口味的饮料,那么,因为人的口味偏好互不影响,喜欢这种口味的人仍将保持同样高的支付意愿。这种情况下,公司也可以采用价格歧视策略,而不会对原有客户即喜欢特殊口味的客户造成任何真正的损害。

然而,对于社会企业而言,差别化是基于产品/服务的象征意义,差别化的边界是由社会价值而不是产品偏好定义的,而社会价值在群体中是相互影响的。对于持有社会价值的顾客来说,社会企业的产品/服务是社会身份和群体认同的体现形式,如果社会企业的客户群体逐渐加入了不关心社会价值的个人,购买和拥有相应产品/服务的分类和比较功能就会消失,换言之,对应特定社会价值观的内部和外部群体之间的区分就会消失。此时,社会企业的社会价值观的核心信仰者可能会做出负面反应,因为社会身份感知和群体认同的过程被破坏了。社会群体效应的消散使得需求外部性在超越 N_X 点后变为负向,随着客户群体的进一步扩大,由社会身份产生的平均支付意愿逐渐下降,原先的持有社会价值观的客户停止购买产品或服务,甚至对社会企业进行报复。

9.3.3 二元市场多元化战略

社会身份群体集合内外的不同市场,可以理解为以特定价值观区分的二元市场。社会企业为实现市场销售的更快增长,可能会考虑针对不同市场上的客户开发不同的产品,实施多元化的市场扩张战略。此时,社会企业期望能够通过差异化产品/服务,分离不同的客户群体,来限制扩大其客户群体规模可能对原有的坚信其价值观的忠实顾客所造成的损害。例如,该社会企业可以为支持其社会价值的客户群体创建一个"高级版"的产品/服务,并制定较高的价格,而为其他客户创建另一个"标准版本"的产品/服务,并制定较低的价格,或者,直接为两个不同市场上的不同客户提供完全不同的产品/服务。如果这种方案确实可行,与无差别市场扩张战略相比,扩大客户群体的负面影响会减弱,社会企业也可以实现业务增长。然而,这种方案往往在现实中难以实行,因其受诸多方面因素的制约。

第一,市场难以有效分割。因为社会价值观和社会身份的问题通常是较为敏感的问题,并且通常没有诸如空间分隔、收入差距等其他可以对两类不同的客户群体进行市场分割的变量,客户可能会产生争议或无法被这些差别化的解决方案所说服。第二,多元化驱动因素的限制。主流的多元化观点表明,企业倾向于利用现有的生产/技术资源进行关联多元化(Silverm,1999),这样不需要大量地调整费用。因此,其最终建立的产品组合通常在某种生产/技术意义上是相关的。然而,对社会企业而言,引发多元化的资源与客户之间基于社会价值观的关系,与典型的技术/生产推动的多元化相比,社会企业的多元化是价值驱动的,难以在多元化过程中产生基于关联技术/生产的协同效应,而社会企业的双重价值逻辑又对其多元化施加了具体限制,因为并不是所有的产品/服务都能与其特定的社会价值观相匹配。况且,通常情况下社会企业最初的产品/服务选择,往往并不是基于生产/技术优势,而是由于在某一方面有独特的资源。发展阶段中的社会企业,通常也不具备开发多种产品的生产/技术优势。第三,成本的限制。开发新的市场与新的产品意味着增加多方面的成本。首先,随着企业更多地转向不熟悉的市场领域和业务领域,其调整成本即在转移和调整资源以适应不同市场、不同客户、不同产品方面会影响效率,导致成本增加。其次,由于在不同市场、不同产品之间建立和共享有效联系的复杂性,协调成本随着企业进入更多的市场而增加,对社会企业而言,其双重价值本身已经为其带来了巨大挑战,管理者在试图适应越来越多的不同业务时面临越来越大的压力。

9.3.4 单一市场多元化战略

除了上述三种战略,社会企业还有一种选择,即只针对社会身份群体集合内认同和支持社会企业价值观的客户群体,提供不同的产品/服务,实施基于单一市场的多元化市场扩张战略。这一战略可以同时获得基于资源的差别化竞争优势和范围经济的好处。

基于资源的竞争优势理论认为,在不同领域拥有可配置资源的企业,具有通过多元化来开发和利用这些资源的强大动机(Wan,2011;Sakhartov & Folta,2014)。由于范围经济的限制,对获得竞争优势有用的资源特性(难以复制和模仿),也意味着企业可能由于高交易成本而难以扩大市场规模。相反,通过多元化利用这些资源是一种可行的战略选择,因为内部利用这些资源的边际成本很小,预期收益可能很大。因此公司应最大限度地跨领域利用其核心资源以实现额外回报。

上述逻辑也适用于社会企业。因为社会企业的核心战略资源是与客户基于社会价值建立的关系,这种战略资源不容易交易,但可以用于不同的领域。当顾客被企业的社会价值观所吸引,试图在不同的领域表达自己的身份并在不同的环境中将此作为身份的标记符号时,这种无形资源就会由顾客需求而产生范围经济。一家能够利用与客户基于价值的关系,并使其成为特定社会价值符号的社会企业,就获得了向其他产品扩展其象征意义的机会。在这种情况下,面向单一市场的多元化意味着进入新的业务领域,附加新产品相同的象征意义,使之体现与原产品相同的社会价值。这种多元化并没有损害双重价值逻辑,因为它没有增加新客户,即那些不支持相同社会价值的客户,而是向同一个固定客户群体销售新产品。从社会企业的角度来看,在其产品组合中,不同产品不再是独立的,而是通过社会企业对社会价值观的承诺所引发的与需求方互动而相互联系起来。社会和商业两种逻辑由此保持平衡:对社会价值的投资持续作为社会和商业逻辑的关键组成部分,其产品或服务中继续重申乃至强化客户的社会身份。同时,由于单一市场的多元化没有超出社会企业的优势资源即范围经济的边界,没有试图进入其社会价值观不被广泛认同的市场领域,因此,与基于二元市场的多元化市场扩张战略相比,其管理的复杂性和相关成本也会大幅下降。

9.4 小结

社会企业的社会价值和商业价值之间的平衡会造成持续的经营压力,这使社会企业有内在动机寻求市场扩张。很自然地,社会企业会考虑扩大它们的商业客户群体规模。利用双重价值带来的差别化竞争优势,为更多的支持社会企业价值观的客户提供特定的产品/服务,是社会企业的现实选择。然而,支持社会企业价值观的客户群体存在规模上限,当这个规模上限所限定的市场容量足以支撑社会企业的利润来源时,利基市场战略无疑是社会企业的最佳选择。而当这个规模上限所限定的市场容量有限时,社会企业可能会考虑将产品/服务延伸到更多的客户群体,而非社会企业价值观信仰者的顾客群体的大量涌入,会稀释其产品和服务的象征意义,进而产生负的需求外部性并侵蚀社会企业差别化竞争优势的基础。由此,当社会企业试图通过无差别市场扩张战略追求增长时,需要认真权衡利弊得失。

多元化是社会企业市场扩张的另一个途径,包括单一市场多元化和二元市场多元化。二元化市场战略通过针对不同市场上的客户开发不同的产品/服务寻求市场销售的更大增长,这不可避免地使社会企业面临市场难以有效分割、差别化竞争优势被稀释、管理复杂性和成本大幅增加等问题,给这一战略的实施提出挑战,特别是处于成长阶段且在生产/技术领域不具有优势的社会企业,其可能困难重重。与之相比,单一市场多元化只对支持社会企业价值观的客户群体提供不同的产品/服务,这一方面可以大幅降低管理复杂性和相应的成本,另一方面可以通过各种产品/服务强化客户认同,即支持共同社会价值观的客户群体愿意从同一家社会企业购买多种不同的产品并由此强化其社会身份,从而使社会企业能最大限度地利用差别化竞争优势和范围经济的好处。这对于大多数成长期的社会企业而言可能更具有可行性。

社会企业社会价值的显著程度也是应该予以关注的重要变量,因为它决定了支持社会企业价值观的客户群体的市场规模,决定了社会企业产品/服务需求外部性正负转换的临界点,也由此决定了社会企业进行不同战略选择的关键时点。因为按照社会价值观显著程度的差异,不同的社会企业面临的平均支付意愿与其客户群体规模之间的关系具有异质性。社会价值观的独特性越高,对应的客户身份集合中人数就越少,而且更有独特价值观的人会形成更有凝聚力的社会群体,其中信息流动和社会身份比较更为明显,这些因素使社会价值观更独特的社会企业将更快达到临界规模。因此,对于投资越独特的社会价值观、为小的客户群体服务的社会企业而言,采取固守利基市场还是市场延伸或多元化战略的决策时机到来得越早。此外,还应注意的是,当社会企业的价值观更加独特时,基于共同价值的约束力就更大,从而产生更强的群体认同,并在内部群体和外部群体之间建立了更清晰的界限,这一界限使寻找可能承载同样象征意义的产品变得更加复杂。因此,当投资非常独特的社会价值观的社会企业试图扩展到其他市场领域时,产生价值摩擦的风险更大。

从组织外部需求侧的视角,分析社会企业与客户之间基于价值的关系如何成为差别化竞争优势的来源,并解释客户群体的需求动态关系如何产生外部性,及其对社会企业产品/服务战略选择的含义,这为理解社会企业如何应对双重价值冲突挑战提供了新的思路及有洞察力的见解。基于此,我们进一步提出了社会企业面临双重价值压力、试图通过市场扩张提升盈利能力时可能的战略选择。事实上,实践中有很多社会企业在发展中面临这一问题,甚至因为商业上的失败导致破产。例如,美国的一家共益企业 Fearless 公司试图在更大市场范围内进行扩张,但因为价格缺乏竞争力及失去客户而关闭(Fosfuri et al.,2016)。另一些社会企业因为提供的产品范围狭窄、无法产生足够的收入而破产,如英国社会企业 Aspire(Tracey & Jarvis,2006)。基于这一现实背景,我们提出战略解决方案,对社会企业如何在不放弃增长机会的情况下保持社会价值和商业目标的平衡,促进社会企业持续成长具有重要借鉴意义。

10 专题研究二:社会创业者身份与双元价值平衡

社会创业过程特别是在创业初期,社会创业者的双元价值内在逻辑冲突对于创业机会识别、利用和社会企业发展的影响尤为关键。基于此,本研究关注社会创业者的内在冲突对社会企业机会识别和发展的影响机制研究。以12个已经具有完善治理结构的社会企业创业者为研究对象,基于内在双元冲突视角,采用探索性多案例研究方法,通过开放性编码分析提炼社会创业者角色身份和价值身份两个关键要素,从商业价值和社会价值维度,探究单一型、混合型、平衡型社会创业者的社会创业意图、机会识别、信息反馈及意义构建策略,并从社会创业价值平衡的相对强度、绝对强度两个维度,分析不同类型的社会创业者如何构建双元价值平衡模式。研究结论不仅为社会创业的多元选择和策略提供了解释,而且为社会创业者创业路径提供了理论框架,为社会企业持续成长提供启迪和借鉴。

10.1 研究问题的提出

社会创业自引入中国以来,因为其解决社会问题的可持续性、创新性而为中国社会逐渐认可,广东顺德、北京、四川成都等地方政府正在出台推动社会企业发展的政策。从治理的角度看,社会创业跨界整合所引致的多元主体参与及随之产生的整体治理机制创新成为社会治理创新的新路径。学界对社会企业研究逐渐从概念澄清、模式探索、内部治理阶段进入利益相关者研究、生态构建阶段。近几年,学界认为创业者正在成为社会企业成功的关键要素(Short & Mosst,2009),学者认为企业家精神、创业动机、内部冲突成为决定社会企业成败的关键。特别是关于创业者冲突的研究尤为引人注目,以往关于社会创业过程中多元逻辑冲突的研究,关注的是在同一个组织中,由于组织可持续性和社会使命追求的价值内在矛盾,不同个人、不同群体存在冲突,其隐含的假设是:组织中的某个个人或群体持有单一的逻辑(Dufays,

2019)。然而,事实上,同一个个体也可能同时存在多重逻辑的内在冲突,在应对内在逻辑冲突时也有不同的选择和行动策略,这可能与个体的身份背景有关(Doherty et al.,2014)。特别是通常作为社会企业发起人和领导者的社会企业家,其身份背景、在面对双元价值冲突时如何行动,对社会企业的创立和发展至关重要。因此,本章引入社会创业者身份这一概念(是对社会创业者基于个人的价值认同、职业发展经历的综合判断),探析社会创业者的内在冲突、行动策略及后果,我们希望通过研究得出:(1)创业者身份对社会企业创业过程中的创业意图、机会识别与创业策略有何影响?(2)创业者身份如何影响社会企业商业价值与社会价值的双元平衡模式?

10.2   理论背景与分析框架

10.2.1   社会创业与社会企业双元价值平衡

10.2.1.1   社会创业

社会企业强调商业价值和社会价值的融合,尽管社会企业的概念多元(Dacin et al.,2011;苗青,2014),但很明显,社会企业正在成为一类组织实体,以解决不同国家的持续的社会、经济和环境挑战(Shier,Van-Du,2018)。混乱繁杂的社会创业定义使"社会创业""社会创业者""社会企业"在社会创业研究文献中交叉出现,社会创业更多地被描述为一种行为和过程,社会企业则是这种行为的载体和结果。

从某种意义上说,社会创业是一个受多种因素影响的多阶段过程(Lortie & Cox,2018)。同理心、道德判断、自我效能、感知到的社会支持有助于社会创业者创业意图的形成(Sengupta & Sahay,2018)。社会创业意图有助于发现一个未得到满足的需求,或者发现产生新商业理念的模式,即机会识别(opportunity recognition)。企业家的社会关系是将注意力引向一些机会而不是其他机会的信息管道,将重点放在对自身熟悉的领域的关注(Greenwood et al.,2011),因而更容易获得特定类型的信息(Dacin et al.,2011),即信息反馈(information feedback)。

10.2.1.2   社会企业双元价值平衡

制度主义学派认为社会创业是将多种不同的制度逻辑(如社会公益逻辑、商业化逻辑)融合到同一个组织的混合组织(hybrid organization)(Smith et al.,2011);混合组织需要调动关系资源、文化资源和制度资源来维持组织双元目标的实现(张晓峰等,2017)。混合组织特性决定了社会企业存在绩效张力

(performing tensions)、组织张力(organizing tensions)、归属张力(belong tensions)、学习张力(learning tensions)四方面的冲突(田蓉,2018)。实际上由于组织类型、法律形式、所有制形式和组织目标上的多元化和复杂性,特别是公益组织转型而来的社会企业缺乏符合组织发展的经验、人才和架构给社会企业内部带来不小的冲突,如何实现社会企业双元价值平衡是理论界面临的重大挑战。

社会企业双元价值平衡,即实现可持续运营和受益群体最大化。这种双重属性被称为"非营利组织属性与企业性"(Young & Lecy,2014)或"经营性和公益性"(Pontikes,2012)。但是社会企业生态至少包含四类组织逻辑:以商业企业逻辑的利益的最大化,以合作社成员为代表的利益最大化,以非营利逻辑的社会使命最大化,以及以社会化商业组织(social business)所追求的社会影响与商业成功间的平衡。社会企业的商业价值属性和社会价值属性的模糊边界,使得社会企业在获取财政资助方面面临困难,这在一定程度上影响了社会企业的资源获取,但是正是社会企业模糊边界的特性,同时增加了组织运营的灵活性。

在多元冲突和结构—机会的背景下,社会企业如何实现双元价值平衡?EMES学派将组织治理指标单列出来,以凸显理想型社会企业的观点(Khieng & Dahles,2015),治理指标包括参与式治理、高度自治、多方主体的参与属性以及非基于资本所有权的决策权等几方面。此外,交叉补贴、多样化缓慢发展可以在组织双重目标平衡方面策略性地运用(Young & Kim,2015),组织治理在其中的作用也受到学者重视(Aliaga-Isla & Huybrechts,2018;Osorio-Vega,2019)。

综合来看,社会企业是平衡社会价值创造和组织可持续性的一类企业,应该创造一种可持续的均衡(Satar & Natasha,2019),社会企业应具有广泛的组织形式(Steven et al.,2019)。在组织多元的情况下,关注社会创业者本身是未来从制度到人来实现双元价值平衡的必然趋势。

10.2.2 创业者身份

对社会创业者的个体研究最早关注非人格化的社会企业家精神,如从实体类型、创业机会和意图/承诺三个方面来推动社会企业发展(Wang,2019)。Osorio-Vega从社会企业家伦理基础出发,认为其通过持续的透明度来表达(Miller et al.,2012)。研究者提出个体S-ENT定向(ISEO)的初始评估工具(社会激情、创新、冒险和积极性)有助于评估社会企业家精神(Lee & Battilana,2014)。对社会创业者的人格化研究主要集中在:(1)文化和资源研究。个人层面的资源与社会企业家强调其业务的社会目标的程度相关。文化影响着企业家将资源分配给社会价值创造的方式，Steven 的研究揭示了企业家个人资源如何影响他们创造社会价值的意愿（Dufays，2019）。（2）心理资本和社会资本。内生原创性和社会资本的结合对学生的社会创业信念产生了积极的影响，责任心受到负面影响（Gandhi & Raina，2018）。

实际上，社会企业使命或目标的社会性源于多种原因，其中包括社会使命与社会成员之间的关系形式或形成过程，其凸显了社会使命和成员之间的关联。整合基本人类价值理论，个人价值观社会创业意图明显相关，对社会创业意图的保护和自我提升产生了负面的直接影响，这遵循米德"事物对个体社会行为的影响，源于事物本身相对于个体的象征意义"（Dentchev et al.，2019）的符号互动理论。

10.2.2.1　角色身份和价值身份

我们引入身份这一概念，身份本身包含了角色参与，也就是社会分工赋予参与者的职责和价值观，即社会创业者职业经历对其本人的塑造，我们称之为角色身份。社会创业者的工作经历、家庭背景和教育经历对参与社会创业有着显著的影响（Dentchev et al.，2019）。社会创业者更容易按照社会期待行事，以获得其他人的认可和赞扬，也为形成稳定且感情深厚的工作伙伴奠定了基础（Chua et al.，2008）。身份包含的另外一个层面是社会创业者自身对于他们在各种情况和关系中是谁的自我意义（Burke，2004），即个人对社会价值和商业价值的倾向性，我们称之为价值身份。社会创业者具有明显的"利他动机"，其情感因素——同理心对社会创业有着明显的促进作用。与权力、财富和享乐主义相关的身份认同符合商业逻辑（Hitlin，2003）；多数商业发起的社会企业有其清晰明确的市场导向，需分配部分利润给他们的产权所有者，追求基本社会目标的实现，可以视为组织策略性获取更多社会资源或市场。

10.2.2.2　混合身份与显著身份

社会企业的双元性，在初创型企业的特殊时期，从身份视角来看，可以看成是社会创业者如何管理与不同身份相关联的期望与行为冲突（Tadmor et al.，2009）。具有双元文化身份的个体认同两种文化，他们承认基于不同文化逻辑，并认同每个文化逻辑的行动方式（Tadmor et al.，2009）。不同身份具有不同的意义系统和行动系统，因而产生相互冲突的行为预期（Battilana & Lee，2014），从这一点来说，社会创业者都具有混合身份。如前所述，角色身份由于具有正式合法性而带来社会资本、职业塑造的功能，这些身份往往带来强大的内部和外部问责压力，压力下往往导致专注于特定的知识和形成竞争力（Dokko et al.，2009）。因此，以角色身份塑造的整体身份，往往成为社会创业者的显著身份。

10.2.3 研究问题与研究框架

因此,本研究认为社会企业特别是初创型社会企业,创业意图、机会识别、反馈机制是了解社会企业何以可能的最合适内容。社会企业的双元价值整体均衡,但是整体均衡的情况下,蕴含着双元价值冲突的张力。我们基于初创期社会企业创业者特质的相对确定性,试图探究社会企业双元价值平衡及内隐冲突的微观机制。选取身份视角,探析价值身份和角色身份,并引入社会创业家的倾向性(社会逻辑和商业逻辑),从身份辨识出发,选取中国不同地区、不同类型的社会企业案例,采用多案例研究法得出基于创业意图—机会识别—信息反馈的循环过程的创业策略,并进一步细分不同创业模式下所生成的社会企业价值平衡的具体模式(见图10-1)。重点围绕以下三个问题:(1)不同角色身份和价值身份的组合模式形成的社会创业者的差异性特征;(2)不同身份组合在社会创业策略上的差异性;(3)多类型的社会企业具有何种形式的平衡。

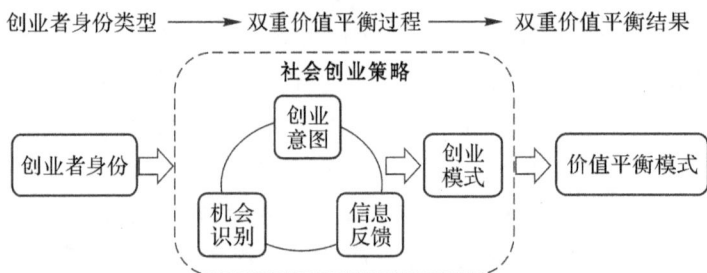

图 10-1　本研究的分析框架

10.3　研究设计

10.3.1 研究思路概述

立足研究对象和研究内容实际,本研究采用多案例研究方法,研究最为关键的因素在于对初创型社会企业在创业者身份的识别和划分。在进行身份划分后,本研究选择上海、北京、成都、浙江和广东等地的案例,这些地方的社会企业自我意识和社会识别程度高,据调研数据显示,这些地区的社会企业数量占到了全国总量的50%以上(陈迎炜等,2018)。根据案例的典型性、多样性、标准统一性、真实性和完备性等,选取12个案例作为样本。通过利益相关者访谈和口述史的方式,围绕社会创业者身份展开研究。为了保证案例研究中数据信效度,研究采用二手资料、半结构化访谈、档案文件作为数据源,确保数据来源多元且可以互相印证。在对数据进行初步整理后,对社会创业者访谈记录进行编码分析,并通过相关案例检验理论饱和度;然后依据斯特劳斯等提出的程序化扎根理论的相关数据处理程序(开放性编码—主轴式编码—选择式编码)进行数据分析,最后得出研究结论。

10.3.2　身份划分与案例编码

10.3.2.1　创业者身份类型划分

借鉴已有研究,本研究选取初创型社会企业创业者为研究对象,对社会创业者身份类型做如下划分:首先,根据社会创业者个人倾向于商业价值优先还是社会价值优先确定价值身份;根据目前从事和曾经的任职来确定其属于商业逻辑身份、社会逻辑身份还是双重逻辑身份。当价值身份和角色身份不一致时,按照前述理论分析,我们预期角色身份为显著身份并发挥决定作用。由此,根据身份冲突和一致性原则,创业者身份可划分为单一型(商业逻辑单一型、社会逻辑单一型)、混合型(商业逻辑优先混合型和社会逻辑优先混合型)及平衡型,具体矩阵见表10-1。

表 10-1　社会创业者身份矩阵

		价值身份	
		商业逻辑身份	社会逻辑身份
角色身份	商业逻辑身份	商业逻辑单一型(商—商) *价值判断选择商业优先 *社会创业者曾在或正在商业机构或者涉及商业运作的公共部门任职 *价值身份和角色身份逻辑一致	商业逻辑优先混合型(商—社) *价值判断选择社会逻辑优先 *曾在或正在商业机构或者涉及商业运作的公共部门任职 *价值身份和角色身份逻辑冲突,角色身份显性(商业)
	社会逻辑身份	社会逻辑优先混合型(社—商) *价值判断选择商业优先 *社会创业者曾在或正在非营利组织、社会企业或者政府等公共部门任职 *价值身份和角色身份逻辑冲突,角色身份显性(社会)	社会逻辑单一型(社—社) *价值判断选择社会逻辑优先 *社会创业者曾在或正在非营利组织、社会企业或者政府等公共部门任职 *价值身份和角色身份逻辑一致
	双重逻辑身份	*社会创业者同时在公共部门和商业部门任职或者曾经任职 *具有社会逻辑和商业逻辑双重显性身份	

10.3.2.2 案例编码

本研究最终选定了 12 个案例,并选取其他 3 家社会企业进行理论饱和度检验。我们将选定的 12 个案例分别根据显著身份进行编码,将价值身份用 P 表示,其中的商业逻辑身份用 A 表示,社会逻辑身份用 B 表示;将角色身份用 R 表示,其中的商业逻辑身份用 C 表示,社会逻辑身份用 D 表示,双重逻辑身份用 E 表示。商业逻辑身份单一型表示为 AC,社会逻辑身份单一型表示为 BD;混合型中的商业逻辑为主型表示为 CB 型,社会逻辑身份为主型表示为 DA 型;平衡型直接表示为 E,每个类型分别对应 2~4 个案例,具体案例概况详见表 10-2。

表 10-2　案例和调研概况

序号	类别编码	身份编码	案例编码	成立年份	服务领域	法律身份	核心访谈次数	档案资料	二手资料
1	R	C	AC1	2015	"三农"	公司	2	公司年报 2 份	人物专访 2 篇
2			AC2	2015	信息化	公司＋民非	3	内部推文 3 篇	人物专访 1 篇 视频资料 1 个
3		D	BD1	2017	养老服务	公司＋民非	4	内部推文 2 篇 发展年报 1 篇	人物专访 2 篇 媒体报道 3 篇
4			BD2	2015	残障人士服务	民非	2	年度推文 1 篇	人物专访 1 篇 媒体报道 4 篇 视频资料 1 个
5	R	E	E1	2006	行业发展	民非＋基金会	3	年度报告 6 篇	人物专访 5 篇 媒体报道 10 篇 视频资料 5 个
6			E2	2006	环保、社区发展、扶贫	民非＋公司＋合作社	2	内部推文 2 篇	人物专访 1 篇 媒体报道 2 篇
7			E3	2006	社区矫正	公司	2	内部推文 1 篇	媒体报道 2 篇
8			E4	2013	教育、志愿服务	民非	3	年度报告 2 篇	媒体报道 4 篇 人物专访 2 篇

序号	类别编码	身份编码	案例编码	成立年份	服务领域	法律身份	核心访谈次数	档案资料	二手资料
9	P	A	DA1	2016，2017	早教	民非＋公司	3	内部推文1篇	人物专访3篇 媒体报道5篇 音频1个
10			DA2	2015	餐饮	公司	2	第三方报告1篇	人物专访2篇 媒体报道10篇 视频1个
11		B	CB1	2012	应急救护	公司、民办非企单位、社团	1	第三方报告2篇	人物专访2篇 媒体报道6篇 视频1个
12			CB2	2015	检测服务	公司	2	年度报告2篇	人物专访2篇 媒体报道4篇 视频2个

注：案例编码和身份编码非包含关系。

10.4 调研过程与访谈对象

10.4.1 访谈提纲准备

访谈之前，我们针对社会创业者、社会企业主要部门主管、组织主要合作伙伴、受益群体和相关政府机构官员等几个方面分别设计了相关问题。本研究基于社会创业者身份展开研究，所以在访谈过程中我们适当借鉴了口述史的访谈方式，引导社会创业者和其他相关访谈对象对自己的经历进行客观描述；针对社会创业者的访谈主要集中于社会创业者的个人职业经历、双元价值认知、社企创办的焦点事件、双元价值冲突应对、社会创业困难认知和感受等；补充访谈的对象包括组织其他人员、主要合作方、受益对象和主管政府部门官员等，主要从第三方的视角来叙述社会创业者的特点、行为,创立社会组织的关键事件和社会价值等。在调研过程中,主要采用半结构化的访谈方式,用访谈提纲来控制访谈的节奏、进度和主要内容,同时营造一个轻松的访谈氛围,鼓励访谈对象采用聊天式叙述,及时进行信息的全面收集和整理,捕捉有价值的信息点。当发现访谈对象提出一些观点和出现新问题的时候,及时对上述问题进行追问,获得全面信息后适时调整和增补。针对差别化的情况,我们通过电子邮件和电话访谈的方式进行补充访谈,向社会创业者或其他访谈对象提出拟增加的问题,这样就保证了访谈框架不会因为过度结构化而与调研的现实情况脱节。

10.4.2 数据收集

为了保证案例研究中的数据信效度,必须确保数据来源且可以互相印证,我们在调研开始的案例研究设计中就考虑在社会创业者的调研过程中,注重从如下几个方面收集相关数据。

10.4.2.1 二手资料

主要包括从传统媒体和新媒体的相关文字、图片、视频中获取这 12 个社会创业者及创立的社会企业的相关报道和接受采访、公开讲话的相关内容等。组织网站上的公开资料是了解社会创业者和创立组织的重要材料来源,包括社会创业者介绍、组织发展大事记、组织内部结构、媒体报道、经营业绩等。

10.4.2.2 半结构化访谈

这是本研究收集一手数据最主要的渠道。因为社会创业者的身份具有显性区分度和隐性的差异性,所以只有在访谈中逐步通过"产婆术"式的多元印证,才能建立起符合实际的案例逻辑体系,了解到之前理论中未深化研究的新角度和新问题。在访谈对象的选择上,我们也考虑到了所创立社会企业的多样性和相互印证性,选取了不同地域(考虑到区域经济发展和文化差异)、不同行业(企业生命周期差异)和不同发展年限(企业内部治理成熟度差异)的社会企业,通过实地调研和网络调研的方式,对 12 个案例中的社会企业和社会创业者进行了正式访谈和补充访谈,其中正式访谈均针对社会企业创始人或者职业经理人实施,补充访谈包含社会创业者及其他利益相关者。访谈平均用时 75 分钟,一般是 45~90 分钟。所有的现场访谈都进行了现场录音和后期的文字整理,其他通过邮件、网络等方式进行的访谈都进行了内容保存和整理。

10.4.2.3 档案文件

档案文件包括纸质的内部资料与印刷品,社会企业的电子年报以及第三方编制的社会企业报告,内容包含社会企业产品服务介绍,获得的荣誉、年度工作内容、内部治理结构、社会创业者价值观、社企创立的焦点事件、组织发展历程等,如案例 CB1 中社会创业者的内部商业逻辑治理结构,案例 E4 中社会创业者的价值观等。

10.5　数据编码与数据分析

本研究所讨论的创业者身份和双元价值平衡的议题,涉及社会创业者对于社会创业双元价值的观点可能会引起争论,其法律形式可能会引起社会的误读,考虑到数据敏感性,均采用字母代码的形式;此外这些数据需要在一定的制度、行业、标准下才能解读出其真实的含义。我们对 12 个案例中社会企业的资料进行整合、质证,确保数据能够反映出社会创业者在机会识别和价值冲突应对等方面的真实性,由此获得第一手资料数据。我们首先对社会创业者访谈记录进行编码分析,并通过相关案例检验理论饱和度;然后依据斯特劳斯等提出的程序化扎根理论的相关数据处理程序(开放性编码—主轴式编码—选择式编码)进行数据分析。为确保研究的信效度,首先对访谈资料进行范畴化编码,对存在争议的概念和范畴,在德尔菲法的基础上进行修正,严格遵循扎根理论范畴归纳和模型构建步骤,提高编码客观性。

第一步,开放式编码。鉴于研究需要进行多渠道的数据挖掘,所以在编码之前需要进行无关内容的剔除。另外,为了降低研究者个人刻板印象的局限,尽量从文本和受访者的原始语句提炼概念和范畴,通过对这些零散的概念进行归纳总结,将相关概念进行合并,实现概念范畴化,最终形成 5 个二级编码,14个三级编码(见表 10-2)。

第二步,主轴式编码。主轴式编码的主要任务是发现和建立编码之间的各种关系,以呈现案例数据中各部分之间的有机关联。按照主轴式编码的步骤,在开放式编码的基础上进一步详细呈现各部分关联的具体细节,通过对创业者个人身份和角色身份的细分,发现开放式编码中得到的不同范畴确实存在一定的内在关系,并表现出一些一致性特征,各个主范畴对应的开放式编码范畴和范畴内涵(见表 10-3)。

第三步,选择式编码。在确立了各个范畴(编码)之间的有机联系后,通过确定核心范畴,用编码把各范畴统合在一起,从而构建起一个扎根理论模型。这一过程的关键在于通过一定的问题树确立"故事线",并将新的理论框架也大致呈现出来。本部分所确定的核心范畴是社会创业者身份、社会创业策略和双元平衡模式,蕴含的基本关系是通过对社会创业者身份的识别和细分,确立不同的社会创业者在创业策略上的差异,并得出他们所创立的社会企业在经济价值和社会价值上的平衡模式,构建基于创业者身份的双元价值平衡的理论模型(见表10-4)。

表 10-3　数据结构

一级编码	二级编码	三级编码	四级编码
创业者身份	个人身份 R	商业逻辑 A	a1 商业创业优先性
			a2 社会创业的价值倾向性
			a3 再次选择的商业优先性
		社会逻辑 B	b1 社会创业优先性
			b2 社会创业的价值倾向性
			b3 再次选择的公益优先性
	角色身份 P	商业逻辑 C	c1 在商业企业有无现职
			c2 在商业企业任职经历
			c3 在政府部门(商业管理)或事业单位(商业性)任职经历
		社会逻辑 D	d1 在公益组织、社会企业有无任职
			d2 在公益组织、社会企业任职经历
			d3 在政府部门(社会管理)或事业单位(公益性)任职经历
		双重逻辑 E	e1 在两类组织中均有任职
价值平衡 M	相对平衡性 Q	偏重社会价值 S	s1 该组织偏重社会价值
		偏重经济价值 F	f1 该组织偏重商业价值
		两者相对平衡 G	g1 该组织同样重视两种价值
	价值强度 J	商业逻辑强度 H	h1 分支机构数量
			h2 市场占有率
			h3 盈利情况
		社会逻辑强度 K	k1 受益人群规模
			k2 受益人群范围

续表

一级编码	二级编码	三级编码	四级编码
社会创业策略 Y	创业者身份	机会识别 L	l1 创业机会
			l2 焦点事件
			l3 细分领域选择
			l4 组织创办初衷
			l5 社会创业者优势
		信息反馈 N	n1 社会创业咨询范围
			n2 受益人咨询情况
			n3 咨询价值度
			n4 社会创业间隔时间
		模式选择 O	o1 组织业务模式
			o2 业务借鉴情况
		信息反馈 N	o3 业务确立原因
			o4 业务调整计划和依据
		身份冲突 T	t1 双元目标冲突
			t2 冲突心理压力
			t3 冲突后抉择

表 10-4　主轴式编码及访谈问题

一级编码	二级编码	三级编码	访谈问题
创业者身份 W	个人身份 R	商业逻辑 A	a1 如果个人再有创业机会，你选择商业创业还是社会创业？
			a2 你认为社会企业应该商业优先还是公益优先？
			a3 如果没有经济压力，你是喜欢商业创业还是做公益？
		社会逻辑 B	b1 如果个人有创业机会，你选择商业创业还是社会创业？
			b2 你认为社会企业应该商业优先还是公益优先？
			b3 如果没有经济压力，你是喜欢商业创业还是做公益？

续表

一级编码	二级编码	三级编码	四级编码
创业者身份 W	角色身份 P	商业逻辑 C	c1 在商业企业任现职
			c2 在商业企业有过任职经历（工作内容和工作年限）
			c3 在政府部门（商业管理）或事业单位（商业性）任职经历
		社会逻辑 D	d1 在公益组织、社会企业任现职
			d2 在公益组织、社会企业有过任职经历（工作内容和工作年限）
			d3 在政府部门（社会管理）或事业单位（公益性）任职经历
		双重逻辑 E	e1 在上述两种部门中均有任职经历
价值平衡 M	相对平衡性 Q	偏重社会价值 S	s1 该组织偏重社会价值
		偏重商业价值 F	f1 该组织偏重商业价值
		二者相对平衡 G	g1 该组织同样重视两种价值
	价值强度 J	商业逻辑强度 H	h1 分支机构数量
			h2 市场占有率
			h3 盈利情况
		社会价值强度 K	k1 受益人群规模
			k2 受益人群范围

社会创业策略

一级编码	二级编码	三级编码	四级编码
单一型创业者	单一型社会创业者 W1	机会识别 L	1.创办该组织时,你看到了什么机会? 有无关键性影响事件?
			2.为什么选择这个细分领域?
			3.你创办该组织的目的是什么?
			4.你自身有哪些优势创办该组织?
		信息反馈 N	5.创办该组织时,哪些人给你提供过信息反馈(有效信息)? 征求过哪些人的意见建议(政府、企业、社会组织等)?
			6.有无问过受益对象的意见建议?
			7.他们给你提供过什么意见建议? 对你是否有帮助?
			8.从有想法到创办组织,大约经过了多长时间?

一级编码	二级编码	三级编码	四级编码
单一型创业者	单一型社会创业者 W1	模式选择 O	9.简述你的组织的业务模式。
			10.你的组织的业务模式是否借鉴或模仿了已有的业务模式？如果是,是哪一家/几家组织的业务模式？
			11.为什么采用这一业务模式？
			12.你是在原组织的基础上拓展/融合这一业务模式,还是新创组织开展这一业务模式？
			13.有无大幅调整业务模式的计划？如要调整,依据是什么？
混合型创业者	混合型社会创业者 W2	机会识别 L	14.创办该组织时,你看到了什么机会,有无关键性影响事件？
			15 为什么选择这个细分领域？
			16.相比于单纯做公益或通过商业创业赚钱,你是否对用商业手法解决社会问题的机会更感兴趣？
			17.你创办该组织的目的是什么？
			18.创办该组织,你自身有哪些优势？
		信息反馈 N	19.创办该组织时,哪些人给你提供过信息反馈(有效信息)？征求过哪些人的意见建议？
			20.有无问过受益对象/支持方的意见建议？
			21.他们给你提供过什么意见建议？
			22.当创业机会与你的个人价值观、兴趣相一致,但接到很多负面反馈时,你是否会坚持创业？
			23.当创业机会与你的职业、能力相一致,但接到很多负面反馈时,你是否会坚持创业？
			24.从有想法到创办组织,大约经过了多长时间？
		身份冲突 T	25.你是否感觉在公益目的和商业目的之间有很大冲突？
			26.你觉得舍弃其中某一方是否会给你带来精神和心理压力？
			27.在面对这些冲突时,您如何抉择？比如:(1)根据我个人的价值、兴趣来决定;(2)根据我的职业身份来做决定。

续表

一级编码	二级编码	三级编码	四级编码
混合型 创业者	混合型社会 创业者 W2	模式选择 O	28.在面对这些冲突时,您最终是如何决策的? 比如:(1)舍弃一方,专注于另一方(哪一方);(2)相对侧重于某一方(哪一方);(3)努力试图将两者结合。
			29.你是如何平衡或结合商业目标和社会目标的?
			30.你的组织的业务模式是否借鉴或模仿了已有的业务模式? 如果有,是哪家组织的业务模式?
			31.如果不是,你的组织的业务模式是否是独一无二的、自己创建的业务模式? 如果不是,你是否进行过这方面的尝试?
			32.为什么采用这一业务模式?
			33.你是在原组织的基础上拓展这一业务模式,还是新创组织开展这一业务模式?
			34.有无大幅调整业务模式的计划,如调整依据是什么?
平衡型 创业者	平衡型 创业者 W3	机会识别 L	35.创办该组织时,你看到了什么机会? 有无关键性影响事件?
			36.为什么选择这个细分领域?
			37.相比于单纯做公益或通过商业创业赚钱,你是否对用商业手法解决社会问题的机会更感兴趣?
			38.你创办该组织的目的是什么?
			39.你自身有哪些优势创办该组织?
		信息反馈 N	40.创办该组织时,哪些人给你提供过信息反馈(有效信息)? 征求过哪些人的意见建议?
			41.有无问过受益对象/支持方的意见建议?
			42.他们给你提供过什么意见建议?
			43.接到很多负面反馈时,你是否会坚持原来的想法,坚持创业?
			44.这些建议是否有助于你进行更深入的、高阶的思考?
			45.从有想法到创办组织,大约经过了多长时间?

续表

一级编码	二级编码	三级编码	访谈问题
平衡型 创业者	平衡型 创业者3	模式选择O	46.在面对商业目标和社会目标相冲突时，您最终是如何决策的？比如：(1)舍弃一方，专注于另一方（哪一方）；(2)相对侧重于某一方（哪一方）；(3)努力试图将两者结合。
			47.你是否相信自己有能力长期坚持将商业目标和社会目标结合？你是如何将两者结合的？
			48.你是否为了长远目标而阶段性地、暂时地对两者中的某一方面有所侧重？
			49.你的组织的业务模式是否借鉴或模仿了已有的业务模式？如果是，是哪一家/几家组织的业务模式？
			50.你的组织的业务模式是否是独一无二的、自己创建的业务模式？
			51.当商业目标与社会目标平衡难度很大，而又没有可借鉴的业务模式的情况下，你是否尝试创建新的社会企业模型？做过哪些尝试？
			52.当外界环境、制度不支持社会创业或某一种模式创新时，你是否会尝试推动更广泛的制度变革和环境改变？如果有，你做了哪些尝试？

10.6　研究发现

10.6.1　基于创业者身份的社会企业创业策略

以往关于社会创业过程中多元逻辑冲突的研究，关注的是同一个组织中不同个人、不同群体的冲突，其隐含的假设是：组织中的某个个人或群体持有单一的逻辑。然而事实上，同一个个体也可能同时存在多重逻辑的内在冲突。特别是对于初创社会企业发起人或领导者而言，由于其在社会企业创立和发展初期阶段起着关键作用，其内在的逻辑冲突影响社会企业的机会识别和发展，就需要考虑不同类型的创业者在这一过程中如何进行创业策略选择。

10.6.1.1 单一型社会创业者

单一型社会创业者拥有与其社会/商业价值取向和身份背景对应领域的知识、能力和社会关系资源,其注意力集中在对应的社会/商业领域的机会,并且通常通过创立非营利组织/商业企业实现其目的。然而,在现实中我们也观察到,一些具有单一身份背景的创业者,最终创办的却是结合了社会与行业双重价值的社会企业,亦有一些商业领域的成功者将创业触角延伸到社会领域,或者相反,一些非营利组织试图转型为社会企业。在此,我们关心的是,单一型社会创业者在何种情形下有可能创建一个社会企业?其内在的动机/意图和决策机制是什么?其社会创业策略和模式选择与其他身份背景的社会创业者有何不同?

(1)单一商业身份的社会创业者

机会识别、信息反馈与创业意图。单一型的商业创业者具有与商业逻辑相关的价值身份和角色身份,从逻辑上说,他们可能更关心商业问题和经济利益,专注于如何创造商业价值。从机会识别角度而言,他们更有可能拥有与商业和财务方面相关的知识和能力,识别与其商业逻辑相一致的创业机会。从信息反馈角度而言,他们可能从与其具有相同身份、相近看法的社会关系网络中寻求反馈,不断修正及形成面向经济目标的商业模式。因此,一般而言,这类创业者通常首先选择商业创业,除非有证据表明,利用社会企业模式,有助于实现其商业目的。

组织合法性可以为此提供一个合理的解释,合法性是指组织在特定情境下被利益相关方所认可与接纳的程度及授权过程(肖红军、阳镇,2018)。合法性是任何组织生存与发展的基础,一旦失去合法性,组织的存在也就失去了凭依,其发展更无从谈起。对商业企业而言,因为其强调股东利益最大化和盈利性的使命,与外部更广泛的利益相关者及社会对其参与解决社会问题、承担社会责任的期望往往相矛盾,由此经常遭遇合法性的冲突。尤其是在当前我国经济和社会转型时期,社会目标和经济目标的冲突加剧,创业者面对不确定性的环境,新的市场细分不断出现,政策的调整变化十分频繁,从而产生新合法性支持的需求。在此情形下,一些尚未明朗化的领域的商业化的运作方式,容易招致外部利益相关方的质疑和政策限制,而社会企业优先实现社会价值有助于获得公众的接纳从而建立道德合法性(苗青、张晓燕,2018)。例如,AC1 在创办"三农"领域的实体时,面临着本土该产业行业知名度低的现状,同时面临着国际市场的激烈竞争,创业者提出的解决欠发达区域农民贫困问题的主张,显然有利于该实体被社会接受。

命题 1a：单一型商业创业者关注商业价值和商业机会、寻求商业方面的信息反馈，当他们意图通过社会企业模式为其商业活动提供合法性支持时，他们也可能创建社会企业。

模式选择：由此，当单一型商业创业者感受到其所从事的商业领域的合法性威胁时，他们可能会考虑创建一个社会企业，利用社会企业模式实现合法性并实现其商业目的。然而，这并不是其创建社会企业的充分条件，我们的案例访谈显示，单纯有商业背景的创业者通常并不具备创办社会企业并将社会价值与商业价值融合的知识和能力，必须有成功的先例或示范性样本向他们展现如何有效地将社会目标和经济目标结合起来。当试图进入社会领域时，创业目标的多元性、环境不确定性都会增强，由于在此领域缺乏经验，创业者通过模仿，将自己形塑为具有合法性的成功组织就成为一个可行的、便利的选择，进而产生 Battilana 和 Dorado（2010）所称的通过"借鉴型模式"整合社会目标和经济目标的新模式。

换言之，单一型商业创业者通常不太可能对以商业实践支持社会目标的机会感兴趣。然而，在某些情况下，社会企业模式可能出现在通过追求社会目标创造经济利润的领域。此时，单一型商业创业者可能会意识到：在他们有知识专长和有社会关系的领域，存在这样的模式，有助于其实现更多的合法性认同。在法国，工作整合型社会企业同样已成为一种合法的并且在财政上可行的模式（Pache & Santos，2013）。事实上，有证据显示在 AC2 发现公益组织有大量的信息化需求并且其业务模式清楚地证明了盈利潜力之后，很多 IT 领域的专业人士转而对公益组织信息化有了很强的兴趣（见表 10-5）。同样，社会组织财务、绿色能源、社会组织传播领域也同样注意到，这一领域的商业活动很大程度上可以通过各种方式与工作整合型社会企业相融合。与价值身份相关的知识和关系的扩散，也可能会吸引单一型的商业创业者关注那些在他们领域之外但有商业增长潜力的模式。有证据表明，一些原非本领域、以追求利润为目标的企业进入公益组织传播、小额信贷和回收行业，是因为本领域的社会企业业务模式的盈利潜力已经显现出来，本土领域最大的小额信贷的规模扩张生动地说明了这一点。因此，单一型的商业创业者可能会为达到商业目的，而象征性地采纳社会福利目标（Meyer & Rowan，1977）。而只有在社会企业模型被证明是有利可图的情况下，这种情况才会发生。由此得出以下命题：

命题 1b：单一型商业创业者通常通过"借鉴型"模式来创办社会企业，即此模式已经证明在追求社会福利的目的下可以实现盈利。

表 10-5　单一商业身份的社会创业者典型用语举例及相关范畴

身份类型	案例社企	分析维度	案例事主描述
商业逻辑单一型	AC1	机会识别	"我发现互联网给了××机会","我通过淘宝销售利润率比外贸高"
		创业意图	"我家里是做××种植和贸易的","我觉得我们本土××应该有巨大的潜力可挖","我一直有创业的想法"
		信息反馈	"我和××电商企业进行合作网上销售","我利用我在××的人脉咨询了很多人"
		模式选择	"我对××行业管理非常熟悉","我从基层干起,在和爸爸'吵架'中选择进入 C 端","年轻人对互联网敏感"
	AC2	机会识别	"我深刻认识到互联网对传统行业带来的变化与变革","我在 IT 界摸爬滚打了 10 多年","一家衣物回收公益组织找到我"
		创业意图	"我是 IT 领域的老兵","我觉得我们公益信息化是蓝海","我觉得我的机会来了"
		信息反馈	"IT 同行告诉我这可能是个机会","……可以大大降低成本,从而使盈利成为可能"
		模式选择	"同样是敲代码,可以用技术之力改变公益","我们开发了常见模块,让低偿成为可能","公益信息化有企业在做"

(2)单一社会身份背景的社会创业者

与单一商业身份背景的社会创业者相反,单一社会身份背景的创业者拥有与其社会价值取向和社会身份背景对应的社会/公益领域的知识、能力和社会关系资源,其注意力集中在社会领域的问题和机会。传统上,他们通常通过创立或参与社会组织实现其目的。然而近些年随着社会创业观念的普及,"可持续公益"概念被社会广泛接受。一些具有单纯的社会身份背景的创业者,越来越多地开始选择创办社会企业。

机会识别、信息反馈与创业意图:从创业意图来看,单一社会身份背景的社会创业者首先关注社会问题和社会利益,更有可能认识到与他们所关注的社会或环境问题相关的创业机会(Corner & Ho,2010)。基于其角色身份,他们也更有可能拥有与解决社会问题相关的知识和能力,以及分享这些观点的社会关系网络。在机会识别和利用过程中,单一社会身份背景的创业者将专注于如何创造社会价值。换言之,单一社会身份背景的社会创业者通常利用其社会领域知识和能力开发与逻辑相一致的机会,并且可能从与他具有相同身份、相近看法的社会关系网络中寻求反馈,最终最有可能通过非营利或慈善模式进行。然而,长期的社会领域的先期经验也可能使他们意识到,单纯的公益或慈善模式,很难解决组织的可持续发展问题。在社会组织创立初期,往往是靠善意驱动,但随着组织的发展,组织经常因为缺乏资金支持而陷入困境,迫使他们寻求新的解决问题的模式。例如,BD1 对于养老领域的关注始于大学课堂,于是创业者从养老志愿服务做起,但是发起人越发觉得单靠爱心解决不了养老问题,于是开始尝试关注议题的商业化进程。由此,具有单一社会逻辑身份的创业者,自然也会关注、重视通过商业手段解决社会问题的社会企业的有关信息。

命题 2a:单一型社会创业者关注社会价值和解决社会问题的机会、寻求社会领域相关的信息反馈,当他们意图引入商业手段支持其社会目标时,也可能创建社会企业。

模式选择:由于缺乏与商业领域相关的知识、经验与相关社会网络,他们通常对引入商业模式采取较为审慎的态度。他们担忧双重价值的冲突和权衡会造成创业目标含糊不清或目标偏离,并对能否有效驾驭其将要涉足的领域的商业运作心存疑惧。在这种情况下,如果在相关领域有成功的先例或示范性样本向他们展现了如何有效地将社会目标和经济目标结合起来,创业者的信心就会增强,并可能会通过借鉴模仿,采用“借用型模式”整合社会目标和经济目标,创建社会企业。即使商业逻辑并不一定被其内心真正认可,但若有迹象表明创收可有效支持社会福利目标,这些创业者也可能会模仿、采纳这种模式。工作整合型社会企业的发展过程是一个较为典型的范例。另有研究指出,一旦商业方法的可行性得到了其他组织的证明,非营利组织会越来越多地用经营收入来支持他们的社会使命目标(Peredo & McLean,2006)。如表10-6所示,在本研究的案例中,在 BD2 创办早期,众多的社会组织试图通过各种方式来帮助脑瘫儿童。然而,当 BD2 借鉴了新加坡等地的经验并有效运行后,很多社会组织尝试开始开发商业模式来利用这一机会。同样,许多公益组织和政府部门模仿 BD1 模式推进养老服务,因为有证据表明这一模式有利于提高养老服务的效率。由此,我们得到以下命题。

命题 2b:单一型社会创业者通常通过复制“可借鉴模式”的模式来创办社会企业,即此模式已经证明其商业实践可以有效地支持特定的社会目标。

表 10-6　单一社会身份背景的社会创业者典型用语举例及相关范畴

身份类型	案例社企	分析维度	案例事主描述
社会逻辑单一型	BD1	机会识别	"这是我在做大赛时做的项目,我对老年人这块太熟悉了","觉得养老如果能互相帮助的方式,会减少不少问题","我觉得我们大学生有创新优势"
		创业意图	"志愿服务只能解决点上的问题,我们需要一种模式","创办一个机构且能活下去,才可以持续解决问题","养老领域有大量问题需要被解决"
		信息反馈	"我的老师们给了我很多指导,也得到了很多民政、团委、公益组织小伙伴的帮助"
		模式选择	"我自己学信息类的,我擅长运用互联网方式","我在参会的时候遇到了好几个养老社企,他们已经做得有点样子了"
	BD2	机会识别	"我的孩子是××困境儿童,我觉得要让他们能够改变","我们对他们比较了解"
		信息反馈	"我们去了很多公益组织","我们 10 位××困境儿童家长联合在一起,做了这个事情"
		创业意图	"我们几位××家长聚在一起,觉得需要一起做点事情","能够让孩子参与其中,既锻炼了能力,又能获得收入","我们很迫切地要改变这群孩子的现状"
		模式选择	"我们考察了一年半,从国内到国外,看了好几个项目,最终选择了这个","救助××困境儿童不能靠捐赠,得用商业办法"

10.6.1.2　混合型创业者

混合型创业者同时有与一种逻辑(社会逻辑或商业逻辑)相一致的角色身份及与另一种逻辑(社会逻辑或商业逻辑)相一致的价值身份。显而易见,一旦混合型创业者试图利用和开发一个社会创业机会,他们很可能会遇到与双重身份对应的逻辑之间的差异和冲突。在此我们关心的是,面临此种情况,创业者内在的决策机制是什么? 创业者如何处理不同身份间的逻辑冲突? 这对其价值平衡和创业模式的选择有何影响?

机会识别、信息反馈与创业意图:从机会识别角度而言,混合型社会创业者因其双重身份,可以接触、熟悉两个方面的议题、信息和环境变化,与价值身份相关的知识和社会关系,创造出与对应的逻辑相一致的、相对广泛的信息覆盖面,而与角色身份相关的专业知识和工作关系,将更有利于获取与对应的逻辑相一致的、更为聚焦和有针对性的信息,因此他们对社会福利或者商业领域的机会都较为敏感，这使他们相对容易识别能够将社会价值和商业价值结合起来的社会创业机会。然而，当他们试图开发利用创业机会时，混合身份及其对应的双重价值逻辑冲突，将给他们带来巨大的挑战。

如前所述，双元文化身份的研究则认识到不同的价值观和行为逻辑可能存在于同一个个体，内部和外部问责压力造成个体不同身份之间的紧张关系，促使个体进行身份整合性尝试，而在身份整合的尝试过程中，个体的知识、能力和社会关系会发挥重要影响（Maddux，Adam & Galinsky，2010）。上述研究为我们理解混合型创业者如何看待和应对商业逻辑和社会福利逻辑之间的关系提供了有益借鉴。由于具有与不同逻辑相一致的角色身份和价值身份，混合型社会创业者可能会感受到追求社会和经济目标的双重内部问责压力。这种情况可能发生在不同情境下：当一个企业认识到需要创造社会价值来实现发展时，或者当一个社会领域的机会被识别，但其发展的方式是创造利润（Marquis & Park，2014）。上述两种情况都可以通过复制已有的社会企业模式来实现，只要创业者相信能够实现他期望的社会价值和经济价值水平。然而，在没有"可借鉴"模式的情况下，按照双元文化身份研究推论，混合型创业者将经历紧张的内在身份冲突，因为他们感到既要对社会目标负责又要对经济目标负责的压力，在实施社会创业行动之前，需要解决这种紧张关系，并试图找到一个有意义的、能够将社会和经济目标结合的方式。因此，从创业意图角度而言，混合型创业者通常希冀通过社会创业的方式将经济目标和社会目标结合起来，达成社会价值和经济价值的某种平衡。

然而，由于混合型创业者缺乏在某一领域的先前经验（社会/商业），通常他们不清楚是否能够及如何将两者结合起来（Tadmor，Tetlock & Peng，2009）。在创业者对一个机会做出最终选择之前，他们通常会寻求外部的信息反馈。同任何创业企业一样，混合型创业者的机会发展过程，也将通过创业者所寻求的外部信息反馈，从而影响其业务模式的发展与形成。对于单一型创业者来说，这种影响可能是简单明了、直截了当的，因为创业者和反馈提供者可能有着相同或相近的逻辑与思路。然而，对于混合型创业者而言，情况就比较复杂，因为混合性型创业者可能会得到不符合单一逻辑的信息反馈。例如，CB2 在创办检测服务机构时，初衷是使自己的孩子能够有更安全的生长环境，后来随着机构市值的快速增长，机构负责人得到了不同声音的反馈。因为角色身份具有程度更强也更集中的行为期望和社会关系，对于混合型商业创业者来说，反馈很可能更多倾向于商业/财务方面的考虑，而对于混合社会创业者来说，反馈很可能更侧重于社会目标。这些反馈会进一步加强这些创业者注重社会或经济目标的内在倾向。当混合型创业者面对负面反馈时，也有可能仍然会坚持发起一项创业活动，但更有可能的结果是，创业者将花费更多的时间来考虑和斟酌是否付诸行动开发这个机会。当创业者持续集中在与其有优势的专业知识和能力相一致的领域，以期寻求与反馈者共鸣、能获得更多认同的社会目标和经济目标融合的方式和途径时，这一过程可能进一步强化其社会创业意图。由此提出以下命题：

命题 3a：混合型社会创业者同时关注社会价值和商业价值，对社会创业机会识别更为敏感，寻求社会领域和商业领域双方的信息反馈，意图通过创建社会企业来实现社会价值和商业价值的某种平衡。

模式选择：混合型社会创业者意图通过创建社会企业，使社会价值和商业价值达成所期望的平衡。然而，混合身份带来的价值逻辑冲突及自身知识能力的局限性，使他们在将良好的愿望付诸实践时将遭遇现实的极大挑战，迫使他们不得不通过身份的调适、创业模式的调整来应对这一挑战。双元文化身份的研究表明，为了缓解或消除紧张感，行为者具有试图寻找某种方法来调和他们相互冲突的身份的内在需求。在此情形下，一个人被迫考虑两种身份，权衡每种身份的各自优点，并试图在两者之间达成取舍或联系（Smith & Tracey，2016）。在这一过程中，创业者通常有两种策略：身份整合策略和身份隔离策略。

当采用身份整合策略时，混合型创业者试图调适、平衡和整合两种身份特征，减少两者冲突并使其发挥各自的优点。由于混合型创业者在其角色身份对应的领域有先前经验及专长，而在其价值身份对应的领域缺乏相关的经验、知识和能力，这促使混合型创业者设法补足身份短板，更多地、更主动地寻求自身非专长领域的知识和信息反馈。这也意味着创业者要慎重思考企业的社会目标和经济目标是如何相互关联的，意味着同时追求这两个目标，混合型创业者也不得不在某一方面做出适当牺牲从而达成两者的妥协和均衡，并在机会开发过程中寻求一种综合的方法，寻找社会目标和经济目标之间的交汇点，使两者可能同时进行（Baker-Brown et al.，1992）。为了说明这一内部评估框架，我们引用 Choi 和 Gray（2008）的一项对 30 名企业家的研究。他们都在传统商业企业中担任过工作，并且有与社会或环境价值观相关的价值身份——导致每当每个人认识到一个与消费品有关的机会，每个人也不得不"经常做出深思熟虑、仔细权衡的决定，而这些决定可能会减少利润（因为追求社会目标）"（Choi & Gray，2008）。Marquis 和 Park 在研究中提供了类似例子：企业家坚持个人价值观，这使他们更为关注社会问题。当这些企业家利用他们的商业专门知识，开发某种社会企业模式，以创造利润、获取资金来解决特定社会或环境问题的时候，他们经常有意识地牺牲利润，为自己选择的社会或环境事业提供更多的支持，因为这与其价值身份和价值观产生了共鸣。

当然，不同创业者愿意接受的权衡的性质和程度也会有所不同。在这方面，混合型商业创业者和混合型社会创业者之间具有系统性差异。虽然两者都内在地重视社会和经济目标，但外部问责压力相对于角色身份，比相对于价值身份而言更为尖锐。研究表明，在这种情况下，行为者进行自我批评和反思，预测外部各方的反应，并积极思考如何采取行动来提高有利反应(Tadmor et al.，2009)。

CB1 的创始人 LU 就是后者的例证，他是一个积极的极限运动爱好者，乐于参加各类社会价值主张的活动(价值身份)，并曾进行过多次创业(角色身份)。在受到校友猝死的触动后，他开始接触应急救护，他认为应急救护不仅有助于拯救别人生命，也会成为"有情怀"的商品。为发展这一机会，他进行了多次的考察和学习，最后有了今天的组织。

LU 说："只要我们做的事情有价值，就能生存，就能发展。只有我们自己探索出来的商业模式，才有生命力，才能创造最大的社会价值和经济价值……现在我们的……已经档期排得满满的，获得的社会效益和经济效益令人振奋。"

相比之下，AD2 的创立者 DAN，拥有在多个公益组织任职的经历，且创办了一家社区社工中心。由于 AD2 在 0～3 岁早期教育方面的丰富经验，他们通过与其他早教机构合作在当地建立机构网络后，DAN 通过加盟的方式试图在全国推广，但是仍通过一个侧重于社会使命的模式整合社会和经济目标(Share，2013)。

DAN 说："我们的模式已经完全可以商业化了……但是我们希望通过社区支持场地的形式来加盟……我们可以讲明我们可以为社区外来务工子女提供早教服务……他们会乐意给我们提供免费场地的……除了外来务工子女，我们可以向其他小孩收费来获得盈利。"

命题3b：混合型社会创业者面对身份冲突时，将优先考虑身份整合策略，更侧重于并主动寻求与价值身份相关的知识及信息反馈，致力于以相对平衡的方式实现社会价值和商业价值的融合。

混合型社会创业者面对身份冲突时虽然优先考虑身份整合策略，但整合的尝试并不总是成功的。如果创业者连续的整合努力遭遇重重困境或难以产生积极的反馈，他将面临一个艰难的抉择：要么干脆放弃创业，要么无论如何都要坚持创业。如果坚持创业却又难以整合身份，对其身份整合的持续负面反馈会强化行为者的一种信念，即多重身份取向在此情境下确实是难以相容的，而必须在双重身份上有所取舍，以回避或缓解相互竞争的行为要求之间的紧张关系。此时，一个典型的反应是"身份隔离"策略，即在不同的环境中展现不同的身份，并放弃身份整合的尝试(Benet Mart et al.，2006)。

在社会创业情境下，混合型社会创业者的"身份隔离"通常将以有利于其显著的角色身份的方式实现。首先，由于与价值身份相关的外部问责压力较为分散，行为者不太可能因为没有确立某种价值身份而受到批评。因此，对于混合型社会创业者来说，以不直接涉及价值身份的方式开发创业机会，不太可能招致他人的质疑、鄙视等负面反馈。由此,在此情境下,混合型创业者会将其价值身份和角色身份隔离开来(Grant & Rothbard,2013)。其次,应对不同的行为期望的能力依不同身份之间的紧张程度及对应的相关知识的数量而不同(Maddux et al.,2010)。当与不同身份相关的知识不对等时,解决问题的尝试将聚焦于行为者拥有更多专业知识和能力的领域。角色身份与价值身份相比,对相应的知识和能力的要求都更高、更专业化。面对特定的机会时,混合型社会创业者更有能力发展机会的社会方面,而混合型商业创业者更有能力发展机会的经济方面(Kim,1988)。

由此,在身份整合的努力失败之后,混合型创业者通常会选择"隔离"策略,首先会将价值身份与创业机会发展隔离开来,并按照与其显著的角色身份相一致的原则,寻求与那些熟悉其角色身份的人所期望的逻辑保持一致,致力于建立一个更偏重追求社会目标或更偏重追求财务目标的模式。在此情形下,行为者可能认识到双重目标不能同时最大化,同样也需要取舍才能达成解决方案。对于混合型商业创业者来说,这意味着权衡的结果很可能会倾向于创造经济价值,混合型社会创业者应该表现出相反的模式(见表10-7)。

命题3c:当身份整合策略不可行时,混合型社会创业者会采取身份隔离策略,即按照与其显著的角色身份相一致的原则,将价值身份与创业机会发展隔离,价值身份与创业机会开发过程不再相关,混合型商业创业者将聚焦于发展机会的经济方面,而混合型社会创业者将聚焦于发展机会的社会方面。

表 10-7 混合型社会创业者典型用语举例及相关范畴

商业逻辑优先混合型	CB1	机会识别	"我因为校友猝死,开始做应急救护","××可以成为一个有情怀的商品","我通过学习认识了很多有力量的人"
		创业意图	"我有多个创业经历","我觉得应急救护能实现我的价值"
		信息反馈	"只有我们自己探索出来的商业模式才有生命力,才能创造最大的社会价值和经济价值"
		身份冲突	"一开始项目出于情怀,但是我知道必须找到可持续的商业模式","获得的社会效益和经济效益令人振奋","几年前很少人理解我们"
		模式选择	"美国和日本做得很不错,但是我们在超越"

续表

商业 逻辑 优先 混合 型	CB2	机会识别	"在帮助女儿检测学习用品时发现有刺鼻性气味,从事了×× 年检测工作,决定开始检测","公益是最好的商业"
		创业意图	"我决定把这个领域做得更有价值","我需要让这个事情可持 续"
		信息反馈	"我们某个测评案例,20分钟点击量可以达到10万+","我 们遇到困境时,×大佬建议我们做社会企业"
		身份冲突	"一开始我们也对做商业有顾虑,在生存困难时我们最终选择 建商城","在受到质疑时,我选择客户满意度"
		模式选择	"我们就是用公益活动传播公司理念,用商业手段解决社会问 题","我们通过公共事件发声,培育客户群体,然后增加收 入"
社会 逻辑 优先 混合 型	DA1	机会识别	"我们在××做了很多0~3岁的公益早教","我觉得我们的 模式很成熟了,可以商业化了"
		创业意图	"从今年开始,我觉得必须进一步扩大我们扩张的步伐","我 们几个合伙人达成了战略上的一致看法"
		信息反馈	"我们获得了社区的很大认可","我们项目在××平台和×× 学院得到支持"
		身份冲突	"我们在遇到问题时觉得首先应该能解决实际社会问题"
		模式选择	"但是我们希望通过社区支持场地的形式来加盟","我们可以 给社区外来务工子女提供免费早教去换免费场地"
社会 逻辑 优先 混合 型	DA2	机会识别	"现在喜欢吃素食的越来越多","通过商业运作模式,为公益活 动'造血'","我们××义工采用股东众筹模式"
		创业意图	"我们素食××所需的资源都匹配了","正好市场还可以"
		信息反馈	"义工来做帮厨,利润也用来做公益,公益就可持续了"
		身份冲突	"我们还是坚持××是用于公益的目的","××不是把赚钱放 在第一位的,我们更看重传播义工精神,影响更多人"
		模式选择	"每天在微信群里向所有股东公布当天账目,包括用餐人数、 赠券、团购券数量、营业额等"

10.6.1.3　平衡型创业者

机会识别、创业意图和信息反馈:平衡型创业者会关注并更可能识别社会或商业领域的创业机会。由于对于平衡型创业者而言,商业逻辑和社会逻辑都分别对应一个显著的角色身份,因此,与这两个逻辑涉及的领域相关的知识、能力和社会关系分布均衡(Burke,2004)。因此,平衡型创业者对商业领域和社会领域的问题、信息和环境变化可能同样敏感,使他们同样容易识别到两个领域中对应两种逻辑的创业机会。此外,与混合型创业者一样,平衡型创业者的多元身份,很可能促使他们在参与机会发展进程中同时融入社会目标和经济目标。

命题 4a:平衡型创业者对商业导向的创业机会和社会导向的创业机会均较为敏感,他们获取两个方面(社会/商业)的信息反馈,并意图以融合社会目标和经济目标的方式来发展创业机会。

模式选择:虽然混合型创业者和平衡型创业者在识别商业机会或社会机会方面可能并无明显差异,但两者在发展机会过程中对于如何融合经济目标和社会目标方面,则会有所不同。尽管平衡型创业者也可能通过套用现有的社会企业模式创造机会,但他们比单一型或混合型创业者更有可能开发新的整合商业逻辑和社会逻辑的模式。原因在于:第一,对于平衡型创业者,因为每一个逻辑都对应其一个突出的角色身份,因此每个方面的问责压力都是均等的。双元文化身份的研究表明,当与不同身份相关的问责压力相似且强烈时,行为者内在的不和谐最大化,行为者会感觉到他们不同身份之间的强烈紧张关系(Tadmor et al.,2009)。在这种情况下,个人不愿意用牺牲一种身份的方式来换取另一种身份。对于平衡型创业者而言,这意味他们在努力发展创业机会时,不太可能为了经济目标而放弃或伤害社会目标。有证据表明,这种不愿妥协、不愿放弃的态度将导致更长时间、更有创造性的整合尝试(Tadmor et al.,2009)。

第二,平衡型创业者具有与商业和社会领域两方面相关的关键知识、能力和社会关系。而且,平衡型创业者的这一倾向还可能通过与其两种身份对应的两组社会关系的反馈得以加强,其中一组重视商业逻辑,而另一组则重视社会逻辑,这将激励平衡型创业者以他们认为被这两个群体都支持或赞同的方式,来开发创业机会。还有,个人对其两种身份对应的领域的了解程度,提升了他追求和实现这种整合的实际能力。因此,平衡型创业者在整合社会目标和经济目标时,能够以比混合型创业者更复杂、更深入的方式思考,因为他们显著的角色身份,为其提供了两方面同样深刻和专业的知识。

由此,平衡型创业者在应对社会目标和经济目标的冲突时,将同时聚焦于这两组目标,并以互动的方式看待它们,仔细推敲考虑对其中一方面的各种更改是否及如何影响另一方面(Baker-Brown et al.,1992)。当无法识别一个简单的解决方案可以将两者很好地结合时,就会努力发展更复杂的推理形式,这是由他们对自身每一个身份的认知所促成的。由此导致的一个典型结果是:行为者认为权衡或取舍只是暂时的,而不是绝对的(Smith & Tracey,2016)。因此,在创业机会发展的背景下,平衡型创业者可能得出这样的结论:社会目标和经济目标目前不能同时最大化,双重目标需要短期的阶段化权衡,但仍然可以预见有利的机会,在短期权衡取舍的基础上可以达成双重目标的长期均衡。

E3 在谈到他们创办社区矫正机构时提到:"几年前,我和爱人同时觉得应该在社区矫正领域做点事情,我们业务范围逐渐扩大……一度实现了小额的盈利。我们在去年发展走了些弯路,调整了业务策略,实际上造成了今年亏损……我们已经在调整策略了……我们不会停下来,因为觉得非常有意义。"

命题 4b:当面临双重价值逻辑冲突时,平衡型创业者不太可能牺牲社会目标或经济目标,从而可能导致更具创造性的整合尝试(例如阶段性、暂时的取舍策略)。

虽然阶段性、暂时的取舍策略是平衡型社会创业者在机会发展过程中协调社会目标和经济目标的一种富有成效的做法,但此策略并不能从根本上解决双元逻辑的冲突问题,行为者需要在创业过程中时刻关注业务方向并适时进行调整,以防止发生过度的使命漂移。在此情况下,一些人则可能希望通过更有效的模式创新来解决双重价值之间的紧张关系。虽然混合型创业者同样具有创新模式的意愿,但由于混合型创业者的知识和能力所限,限制了创业者能够发现的两种逻辑的"潜在匹配点"的数量(Smith & Tracey,2016)。而平衡型创业者的双重角色身份与追求社会目标和经济目标密切相关的知识和能力专长,使得他们更有可能、也更有能力在发展机会过程中同时考虑这两方面的因素,也因此更有可能发现两者之间更细微、更新颖的交汇点,并找到创新性地解决问题的方式。因此,平衡创业者在开发创业机会过程中将有更大可能创建新的社会企业模型。例如,E2 是一个拥有 2 个农场、1 家社区服务机构的社会企业矩阵,负责人曾经是企业家,从 2006 年后全职做公益,他在整合社会目标和经济目标时感受到的压力,引发了对创业机会的两个方面的强烈反思了:

> 我们一直在探索如何把机构做得更好。要让机构活下去并获得盈利,公益性不强,容易成为不坚持下去的理由;商业性不强,容易没钱而做不下去。我不停地在头脑中权衡不同的选择……必须能够不断地实现公益性和商业性的双赢,我们做了很多创新性尝试:我们用咖啡渣种蘑菇,我们……"

命题 3c:平衡型创业者的双重角色身份及其双方面的知识和能力,使其更有可能发现并找到创新性地解决问题的方式,从而创建新的社会企业模型。

平衡型创业者与他们的双重角色身份各自相关的社会关系网络,可能会带来与社会目标和财务目标相对应的外部压力,并由此受到两方面的反馈和批评,一些人的观点与商业逻辑相一致,而另一些人的观点与社会逻辑相一致。按照我们前面的推论,虽然平衡型创业者在面临经济目标和社会目标的双重压力下,有内在动力和相应的能力不牺牲其中任何一方,并且他们有能力在发展机会过程中进行模式创新的多次迭代,但他们仍有可能面临在尽力的情况下依然无法达成令人满意的模式的窘境。在这种情况下,混合型社会创业者可能会将社会目标和财务目标分离开来,但对于平衡型创业者而言,由于与每一种身份对应的特定的社会关系,如果他们采取这种策略,很可能会面临外界的批评。研究表明,在这种情况下放弃创业是一种非常现实的选项(Mart & Haritatos,2005)。然而,由于平衡型创业者拥有与社会目标和财务目标相关的双方面知识和能力,他们更确信自己有更充分的能力逐步寻求创新性的融合方式。

一种可能性是,当面对持续的负面反馈时,平衡型创业者可能会得出结论,社会目标和经济目标的兼容只有通过追求更广泛的环境变化才可能实现。混合型创业者可能只是将他们的重点转移到与其角色身份相关的目标(商业或社会)上,但对于平衡型创业者而言这不是一个应有的选项。研究表明,当行为者高度重视多个行动方案,感受到与每一个行动方案相关的、同样强烈的问责压力,并且发现两者可能无法相容时,他们可能尝试寻求通过更高层次的整合来解决冲突。此时,他们成为制度变革型创业者,即为追求新的商业模式而推动体系变革,试图创造更有利的体制环境(Aldrich & Fiol,1994)。小额信贷、循环利用、绿色建筑和风能等领域的案例证明了这一点。社会企业家不仅致力于发展,而且还为新的商业模式争取政策支持。这种努力的根源可能在于平衡型创业者所经历的困境,有内在的动机推动制度环境改变,并且他们有专业知识、能力和相对集中的社会网络,因此他们在启动、推动行业变革方面处于独特的地位。

例如,E1 的发起人当中既有教师,也有企业高管,还有其他多元的人员组成。其中之一的 Li 曾指出:"自从我们做了行业发展机构后,我们更'爱钱'了,不是我们机构偏离了初衷,而是发现我们要发展要养人,真的很难……我们在很多地方建了很多机构,但是不是每个机构都能盈利……我们在不断调整自己的组织模式……但是我觉得我们只有推动更好的政策,才能迎来社会企业的春天。"

Li 在 E1 组织中负责市场部分,对 E1 的运营状况十分了解。由于巨大的运行压力,她意识到,要想在行业发展中赢得机会,就必须改变原有的体制环境。为此,几个发起人专门推动成立专门部门,变项目执行为项目支持,不断扩大社会企业的矩阵,同时他们在各地利用孵化器等平台,积极推动各地政策的变革。此案例说明平衡型创业者如何发展和利用多重角色身份,不仅可以为社会企业开发提供独特的模式,而且还可能成为系统变革者,推动更广泛的制度变革,以支持相关领域的模式创新(见表 10-8)。

命题 4d:当面对制度环境约束时,平衡型创业者更有可能发展高阶推理能力,追求更广泛的制度变革来发展社会创业机会,实现更高阶的双重价值平衡。

表 10-8 平衡型社会创业者典型用语举例及相关范畴

平衡型	双重逻辑平衡型	E1	机会识别	"我曾在媒体工作多年"，"我们创始人比较多元"，"我们设计运作了中国第×个'公益孵化器'"
			信息反馈	"我们希望推动中国社会创新"，"自从我们做了行业发展机构后，我们更'爱钱'了，不是我们机构偏离了初衷，而是发现我们发展要养人，真的很难"
			创业意图	"我有过三次创业经历，也做过公益记者，在工作中我发展可以在行业中做点事情"
			模式选择	"我们在很多地方建了很多机构，但是不是每个机构都能盈利……我们在不断调整自己的组织模式……但是我觉得我们只有推动更好的政策才能迎来社会企业的春天"
平衡型		E2	机会识别	"我 2006 年从自己经营的企业退下来全职"，"我选择做我擅长的领域"
			创业意图	"当时退下来，想做点自己想做的事情"，"我觉得要做可持续的事情"
			信息反馈	"我有从事经营企业的经验也乐于从事公益，我问了很多我认识的人"
			模式选择	"我们做了很多创新性尝试：我们用咖啡渣种蘑菇，我们……"
		E3	机会识别	"几年前，我和爱人同时觉得应该在社区矫正领域做点事情"，"我们业务范围逐渐扩大……我们一度实现了小额的盈利"
			创业意图	"当时我和爱人就是觉得这个群体需要关爱，就先做起来了"
			信息反馈	"我们问了很多公益专家，我们自己也在利用自己的企业经历思考"
			模式选择	"我们在去年发展走了些弯路，调整了业务策略，实际上造成了今年亏损……我们已经在调整策略了……我们不会停下来，因为觉得非常有意义"
平衡型		E4	机会识别	"台风过后，产生了很多困境家庭"，"我一开始利用我自己的企业做点公益"，"我们做了种鸡的项目"
			创业意图	"我本人在做企业，也做点慈善，后来我发现必须持续做下去"
			信息反馈	"我一直和公益界的小伙伴交流比较多"，"贫困受助家庭给了我很多积极反馈"
			模式选择	"我特别怕别人质疑，后来我觉得这样可保证可持续"，"老婆也质疑过我，但是我觉得还是要坚持做"

10.6.2　创业者身份与社会企业创业双元价值平衡模式

社会企业同时追求社会价值和商业价值，但不同的社会企业各有侧重。通常社会企业被描述为"混合组织光谱"，在光谱的一侧，组织对社会价值有更强烈的追求；而在光谱的另一侧，组织对经济价值有更多的追求。极端情况是一端的传统非营利组织和另一端的纯商业组织，它们分别追求单一性的社会价值或经济价值。而在光谱中间，不同的社会企业的双元价值平衡有不同的侧重并连续变化，由此定义了不同的平衡模式。

社会企业创业的双元价值平衡模式受不同因素影响，本研究关注的是社会创业者的身份在其中发挥的作用。相关研究认为，社会印记（social imprinting）是创业者身份发挥作用的关键机制（王砚羽、谢伟，2016），决定了社会创业者在创业过程中应对双元价值逻辑冲突时的策略、后续形成的双元平衡模式及创业绩效。我们借鉴这一观点，按照社会创业者的身份—在创业过程中双元价值平衡策略（平衡过程）—创业组织最终形成的双元价值平衡模式（平衡结果）的框架展开分析。进一步借鉴 Andrew 等人的研究，我们按照双元价值的相对平衡性和价值绝对强度两个维度来定义平衡模式。

10.6.2.1　双元价值的相对平衡性

双元价值的相对平衡性是指社会企业内部双重价值的相对重要性分布，亦即经济目标和社会目标的相对重要程度。不同社会企业对多个不同目标的强调程度可能有所不同，按照经济目标和社会目标的相对重要程度，可以对社会企业的双元价值平衡程度进行划分。例如，某一特定组织主要关注经济目标（比如90％的注意力和资源被分配于实现经济目标），其次才是关注社会目标（例如10％的注意力和资源被分配于实现社会目标）。显而易见的是，这类社会企业偏重经济目标，是一种双元价值的非平衡模式。与之相对应，当组织对经济逻辑和社会逻辑的强调相对均等时，则为双元价值的平衡模式。一个好的例子是DA2，发起人曾经说，DA2"致力于实现收支平衡、更具社会意义的商业模式"，他们通过倡导素食，通过为公众和贫困人群提供素食，来实现双元价值的实现。目标是确保经济目标和社会目标相互促进，而对两者的强调同等重要。为此，DA2努力改变其商业模式和组织方式，并采取各种方法和程序调整组织的核心活动，使其与企业的双元价值导向相一致。

基于经济逻辑和社会逻辑重要程度的相对性，描述组织的双元价值的平衡模式的基本思路如图10-2所示。在图中，纵轴代表社会逻辑（相对于经济逻辑）从低到高的相对重要性，横轴代表经济逻辑（相对于社会逻辑）从低到高的相对重要性。由此,我们可以在二维坐标中对上述 12 个案例进行定位。

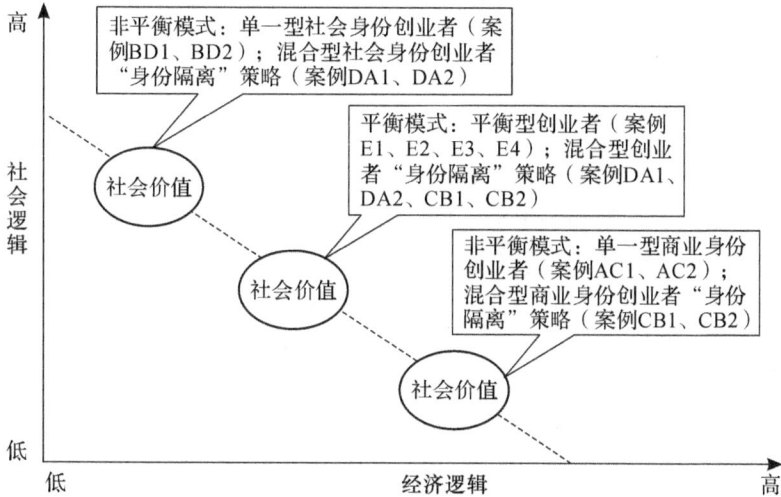

图 10-2 社会企业价值的相对平衡

按照我们前述的研究,单一型身份由于其个人价值取向、先前职业经验对应的知识和能力都集中于社会或商业某一领域,虽然出于寻求合法性或发展可持续性的策略考量,他们也可能创办社会企业,但其价值取向和知识能力局限决定了他们难以实现双重价值的平衡,而是各自侧重于他们所关注和擅长的领域,由此导致组织形成双重价值上的非平衡模式,即单一型社会创业者创办的社会企业在社会逻辑上相对较高,在经济逻辑上相对较低(侧重社会价值、非平衡模式)(案例 BD1、BD2),单一型商业创业者创办的社会企业在商业逻辑上相对较高,在社会逻辑上相对较低(侧重商业价值、非平衡模式)(案例 AC1、AC2)。

混合型身份的创业者情况较为复杂,取决于其创业过程中的策略选择。当选择"身份整合"策略时,创业者力图兼顾社会目标和商业目标,虽然由于在某一方面知识和能力的局限可能限制整合的效果及组织的后续发展,但仍有可能使组织在相对程度达成双元价值的某种平衡,从而导致形成组织双重价值在相对意义上的平衡模式(兼顾双重价值,平衡模式)(案例 DA1、DA2、CB1、CB2);当选择"身份隔离"策略时,创业者选择性忽略价值身份,而只有处于显著身份位置的角色身份真正发挥作用,创业者的关注开始集中到各自所擅长的领域即角色身份对应的领域,由此形成与单一型身份类似的效果,导致组织形成双重价值上的非平衡模式,即混合型社会创业者创办的社会企业在社会逻辑上相对较高,在经济逻辑上相对较低(侧重社会价值、非平衡模式)(案例 DA1、DA2),混合型商业创业者创办的社会企业在商业逻辑上相对较高,在社会逻辑上相对较低(侧重商业价值、非平衡模式)(案例 CB1、CB2)。

平衡型社会创业者在社会方面和商业方面具有显著性角色身份,并且具有双方面的知识、能力、先前职业经验及相关的社会关系网络,他们总是试图在社会目标和商业目标之间达成平衡,即便有时困难重重,但他们仍然试图通过社会企业模式创新、推进制度环境改变等方式,创造性地达成目标,实现社会价值和商业价值的相对平衡(兼顾双重价值,平衡模式)(案例 E1、E2、E3、E4)。

基于上述分析及相关案例证据,我们发展出如下命题:

命题 5a:就社会价值与商业价值的相对平衡性而言,单一型身份的社会创业者创立的社会企业为非平衡模式;平衡型身份的社会创业者创立的社会企业为平衡模式;混合型身份的社会创业者创立的社会企业的平衡模式依其策略而不同,若创业者采用"身份整合"策略,则其创办的社会企业为平衡模式,若创业者采用"身份隔离"策略,则其创办的社会企业为非平衡模式。

上面"传统"的社会企业是平衡的,社会逻辑和经济逻辑相对平衡。在此,我们使用"传统"这个词来呼应前文提到的对于组织形式的三分法,但预期在这个连续体(虚线对角线)中,组织的平衡模式仍会有显著差别。接下来,我们引入"强度"(显著性)的概念来揭示这种差别并深入分析。

10.6.2.2 价值的绝对强度

由上述分析可知,平衡型创业者及混合型创业者采用"身份整合"策略时,其创办的社会企业可能是双元价值平衡模式,但我们预期其平衡模式仍会有显著差别。我们引入价值的"绝对强度"的概念来深入分析并揭示这种差别。

价值的绝对强度是指经济逻辑、社会逻辑在一个组织内所具有的张力。一个兼具强大的经济逻辑和社会逻辑的组织具有高水平的双元价值平衡即社会逻辑和经济逻辑的高阶平衡,并可能寻求规模扩张,以扩大其社会和经济使命的影响力,最终在组织规模、社会/商业服务对象规模、经济/社会产出和社会影响力等方面体现出来。例如,E1 于 2006 年成立,旨在推动社会创业的行业发展。该组织致力于扩大社会创新在中国的影响力,并致力于实现知识付费并盈利,已经在全国多地设立分支机构。相比之下,社会和经济逻辑较低的组织具有较低水平的价值绝对强度、社会逻辑和经济逻辑的低阶平衡。这类组织的社会逻辑和经济逻辑均较为薄弱,一般而言,服务于生活社区的小型社企多属这一类组织,尤其是那些基于创办人个人兴趣爱好和专长的小型社企(hobby businesses)和那些面向社区某些方面日常生活提供日常服务的小型社会企业(lifestyle businesses)。这类企业通常不致力于大幅增长,尽管规模较小,但仍可以在一定范围和程度上为员工提供就业机会、创造收入,并在社区中产生一定的社会价值。例如,浙江大学宁波理工学院校园内有一家学生主导创办和经营的"阳明咖啡",为校园师生提供特色的手工研磨咖啡和美食,以及休闲和交流的场所,同时吸纳残疾人和贫困生在咖啡厅内工作,在一定程度上实现了利润目标和服务社区目标的融合与平衡,但又不十分注重或缺乏能力进行规模的扩张和利润的增长。创始人解释说:"我喜欢校园的环境与氛围,又特别热爱咖啡和美食。我想一个有情调、有品位的咖啡厅能够提升校园的文化氛围,能给我们校园带来一些特别的东西。而且它又能帮助到一些需要帮助的人,这让我很开心。"

上述例子清晰地显示,按照组织内经济逻辑和社会逻辑的绝对强度这一维度,可以把双元价值相对平衡的社会企业的平衡模式进一步描述为一个连续性变化的分布。我们用图 10-3 对此进行进一步的刻画和解释。在图中,纵轴代表社会价值的绝对强度(由弱到强),横轴代表经济价值的绝对强度(由弱到强)。在图中,我们基于双元价值相对平衡性所定义的社会企业,在引入"绝对强度"这一维度之后,都位于由左下向右上倾斜的对角线上,并可以进一步细分为三种类型,沿图中向右上方倾斜的实线依次分布,包括低强度社会和经济价值逻辑、中等强度社会和经济逻辑及高强度社会和经济逻辑。

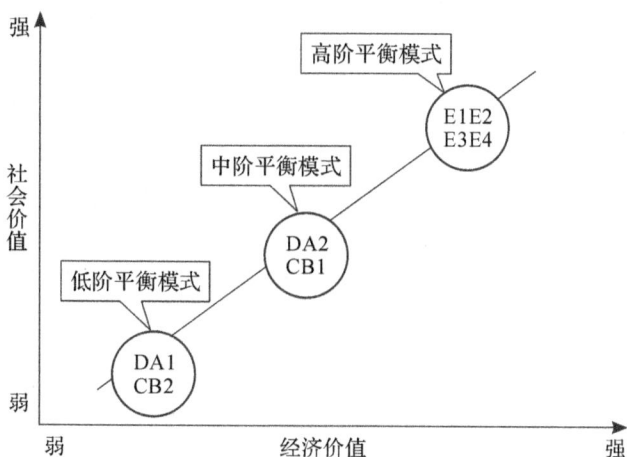

图 10-3 社会企业价值强度位移

混合型创业者采用"身份整合策略"时,他们意图兼顾社会目标和经济目标,实现社会价值和经济价值的相对平衡模式,但由于他们的知识、能力、先前工作经验和社会网络资源局限于一个领域,尽管他们试图通过身份整合策略不断学习以补齐知识和能力的短板,但这远非一日之功。在创业的早期阶段,知识能力的局限不仅限制组织在对应领域的拓展,也限制了创业者发现两个领域交叉的发展机会及资源整合能力,由此,混合型创业者采用"身份整合策略"时,他们所创建的社会企业通常只能达到社会和商业价值的低等或中等强度,达成的是社会价值和经济价值的低阶或中阶平衡模式(案例 DA1、DA2、CB1、CB2)。

平衡型社会创业者不仅兼顾社会目标和经济目标,实现社会价值和经济价值的相对平衡模式,而且具有两个领域的知识、能力、先前工作经验和社会网络资源,能够发现两个领域交叉的发展机会,具有两个领域的资源整合能力,更有可能采用创新的模式实现社会价值和商业价值的融合。并且,当他们发现现有制度环境条件不具有支持性时,他们会发展高阶思维,作为系统变革者推动制度环境变革,从而为组织发展创造更好的条件。因此,他们所创建的社会企业通常能达到社会和商业价值的高等强度,达成的是社会价值和经济价值的低阶或高阶平衡模式(案例 E1、E2、E3、E4)。

命题 5b:一般而言,混合型社会创业者采用身份整合策略时,其创办的社会企业通常只能达到社会和商业价值的低等或中等强度,价值平衡模式是低阶或中阶平衡模式;平衡型社会创业者所创建的社会企业通常能达到社会和商业价值的高等强度,价值平衡模式是高阶平衡模式。

10.6.2.3 创业者身份与社会企业双元价值平衡模式

综合上述论点,将组织的社会逻辑、经济逻辑的相对平衡性和绝对强度两个维度结合起来分析,就可以得到社会企业双元价值平衡模式的分布图谱。如图 10-4 所示,虚线表示按社会逻辑、经济逻辑的相对平衡,虚线两端为不平衡模式,一端是侧重经济价值的商业企业,一端是侧重社会价值的社会企业,虚线中间相对混合程度最高(平衡模式)。对角线实线表示相对平衡前提下的绝对强度,从低阶平衡模式(即低社会强度、低经济强度),增加到中阶平衡模式(即中等社会强度、中等经济强度),再到高阶平衡模式(即高社会强度、高经济强度)。

我们可以借此对案例中的 12 个典型社会企业进行定位,如图 10-4 中深色底的小圆形所示。

10.7 研究结论

社会企业在创业机会的识别和发展过程及组织成立的早期阶段,创始人身份的影响至关重要,但到目前为止很少有人关注过创始人身份在解决创业过程中的双元价值冲突中的作用(Smith & Tracey,2016)。本研究基于身份理论,试图解释初创型社会企业不同身份背景的社会创业者在发展创业机会过程中,如何将社会目标和经济目标结合起来,以及对创业组织的双元价值平衡模式有何影响。笔者认为身份理论有助于我们理解创业者如何处理创业过程中的双元价值冲突,因为它通过创业者的知识、能力及外部反馈,直接影响其注意力方

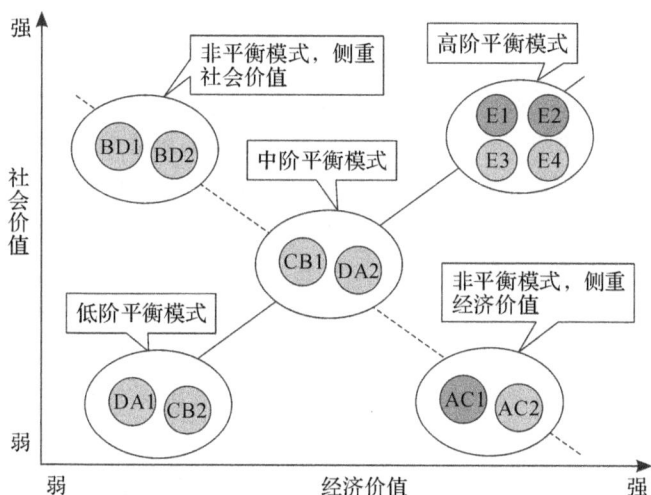

图 10-4 创业者身份与社会企业双元价值平衡模式分布

向、价值导向、创业意图及问责压力（Stryker & Burke，2000），而这是创业过程中机会确认和发展的关键机制（Shane，2000）。有大量证据表明，行为者显著的角色身份和价值身份与创业行为密切相关，并与商业逻辑和（或）社会逻辑相联系。基于身份的不同组合，我们划分了创业者的身份类型，并将创业者的身份类型与创业过程中的机会识别和发展过程联系起来，以此为切入点，探析创业过程中创业者如何处理追求社会目标和财务目标的矛盾关系，预测不同创业者创建社会企业的不同原因和方式及后期形成的双元价值平衡模式。

角色身份和价值身份或与社会逻辑或与商业逻辑相一致的单一型创业者也有可能创办社会企业，但只有当他们认识到社会目标和经济目标可以共存，并且已经有较为成功的模式可以"借鉴"之后，才有意图去做。由于单一型创业者创办社会企业的意图通常是获取组织合法性或寻求组织财务上的可持续性，并且他们只具有单一方面的价值观和知识能力，虽然其创办的社会企业可以实现双重价值一定程度的混合，但通常是非平衡模式，即更侧重于社会或商业中某一方面的价值。相比之下，混合型创业者具有特定领域的显著的角色身份及另一领域的价值身份，具有整合两种身份、平衡双元价值的内在动机，但面临某一方面知识能力和社会关系的不足，此时他们可能坚持身份整合策略并力求达成双元价值平衡，但由于其知识结构、能力及社会网络的局限性，通常只能实现较为低阶或中阶的平衡模式。而当他们发现即便通过努力也难以平衡双重目标时，可能会采取身份隔离策略，此时混合型创业者更倾向于强化自己的角色身份而非价值身份，虽然他们仍有可能创办社会企业，但双元价值平衡趋向某一个极端。平衡型的创业者具有与商业和社会两种逻辑相关的显著身份，更有可能进行积极的整合尝试,从而发展出更新颖的、更有创造性的社会企业模式企业,并且其两个方面的知识、经验及社会网络,提升了他们的资源整合能力,使他们通常不仅能实现双元价值的平衡,也使社会价值和商业价值都有较高的强度,达成双元价值的高阶平衡。此外,当平衡型创业者面临社会逻辑和商业逻辑的挑战时,更有可能推动制度变革。因此,创业者的身份不仅影响到新的社会企业的创建,也关乎新的社会企业模式和支持这种模式所必需的制度变革。

从理论上说,单一型创业者不太可能为社会企业"创造"机会,因为他们自身的知识和社会关系分别局限于商业逻辑或社会逻辑。他们通常不会致力于将社会目标与经济目标联系起来创造性地整合尝试,而是在只有在被其他人证明有可复制的成功模式存在的时候,才可能通过发现而不是培育新的模式来创建社会企业。

相反,混合型和平衡型创业者更有可能识别和发展创业机会,进而创造出独特的模式。因为他们:(1)有与社会逻辑和商业逻辑对应的双重身份;(2)认识到社会目标与商业目标之间的紧张关系;(3)有解决这种紧张关系的内在动机。平衡的社会创业者不仅更有动力而且也更有能力通过创新性的模式来解决紧张关系,因为他们基于其双重角色身份而具有与每一种逻辑相对应的专业知识、能力和社会关系(见表 10-9)。

表 10-9　平衡型社会创业者价值身份

		价值身份	
		商业逻辑身份	社会逻辑身份
		商业逻辑单一型	商业逻辑优先混合型
角色身份	商业逻辑身份	* 可能创立社会企业 * 会采用"借鉴型"成熟模式的形式 * 社会企业模式可实现在福利目标下的盈利 * 非平衡模式	* 在发现机会时,将商业价值和社会价值结合起来 * 采用"身份整合策略"时,兼顾双重价值 * 采用"身份整合策略"时,实现中阶或低阶双元价值平衡 * 采用"身份隔离策略"时,偏重某一价值 * 采用"身份隔离策略"时,双元价值非平衡模式

续表

		价值身份	
		商业逻辑身份	社会逻辑身份
		社会逻辑优先混合型	社会逻辑单一型
社会逻辑身份	社会逻辑身份	＊在发现机会时,将商业价值和社会价值结合起来 ＊采用"身份整合策略"时,兼顾双重价值 ＊采用"身份整合策略"时,实现中阶或低阶双元价值平衡 ＊采用"身份隔离策略"时,偏重某一价值 ＊采用"身份隔离策略"时,双元价值非平衡模式	＊可能创立社会企业 ＊会采用"借鉴型"成熟模式的形式 ＊社会企业模式可实现预期福利目标 ＊非平衡模式
	社会逻辑身份	＊在发现机会时,努力将商业价值和社会价值融合起来 ＊兼顾双元价值,采用战略性取舍策略 ＊可能创建新的社会企业模型 ＊追求更广泛的制度变革来发展创业机会 ＊高阶双元平衡模式	

从推动社会创新的视角来看,上述结论还意味着不同身份类型的创业者发挥的作用不同、进入新兴领域的时机不同。平衡型的创业者创造性地将社会逻辑和商业逻辑结合起来,可能会促进社会创业领域新模式的出现、支持性资源流动甚至制度环境的改善,由此平衡型创业者可能成为创新引领者和系统变革者。混合型创业者则紧随其后,利用平衡型创业者带来的制度环境改变、细化平衡型创业者创新性的创业模型,同时进一步推进新的创业实践的合法化(Wry et al.,2011)。一旦一个模式渐趋成熟并合法化,社会目标和经济目标之间的共生关系被充分证明,单一型创业者就会开始进入。考虑到不同身份类型的创业者对社会目标的重视程度不同,我们的研究结论有助于理解不同身份的社会创业群体在推动社会创新上发挥的作用及其进入社会创业领域的时间差异。

对于社会创业者而言,本研究的结论有助于创业者更好地认识自己的显著身份,理解自己的身份特征将如何影响创业决策及后续可能结果。例如,一个单一型的社会创业者可能会因为无法寻求符合商业逻辑的创业模式而难以筹集资源。身份理论认为,除非面临极端的情况,否则行为者非常不愿意放弃其显著身份。而社会企业的双重逻辑使创业者被迫面对与其显著身份不一致的情形。因此,更强的身份意识不仅可以帮助创业者发现他们的创业模式中的弱点,还可以帮助他们发现自身在知识、能力和社会关系方面的差距和不足。

此外,创业者的身份差别还可能会对创业绩效产生影响。如前所述,单一型创业者只有通过模仿模型才能进入社会创业领域,由此可能减少创业风险,进而导致组织间的绩效差异更小。而平衡型创业者更有可能创造新的、独特的创业模式,创新总是面临更大的风险,由此在生存和绩效上可能会表现出更大的差异。再有,我们将理论边界限定于创业过程的前期阶段,此时创业者拥有最高程度的自由裁量权和控制权(Sarasvathy,2008)。未来的研究可以关注创始人身份与社会企业的社会绩效及经济绩效之间短期与长期的潜在联系。这也为政府部门和相关影响力投资机构实施支持计划提供了依据。

通过从社会逻辑和经济逻辑的相对性和强度两个维度对社会企业的双元平衡模式进行界定,为我们更深入地从本质上理解社会企业的复杂性、多样性和异质性打开了另一个窗口。在以往的文献及社会公众的认知中,除了从具体业务模式层面(如市场中介型社会企业、创业支撑型社会企业、雇佣型社会企业等)和服务面向层面(如工作整合型社会企业、弱势群体帮扶型社会企业等)对社会企业的类型进行划分,人们对社会企业本质的认识还停留在"社会企业通过商业手段运用解决社会问题的组织"这一层面,将社会企业仅仅视为组织类型光谱中的一种特定的单一类型,而忽视了社会企业之间的差异。对社会企业的双元平衡模式进行界定使我们可以超越这一对社会企业过于简单化的、刻板的认知,有助于我们更深刻地对现实中社会企业的异质性、丰富性及其依具体情境和发展阶段的变化有更深入的理解。

更重要的是,社会企业双元价值的平衡模式可能对其运营管理策略和绩效(包含社会绩效和经济绩效)产生重要影响,以往关于各种环境和组织因素对社会企业绩效的影响的研究得出了很多矛盾的结论,我们提出的分析框架提供了一个新的可能的解释:社会企业双元价值的平衡模式可能是环境和组织因素与社会、经济绩效之间的中介或调节变量。例如,创始人的背景经历可以在社会组织的创立和发展过程中形成深刻的烙印,从而对社会企业的双元价值平衡产生影响(例如,是高相对性混合、高强度混合,还是两者兼而有之),而平衡模式会进一步影响社会企业在运营过程中在社会逻辑和经济逻辑之间的矛盾冲突水平及管理策略(Jay et al.,2013),进而影响社会企业经济价值和社会价值创造的绩效。

11 专题研究三:平台型公益组织的 社会价值创造过程

——基于善园的典型案例分析

11.1 研究问题的提出

社会组织作为第三部门,具有的鲜明特点,如规模小、决策快、服务导向等,相较于第一、第二部门而言,在解决社会问题、回应社会需求方面,更加灵活、高效、专业(Salamon,2002;马贵侠、叶士华,2015)。随着整个社会对社会组织的认可度、接受度和需求程度的持续提升,社会组织快速发展,截至 2017 年底,全国共有社会组织 80.3 万个,增速创 10 年来新高,日益成为各类服务提供的重要力量,尤其是逐步成为新增服务领域的主力军。然而,国内大部分社会组织仍然存在几个方面的问题:生命周期短暂(李涛等,2013),政府缺少必要的支持、缺乏更深入的政策推力(邓国胜,2000;马贵侠等,2015;刘号,2017),缺少固定的资金来源,组织内部管理存在问题(邓国胜,2000;龚珂等,2014;陈华、蒋剑辉,2017),缺乏专业服务人才,财务管理不规范(邓国胜,2000;李涛等,2013)等。"社会企业家精神"的引入为破解上述社会组织的难题提供了解决思路,并为社会问题的解决提供了可持续的解决方案,开辟了社会价值创造的新模式,产生了显著的社会影响(Short et al.,2009)。

将"社会企业家精神"引入社会组织已经成为全球现象,致力于弥补社会和环境需求与相应的资源供给之间日益扩大的差距。同时,对"社会企业家精神"的研究也正成为学术研究的重要领域(Christie & Honig,2006;Austin et al.,2006;Domenico et al.,2010;Smith & Stevens,2010)。虽然针对经济发展的企业家精神已经受到了很多学者的关注,然而社会企业家精神作为一种促进社会进步的过程,最近才引起研究者的关注和兴趣(Mair & Marti,2006)。实际上,直至20 世纪 80 年代后期,社会企业家研究才有了重要意义(Short et al.,2009),尽管作为一个学术研究的领域一直在发展,但它仍处于起步阶段(Dees & Anderson,2003;Light,2005)。现有关于"社会企业家精神"的研究很大程度上集中在解决社会问题的"宏大想法"上,缺乏对于解决社会问题和创造社会价值过程的研究。社会组织或企业如何认识和发现机会、如何调动资源? 在这个过程中,创造社会价值所需要的能力是什么? 这些问题还没有得到充分的研究。

本研究采用单案例研究方法,选择了成功建立并稳定运营、有着较好成长前景的浙江省内首家平台型公益组织——善园进行案例分析。通过对善园真实资料的整理和分析,构建了以社会企业家能力、机会识别、资源调动、环境为主要维度的社会价值创造过程模型。研究模型为后续研究提供了有价值的参考。

11.2　文献评述

11.2.1　社会企业家精神与社会价值创造

社会企业家精神可以适用于所有部门,包括非营利组织、公共部门、营利组织和跨部门合作伙伴(Nicholls,2006),其前提条件是这些组织主要关注的是社会使命而不是创造经济价值或利润最大化(Neck et al. ,2008),因为这些组织展示创业行为以实现社会使命,它们识别机会,利用资源并创新性地解决社会问题和创造社会价值。

解决社会问题和创造社会价值是社会企业家精神的核心(Dees,1998;Dees et al. ,2001;Austin et al. ,2006;Dorado,2006;Elkington & Hartigan,2008)。在传统企业家致力于创造经济价值的地方,社会企业家致力于创造社会价值并带来社会变革(Young,2006;Auerswald,2009)。事实上,"社会价值"的概念本身并不清晰,迄今为止,社会科学领域并没有对"价值"产生清晰的认识,而且也几乎没有达成共识(Bachika & Schulz,2011)。Lepak 等(2007)指出,对"价值创造"概念本身缺乏共识,主要是基于三个最重要的原因:第一,"价值"的概念已被广泛地使用在很多个学科领域,价值的潜在来源及价值创造者的目标存在显著差异;第二,对价值创造的具体内容(什么是价值、谁重视什么、价值在何处)和新价值创造的过程(如何产生价值)缺乏理解;第三,价值创造过程常常与价值获取或价值保留过程相混淆。同时,他们还认为"价值创造"和"价值获取"应该被视为不同的过程,因为创造价值增量的来源(个人、组织或社会)可能无法从长远角度捕捉或保留价值。不同的人对"价值"和"社会价值"的概念也可能有不同的理解。换句话说,社会价值对不同的人意味着不同的事情

(Mair & Schoen,2007)。在评估公益组织的社会价值时，Polonsky & Grau (2008)将"社会价值"定义为公益组织对所有利益相关者的总体社会影响，其中利益相关者则包括捐赠者、员工、志愿者及其他公益组织等。Archana(2018)指出，在社会企业中社会企业家为所有利益相关者创造价值，包括受益者(个人/组织/社会)、所有者、资本提供者、投资者、员工或雇员、供应商和环境，其中受益人是利益相关者之一，是价值创造的预期目标，获得了组织创造的部分社会价值。

社会企业家开展社会价值创造活动有两种类型：一种是社会建构，是"建立和运营替代组织以提供商品或服务，以满足政府、机构和企业所不能满足的社会需求"；另一种是社会工程，被定义为"创造更新的、更有效的社会系统，旨在替代现有的社会系统来满足社会需求"(Zahra et al.,2009)。而 Chamu 等 (2013)对印度的研究指出，有三种社会价值创造的方式：市场创造、系统创新和创新活动。市场创造和系统创新类似于 Zahra 等(2009)提出的社会建构和社会工程，而创新活动类似于 Waddock 和 Post (1991)在其研究中所描述的刺激和促进社会创业者的特征是一致的，被定义为"关注于其在冒险过程中认识的提高和多重角色的培养"。理论上，上述每一种都代表着一类社会问题和解决这类问题的独特方法，而实际在某一社会组织的活动中，经常包含一种以上的社会价值创造模式的元素。社会价值创造是由组织成员以看似矛盾的两个身份驱动：一个是以原则、价值观和理想为中心的理想主义的身份；另一个是以行动和可行解决方案为中心的务实主义身份(Smith & Tushman,2005)。而作为其多重身份的结果，组织能够灵活地将受益人视为受助人、消费者、生产者或合作伙伴，而不是仅将他们限定为受助人，因此塑造接受者的身份已成为社会价值创造过程的核心部分(Chamu et al.,2013)。

11.2.2 社会创业与社会价值创造过程

创建组织并不总是创造社会价值所必需的，却往往成为社会企业家的需求，以便为价值创造过程提供结构(Dorado,2006；Martin & Osberg,2007)。在法律框架下注册的组织被称为"社会企业"或"社会组织"。与传统企业家相比，对于社会企业家而言，创建一个组织或者社会企业不是最重要的，创建解决社会问题和实现社会变革的道路才是核心(Archana,2018)。社会价值创造的过程往往和社会创业的过程交织在一起，可以说社会创业的过程也是社会价值被创造的过程。

机会识别被认为是创业过程中最重要的问题之一，因为"没有机会，就没有创业精神"。企业家可以非常有创造力和勤奋，但如果没有机会，创业活动就不会发生(Short et al.,2010)。同样,机会识别也是社会创业的一个重要方面,在社会企业家精神中,机会被发现并用于解决社会问题、满足社会需求、创造社会价值并实现社会变革(Dees,2001,2007；Seelos & Mair,2005a,b；Peredo & McLean,2006；Corner & Ho,2010)。这些机会可用于人口、财务、营养、资源、环境、健康、性别、教育、数字和安全机会等多个领域(Elkington & Hartigan,2008)。传统企业家主要是发现利润最大化的机会,社会创业者主要为社会价值创造发现机会。

资源调动是社会创业的一个重要方面,社会企业家突破初始资源禀赋的限制,通过调动自身资源或动员他人投入资源来开发社会创业机会(Dees,1998)。这些资源包括财务资源、人力资源和其他资源。事实上,资源调动不是指获取现金或资产,而是指建立执行任务的能力(Dees et al.,2001)。社会企业家的创造力在充分利用现有资源解决问题时发挥着重要作用(Yujuico,2008),社会企业家不仅通过创新的方式充分利用有限的资源,而且也不让初始资源禀赋限制他们的选择,并且勇于行动以实现他们的社会使命。

社会企业家的团队和个人的能力也是社会创业另一个重要方面(Dees,2001；Light,2006；Yujuico,2008)。社会创业文献(Peredo & McLean,2006；Corner & Ho,2010)中已经强调了团队的作用。来自社会企业家的现有经验证据表明,社会企业对社会企业家个性的依赖程度低于对社会企业家能力的依赖,比如激发公众、筹集资金、谈判及管理组织从初始创业阶段过渡到成熟阶段(Light,2006)。能力不仅仅是技能和知识,也包括在未知和变化的环境中采取有效和恰当的行动,这就涉及判断、价值观、自信、风险意识等(Stephenson,1992)。

由于社会企业家精神是社会企业家与环境之间持续互动的过程所产生的(Light,2005；Mair & Marti,2006；Austin et al.,2006；Weerawardena & Mort,2006；Dorado,2006),所以社会企业家精神及社会创业活动都被嵌入环境中(Mair & Marti,2006)。环境为社会企业家提供创业机会,并为他们的行为设定界限,也就意味着对社会企业家而言,环境既是资产,也是责任(Welter,2011)。

11.3 研究方法

案例研究是认识客观世界的必要环节,是处理复杂问题的有力工具,单纯依靠统计数据进行决策十分危险,案例研究可以弥补统计的不足,近年来大量的管理理论创新也都源于案例研究。案例方法属于现象研究范畴,其主要作用就是让人们透过事物表象看到隐含的深层因素。Yin(1994)曾提出，选择个案研究通常满足以下条件：(1)研究者不控制整个事件的发生；(2)欲深入了解发生事件当时的过程与原因；(3)所研究具有启示性，希望研究结果提供整体性、深刻的描述与对实时现象的诠释；(4)重视生活情境中现象发生的意义。综上所述，本研究关注的乃是"创业型专业"建设的动机、过程以及结果，对于研究问题的形式着重在"如何"与"为什么"。本研究也不需要在行为事件上给予操控，所以本研究问题更加适合以案例研究为方法。

根据研究目的与研究设计的差异，可以将案例研究分为探索性案例研究、解释性案例研究和描述性案例研究。探索性案例研究在案例分析之前并没有明确的理论假设，但是必须事先建立严格的分析框架；解释性案例研究一般在案例分析之前就已经建立了若干竞争性的理论假设，比较适合进行因果分析；描述性的案例分析主要为某一理论的成立提供实证支持，通常用于教学而非研究。本研究的问题性质决定了探索性案例研究方法是较为合适的选择。案例分析的材料可以为单一案例，也可以是多重案例，前者在研究中主要用于挑战某一理论，后者则主要用于理论的构建，一般包括案例内分析和跨案例分析两个部分。

11.3.1　案例简介

11.3.1.1　案例选择

本研究的研究领域为社会组织创业，宁波善园基金会是有着广泛社会影响和相对较为成功的初创社会组织，同时也是国内首家平台型公益组织，具有一定的典型性。

11.3.1.2　案例简介

善园是宁波首个公益慈善综合体平台，包括线下"实体善园"和线上"网络善园"，主要依托鄞州银行公益基会和善园公益基金会，年度公益资金收入超过5000万元，公益支出超过2000万元。实体善园以宁波慈善文化地标(公益主题的综合体)——善园为载体；网上善园则以"善园网"作为网络公益平台。实体善园项目建设资金主要来源于民间捐赠，是目前国内公益慈善功能最全的众筹公益实体项目，其致力于参与式慈善平台的搭建，辐射社区及区域内社会大众的实体融入，目前入驻善园的公益组织包括鄞州银行公益基金会、善园公益基金会、宁波778创业资源中心、甬派善园公益、家盟亲子演讲俱乐部、浙江乐善公益园、宁波星星雨教育信息咨询中心及宁波市华文汉字应用研究院等，服务内容涵盖了贫困救助、特殊群体救助、教育救助、医疗救助等多个领域。"网上善园"运用线上众筹、P2P 等模式,为求助者提供急难救助,让捐赠轨迹透明,捐赠信息对称,捐赠成果可视,捐赠反馈及时。截至 2017 年底,善园网已累计推出超过 800 个公益慈善项目,累计筹集善款超过 1330 万元,项目覆盖全国 30 个省区市,有超过 75 万人次参与公益帮扶。

11.3.2 数据收集

本研究采用质化研究法进行个案分析,分析资料的搜集方法采取 Yin 提出的文件、档案记录、参与观察及访谈,综合运用各种数据收集方法可以使案例资料相互印证,形成强大的证据链,将研究问题和结果的逻辑联系起来。首先通过网络收集公开渠道的资料,再通过半结构化的深度访谈获取社会价值创造过程的具体信息,最后将案例材料进行整理,发回相应的访谈对象征求意见,以确保材料能够真切地反映现实情况,访谈对象都提出了他们的补充或修改建议。

为了深入理解案例组织的社会价值创造过程,研究人员实地造访了案例组织的工作场所,并对现场工作人员、外部合作单位等利益相关者进行开放性访谈,并多次参与该组织的活动。为进一步增加研究资料信度与效度,对于资料不足或不明确的部分,通过结构化访谈来进一步确认。本研究针对善园案例研究的资料库见表 11-1,根据资料内容编码整理为宁波善园基金会创业历程案例事迹。

表 11-1　资料收集过程

资料类型	资料内容
初级资料	理事长访谈记录
	项目部经理人访谈记录
	志愿者访谈
	专家学者访谈
次级材料	善园网
	宁波善园基金会联合年报
	善园相关活动文章
	报纸相关文章
	益立方公益学院

11.4 善园社会价值创造过程:案例解析

11.4.1 善园的创建过程概述

11.4.1.1 筹备期(2011—2014年)

鄞州银行公益基金会目前是善园重要的组成部分和主要依托。鄞州银行基金会前身是鄞州银行慈善基金会,成立于2011年12月,是经浙江省民政厅批准成立的非公募基金会,由民政厅主管,初始基金为人民币1亿元,由鄞州银行独家捐赠。其宗旨是"聚焦'三农'领域,帮扶弱势群体,关注环境保护,倡导人人公益",主要业务内容是"推动农村社会进步,促进农业经济发展,帮扶民众安居乐业",在教育、卫生、环保和推动社会生态文明建设等领域开展公益活动。2014年初被评为"国家AAAA级社会组织",2012—2014年共实施公益项目40余项,公益支出超过2600万元。在2014年度中国慈善透明报告发布会上该基金会被评为中国公益慈善组织信息披露卓越组织。在鄞州区慈善总会会长朱禹宝、鄞州银行公益基金会理事长陈耀芳等人的建议下,2013年10月,鄞州区政府明确将钟公庙街道严家自然村的几幢清末公益建筑设施(义学、义仓、义庄),以及因城市道路规划建设而多出的零星土地整体设计、规划和建设,定位为宁波爱心城市的公益地标,由鄞州银行公益基金会负责保护、管理、使用。

11.4.1.2 建设期(2015—2017年)

由鄞州银行公益基金会和自然人严意娜(鄞州银行公益基金会理事)发起,宁波多家企业和机构共同捐赠设立的宁波市善园公益基金会于2015年3月获批设立,登记资金2000万元,是浙江省内首家由民间发起的公募基金会。2015年该公益地标被命名为"善园",同年6月举行了奠基仪式。2015年11月,善园的网络平台——善园网正式上线。善园网运用互联网应用技术及移动互联技术,将"救急难"需求和资源进行有效对接,以PC+移动端为载体,包括项目申请、审核、发布,善款募集、给付、跟踪,效果查询、评估、存档等功能,为急难人群提供便捷的求助平台,为企业提供履行社会责任的高效平台,为社会组织提供联合劝募的资源平台,为爱心人士提供行善的简易平台。

11.4.1.3 运营期(2017年至今)

2017年6月善园正式开园,投入使用。善园项目总占地1.6万余平方米,新老建筑共7栋,面积4300平方米,以清末民初的慈善家严康懋故居为核心,街景小公园为附属,以弘扬慈善文化为主旨,集展示、体验、参与、服务于一体,具游览、休闲、教化之功能,项目能满足公益志愿者活动、社会企业展示、创业公益指导、公益组织孵化、救援物资集散、公益慈善超市、爱心后备厢集市及管理用房等综合功能。善园建成开园后的运行管理将需要整合多方资源,协同合作。为此,鄞州银行公益基金会、宁波778创业资源中心、宁波市善园公益基金会、浙江乐善公益园等四家入驻善园的公益慈善机构联合成立了"善园管理委员会",善园管理委员会作为主要的管理主体,将负责善园内主要入驻机构之间的工作协调以及与善园相关的所有内外事务的决策和执行。这四家机构具有共同愿景("善善与共,天下大同"),但具有不同的定位,分别为资助型、平台型、服务型、项目型。

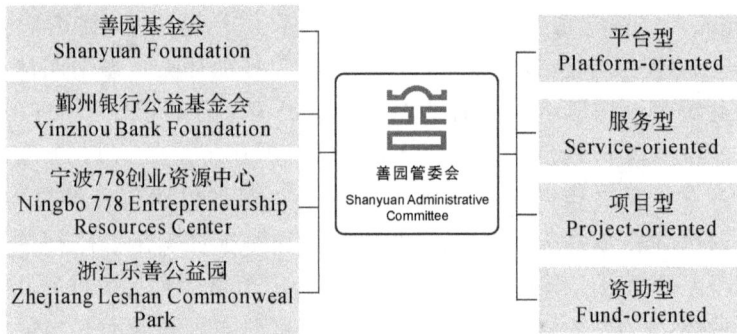

图 11-1 善园管理委员会组织架构

11.4.2 善园的社会价值创造过程

下面根据收集到的善园创建过程中的真实资料,对"社会企业家精神"概念化为社会价值创造过程进行了分析,内容包括:社会企业家能力(启动社会价值创造过程)、机会识别、资源调动(不局限于当前资源限制的工作能力)。

1.4.2.1 社会企业家能力

为了开始社会价值创造的过程,社会企业家需要采取行动来识别解决某个社会问题的机会,发展创意并执行计划来解决这个问题,因此只有那些有创造社会价值强烈愿望的人才会采取行动,而其他人则不会。善园的创始人严意娜女士个人的经历充分体现了其社会价值创造的使命感和责任感。早在2009年10月,严女士就曾到甘肃省定西市陇西县宏伟乡贾家岇小学支教,其间募集了4000千克衣物和学习用品,帮助100多名贫困学生与爱心市民结对,筹资130万元建"爱心桥",被亲切地称为"造桥女孩"。而这些事迹均是由她独自完成的,这也表明她所具有的坚韧不拔的毅力。

命题 1：使命感、社会责任感和毅力是社会企业家价值创造所需的个人能力。

严意娜于 2011 年鄞州银行公益基金会正式成立后受聘成为基金会秘书长，成为宁波公益基金领域职业经理第一人。在此期间严意娜充分展示了基金经营与管理的知识与技能，鄞州银行公益基金会快速成长，2014 年获评国家 AAAA 社会组织，2017 年则被评为国家 AAAAA 社会组织，基金透明度连续多年全国第一，公益活动受益者超过 10 万人次/年，社会捐赠从 2011 年的 0.6 万元增至 2014 年的 1600 余万元。此后严意娜先后参加了全国"慈善千人计划"和"政府对非营利组织的支持与监管"访美等多次培训。经过几年的知识和经验的累积，她于 2015 年联合团队成员发起并建立了善园基金会。严意娜在对善园的经营管理中引入了企业管理理念，在市场分析、服务流程规划、客户管理、人员培训等多个方面充分借鉴了商业企业的做法，运用商业理念经营公益资源，提升了公益资源的利用效率，从而让其创造更多的社会价值。

命题 2：商业知识与技能的累积是社会企业家创业能力形成的基础。

11.4.2.2 机会识别与发现

机会识别与发现可以被视为社会企业家发现可以解决的社会问题的一个过程，这个过程不是一次性行动，而是涉及一系列的行动。而作为平台型公益组织，社会价值创造的机会识别可以看作两个阶段独立的过程，其一为发现公益组织或项目的资金需求，其二为发现可以但尚未被解决的社会问题。

善园的建立根植于宁波这片经济发达而又有丰富慈善文化与历史的土壤。宁波市经济发达，2017 年居民人均年收入超过 4.8 万元，是全国平均的 1.85 倍，而民营经济又尤为发达，据《2017 胡润财富报告》，宁波拥有千万元以上资产的家庭达 31700 户，拥有 600 万元以上资产的家庭达 83500 户，每 250 人中有 1 人是千万富豪，入列千万元以上资产高净值人群最密集城市全国前十。此外，宁波市还拥有深厚的慈善文化历史底蕴。从宗教文化看，弥勒佛的化身——奉化布袋和尚乐行善事的故事，几乎妇孺皆知，而妈祖传说、普陀山观音文化的核心是劝人为善，对宁波的影响广泛而深刻。从历史根源看，河姆渡"稻作文明"孕育了宁波人勤劳善良、吃苦耐劳的性格，形成了温敦淳朴、仁慈宽厚的民风。同时，地处沿海的宁波人在向大海讨生活，在和外界交往中，形成了守望相助、风雨同舟的济世胸襟和至情至性、宽容大度的文化基因。宁波传统文化基因里"善"的因子突出，影响了一代又一代宁波人，孕育了独具特色的"善文化"，即"与人为善、乐善好施"（刘永成，2018）。如南宋年间设义庄义田赈济贫户的史浩，民国时期创办中国红十字会救助灾民的沈敦和，还有一生都在救助别人的"天使奶奶"胡秀芝，将无偿献血视为第二事业的私营企业主郑世明等，他们都是各个时代"宁波榜样"的杰出代表。在这慈善文化丰富的土壤中，一方面孕育发展了大量的社会公益组织,仅善园所在的鄞州区就拥有 20 万志愿服务人群,社会公益组织 1000 余个;另一方面又有大量乐善好施的捐赠者。

然而大量社会公益组织面临的问题是缺乏公益活动或项目资金。据统计民间公益组织能够生存两年以上的不到 30%,能够生存 3~4 年的仅有 15%(陈鲁南,2016),缺少固定的资金来源是主因(邓国胜,2000;龚珂等,2014;陈华、蒋剑辉,2017)。捐赠者遇到的问题则是很难获取公益组织活动或项目的具体信息,对公益组织缺乏信任,这使大量捐赠资金流向官方慈善组织,很少有资金进入民间公益社会组织。善园则敏锐地识别了捐赠需求与供给错位的问题,成立了浙江省首家非公募基金会(鄞州银行公益基金会)和民间发起的公募基金会(善园基金会),并构建了网络平台,一方面吸纳捐赠资金用于开展公益项目,直接解决社会问题;另一方面则撮合捐赠者与公益项目对接,致力于解决捐赠需求与供给错位的问题。这既可以使公益项目快速募集到资金,也使捐赠者对公益组织的信任问题得以解决。此外善园还成立了大数据中心,技术团队根据各方需求进行日常数据库的维护和管理,实时提取和整理项目需求及捐赠人的相关信息,如捐赠者的项目捐赠喜好、捐赠时间、捐赠金额等,更好地掌握社会捐赠需求的变化。同时捐赠人也可以从数据中心追溯项目进程和结项后的反馈。据此我们可以得到命题 3。

命题 3:解决捐赠者需求和供给错位的问题是平台型公益组织进行社会价值创造的机会。

善园有了更为广阔的社会问题反映渠道,并做到了对社会敏感和热点问题的快速反应,这获得了捐赠者和社会公众的广泛关注,扩大了平台的社会影响。例如环境保护是公益社会组织持续面对的话题,当宁波市开展"五水共治"工程时,善园快速反应,联合浙江省绿色科技文化促进会和宁波高校组织开展实地调查,为政府决策提供一手信息。当意识到社会公众对公益活动和项目关注度下降时,善园将帮扶对象由弱势群体扩大到了社会公众,开发了流动爱心伞项目,在高校、购物中心等人流密集地区提供免费的流动伞,让更多人感受到温暖与爱,一点点地将公益渗入人们的日常生活中,从生活的琐碎小事开始,让更多人关注公益。而当国家开展脱贫攻坚后,善园也积极响应,通过创新的方式开展西北地区夏令营亲子体验课程,通过配对的方式让宁波市的家庭到西北地区体验生活。配对的形式一定程度上减轻了西北家庭的经济负担,也让城市参与者感受到公益的初衷,亲子关系得到进一步的改善,同时培养了小孩子的慈善之心,实现了"多重公益"。综上可知,平台型公益组织在与环境的互动中快速响应,针对社会问题,可以迅速整合社会资源,开发出对应的公益项目,据此有命题 4。

命题 4：平台型公益组织将解决社会问题视为社会价值创造的机会，通过与环境的持续互动来发现机会。

11.4.2.3　资源整合

机会的识别与发现仅是社会价值创造的开始，资源调动才是社会价值创造的核心过程。所谓资源，包括人力资源（创始团队、有偿雇员和志愿者）、财政资源和其他资源（主要是基础设施和土地）。

目前，社会公益组织人才紧缺的问题仍然制约着公益组织的发展。善园通过构建广泛的社会网络来吸引和保留人才，进一步突破公益人才短缺的瓶颈。正是意识到公益人才在创造社会价值过程中的重要作用，善园在成立之初就通过联合高校来积极培养公益人才。以实验、研究、示范、推演的发展原则，联合浙江大学宁波理工学院成立了"益立方公益学院"，开展公益人才培养，每期培育 30 名公益人才，培育期为 1 年，目前已培养 60 名公益人才。联合基金会和高校创办公益比赛，通过鉴别公益项目的前景来识别公益创业人才，并给予支持。善园依据其广泛的社会网络，开展专业学者和企业家的知识和经验分享活动，对入驻平台的公益组织团队及内部工作人员定期开展培训，不断提升团队的知识储备。此外善园的平台性质，可以让团队人员参与到不同类型的公益项目中，为团队中具有不同专业背景的人员提供机会来承担具体责任，个人在社会价值创造中的重要性被肯定，增加了组织内部的集体感，能够更好地留住人才。善园的社会网络将政府、企业、高校联成一体，政府提供政策、资金支持，企业提供资金、经营管理技术支持，高校提供专业人才和人力支持，突破了非营利组织在资源、管理、人力资源上的瓶颈。

命题 5：平台型公益组织依靠社会网络（个人网络、专业网络和互联网）来调动资源。

获得资金是所有社会企业家都要面对的相同挑战。善园的前期运作资金主要来源于鄞州银行公益基金会，为善园的前期构建和早期运营提供了资金支持。善园综合体的建设资金则主要来源于社会大众和企业家的捐赠，所在地是由严氏家族捐赠的严氏家族建筑物作为运作载体。从圣龙集团罗立成先生为善园建设捐赠价值 200 万元的地源热泵空调开始，宁波林场、三生、蓝海、欣达等集团的爱心企业家就善园建设所需的电梯、树木、花草乃至物业管理项目慷慨解囊。近百家企业、数千人次积极捐款捐物，累计获得善园建设款超 2000 万元。随着善园的稳定运营，其可持续能力和造血能力得到了不断提升。这主要得益于其信息公开透明的制度或策略，鄞州银行公益基金会的透明指数连续多年位列全国第一，善园基金会和善园网则做到了善款流向清楚，通过善园网公布各种项目的明细、资金流向、项目进程，并有 24 小时服务热线，协助双方进行沟通，及时反馈项目进程与项目效果，捐赠企业可在善园网申请成为善管家，负责项目的实质性审核，这吸引了越来越多的企业家投入资金来实现他们的社会使命。同时，善园网的良好运作也不断扩大社会网络，形成若干新网络，建立各种合作伙伴关系和合作关系，也保障了善园的资金来源。

命题 6：平台型公益组织的信息公开透明制度是其构建和扩大其社会网络的重要因素。

善园社会网络快速构建与发展也得益于与环境保持良好的互动。近年来国家对社会公益组织发展给予了大力支持，法律与政治环境对社会公益组织更加有利。善园敏锐地识别了有利的环境条件，在公益相关领域积极快速响应政府的行为，例如在宁波出台"五水共治"环境治理和扶贫等举措前后，善园积极调动资源开展公益项目与之相应，获得了政府的关注、鼓励和支持。与此同时，越来越多的营利性企业在创造经济价值的同时更加注重社会价值的创造，视社会责任为"成长的机会"，而不仅仅是"慈善行动"。很多企业也意识到企业参与志愿活动，能够提高员工的归属感、认可度，也可以提升企业的品牌形象和美誉度。在这样的背景下，善园为了帮助企业家履行其社会责任，善园探索建立了企业家族专项基金会，来协助企业更好地理清其社会使命，更加高效地投入公益事业中。同时善园完善企业信息，进行实名认证，建立企业善款账户，转发捐款，点赞捐款，还可以发起公益众筹项目，增加企业凝聚力。为企业发放行善红包，从而进一步提高影响力，推荐其求助项目，提升企业美誉度。善园将企业的社会责任需求与公益项目的资金需求对接，积累了更多的企业家资源。

命题 7：平台型公益组织与环境保持良好的互动有助于发展其社会网络资源。

善园认为创造更多的社会价值在于激发其组织本身的生命力，良好的组织治理结构则是激发组织生命力的前提。善园是由众筹发起，在当地媒体、人大代表、政协委员和当地知名企业共同努力下创建而成，成立之初建立管委会，由入驻的公益慈善机构联合发起、自愿参与会议，建立民主式决策制度，主要包括：学习、贯彻国家法律、法规，落实政府有关文件或分析公益慈善活动中存在的倾向性问题，沟通、通报涉及机构共性问题的重大情况；协调解决各机构开展公益慈善中的有关问题；研究改进开展公益慈善活动的方式、方法，检查、考核各成员单位执行联席会议决议的情况。同时为了有效发挥资源共享机制，以节约成本、减少环节、提高效率，善园管委会建立了成员机构间的理事长联席会议制度。

命题 8：对于平台型公益组织而言，良好的治理结构将提升其资源的获取与利用效率和效果。

11.5 研究结论

基于以上 8 个研究命题，我们构建了如图 11-2 所示的社会价值创造模型，模型中最重要的部分是社会价值创造，因此其处于模型中心位置，而社会企业家能力、机会识别和资源调动都是指向中心位置的，并且这些维度之间相互作用也反映在实现社会使命的社会价值创造过程中。社会企业家首先将社会问题视为机遇，然后调动资源，利用机会解决已确定的社会问题，从而为受益人创造社会价值。

虽然社会企业家将"社会企业家精神"引入社会组织的实际价值已经在全球范围内得到广泛的认可，但对社会企业家精神的研究仍然是一个新兴领域。本研究以善园为典型案例，分析了社会企业家精神引领平台型公益组织创造社会价值的过程，研究发现：

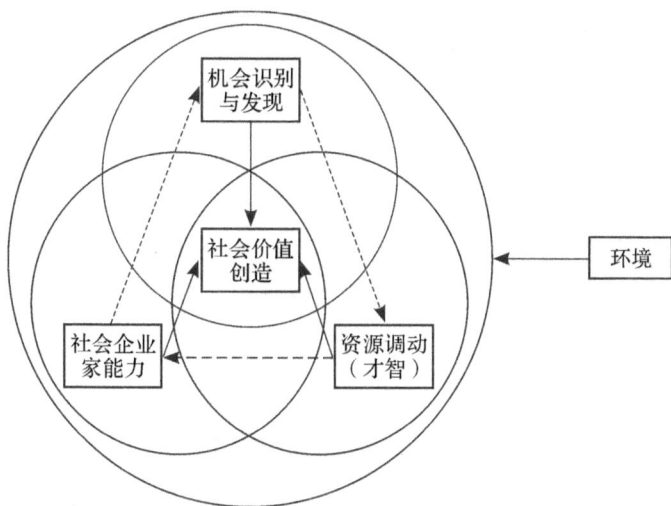

图 11-2 社会价值创造模型

（1）从社会企业家的角度来看，"社会价值创造"是通过解决社会问题所带来期望的社会变化或创造的社会影响（社会结果）。这些"社会变化"或"社会成果"包括一系列影响，例如提高认知能力，赋权受益者，创造社会经济效益，转变受益人观念、态度和行为等。在平台型公益组织中，社会企业家能力、机会的识别与发现、资源调动及环境是社会价值创造的四个重要维度。社会企业家在与环境的互动中，通过自己的能力，以解决社会问题作为创造社会价值的机会，整合、调动与开发资源去解决社会问题，从而创造社会价值。

（2）平台型社会公益组织中社会企业家能力体现在个人能力和创业能力两个方面。其中使命感、社会责任感和毅力是社会企业家的个人能力，而商业知识与技能则是社会企业家创业能力的重要方面。

（3）平台型公益组织将解决社会问题视为社会价值创造的机会，通过与环境的持续互动来发现机会。此外，对于平台型公益组织而言，解决捐赠者需求和供给错位的问题是其进行社会价值创造的机会。

（4）平台型公益组织通过社交网络来调动资源，在这里社交网络包括个人网络、专业网络和互联网。而其所构建的信息公开透明制度，则是其构建和扩大其社会网络的重要因素。而与高校、政府和企业等保持良好的互动，则有助于其发展社会网络。此外，平台型公益组织还需要具有较好的治理结构，这有助于提高和改善其资源的获取和使用效率及效果。

参考文献

[1]陈迎炜,等.生生不息:中国社会创业家新生代数据画像慈善蓝皮书:中国慈善发展报告(2018)[C].北京:社会科学文献出版社,2018.

[2]傅家骥.技术经济前沿问题[M].北京:经济科学出版社,2003.

[3]官有垣,陈锦棠,王仕图.社会企业的治理:台湾与香港的比较[M].台北:巨流图书公司,2016.

[4]金仁旻,刘志阳.使命漂移:双重目标压力下的社会企业治理研究[J].福建论坛(人文社会科学版),2016(9):15-21.

[5]李健,陈淑娟.如何提升非营利组织与企业合作绩效?——基于资源依赖与社会资本的双重视角[J].公共管理学报,2017,14(2):71-80.

[6]李健,向勖宇.工作整合型社会企业参与"大陆单亲妈妈"服务的探索性研究——基于台湾人安基金会的个案分析[J].台湾研究集刊,2018(1):55-63.

[7]刘号.社会组织发展的新路径:政府购买公共服务[J].安徽行政学院学报,2017,8(3):43-48.

[8]刘志阳,金仁旻.社会企业的商业模式:一个基于价值的分析框架[J].学术月刊,2015,47(3):100-108.

[9]刘志阳,李斌,陈和午.企业家精神视角下的社会创业研究[J].管理世界,2018(11):171-173.

[10]刘志阳.创业画布[M].北京:机械工业出版社,2018.

[11]马贵侠,叶士华.民间公益组织发展:动态、反思与展望[J].理论与改革,2015(3):119-122.

[12]苗青,张晓燕."义利并举"何以实现?——以社会企业"老爸评测科技有限公司"为例[J].吉林大学社会科学学报,2018,58(2):104-112.

[13]苗青.基于规则聚焦的公司创业机会识别与决策机制研究[D].杭州:浙江大

学,2006.

[14]苗青.社会企业:链接商业与公益[M].杭州:浙江大学出版社,2015.

[15]潘小娟.社会企业初探[J].中国行政管理,2011(7):20-23.

[16]盛南,王重鸣.社会创业导向构思的探索性案例研究[J].管理世界,2008(8):127-137.

[17]斯晓夫,刘志阳,林嵩,等.社会创业理论与实践[M].北京:机械工业出版社,2019.

[18]斯晓夫,王颂,傅颖.创业机会从何而来:发现,构建还是发现＋构建——创业机会的理论前沿研究[J].管理世界,2016(3):115-127.

[19]孙世敏,张兰,贾建锋.社会企业业绩计量理论与方法的研究进展[J].科研管理,2011,32(12):74-81.

[20]万希,彭雷清.基于智力资本的社会企业创新流程研究[J].管理世界,2011(6):180-181.

[21]王皓白.社会创业动机、机会识别与决策机制研究[D].杭州:浙江大学,2010.

[22]王名,朱晓红.社会企业论纲[J].中国非营利评论,2010,6(2):1-31.

[23]王砚羽,谢伟.历史的延续:组织印记研究述评与展望[J].外国经济与管理,2016(12).

[24]王颖.社会创业过程的多案例研究[D].蚌埠:安徽财经大学,2015.

[25]肖红军,阳镇.共益企业:社会责任实践的合意性组织范式[J].中国工业经济,2018(7):174-192.

[26]于晓宇,李雅洁,陶向明.创业资源拼凑研究综述与未来展望[J].管理学报,2017,14(2):306-316.

[27]张远凤.社会创业与管理[M].武汉:武汉大学出版社,2012.

[28]赵辉,田志龙.伙伴关系、结构嵌入与绩效:对公益性 CSR 项目实施的多案例研究[J].管理世界,2014(6):142-156.

[29]郑娟,李华晶,李永慧,等.社会企业商业模式要素组合研究——基于国内外社会企业的案例分析[J].科技与经济论坛,2014,20(4):91-95.

[30]Aldrich H E, Fiol C M. Fools rush in? The institutional context of industry creation[J]. Academy of Management Review, 1994,19(4): 626-645.

[31]Arthur C B. Social entrepreneurship: A modern approach to social value creation[M]. New York: Prentice Hall,2008.

[32]Ashforth B E, Mael F. Social identity theory and the organization[J]. Academy of Management Review, 1989, 14(1): 20-39.

[33]Austin J, Stevenson H, Wei Skillern J. Social and commercial entrepreneurship: Same, different, or both? [J]. Entrepreneurship Theory and Practice, 2006, 30(1): 1-22.

[34]Baker Brown, G, Ballard E J, Bluck S S, et al. The conceptual/integrative complexity scoring manual. Motivation and personality: Handbook of thematic content analysis[M]. Cambridge: Cambridge University Press, 1992:401-418.

[35]Baker T, Nelson R E. Creating something from nothing-Resource construction through entrepreneurial bricolage[J]. Administrative Science Quarterly,2005,30(1):329-366.

[36]Baker W. Achieving success through social capital: tapping the hidden resources in your personal and business networks[M]. San Francisco:Wiley, 2000.

[37]Barnett M L. Stakeholder influence capacity and the variability of financial returns to corporate social responsibility[J]. Academy of Management Review, 2007, 32(3): 794-816.

[38]Baron R A, Markman G D. Beyond social capital: The role of entrepreneurs' social competence in their financial success[J]. Journal of Business Venturing,2003(18):41-60.

[39]Baron R A. Counter factual thinking and venture formation: The potential effect of thinking about what might have been[J]. Journal of Business Venturing,2000,15(1):79-92.

[40]Battilana J, Dorado S. Building sustainable hybrid organizations: The case of commercial microfinance organizations[J]. Academy of Management Journal, 2010, 53(6): 1419-1440.

[41]Battilana J, Lee M. Advancing research on hybrid organizing: Insights from the study of social enterprises[J]. Academy of Management Annals, 2014, 8(1): 397-441.

[42]Battilana J, Sengul M, Pache A C et al. Harnessing productive tensions in hybrid organizations: The case of work integration social enterprises[J]. Academy of Management Journal, 2015, 58(6): 1658-1685.

[43]Bellostas A, Lopez-Arceiz F, Mateos L. Social value and economic value in social enterprises: Value creation model of spanish sheltered workshops. VOLUNTAS, 2016, 27 (1): 367-391.

[44]Benet-Martinez, V. , Lee, F. , & Leu, J. Biculturalism and cognitive complexity expertise in cultural representations[J]. Journal of Cross-Cultural Psychology,2006, 37(4): 386-407.

[45]Benet-Martinez V, Haritatos J. Bicultural identity integration (BII): Components and psychosocial antecedents[J]. Journal of Personality, 2005,73(4): 1015-1050.

[46]Benjamin D J, Choi J J, Strickland A J. Social identity and preferences [J]. American Economic Review, 2010, 100(4): 1913-28.

[47]BesharovML. The relational ecology of identification: How organizational identification emerges when individuals hold divergent values[J]. Academy of Management Journal, 2014,57(5): 1485-1512.

[48]Bhagavatula S, Elfring T, Tilburg A et al. How social and human capital influence opportunity recognition and resource mobilisation in India's hand loom industry[J]. Journal of Business Venturing,2010(25):245-260.

[49]Bhatt P, Altinay L. How social capital is leveraged in social innovations under resource constraints? [J]. Management Decision,2013, 51(9):1772-1792.

[50]Burdge R J, Helen. A community guide to social impact assessment[M]. Middleton:WI-Social Ecology Press,1994.

[51]Burke P J. Identities and social structure: The 2003 Cooley Mead Award address [J]. Social Psychology Quarterly, 2004,67(1): 5-15.

[52]Choi D Y,Gray E R. Socially responsible entrepreneurs: What do they do to create and build their companies? [J]. Business Horizons,2008, 51(4): 341-352.

[53]Christie M J, Honig B. Social entrepreneurship-New research findings [J]. Journal of World Business, 2006, 41 (1) :1-5.

[54]Chua R Y J, Ingram P,Morris M W. From the head and the heart: Locating cognition-and affect-based trust in managers' professional networks [J]. Academy of Management Journal,2008, 51(3): 436-452.

[55]Cooney K. An Exploratory Study of Social Purpose Business Models in the United States[J]. Nonprofit and Voluntary Sector Quarterly,2011,40(1): 185-196.

[56]Corner P D, HO M. How opportunities deuelop in social entrepreneurship[J]. Entrepreneurship Theory and Practice, 2010,34(4):635-659.

[57]Dacin M T, Dacin P A, Tracey P. Social entrepreneurship: A critique and future directions[J]. Organization Science, 2011, 22(5): 1203-1213.

[58]Dacin P A, Dacin M T, Matear M. Social entrepreneurship: Why we don't need a new theory and how we move forward from here[J]. Academy of Management Perspectives, 2010,24(3): 37-57.

[59]Davidsson P, Honig B. The role of social and human capital among nascent entrepreneurs[J].Journal of Business Venturing,2003(18):301-331.

[60]Dees J G, Anderson B B. For-profit social ventures[J]. Internalization Journal of Entrepreneurship Education, 2003, 2 (1): 1-26.

[61]Dees J G, Emerson J, Economy P. Enterprising Nonprofits: A Toolkit for Social Entrepreneurs [M]. New York: John Wiley & Sons, 2002.

[62]Dees J G. Taking social entrepreneurship seriously[J]. Society, 2007, 44 (3): 24-31.

[63]Dees,J. G. , J. Emerson, and P. Economy. Strategic Tools for Social Entrepreneurs: Enhancing the Performance of Your Enterprising Nonprofit[M]. New York: John Wiley & Sons, Inc. ,2002.

[64]Defourny J, Nyssens M. Conceptions of Social Enterprise and Social Entrepreneurship in Europe and the United States: Convergences and Divergences [J]. Journal of Social Entrepreneurship, 2010, 1(1):32-35.

[65]Desa G, Basu S. Optimization or bricolage? Overcoming resource constrain in global entrepreneurship[J]. Strategic Entrepreneurship Journal,2013,7(1):26-49.

[66]Desa G. Resource mobilisation in international social entrepreneurship: Bricolage as a mechanism of institutional transformation[J]. Entrepreneurship Theory Practice,2011,23 (5):567-589.

[67]Di Domenico M L, Haugh H, Tracey P. Social bricolage: Theorizing social value creation in social enterprises [J]. Entrepreneurship theory and practice, 2010, 34 (4): 681-703.

［69］Diener E, Inglehart R, Tay L. Theory and validity of life satisfaction scales［J］. Social Indicators Research, 2013, 112(3): 497-527.

［69］Dimov D. From opportunity insight to opportunity intention: The importance of person-situation learning match［J］. Entrepreneurship Theory Practice, 2007, 31(4):561-583.

［70］Doherty B, Haugh H, Lyon F. Social enterprises as hybrid organizations: A review and research agenda［J］. International Journal of Management Reviews, 2014, 16(4): 417-436.

［71］Dohrmann S, Raith M, Siebold N. Monetizing social value creation—A business model approach［J］. Entrepreneurship Research Journal, 2015, 5(2): 127-154.

［72］Dokko G, Wilk S L, Rothbard N P. Unpacking prior experience: How career history affects job performance［J］. Organization Science, 2009, 20(1): 51-68.

［73］Domenico M D, Haugh H, Tracey P. Social Bricolage: Theorizing social value creation in social enterprise［J］. Entrepreneurship Theory and Practice, 2010, 34(4): 681-703.

［74］Dorado S. Social entrepreneurial ventures: different values so different process of creation, no? ［J］. Journal of Developing Entrepreneurship, 2006, 11(4):319-343.

［75］Druker P. Innovation and entrepreneurship［M］. New York:Prentice Hall, 1985.

［76］Dufays, Frédéric. Tensions in nascent social enterprises: Looking beyond the social-economic duality ［C］. 2016 European Academy of Management (EURAM) Conference, 2016.

［77］Ebrahim A, Battilana J, Mair J. The governance of social enterprises: Mission drift and accountability challenges in hybrid organizations［J］. Research in Organizational Behavior, 2014(34): 81-100.

［78］Eckhart J T, Shane S A. Opportunities and entrepreneurship［J］. Journal of Management, 2003, 29(3):333-349.

［79］Elkington J, Hartigan P. The power of unreasonable people: How social entrepreneurs create markets that change the world ［M］. Boston: Harvard Business Press, 2008.

［80］Emerson, J. The blended value proposition: Integrating social and financial returns ［J］. California Management Review, 2003, 45(4): 35-51.

［81］Estrin S, Mickiewicz T, Stephen U. Entrepreneurship, social capital and institutions—Social and commercial entrepreneurship across nations［J］. Entrepreneurship Theory and Practice, 2013, 37(3):479-504.

［82］Farmer S M, Yao X, Kung-Mcintyre K. The behavioural impact of entrepreneur identity, aspiration and prior entrepreneurial experience ［J］. Entrepreneurship Theory Practice, 2011, 35(2):245-273.

［83］Fosfuri A, Giarratana M S, Roca E. Social business hybrids: Demand externalities, competitive advantage, and growth through diversification［J］. Organization Science, 2016, 27(5): 1275-1289.

[84]Fosfuri A, Giarratana M S, Roca E. Walking a slippery line: Investments in social values and product longevity[J]. Strategic Management Journal, 2015, 36(11): 1750-1760.

[85]Foxall G R, Hackett P M. The factor structure and construct validity of the Kirton Adaption-Innovation Inventory[J]. Personality and Individual Difference, 1992, 13(9): 967-975.

[86]Gaglio C M, Katz J A. The psychological basis of opportunity identification: Entrepreneurial alertness[J]. Small Business Economics, 2001, 16(3): 95-111.

[87]Gartner W B. A conceptual framework for describing the phenomenon of new venture creation[J]. Academy Management Review, 1985, 10(4): 696-706.

[88]Gartner W B. "Who is an entrepreneur?" is the wrong question[J]. Entrepreneurship Theory Practice, 1988, 13(4): 47-68.

[89]Grant A M, Rothbard N P. When in doubt, seize the day? Security values, prosocial values, and proactivity under ambiguity[J]. Journal of Applied Psychology, 2013, 34(4): 810.

[90]Greve A, Salaff J W. Social networks and entrepreneurship[J]. Entrepreneurship Theory and Practice, 2003, 22(1): 1-22.

[91]Haigh N, Walker J, Bacq S et al. Hybrid organizations: origins, strategies, impacts, and implications[J]. California Management Review, 2015, 57(3): 5-12.

[92]Hasan S. Social capital and social Entrepreneurship in Asia: Analyzing the links[J]. Asia Pacific Journal of Public Administration, 2005, 27(1): 1-17.

[93]Hazenberg R, Bajwa-Patel M, Roy M J et al. A comparative overview of social enterprise "ecosystems" in Scotland and England: An evolutionary perspective[J]. International Review of Sociology, 2016, 26(2): 205-222.

[94]Helfat C E, Eisenhardt K M. Inter-temporal economies of scope, organizational modularity, and the dynamics of diversification[J]. Strategic Management Journal, 2004, 25(13): 1217-1232.

[95]Hitlin S. Values as the core of personal identity: Drawing links between two theories of self[J]. Social Psychology Quarterly, 2003, 66(2): 118-137.

[96]Hockerts K. Entrepreneurial opportunity in social purpose ventures[M]//Mair J, Robinson J, Hockerts K (eds). Handbook of research in social entrepreneurship. London: Palgrave Macmillan, 2006: 142-154.

[97]Hockerts K. Handbook of research in social entrepreneurship[M]. London: Palgrave Macmillan, 2006.

[98]Howard H, Stevenson, David E. The heart of entrepreneurship[J]. The Harvard Business Review, 1985, 63(2): 85-94.

[99]Jay J. Navigating paradox as a mechanism of change and innovation in hybrid organizations[J]. Academy of Management Journal, 2013, 56(1): 137-159.

[100]Khieng S, Dahles H. Commercialization in the non-profit sector: The emergence

of social enterprise in Cambodia[J]. Journal of Social Entrepreneurship, 2015,6(2):218-243.

[101]Kim Y Y. Communication and Cross Cultural Adaptation—An Integrative theory [M]. Clevedon: Multilingual Matters,1998.

[102]Kirzner I M. Entrepreneurial discovery and the competitive market process: An Austrian approach[J]. Journal of Economic Literature,1997,35(1):60-85.

[103]Knight G A. Cross—culture reliability and validity of a scale to measure firm entrepreneurial orientation[J]. Journal of Business Venturing,1997,12(3):213-225.

[104]Kroeger A, Weber C. Developing a conceptual framework for comparing social value creation[J]. Academy of Management Review,2014,39(2):513-540.

[105]Kuratko D F, McMullen J S, Hornsby J S, et al. Is your organization conducive to the continuous creation of social value? Toward a social corporate entrepreneurship scale[J]. Business Horizons, 2017, 60(3): 271-283.

[106]Kwon S-W, Arenius P. Nations of entrepreneurs: A social capital perspective[J]. Journal of Business Venturing,2010,25(2):315-330.

[107]Laurence G, Scott B. Social impact analysis: An Applied Anthropology Manual [M]. New York:Berg,2000:1-34.

[108]Lepak D P, Smith K G, Taylor M S. Value creation and value capture: A multilevel perspective [J]. Academy of Management Review, 2007, 32 (1): 180-194.

[109]Liao J, Welsch H. Roles of social capital in venture creation: Key dimensions and research implications[J]. Journal of Small Business Management,2005, 43(4):345-362.

[110]Light P C. Reshaping social entrepreneurship [J]. Stanford Social Innovation Review, 2006, 4 (3): 47-51.

[111]Maclean M, Harvey C, Gordon J. Social innovation, social entrepreneurship and the practice of contemporary entrepreneurial philanthropy[J]. International Small Business Journal, 2013,31(7):747-763.

[112]Maddux W W, Adam H, Galinsky A D. When in Rome…learn why the Romans do what they do: How multicultural learning experiences facilitate creativity[J]. Personality and Social Psychology Bulletin, 2010,36(6): 731-741.

[113]Madsen H, Neergaard H, Ulhøi J P. Knowledge-intensive entrepreneurship and human capital[J]. Journal of Small Business Entrepreneurship Development,2003, 10(4): 426-434.

[114]Mair J, Marti L. Social entrepreneurship research: A source of explanation, prediction, and delight [J]. Journal of World Business, 2006, 41 (1):36-44.

[115]Mair J, Schoen O. Successful social entrepreneurial business models in the context of developing countries: an exploratory study[J]. International Journal of Emerging Market, 2007, 2(1):54-68.

[116]Markides C, Williamson P. Corporate diversifification and organizational structure [J]. Academy of Management Journal, 1996,39(2):340-367.

[117] Marquis C, Park A. Inside the buy-one give-one model[J]. Stanford Social Innovation Review, 2014(12): 28-33.

[118] Martin R L, Osberg S. Social Entrepreneurship: The Case for Definition [M]. Stanford, CA: Stanford Social Innovation Review, 2007:28-39.

[119] Matlin M W. Cognition. [M]. 5th ed. Fort Worth: Harcourt Brace Couege Publishers, 2002.

[120] Mauksch S, Dey P, Rowe M et al. Ethnographies of social enterprise[J]. Social Enterprise Journal, 2017, 13(2): 114-127.

[121] Maurer C C, Bansal P, Crossan M M. Creating economic value through social values: Introducing a culturally informed resource-based view[J]. Organization Science, 2011, 22(2): 432-448.

[122] McGrath R G. Business models: A discovery driven approach. Long-range Planning, 2010,43(2) : 247-261.

[123] Mcmullen J S, Shepherd D A. Entrepreneurial action and the role of uncertainty in the theory of the entrepreneur[J]. Academy of Management Review,2006,31(1):132-152.

[124] Mehra A, Kilduff M, Brass D J. At the margins: A distinctiveness approach to the social identity and social networks of underrepresented groups [J]. Academy of Management Journal, 1998, 41(4): 441-452.

[125] Meyer J W, Rowan B. Institutionalized organizations-Formal structure as myth and ceremony[J]. American Journal of Sociology, 1997,83(2): 340-363.

[126] Meyer R E, Höllerer M A. Laying a smoke screen: Ambiguity and neutralization as strategic responses to intra-institutional complexity[J]. Strategic Organization, 2016,14 (4): 373-406.

[127] Meyskens M, Carsrud A L, Cardozo R N. The symbiosis of entities in the social engagement network—The role of social ventures [J]. Entrepreneurship and Regional Development,2010,22(5):425-455.

[128] Michelini L,Fiorentino D. New business models for creating shared value. Social Responsibility Journal,2012,8(4):561-577.

[129] Miller T L, Grimes M G, Mcmullen J S, Vogus T J. Venturing for others with heart and head: how compassion encourages social entrepreneurship [J]. Academy of Management Review, 2012, 37(4): 616-640.

[130] Misra S, Kumar E S. Resourcefulness: A proximal conceptualisation of entrepreneurial behaviour[J]. Journal of Entrepreneurship,2000, 9(2):135-154.

[131] Murphy P J, Coombes S M. A model of social entrepreneurial discovery[J]. Journal of Business Ethics,2009,87(3):325-336.

[132] Nahapiet J, Ghoshal S. Social capital, intellectual capital and the organizational advantage[J]. Academy of Management Review,1998,23(2):242-266.

[133] Nga J K H. Shamuganathan G. The influence of personality trait and demographic

factors on social entrepreneurship start up intentionsC Journal of Business Ethics,2010,95 (2):259-282.

[134]Nicholls A. Social Entrepreneurship: New Models of Sustainable Social Change [M]. New York:Oxford University Press,2006.

[135]Osterwalder A, Pigneur Y. Business Model Generation: A Handbook for Visionaries,Game Changers,and Challengers[M]. Hoboken: John Wiley & Sons,2010.

[136]Osterwalder, A, Pigneur Y. Aligning Profit and Purpose through Business Model Innovation. In: Responsible Management Practices for the 21st Century[M]. edited by G. Palazzo and M. Wentland Pearson International, 2011:61-76.

[137]Pache A C, Santos F. Inside the hybrid organization—Selective coupling as a response to competing institutional logics[J]. Academy of Management Journal,2013, 56 (4):972-1001.

[138]Pache A C, Santos F. When worlds collide: The internal dynamics of organizational responses to conflicting institutional demands[J]. Academy of Management Review, 2010, 35(3): 455-476.

[139]Patricio Osorio-Vega. The Ethics of Entrepreneurial Shared Value [J]. Journal of Business Ethics, 2019, 157 (4):981-995.

[140]Peredo A M, Mclean M. Social entrepreneurship: A critical review of the concept [J]. Journal of World Business, 2006, 41 (1):56-65.

[141]Perrini F, Vurro C. Social Entrepreneurship: Innovation and Social Change Across Theory and Practice. In: Social Entrepreneurship[M]. edited by J. Mair, J. Robinson, K. Hockerts. New York: Palgrave Macmillan,2006:57-85.

[142]Phills J A, Deiglmeier K, Miller D T. Rediscovering social innovation[J]. Stanford Social Innovation Review,2008,6(4):34-43.

[143]Polonsky M J, Grau S L. Evaluating the social value of charitable organisations: A conceptual foundation[J]. Journal of Macromarket,2008, 28(2):130-140.

[144]Porter M E . What is strategy? [J]. Harvard Business Review, 1996,74 (6): 61-78.

[145]Porter M E, Kramer M R. The big idea: Creating shared value, rethinking capitalism[J]. Harvard Business Review, 2011, 89(1/2): 62-77.

[146]Prahalad C K. The Fortune at the Bottom of the Pyramid[M]. Chennai: Pearson Professional Education India,2006.

[147]Quadir I. Bottom up economics[J]. Harvard Business Review, 2003, 81 (8): 18-20.

[148]Ramos Rodriguez A R et al. What you know or who you know? The role of intellectual and social capital in opportunity recognition[J]. International Small Business Journal,2010, 28(6):566-582.

[149]Ravasi D, Rindova V, Dalpiaz E. The cultural side of value creation[J]. Strategic

Organization，2012，10(3)：231-239.

[150]Reed A. Social identity as a useful perspective for self-concept-based consumer research[J]. Psychology & Marketing，2002，19(3)：235-266.

[151]Sakhartov A V，Folta T B. Resource relatedness，redeployability，and firm value [J]. Strategic Management Journal，2014，35(12)：1781-1797.

[152]Sakurai M. Social entrepreneurs and resource mobilization：the role of social capital[C]. Conference onThe Third Sector and Sustainable Social Change：New Frontiers for Research，Barcelona（Spain），July 2008.

[153]Santos F M. A positive theory of social entrepreneurship[J]. Journal of Business Ethics，2012，111(3)：335-351.

[154]Santos F，Pache A C，Birkholz C. Making hybrids work：Aligning business models and organizational design for social enterprises[J]. California Management Review，2015，57(3)：36-58.

[155]Sara C & Dylan Jones-Evans. Enterprise and Small Business—Principles，Practice and Policy[M]. New York：Prentice Hall，Harlow，2006.

[156]Sarasvathy S D. Effectuation：Elements of Entrepreneurial Expertise [M]. Cheltenham：Edward Elgar，2008.

[157]Satar M S，Natasha S. Individual social entrepreneurship orientation：Towards development of a measurement scale [J]. Asia Pacific Journal of Innovation and Entrepreneurship，2019，13(1)：423-445.

[158]Seelos C，Mair J（2005）Social entrepreneurship：Creating new business models to serve the poor[J]. Business Horizon，2005，48(3)：241-246.

[159]Sengupta A. Social capital and business venture：Entrepreneurship in the ICT industry. A dissertation submitted in fulfilment of the requirements for the degree of doctor of philosophy in social sciences[M]. Mumbai：Tata Institute of Social Sciences（TISS），2009.

[160]Sergio G L. The Nature of Social Firm：Alternative Organizational Forms for Social Value Creation and Appropriation[J]. Academy of Management Review，2019，45(3).

[161]Shane S，Locke E A，Collins C J. Entrepreneurial motivation [J]. Human Resource Management，2003，13(2)：257-279.

[162]Shane S. Prior knowledge and the discovery of entrepreneurial opportunities[J]. Organization Science，2000，11(4)：448-469.

[163]Share E. Summer fun to help the planet with Carbonfund. org. EarthShare[EB/OL]. [2013-07-29]（2021-05-05）. http：//www. earthshare. org-07/carbonfund. html.

[164]Shaw E，Carter S. Social entrepreneurship：Theoretical antecedents and empirical analysis of entrepreneurial processes and outcomes [J]. Journal of Small Business Entrepreneurship Development，2007，14(3)：418-434.

[165]Shier Van-Du. Framing curriculum development in social work education about social enterprises：A scoping literature review[J]. Social Work Education，2018，37(8)：

235-257.

[166]Shih M, Pittinsky T L, Ambady N. Stereotype susceptibility: Identity salience and shifts in quantitative performance[J]. Psychological Science, 1999, 10(1): 80-83.

[167]Short J C, Ketchen D J, Shook C L et al. The concept of "opportunity" in entrepreneurship research: Past accomplishments and future challenges [J]. Journal of Management, 2010, 36(1):40-65.

[168]Silverman B S. Technological resources and the direction of corporate diversification: Toward an integration of the resource-based view and transaction cost economics[J]. Management Science, 1999, 45(8): 1109-1124.

[169]Singh A. The process of social value creation: A multiple-case study on social entrepreneurship in India [M]. Mumbai:Springer, 2016.

[170]Sinkovics N, Sinkovics R R, Hoque S F, et al. A reconceptualisation of social value creation as social constraint alleviation [J]. Critical Perspectives on International Business, 2015, 11(3/4):340-363.

[171]Smets M,JarzabkowskiP, BurkeG, & Spee P. Reinsurance trading in Lloyd's of London: Balancing conflicting-yet-complementary logics in practice [J]. Academy of Management Journal,2015,58(3): 932-970.

[172]Smith M L. Social capital and intentional change: Exploring the role of social networks on individual change efforts[J]. Journal of Management Development,2006, 25 (7):718-731.

[173]Smith W K, Besharov M L. Bowing before dual gods: How structured flexibility sustains organizational hybridity[J]. Administrative Science Quarterly, 2019, 64(1): 1-44.

[174]Smith W K, Gonin M, Besharov M L. Managing social-business tensions: A review and research agenda for social enterprise[J]. Business Ethics Quarterly,2013, 23(3): 407-442.

[175]Smith W K, Tracey P. Institutional complexity and paradox theory: Complementarities of competing demands[J]. Strategic Organization, 2016,14(4): 455-466.

[176] Smith W K, Tushman M L. Managing strategic contradictions—A top management model for managing innovation streams [J]. Organization Science, 2005, 16 (5): 522-536.

[177] Stets J E, Burke P J. Identity theory and social identity theory[J]. Social Psychology Quarterly, 2000,63(3):224-37.

[178]Steven A B, Dirk De C. Entrepreneurs' individual-level resources and social value creation goals[J]. International Journal of Entrepreneurial Behavior & Research,2019,25 (2):238-257.

[179]Stryker S, Burke P J. The past, present, and future of an identity theory[J]. Social Psychology Quarterly, 2000,63(4): 284-297.

[180] Stryker S, Serpe R T. Identity salience and psychological centrality: Equivalent,

overlapping, or complementary concepts? [J]. Social Psychology Quarterly, 1994, 57(1): 16-35.

[181]Suddaby R, Bruton G D, Si S X. Entrepreneurship through a qualitative lens: Insight on the construction and/or discovery of entrepreneurial opportunity[J]. Journal of Business Venturing, 2015,30(1):1-10.

[182]Tadmor C T, Tetlock P E, Peng K. Acculturation strategies and integrative complexity: The cognitive implications of biculturalism [J]. Journal of Cross-Cultural Psychology, 2009,40(1): 105-139.

[183]Tajfel H, Turner J. Organizational Identity[M]. New York: Oxford University Press,1979:56-65.

[184]Timmons J A. New business opportunities: Getting to the right place at the right time. Acton:Brick House Publishing Co. ,19941,3(2):5-17.

[185] Tracey P, Jarvis O. An enterprising failure[J]. Stanford Social Innovation Review, 2006, 4(1): 66-70.

[186]Valentinov V. Value devolution in social enterprises: Institutional economics and systems theory perspectives[J]. Administration & Society, 2015, 47(9): 1126-1133.

[187]Van Ryzin G G, Grossman S, Dipadove-Stocks L. Portrait of social entrepreneur-Statistical evidence from a US panel[R]. International Society for Third-Sector Research and John's Hopkins University,2009.

[188]Venkataraman,S. The distinctive domain of entrepreneurship research[J]. Advances in Entrepreneurship, Firm Emergence and Growth,1997,3(1): 119-138.

[189]Wan W P, Hoskisson R E, Short J C et al. Resource-based theory and corporate diversification: Accomplishments and opportunities[J]. Journal of Management, 2011, 37 (5): 1335-1368.

[190]Wang H C, Barney J B. Employee incentives to make firm-specific investments: Implications for resource-based theories of corporate diversification [J]. Academy of Management Review, 2006, 31(2): 466-476.

[191]Wang H. Social entrepreneurial intentions and its influential factors: A comparison of students in Taiwan and Hong Kong [J]. Innovations in Education and Teaching International,2019,56(3):385-395.

[192]Ward T B. Cognition, Creativity and entrepreneurship[J]. Journal of Business Venturing,2004,23(19):23(19).

[193] Welter F. Contextualizing entrepreneurship—Conceptual challenges and ways forward [J]. Entrepreneurship theory and Practice,2011, 35(1): 165-184.

[194] Wendy K. Smith, Marya L. Besharov. Bowing before Dual Gods: How Structured Flexibility Sustains Organizational Hybridity [J]. Administrative Science Quarterly,2019, 64(1):1-44.

[195] Westhead P, Ucbasaran D, Wright M. Information search and opportunity identification: The importance of prior business ownership experience[J]. International Small

Business Journal,2009, 27(6):659-680.

[196]Westlund H, Gawell M. Building social capital for social entrepreneurship[J]. Annual of Public Corporation Economy,2012, 83(1):101-116.

[197]Wood M S. Mckelvie A. Making it personal—Opportunity individuation and the shaping of opportunity beliefs[J]. Journal of Business Venturing,2014,29(2):252-272.

[198]Wry T, J G York. An identity-based approach to social enterprise[J]. Academy of Management Review, 2017,42(3): 437-460.

[199]Wry T, Lounsbury M, Glynn M A. Legitimating nascent collective identities: Coordinating cultural entrepreneurship[J]. Organization Science,2011, 22(2): 449-463.

[200] Yin R. Case Study Research: Design and Methods [M]. Beverly Hills: Sage, 1994.

[201]Yiu D W, Wan W P, Ng F W et al. Sentimental drivers of social entrepreneurship: A study of China's Guangcai (Glorious) Program[J]. Management Organization Review, 2014, 10(1):55-80.

[202]Young D R, KimM C. Can social enterprises remain sustainable and mission-focused? Applying resiliency theory[J]. Social Enterprise Journal. 2015,11(3):233-259.

[203]Young D R, Lecy J D. Defining the Universe of Social Enterprise: Competing Metaphors[J]. VOLUNTAS, 2014, 25(5):1307-1332.

[204]Young R. For What It Is Worth: Social Value and the Future of Social Entrepreneurship. In-Nicholls A (ed). Social entrepreneurship: New models of sustainable social change[M]. 1st ed. New York:Oxford University Press, 2006:56-73.

[205]Yujuico E. Connecting the dots in social entrepreneurship through the capabilities approach[J]. Socio-Economic Review,2008(6):493-513.

[206]Zahra S A, Gedajlovic E, Neubaum D O. A typology of social entrepreneurs-Motives, search processes and challenges[J]. Journal of Business Venturing,2009,24(5):519-532.

[207]Zahra S A, Hlatotchev I, Weight M. How do threshold firms sustain corporate entrepreneurship? The role of boards and absorptive capacity [J]. Journal of Business Venturing, 2009, 24(3) :248-260.

[208] Zaremohzzabieh Z, Ahrari S, Krauss S E. Predicting social entrepreneurial intention: A meta-analytic path analysis based on the theory of planned behavior [J]. Journal of Business Research,2018,96(3): 264-276.

[209]Zur A. Building comparative advantage through social value creation—Comparative case study approach[J]. Problemy Zarzadzania, 2014,49(12):56-71.

第三篇　社会价值创造评估:类型与方法

本篇聚焦于社会价值创造的评估。首先系统分析了公益评估的意义和类型,回顾了我国公益评估的历程,进一步指出了我国公益评估中存在的问题。其次,在分析已有的评估方法基础上,提出两种新的评估方法:(1)基于模糊 PROMETHEE 排序的评估方法,该方法考虑了公益项目社会价值各方面评价指标的模糊性、弱优先性等特点,既可用于结果评估,也可用于项目决策时的多方案比较评估;(2)基于社会价值创造的绩效评估方法,该方法在对社会价值创造的概念及测量进行重新定义的基础上,解决如何评价一个公益组织所发挥的社会作用及不同背景下不同类型的社会干预项目效果的比较问题。

12 公益评估概述

对于一个追求有效性和可持续性的公益项目，评估是不可或缺的部分。"没有任何一个人可以独立完成改变世界的任务，我们需要各种感知、测量、研究和分析来帮助有效和正确地做出决策，而一个好的评估策略和实施则能帮你做到这些。"然而，当前公益领域一个最突出的问题，就是我们的公益活动通常是缺少评估的。这很大程度上是由于当前人们对评估的作用和价值还没有充分的认识，当提到评估时，更多人宁愿把资金、时间和人力投在项目运营上，认为评估不属于正式运营的部分，不创造价值却要花费时间和精力。一些小型的公益组织或项目，更认为其没有必要也没有资金进行评估。并且，目前我国很多捐赠者也没有要求评估项目。

从科学管理的角度来说，如果一种行为的后果是不可评估的或者不处在评估之下，往往就会走形与扭曲。如果公益领域没有评估成为一种普遍现象，也特别容易产生普遍的作弊，公益资源掉在黑箱里，腐败与滥用的概率就大大增加。反之，已有经验表明，在仅仅知道自己的项目会被认真评估的情况下，大部分公益项目的执行者就会更认真地对待自己的项目，项目的透明度与真实度就更有可能提升。如果体验了科学的评估结果，大部分项目管理者会致力于优化和改善工作质量。在目前的条件下，特别需要对于各类公益项目进行普遍的成效评价及结果公开，作为各类相关机构、公益组织或公益项目的参考，为公益项目的持续发展提供积极的帮助。事实上，国外的大部分慈善基金会和公益组织，无论规模大小都会设立评估部门，对评估相当重视，甚至愿意花巨额资金和较长的时间，运用最严谨的社会科学方法来评估项目的成效或机构的影响力。

12.1 公益评估的意义

具体来说，评估的意义包括以下几点。

12.1.1　明确是否达成预期目标，对相关利益群体负责

评估测量组织或项目是否实现预期成果，是保证项目达成目标的重要管理手段，这是最显而易见的评估作用。国内外大量管理实践表明，缺乏评估是项目失败的重要原因之一。甚至有学者认为："你评估什么便得到什么，你不评估它，就无法改善它。"对于公益组织及其项目而言，其存在往往是为了公共的目标，其资源也主要来自捐赠者及各方利益相关者的支持，而且可能还享受了减免税待遇和其他政策优惠。因此，公益组织有义务向捐赠者、政府、社会交代资金或其他相关资源的流向和使用效果，也就是这些资源究竟在何种程度上发挥了作用、创造了社会价值，是否达成了当初承诺的目标，其使用效率如何等。而向公众客观地、透明地交代目标达成情况，其基础就是评估，没有科学、客观公正的项目评估，问责交代必然流于形式。

12.1.2　让公众了解项目的价值，树立组织的社会公信度

运营公益项目的组织，为了完成社会使命，必须持续地与社会各方保持良好沟通并获取持续的资源支持，在这一过程中，良好的沟通技巧必不可少。而任何沟通手段都没有比运用事实的沟通更为有效。通过客观的评估过程所收集的数据和信息就是最有说服力的。例如，公益组织或项目挽救了多少户濒临破产的农户？为偏远山区的贫困人口增加了多少收入？解决了多少农民工子女的就学问题？这些基于事实的信息都将为相应的公益项目建立公信凭证，让社会公众和利益相关者了解项目的社会价值，甚至让专业领域以外的人也能了解和认同组织或项目的价值，从而树立公益组织的社会公信力。事实上，我国社会公众的捐赠愿意偏低，不是因为没有爱心，而是缺乏对公益组织的信任，而信任缺乏的重要原因之一就是很多公益组织对所开展的项目没有进行客观公正的项目评估，更没有基于评估的信息做到透明及问责。因此，开展公益项目评估不仅有助于提升项目的效率与效果，而且有助于提升公益组织的社会公信度。

12.1.3　提供信息反馈，提升公益组织能力

项目评估不仅有助于项目的控制，而且有助于公益组织发现项目运行中存在的问题，总结项目管理中的经验，从而提升社会组织的能力。这具体体现在三个方面：首先，评估监测项目运行并提供反馈。项目效果通常都要等到整个项目完成以后才能知道，因此也有很多公益项目等到项目快要完成时才开始做评估，但监测项目的运营同样是评估工作重要的作用之一。监测项目具体的实

施并及时提供反馈,是及时发现项目运行中存在的问题及偏差、改善项目的实施、保证项目能按既定目标前进并最后达到预期成果的有效方法。其次,评估研究项目成功或失败的原因。一个完整的评估设计包括监测实施和测量效果这两个重要方面。有了这两方面的数据,评估就能分析公益项目成功或失败的原因:是什么导致了最后的结果?哪一步至关重要?对不同的人群,同样的项目是否有着不同程度的效果?在不同情况下项目实施的成果又有何不同?这一系列的问题评估都能提供答案,从而为日后项目的改进与优化奠定基础。最后,评估能帮助公益组织建立专业知识体系。惠普创始人之一威廉·休利特的家族基金在 2014 年的一份报告中指出,"评估是杠杆,投资一点点却能学到很多……评估让我们的公益投资走得更远,做得更多"。通过研究型评估或学习型评估,积累公益项目运营的专业知识和经验,是评估为公益组织带来的众多好处之一,通过以往同类型项目的评估积累的数据和信息,新的公益项目可以有效地分析和选择最合适的运营方式方法,取长补短,避免过往项目实施中的不足,将使新公益项目运营更有效率。更重要的是,专业知识体系的建立将使公益组织的能力得到持续提升。

12.2　公益评估的类型

12.2.1　按评价主体划分

按评估主体来划分公益评估的类型,就是指由谁来开展公益项目的评估。通常,评估的动力来自公益组织的内部和外部,内部的动力来自公益组织自身,公益组织希望通过评估对社会有所交代,或树立组织的形象与公信力,或通过评估发现问题和不足,以进一步改善和优化。外部的动力来源于利益相关方的期望、要求与问责,特别是一些规模较大的公益项目,利益相关方希望通过评估,对公益组织的能力、项目实施情况及社会效果等进行监督,并提供资助决策的依据。

12.2.1.1　自我评估

公益评估的主体是公益组织自身,即公益组织自身作为评估的组织者开展评估活动,此时评估往往由公益组织内部的管理人员来实施,但有时项目的执行机构也会聘请高校、科研机构或其他公益机构的外部专家参与评估,但外部专家仅是参与者,评估的组织者和实施者是公益机构自身。自我评估的优点在于:第一,评估者是项目实施机构的成员,对内部组织机构、项目运行机制、项目实施过程等各方面都较为了解和熟悉;其次,评估的成本较低,在项目实施过程中的每一个阶段都可开展评估,利于及时发现和解决问题;最后,评估的结果和改进建议容易实现,因为评估者本人就是项目参与者,并且对评估中发现的问题有更多的了解和深入的体会。内部评估的局限性在于:第一,评估结果的客观性、公正性难以保障,因为评估者本身就是项目参与者;第二,由于评估者缺乏独立性,社会公众对评估结果容易产生怀疑,不相信评估结果是可靠的;第三,内部评估通常更关注公益项目本身,公益日常工作也较多,难以集中精力,导致评估结果较为粗略或专业性不强。通常,可适当在评估团队中引入一定数量的外部专家来弥补自我评估的不足。

12.2.1.2 资助方评估

公益评估的主体是资助方,即由资助方组织和主导的评估。其目的通常是对公益项目的实施方的能力、项目设计的合理性等进行评价,以此作为资助决策的依据,或者在项目的执行过程中对项目的执行情况进行检查和监督,保证项目在执行过程中不偏离既定目标,或者在项目结束后检视项目的社会效果及执行效率。一些大额项目的资助者或者系列项目的资助者通常对项目的实施情况有进行监督和反馈的要求,例如,一些基金会或政府部门发起的系列公益创投项目,往往在项目的申请和结束时段把评估作为必要的程序。此时评估是由资助方的管理人员进行组织和实施,与自我评估一样,有时项目的执行机构也会聘请高校、科研机构或其他公益机构的外部专家参与评估,但外部专家同样也仅是参与者。资助方评估的优点在于资助方有强烈的内在动机和责任心,希望自己资助的资金能够得到有效的使用,因而对评估过程的要求较为严格,但也正因为如此,当双方在执行过程中就某些具体程序细节存在不同意见时,容易产生分歧或争执,同时当资助方不具有专业能力时,评估也难以开展。

12.2.1.3 第三方评估

公益评估的主体是专业的第三方机构,即公益项目的资助方或实施方,或双方共同将评估工作委托给专业的第三方机构,由第三方机构独立地组织和开展评估工作。第三方评估最大的优点表现在两个方面:一是独立性,第三方独立于资助方或实施方,不直接受各种利益关系的牵扯,地位相对超脱,更容易做出相对客观公正的判断;二是科学性,第三方机构作为专业的公益评估单位,掌握相对科学的公益评估理论方法及专业技能,其评估结果往往更加有效、可靠。第三方评估是今后的发展方向,多年来,国内有关公益项目的负面新闻时有发生,部分公益项目效率低下、浪费严重,有的公益项目资金流失严重,或严重背离公益目标,个别的项目甚至在公益的旗号下谋取个人私利,其原因与整体的公益环境有关,而第三方评估的缺失就是其中的原因之一。可喜的是,近几年我国的第三方评估机构不断发展壮大,出现了一些专业能力和公信力较强的第三方评估机构,理想的情况是,多数较大规模或额度的公益项目都能接受独立的第三方评估,通过评估提升项目的透明度和公信力,并总结经验和教训,从而持续提高项目的绩效,并为其他项目的实施提供借鉴。

12.2.2 按评价的客体划分

评估客体就是指公益项目评估的对象是谁。评估的客体包括公益组织和公益项目两种。一方面,两者有严格的区别,对公益组织的评估是一种组织评估,通常是一种静态评估,目的是评估组织整体的资质、能力和绩效;对公益项目的评估则遵循项目评估的逻辑,通常可以理解为一种动态评估,目的通常是评估项目的必要性和可行性、项目的执行过程及最终绩效。另一方面,两者在实践中也有交叉,例如,在对一个公益项目进行可行性评估时,往往要考察项目承担方的使命和能力是否符合要求,这就涉及对公益组织的评估;而对具体的公益项目的评估反过来可以反映公益组织的整体能力或绩效。

12.2.2.1 公益组织评估

这是对公益组织整体的资质、能力及绩效水平的评估。民政部推动的社会组织等级评估事实上是一种组织评估,近年以成都、北京、深圳等城市为代表逐渐兴起的社会企业认证,本质上也是组织评估。这种类型的评估把公益组织作为一个整体,评估的内容十分广泛,包括公益组织的目标使命、治理架构、管理规范、人员结构、财务情况等方方面面,主要目的是评价公益组织的资质和信用、使命和能力,评估结果作为衡量公益组织发展水平、社会信用的重要指标,已经普遍成为公益组织承接公益项目或公益类的政府购买服务项目的重要条件,同时也成为公益组织强化自身能力建设、提升信用水平的重要途径。从社会价值创造的角度来说,组织评估实际上反映的是一个公益组织对持续创造社会价值的承诺及创造社会价值的能力。

12.2.2.2 公益项目评估

这种评估的客体是特定的公益项目,具体而言,是借助科学的项目评估方法,对一定社会资源条件下和时间维度内,具有明确目标的有组织的公益活动的方案设计、执行情况和最终结果的评价。事实上,公益活动在其本质上可以理解为以维护社会公义和增进公众社会福利为目的的社会干预,社会项目评估作为一项专门的学科领域,已经发展出一套理论方法体系,我国学者方巍等(2012)撰写的《社会项目评估》从社会项目需要评估、过程评估、理论评估、成本取向评估、满意度评估等角度全面介绍了社会项目评估的过程与技术方法。美国学者罗希撰写,邱泽奇等翻译出版的《评估:方法与技术》(*Evaluation—A Systematic Approach*)(第 7 版,2007)中从目的、任务和方法三个方面界定了项目评估,认为项目评估是运用社会学研究方法,研究、评价和改善社会项目的所有方面,包括社会问题的诊断、概念化与设计、实施与管理、结果和效率。在不同时期,为了获得某些期望的结果,政策制定者、资助机构、项目管理者或项目对象都需要区分值得和不值得实施的项目、启动新项目和改善既有项目,从而达成特定的预期目标,为做到这一点,就必须获得以下问题的答案:社会问题的特征和范围是什么? 问题出在哪? 影响到谁? 影响了多少人? 有无必要实施社会干预? 能消除或改善这一社会问题的社会干预是什么? 干预的对象是什么? 特定的干预是否落实到目标群体? 干预活动实施得如何? 是否提供了原定的服务? 干预的结果如何? 绩效如何? 与绩效和收益比较,项目的成本是否恰当? 等等。项目评估过程可视为对项目进展的阶段性审视,不同阶段需要掌握的问题不同,于是需要不同的评估方案见表(12-1)。

表 12-1　项目不同阶段的评估问题及功用

项目发展阶段	要回答的问题	评估的功用
定义问题	在多大程度和范围上满足社会需求?	问题描述,需求评估
确定目标	怎样才能满足这些需求? 达到什么标准?	需求评估,明确服务需求与项目的价值
方案设计	用什么样的方案达成目标? 什么样的方案可能是最好的方案? 如何实施选定的项目? 是否有可行性?	方案评估,包含项目逻辑或理论评估;可行性评估,以选定方案
项目运作	项目是否按计划在运作?	过程评估,项目督导
项目产出	项目是否获得了预期的结果?	产出评估
项目效率	项目的结果与成本比较是否合理?	成本效益分析

12.2.3　按评估对应的项目阶段划分

评估可以贯穿于项目实施的全过程,对于一些大型项目,从项目的需求到方案设计、项目启动后的执行过程,再到项目的结束,都应该进行严格的评估,概括而言,包括项目的前期评估、过程评估和结果评估。每一个环节的评估又包括不同的内容。

12.2.3.1　前期评估(前期性评估)

前期评估是在项目开始实施之前进行的各项评估,重点是需求评估与方案评估。需求评估是项目评估的第一个环节,一个有效的公益项目必须立足于特定社会问题,并对其所影响的特定人群存在的需求进行积极回应。需求评估是明确项目的目标和使命,明确项目解决什么社会问题及在何种范围和程度解决社会问题的基础,也由此决定了项目潜在的社会价值。遗憾的是,在我国的公益评估实践中,绝大多数公益服务都没有开展专门的需求评估,公益服务项目基本上按照既定的项目类型及相应"被确定了的"服务人群、服务内容和服务目标开展,特别是在政府主导的公益服务类项目中,项目需求呈现出自上而下的"既定逻辑"而非自下而上的"发现逻辑",导致在实践中出现了不同主体的自利逻辑:"政府把钱用出去了,要的是数据或政绩;公益组织拿到了项目,能够养活自己;社区居民'有比没有好'的心态明显。"此现象进一步体现在项目实施的社会效应上,即在公益服务领域投入相对稳定的资源,但并未有效回应特定群体存在着的刚性需求,导致公益项目应该以需求为导向的前提失去了真正的基础。如果需求评估不能确立,则对公益机构和项目的评估很难建立在科学化的基础之上。方案评估是对用什么样的方案达成目标进行评估,以选定实现目标的最佳方案,或者选定有能力实施相应的方案的公益组织或机构。其包含的内容较为广泛,通常包含对项目方案的理论和逻辑的评估、方案的可行性评估,以及对承担项目的公益组织的资质、信用和能力等方面的评估等内容。

12.2.3.2 过程评估(过程性评估)

过程评估是在项目的执行过程中对项目的实施情况进行评估,其目的通常是对项目的执行情况进行管理、控制和监督,以确认项目是否按计划在运作,是否存在偏离目标的情况,是否存在各种问题或不当行为,以期及时发现问题并进行改进和纠偏,保证项目按既定的方向和进度实行。从项目生命历程的角度看,过程评估针对的是从项目开始到项目结束中间历程的评估,过程评估不仅要考察项目的实际执行历程,还要探究项目运行的内在机制,唯有如此才能给项目执行历程及存在问题的分析提供科学有效的依据,项目的过程监控、绩效和质量管理对改善和提升项目成效发挥重要功能,由此过程评估成为项目过程监控的重要手段。从这个意义上而言,过程评估是一种改进性评估,关注的是干预行为的完善,旨在提高项目实施效果。

过程评估又可分为执行性评估和监控性评估。所谓执行性评估是指对项目实施情况的评估,或者说是关于项目的运行状况与方案预期的内容是否一致的分析和判断,具体地说,是对项目在实施过程中做了什么,项目的服务或干预的覆盖对象是什么人,以及项目为了实现目标所采取的对组织和保障措施的描述和说明;监控性评估是指实时考察项目的执行情况并在表现不佳或出现问题时提出警示,其与执行性评估的不同之处在于,监控性评估有持续性和反复性的特征,执行性评估可以在项目执行过程中的任何一个时点进行,但它通常是一次性的,而监控性评估则有连续性,因而其测量的内容通常较少,并且往往有确定的标准或指标,其形式上比执行性评估更倾向于定量方式。

总体而言,过程性评估通常作为一种管理手段而存在,其内容复杂并且具有依情境而变的特点,这不是本书所探讨的重点。

12.2.3.3 结果评估(总结性评估/绩效评估)

结果评估是在项目结束之后对项目的最终结果和绩效的评估。在公益领域,社会公众和利益相关方最为关注的是:其所关注或支持的项目最终的结果如何?为受益方提供了多少支持或带来了多大的有益改变?产生了多少社会贡献或创造了社会价值?其成本与最终创造的价值是否匹配?结果评估就是用来测量公益项目对目标对象及其致力于改善的社会状况的效果,是最重要的评估任务,也是评估本身的合法性的保证,因为它涉及公益项目的"社会底线"。一个公益项目,无论在描述目标群体需求、制订完善的实施计划、介入目标人群、提供适当的服务及整个项目运行管理上做得如何好,都不能据此判定其是否成功,除非项目活动最终的确带来了既定目标群体或社会领域的"有益变化"。对"有益变化"的测量不仅是公益评估的最主要功能,也是评估中最复杂、难度最大的一项工作。结果评估的重点就是要解决如何鉴别项目所预期产生的变化,怎样设计这些变化的测量标准,以及如何解释测量结果。

结果评估又可进一步分为效果评估和效率评估。效果评估是用来确定项目对预期产出产生了什么样的影响及影响程度。所谓的项目效果,是指由项目所引起的目标群体状态或目标社会状况的变化,即这种变化不是发生在项目的影响之外。这里应注意的是,要严格区分项目产出(output)和项目效果(effect)的概念,产出是指公益项目对应的目标群体或社会状态在特定时点的产出状况,它是目标人群或社会状况的可观察特征,而不是项目本身的可观察特征。举例而言,校园禁烟运动后学生的吸烟人数,完成减肥计划者的体重,参加过管理培训的员工的管理技巧,浙江省推行"五水共治"后河水的污染程度都是产出。产出水平在公益项目的不同时点可能有所差异,如在项目的始点和终点有差异,这种差异称为产出变化(outcome change),但产出变化并不一定是由公益项目所引起,也可能是由项目之外的其他因素所引起,效果评估要解决的最关键问题就是,如何识别哪些产出变化是由公益项目本身所引起的。项目产出与项目效果的关系可以用图 12-1 表示。

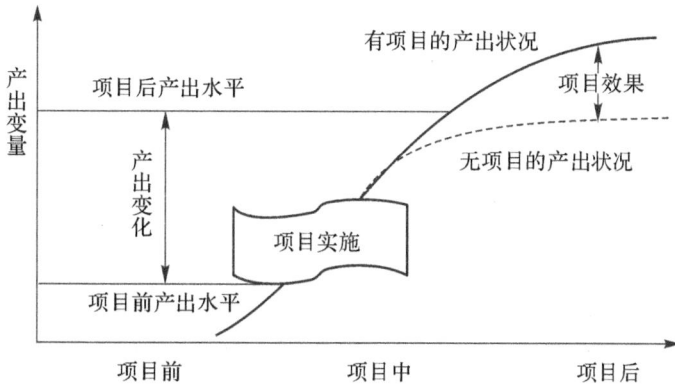

图 12-1　项目产出与项目效果的关系示意

资料来源：罗希，等. 评估：方法与技术. ［M］. 邱泽奇，等译. 重庆：重庆大学出版社，2007.

如图 12-1 所示，纵轴表示我们希望评估的与项目相关的产出变量，产出变量是项目目标人群的可测量特征，这些目标人群可能受项目活动的影响。横轴表示从项目开始到项目结束后一段特定的时间。实线表示接受项目服务的个体的平均产出水平。应注意的是，这条实线并不是水平直线，意味着不同时点的产出水平并非保持不变，其变化是由诸多来自项目之外的因素造成的。我们可以测量出项目前的产出水平和项目后的产出水平，并据此计算产出变化。虚线代表如果目标群体没有接受项目服务，其产出水平的变化。同一个人参与项目与不参与项目所得到的产出测量值之间的差异，才是项目本身所产生的变化，这是项目之外无法发生的变化，是项目干预的附加价值或净收益，即项目效果。

项目效果评估是一项最苛刻、最严格也最困难的评估研究任务，因为项目效果不同于实际测量到的产出。显而易见的是，我们不可能观察到同一批人同时处于参与和不参与项目状态相应的产出。对没有参与项目可能产生的产出的测量值是基于特定假设的推断值，而非真实的测量值或观察值。在不同条件下，进行合理推论是困难的和高成本的，需要运用科学的评估方法。

还应指出的是，在我国的公益评估实践中，常常混淆公益项目提供的产品/服务（product/service）、项目产出（output）和项目效果（effect）的概念区别，产品/服务是公益活动的有形或无形输出，其对应的主体是公益项目的执行方，而项目产出是目标人群或社会状态的改变，对应的主体是项目的受益方。例如，向 1000 个为不便外出的失能老人提供膳食，不是项目产出而是服务送达，是项目过程的一个方面，而膳食对于老年人的营养价值才是产出，老年人营养状况的改善多大程度上是由项目提供的膳食引起的,才是项目效果。同样,向山区的贫困儿童提供免费教育,免费教育是产品/服务,这群儿童的学业水平的改变是产出,而学业水平的提升多大程度上是由这个免费教育引起的才是项目效果。清晰地区分上述概念,才有可能准确地评价一个项目究竟创造了多少价值、产生了多少贡献。否则,必然会导致公益评估的内容和方法混乱、口径不一,结论缺乏可靠性、可比性。

效率评估是评价项目达成目标所花费的成本。是项目的收益或绩效与成本的比值,包括成本—收益分析(项目产出用货币表示)或成本—绩效分析(项目产出用实质性效果表示)。效率评估实质上是反映达成特定目标的资源使用效率。项目的执行及取得效果离不开社会资源的投入,再好的项目离开了现有的社会资源条件,不但不可能实现其预期的福利效果,还可能给社会带来浪费和灾难。由此,效率评估是提升项目运行效率和防范社会资源浪费的重要保证。从广义角度而言,效率是指从各种备选方案中选择最佳项目,做到"好钢用到刀刃上",在给定的资源条件下,确定应该解决的社会问题和应该满足的社会需要。进一步来说,效率评估也是确保公益组织获得持续支持的前提,几乎在所有的情况下,决定项目是否应该延续、扩展或结束,比较项目的成本和收益都是最重要的考量。由此,效率评估也往往决定了公益组织或项目能否得到资助方或主管方持续的支持。效率评估最大的价值在于迫使我们对成本和收益的状况进行考虑,几乎任何项目都是在资源紧缺的条件下运作的,就不可避免地要对各种利用方式进行比较和判断,无一例外,要维持利益相关方对项目的支持,就要满足政府决策者、投资者和公众对项目的判断和底线,以证明项目的正当性。

效率评估对于提高项目效率和落实问责制具有重要意义,但相对于其他类型的评估,其实施过程的复杂性和对技术方法的要求更高。最为复杂和困难的地方在于,许多项目的成果和成本,当涉及与人相关的价值的问题的时候,经常难以用成本或收益来进行比较和评价。例如,在地震和台风等极端情况下对人员进行抢救,往往要花费巨大的资源,其社会影响和生命价值都是无法用经济成本来衡量的。即便在通常情况下,项目效率评估中涉及的人力成本,以及效果方面涉及的关于人的幸福和满意度、教育水平的提升等方面的估算,牵涉许多不同的假设,由此往往会给评估结论带来不同的观点。通常,有形的人力物力已经有一些规范的方法可供参考,相对而言容易计算;某些相对直观的收益如教育培训对学习成绩的提高、农民技能培训对其家庭收入的影响等,其估算方法也相对容易取得共识;但对某些较为复杂、表现形式不那么直观的因素的估价,往往会涉及不同的假设,由此给公益项目的效率评估带来不同的结论。

这也是效率评估中技术方法较为复杂且相对争议较多的原因之一,同时也是效率评估中要特别重视的问题。

12.3 我国公益评估的历程

12.3.1 公益评估的起步

我国的公益评估发展历史较短,2007 年之前,官方组织的评估工作在实践层面还非常鲜见。这一时期的公益评估的特点是:偶尔开展的评估工作,往往是一些全国性的基金会委托高等院校或科研机构对其实施的项目进行的单个公益项目评估。

1989 年,中国青少年发展基金会实施了"希望工程",掀起了国内基金会实施公益项目的第一轮高潮。这一轮的基本特征是:名称主要以"××工程"为主,实施主体主要是国内的基金会,实施的目的主要是通过项目方式向公众募款,同时解决社会问题。由于当时人们对公益项目的管理还缺乏基本的常识和了解,还谈不上真正意义的项目管理。这类公益项目最多只是内部会进行监督与控制,但很少开展内部的项目评估。而外部的项目评估更是少之又少。直到 1997 年,中国青少年发展基金会才首次正式委托中国科技促进发展研究中心对希望工程进行评估。2002 年,中国人口福利基金会正式委托清华大学公共管理学院 NGO 研究所对其所实施的"幸福工程"进行评估。遗憾的是,很长一段时间内公募基金会仍然较少开展独立第三方的项目评估。原因在于,中国大多数捐赠人还缺乏监督善款使用的习惯,小额捐赠者也难以形成评估的压力;同时,中国的公募基金会大多由政府部门发起成立,具有一定的垄断性,没有动力和压力开展项目评估。

1995 年,中国草根 NGO 开始兴起。由于中国草根 NGO 的资金主要来自境外,且主要是以项目的方式向境外申请资助,于是掀起了中国社会组织开展公益项目的第二轮高潮。而在这股浪潮的影响下,具有政府背景的社会组织实施的公益项目也越来越多。不过,仍然只有一小部分境外资助机构会对所资助的项目进行严格的绩效评估,大多数境外资助机构对所资助的项目并不会进行严格的绩效评估。其原因在于:第一,境外资助机构在中国的工作人员非常有限,没有时间与精力对项目进行评估;第二,对于境外资助机构而言,聘请国外专家对项目进行评估的话成本太高,而且国外专家对中国的文化、社会经济背景不熟悉,语言也有障碍,评估的难度较大;第三,20 世纪 90 年代,中国的草根 NGO 才刚刚兴起,当时的情况是很多境外资助机构找不到可资助的草根

NGO,在供大于求的情况下,境外资助机构并没有太多的选择,因此评估的价值不大。在这种情况下,本土社会组织进行项目评估的动力也不强。

随着中国社会组织的发展,特别是草根 NGO 的迅速发展,社会组织实施公益项目的环境发生了很大变化。2001 年,日本笹川平和财团资助清华大学公共管理学院 NGO 研究所开展了为期 3 年的评估课题研究,为中国 NGO 开展组织评估与公益项目评估奠定了理论基础与方法基础。2006 年,世界银行中国发展市场项目正式启动,该项目首次在中国采用全球发展市场项目统一的模式,面向全国社会组织进行公开招投标,经过几轮激烈的竞争,最后在 1000 个左右的项目中筛选出 31 个项目予以资助,并对所资助的项目委托第三方进行严格的监测与评估。这个先进的管理模式很快被中国少数优秀的公募基金会和非公募基金会复制,并掀起了中国社会组织实施公益项目的第三轮高潮。与前两轮不同的是,这一轮项目的实施开始全面引入招投标程序,并对所资助的项目进行严格的项目评估。与此同时,评估工作也开始提上政府的议事日程。

12.3.2　官方的组织与推动

自 2004 年起,民政部推动的社会组织评估理论研究已经逐步展开。2004年,民政部民间组织管理局和英国文化协会在北京联合举办中英民间组织评估问题国际研讨会,自此启动了公益评估相关理论研究。2005 年至 2017 年间,关于社会组织组织评估的各类研讨会、座谈会陆续召开,民政部设立了“中国民间组织评估体系”研究项目。2007 年,由民政部民间组织管理局组织编写的《中国民间组织评估》《民间组织评估体系:理论、方法与指标体系》出版发行,奠定了中国社会组织评估指标体系的总体框架和发展对策等理论研究的基础,提出了针对中国民间组织的国情构建社会团体、民办非企业单位与基金会的评估体系。

2007 年 8 月,民政部出台《关于推进民间组织评估工作的指导意见》,提出“建立政府指导、社会参与、独立运作的民间组织综合评估机制,推进民间组织评估工作”。同时印发《全国性民间组织评估实施办法》,初步建立了社会组织评估的制度体系。社会组织评估从全国性社会组织评估开始进入实施阶段。随后,民政部开始对全国性基金会、全国性行业协会进行评估工作,各省民政部门也纷纷开始对基金会、行业协会等社会组织进行组织评估工作。而项目绩效则成为组织评估的重要内容之一。另外,一些地方政府也开始向社会组织招投标,委托社会组织实施公益项目,并尝试对所资助的项目进行评估。2010 年,民政部又颁布《社会组织评估管理办法》,对社会组织评估的工作原则、工作机制、评估对象和内容、评估机构和职责、评估程序和方法、回避和复核、评估登记管理等做出全面规定。在此之后,各个省市陆续出台了符合当地实际情况的社会组织评估管理办法(实施办法)。自此,公益项目评估工作开始逐步深入人心,得到应有的重视。

12.3.3　第三方评估的兴起

第三方评估是社会组织评估可持续性的重要实现路径,是整个社会组织评估流程的关键一环。2015 年,《民政部关于探索建立社会组织第三方评估机制的指导意见》发布,标志着我国社会组织的第三方评估机制正式建立,正式全面进入"管评分离"的社会组织第三方评估新阶段。民政部组织编写了《第三方评估机构工作指引》,对评估的方式、程序、监督等内容进行了规定;制定了《评估专家须知》,对评估专家的角色定位、作用发挥、职责分工、具体任务进行了规定。在具体操作上,民政部门通过公开招标和邀标、竞争性磋商、定向委托等购买方式,委托民非或社会服务机构、社会团体、市场中介机构等独立社会机构负责全国性社会组织的现场评估。初期的评估工作由民政部社会组织管理局委托民政部社会组织服务中心开展。地方上主要是由各地民政部门牵头或委托所属的社会组织促进会等机构组建评估队伍。除此之外,还有一些高等院校、科研机构会参与评估工作。

在此过程中,全国各地的独立第三方评估机构也开始成长起来。其中,公益基金会成为第三方评估机构中的重要力量,一些公益基金会不仅对自己资助或组织的公益项目开展评估,也为社会上其他公益组织和公益项目提供独立的第三方评估服务,更有一些基金会开发了自身的公益项目评估体系和方法,如友成基金会的"三 A 三力"体系等。与此同时,一些高等院校、公益研究机构、公益中介服务机构也纷纷加入第三方评估机构的队伍中,成为我国公益事业第三方评估的重要力量。

12.3.4　评估结果的广泛运用

一是以民政部主导的社会组织评估等级的广泛运用。自 2018 年开始,随着社会组织评估的推进,其客观性、公正性、全面性得到较为一致的认可,社会组织评估等级已经成为衡量社会组织发展水平、社会信用度的重要指标,社会组织对外开展活动的重要信誉标志,政府部门制定社会组织各项培育发展和监督管理政策的重要信息来源。近年来,从中央到地方,已经普遍将社会组织评估登记作为政府部门向社会组织转移职能和购买服务的重要条件。2010 年颁布的《社会组织评估管理办法》就已经规定:"获得 3A 以上登记的社会组织,可以优先接受政府职能转移、可以优先获得政府购买服务,可以优先获得政府奖励。"中央财政专项资金向社会组织购买服务把评估登记作为条件之一。此外，社会组织评估等级还被广泛运用于政府部门对社会组织的管理服务中，如将社会组织评估等级作为申请公益性税前扣除资格、申请设立评比达标表彰项目的重要前置条件等，民政部发布《社会组织信用信息管理办法》，社会组织评估等级及有效期限被纳入信用信息管理。二是公益项目评估在公益创投、公益项目资助中的广泛运用。随着公益领域对评估的作用的认识逐渐加深，近年来越来越多的公益组织开始对所实施的项目进行评估。项目评估已经成为政府部门、基金会等在进行公益创投项目及公益资助项目投资决策时的规定程序。

12.4 我国公益评估中存在的问题

公益项目评估是中国公益事业的短板之一，要提升中国公益组织的公信力和效率，我们必须补上公益项目评估这块短板。如前所述，虽然一些公益项目品牌开展过评估，但大多数中国公益组织的公益项目都未开展评估，或评估的科学性、有效性不足。由于各种各样的主客观原因，当前公益评估还存在以下一些问题。

12.4.1 对公益评估的认识依然不足

虽然对公益组织及公益项目的评估在实践中越来越普遍，然而大多数国内公益组织对项目评估工作的认识仍然不足。总体而言，中国公益事业目前还处于初创时期，工作人员大多转岗而来，接受专业教育及对公益评估重要性的认识不足，因而公益机构缺少内在开展评估的动力；而一些捐赠方尤其是冲动型的捐赠方，即使捐助数额很大，大都不太关注公益项目结果，也没有要求开展评估的意识。小额捐款的公众更不会想到和要求开展公益项目的评估。认识上的不足，导致开展评估的外在需求也不足。因此，要进一步提升开展公益评估的必要性的认识。无论是公益组织的专业人员，还是公益组织或项目的捐赠人、合作方，都要认识到开展公益项目需求评估、过程评估、效益评估，是公益项目的必要程序，是确认公益项目是否符合捐赠人目标、是否具有社会价值、公益资源使用是否具有效率的最基本手段。因此，要向公众普及科学的公益理念、传播公益的专业知识，让利益相关方了解公益项目的效果是可以考量的，通过科学的评估和改进，可以让公益项目更有效率，产生更多的社会价值。

12.4.2 公益评估缺乏必要的经费支持

目前，很多资助机构包括政府部门在资助或实施公益项目时，往往只考虑了项目本身的费用,而没有考虑项目评估的费用,导致无法进行项目评估或开展评估比较困难。从发达国家的经验看,公益支持机构特别是基金会往往在设计项目或进行项目资助决策时,通常就会将评估费用列入预算,项目规模越大,评估费用所占的比例一般相对越低;项目规模越小,评估费用所占的比例一般则相对越高。因此,必须树立评估成本是公益项目必要成本的理念。如比尔·盖茨所言:"世界上许多工作之所以失败,就是因为没有采用正确的评价方法,或是对结果进行评价的投入不足。"实施公益项目需要成本,公益项目效益评估也需要成本。我国的《基金会管理条例》对公益机构的项目成本列支做出了硬性规定:基金会工作人员工资福利和行政办公支出不得超过当年总支出的10%,是国际上最严格的强制性标准。由此限制了项目管理成本,公益组织如果在资助方认同的管理成本里列支一定比例的费用用于评估,则肯定会捉襟见肘,其导致的结果是,如果资助方不提出评估要求,公益组织为节省经费一般都不会去请第三方机构来评估。而国际上大多数国家的公益慈善规定都没有行政管理成本的比例要求,仅慈善项目评估费用一项甚至可达8%的比例。因此,要想提高中国公益行业的项目水准,必须树立正确的公益项目成本概念,让捐赠方、媒体、公众都接受公益需要成本、评估需要成本的正确理念,在签署捐赠协议、提出捐赠要约时,要把评估成本纳入捐赠项目资金统筹考虑,进入项目成本预算。

12.4.3　第三方评估机构发展尚未成熟

中国的现代公益事业起步较晚,公益评估工作起步则更晚。当前公益评估的需求正在不断增长,但具有公信力、能够独立承担和开展公益评估任务的第三方机构数量有限。在早期,多是由一些大学或科研机构的学者牵头组织评估工作,但教授牵头的评估主要依托学生团队利用课余时间开展,由于经验不足和受限较多,最后评估成果不被各方认同的情况时有发生。专业的第三方评估机构的缺乏导致公益项目内部评估多、外部评估少,一些资助机构往往由机构内部工作人员对所资助的项目进行评估,其优势在于更了解项目的背景与情况、项目评估的成本低,但缺点是项目评估的专业性不强、客观公正性不够,并且内部评估往往只报喜不报忧,评估结果的公信度不高,很难对相关利益群体进行问责。近年来以基金会、公益研究机构为主体的第三方评估机构虽然发展很快,但总体上依然数量不足。评估工作的开展,一方面依赖公益组织的自觉,大量中小项目依靠内部评估来完成;另一方面重大项目及需要社会认同的项目,必须由第三方机构来进行科学、权威的评估,因此应当进一步推动和扶持专业评估机构发展,为评估机构发展提供政策扶持,第三方专业评估机构的发展将是中国公益行业成熟的表现。

12.4.4　专业公益评估人才十分短缺

评估工作的专业性很强,需要有专门的评估人才。在国外,评估作为一个专业在很多大学都有开设课程,一些学校甚至设有社会项目评估的硕士专业。但是迄今为止,中国大多数高校都没有开设评估方面的专业和课程。大量的公益项目评估工作主要依靠非专业的人员,评估工作科学性难以保障,导致评估的结果难以运用,更难以通过评估对公益组织起到咨询诊断和学习提升的作用。

12.4.5　公益评估的理论和方法体系尚十分混乱

公益评估涉及的学科领域和实践领域都十分广泛,在实践层面,不同的社会问题涉及不同的社会领域、不同的社会目标群体,公益项目的社会效果千差万别,有的项目解决的是残障人士的出行问题,有的项目解决的是公众普遍关注的环保问题,不同的社会效果很难用统一的尺度和方法来衡量;在学科层面,不同的评估需求及评估内容需要不同学科的理论与方法支持,这可能涉及社会学、管理学、心理学、环境学、评估学等众多的学科领域的知识体系,由此导致公益评估的理论和方法体系的复杂性。当前,关于公益评估的理论方法主要来源于国外,我国的一些公益机构、研究机构和学者也尝试建立本土化的公益评估理论方法,但总体上仍处于探索阶段。对于很多问题,如什么是社会价值,应采用哪些指标衡量,等等,都远没有达成共识,以至于在实施具体的评估时,不同的评估机构往往各自采用不同的指标和方法,评估结果由此往往也缺乏广泛的认可度。

13 社会价值创造评估方法

13.1 早期的公益项目评估理论与方法

13.1.1 3E 理论

3E 理论是国际上较通用的政策、计划或项目评估框架(邓国胜,2001)。所谓 3E 是指经济(economy)、效率(efficiency)与效果(effectiveness)。3E 理论即从经济性、效率性与效果性三个方面来考察公益组织和项目的绩效,该理论模型受到专家学者们的广泛关注。经济性是指以尽可能低的成本或资源投入来维持和提供既有的公共服务及服务品质,例如,某个项目为达成特定目标花了多少钱? 人力和物力投入是多少? 花费是否和预算一致? 效率是指投入与产出之比,效率指标通常包括活动的执行、每项服务的提供的单位成本等,例如某个项目单位支出的产出是多少。效果是指公益服务实现目标的程度,通常指关心目标或结果,例如,项目实现目标的程度。

根据 3E 理论,评估的标准主要依据项目的经济、效率和效果如何。应注意的是,一个项目很经济,并不一定意味着该项目一定很有效率,反之亦然。在应用层面,3E 理论可以应用于组织层面,也可以应用于项目层面,在应用于组织层面时,它侧重于组织的产出,但容易忽视组织的其他方面的问题,如组织自身能力的建设、问责的要求等,这从长期看可能会使组织走向衰亡(邓国胜,2004)。因此 3E 理论在不断发展中又增加了"公平性"这一维度,即经济、效率、效果和公平(equitable),被称为 4E 理论。

13.1.2 3D 理论

3D 是指诊断(diagnosis)、设计(design)与发展(development),3D 理论是指从诊断、设计和发展三个方面来开展对组织或项目的绩效评估。诊断是指项目管理者能够正确识别项目所面临的新的管理问题,考虑主要利益相关者的利益和需求。设计是指项目管理者能够通过适当的结构与战略设计解决这些问题。发展是指解决项目执行过程中遇到的问题的能力,以及过程中的管理变革和创新。

3D 理论的提出源于学者们对 3E 理论在实践过程中遇到的一些挑战,他们认为如果仅仅通过经济、效率和效果来评价公益项目的好坏是不够的,甚至是无效的。原因在于,公益组织的利益相关者群体是多元的,不同利益相关者的关注角度、价值判断标准不同甚至是相互冲突的,而且公益组织实施的项目目标也有不确定性,应随着外部环境的变化而调整和变化,公益项目的结果也受到项目之外因素的影响,因此,公益组织和项目的评估不能是单一角度的、静态的,而应是在考虑多方需求与环境变化基础上的动态过程。同 3E 理论相比,3D 理论最大的优势在于注重组织的自身能力建设或项目的动态管理,侧重于评估是一个学习过程,但缺陷在于难以定量,而且忽略了效率和公信度对组织及项目的重要意义。

13.1.3 顾客满意度理论

顾客满意度是指顾客感受到的服务质量达到其期望值的程度。顾客满意度评估就是以服务对象对项目提供的服务是否符合自己的期望或心意的程度的判断或评论为基础,对项目的直接效果加以评价的方法。随着新公共管理理论的兴起,一些学者和公益领域的实践者提出,传统的评价理论,更多是自上而下的评估方式,是以实施项目的组织为中心的。公共组织的核心使命是为公众提供优质的服务,因此评估的导向应该是以被服务对象为中心,自下而上的,其焦点是顾客满意度。实施顾客满意度评价,包括了解顾客需求,并迅速准确地予以回应;具备提供服务所需的知识和技能;服务过程热情有礼;倾听顾客的不同意见;尊重顾客隐私;被服务对象有畅通的投诉渠道;组织及其工作人员值得信赖等(邓国胜,2001)。

然而,在公益项目的结果的评估实践中,特别是在对以弱势群体为对象的公益项目的评估过程中,借助服务对象的反映来实施项目评估仍然不是一种较为普遍的做法(方巍等,2012)。原因在于,社会上普遍存在对弱势群体的负面评价或偏见,人们往往倾向于将弱势群体视为愚昧无知、缺乏正确判断能力的人,作为这些潜意识的反映,项目的提供方往往更注重强势群体如专家群体判断,由他们代替弱势群体进行决断,将外界的判断和意愿强加于弱势群体。这是我们当前公益项目及其评估中应当重视的一个问题,项目的执行方和评估方都应意识到:社会项目与一般投资或技术项目不同,尽管我们可以实现预定的项目目标,但它可能不是我们项目的目标对象所需要的结果,甚至可能对他们或其他社会群体造成潜在的伤害,在特定情况下,即便是最有效率、成本最低的选择,也可能与目标对象的福祉背道而驰,造成被蒂特玛斯称为"福利反面"的效应(Titmuss,1974)。因此,在公益项目的评估中,项目的目标对象是我们应该予以重视并作为评估项目成效的重要标准。

顾客满意度评价适用于大多数以特定目标人群为服务对象的公益项目,在实践中更多是采用服务对象满意度问卷的方法,也已经开发出很多满意度评估的标准与测量工具,可以结合具体的项目类别选择或借鉴相关的指标体系与测量和计算方法,并从测量的效度和信度等方面强化评价的科学性。应注意的一个问题是,满意度评估的长期实践表明,测量的满意度偏高是项目评估中普遍存在的问题,原因包括取样偏差(不满意者可能中途退出)、主观偏差(服务对象对服务提供者通常既有感激之情,也有对表达不满可能影响服务的担忧),应在实践中通过技术方法尽量避免。

顾客满意度评估还存在一个必须重视的问题是:项目满意度与项目效果不一致。由于顾客满意度是以服务对象的意愿为标准评价的结果,服务对象所评价的标的实际上是公益项目的产品、服务及过程,而项目效果通常是以实施为依据判断的结果,评价的标的实际上是公益项目对服务对象某一方面的状况的影响,因此其结论完全可能产生偏差。一个产生了预期目标效果的项目,既可能有较高的满意度,也可能有较低的满意度,同样,一个没有取得预期效果的项目,也可能存在满意度高和满意度低的情形。例如,某一针对山区贫困农民的智力扶贫项目,提升了农民的知识和技能,但因为占用了服务对象的时间和精力,反而不如一个直接向农民发放扶贫款的项目获得的满意度高。为解决上述问题,在进行公益项目评估时,应该注意同时从不同角度实施项目结果的评价,同时进行项目的顾客满意度测评和项目效果评价,换言之,对象取向的满意度测评与影响结果取向的项目效果评价,都是公益项目评估不可偏废的视角。

在本书中,我们开发了一种将项目效果与满意度评估结合起来的方法,把项目效果视为公益项目的目标对象的社会需求满意度的提升,这里的满意度不是目标群体对公益项目的产品、服务及过程的满意度,而是公益项目所要解决的社会问题,即目标群体在某方面的社会需求的满意度。

13.1.4　APC 评估理论

APC 评估理论是清华大学 NGO 研究所在大量调研和学习国外评估理论的基础上,针对早期中国民间组织实施公益项目所存在的公信力不够高、创新性不够强、绩效不理想及实施项目的组织能力不强等问题而提出的宏观层面的项目评估理论(邓国胜,2001),包括公益项目的问责性(accountability)、项目的绩效（performance）和实施项目的组织能力（capacity）三个维度，其中，项目问责性评估是确保公益组织诚信和信誉的制度安排，其功能在于帮助公益组织提升公信力，打造公益项目品牌；项目绩效评估的功能在于通过评估来提高公益项目的效率与质量；项目组织能力评估的功能在于提高公益组织实施公益项目的能力。与国外的 3E 评估理论、3D 评估理论和顾客满意度评估理论相比，这一评估理论优势在于更具有针对性，更适合中国国情，不仅有利于实施项目的公益组织及其他相关单位了解项目的效率和质量，通过评估促进公益项目品牌的建立和实施项目的公益组织公信力的提高，更有利于帮助公益组织持续提高未来项目的绩效，从而推动公益组织的健康全面发展。

APC 评估理论既适用于对公益组织的评估，也适用于对公益项目的评估，清华大学 NGO 研究所在宏观的 APC 评估理论的基础上，又发展了微观的综合绩效评估框架，它是对项目绩效评估的深化，包括对项目的适当性、效率、效果、满意度、社会影响和可持续性进行评估。项目的适当性包括三个方面：实施的项目是否与公益组织的使命一致，实施的项目是否与目标群体的需求或认知价值一致，实施的项目是否对目标群体需求的及时回应。项目的效率包括项目的单位成本和成本收益，是否有利于知识和技术的扩散，是否节约了时间。项目的效果是指项目的实际结果达到或实现预期目标的程度，包括绝对量和相对比例。项目的满意度是指服务对象感受到的服务质量达到其期望值的程度。项目的社会影响是指所取得的效益和效果对社会和经济生活产生的长远影响，例如对就业、公平公正、生态环境的影响等。项目的持续性是指项目结果的可重复性和可持续性，即项目完成后该项目积极结果的持久性。运用 APC 评估理论及其微观的"综合绩效评估"框架，清华大学 NGO 研究所对"幸福工程"的评估是国内较早运用系统的理论和评估框架开展的公益项目评估，也对我国的公益项目评估产生了较为深远的影响。

13.1.5 三 A 三力模型

三 A 三力模型是友成基金会在多年的实践中开发出来的公益组织社会价值创造能力评估框架，是我国较早由基金会研发的公益评估模型。所谓的三 A 就是 Aim、Approach 和 Action，即目标、方法和行动；所谓的三力就是目标驱动力、方案创新力和行动转化力，三 A 三力框架分别从目标、方法和行动及其合一性的角度，对公益组织的社会价值进行评估，是把目标、行动及结果放到一个闭环系统中来进行考察。

在这个评估框架中共有三层指标体系，第一层由目标、方法和行动组成，第二层和第三层会因为评价的组织类型不同而发生变化。三 A 价值评估体系从目标、方法和行动三个方面来全面评估及量化分析一个组织的社会价值。从理论上而言,公益组织的使命和目标所针对的社会议题的公共性、公平性、紧迫性,解决方案的创新性和系统性,以及执行的有效性是决定社会价值"量"的关键因素,即议题公共性、公平性、紧迫性越强,解决方案越创新、越系统,执行力越强,其可能创造的社会价值越大。在假设执行力一致的情况下,可从社会议题与解决方案两个维度直接比较出所创造社会价值的区别。这个框架的主要特点是强调指标之间的合一性和自洽性。所谓合一性,就是三个指标之间必须互相勾连,例如目标和路径之间,就会强调用正确的方法做正确的事,而真正的价值,必须通过行动转化力来验证。

事实上,三 A 三力模型关注的并不是一个组织或项目的最终绩效,而是从战略的角度,通过对组织目标、运行模式和执行力的分析,得出一个组织创造社会价值的能力,因而更适合对组织社会价值创造能力的评价,或者作为一个组织的战略分析工具。在组织目标层次,可以分析企业的战略是否反映了企业的使命和愿景,可以分析企业的禀赋是否匹配所制定的战略,在路径层次,分析商业模式和运营管理模式是否支持战略,在行动层次则可以检查和分析组织的执行力的优势和劣势。目前这个框架已经被友成基金会广泛用于企业和社会组织的社会价值评估。

13.1.6　平衡计分卡

平衡计分卡(balanced score card,BSC)评估模式是由卡普兰(Kaplan)和诺顿(Norton)在总结了大型企业业绩评价体系的成功经验基础上,于 1992 年在《哈佛商业评论》上发表的文章中提出的。这一模式在组织具有明晰的愿景和战略前提下,把愿景和战略转变为可衡量的指标,从顾客层面、财务层面、内部流程层面、学习与成长层面来考察组织的绩效,每个层面可设多个评价指标,是一个比较全面的绩效评估指标体系,同时也是一个有效的战略管理工具(见图 13-1)。

平衡计分卡在绩效评价与战略管理领域影响深远,其不仅适用于商业领域,也适用于社会企业和非营利领域。原因在于该模式突破了单纯以财务指标作为唯一衡量工具,力图做到多个方面指标的平衡,如财务指标和非财务指标之间的平衡、长期目标和短期目标的平衡、结果性指标与动因性指标之间的平衡、组织内部群体与外部群体的平衡等。其中,对非财务指标的关注实际反映了对绩效产生过程的关注。除此之外,平衡计分卡十分强调学习和成长的重要性。对于包括社会企业在内的公益组织的总体发展而言,关注未来目标是更有意义的。

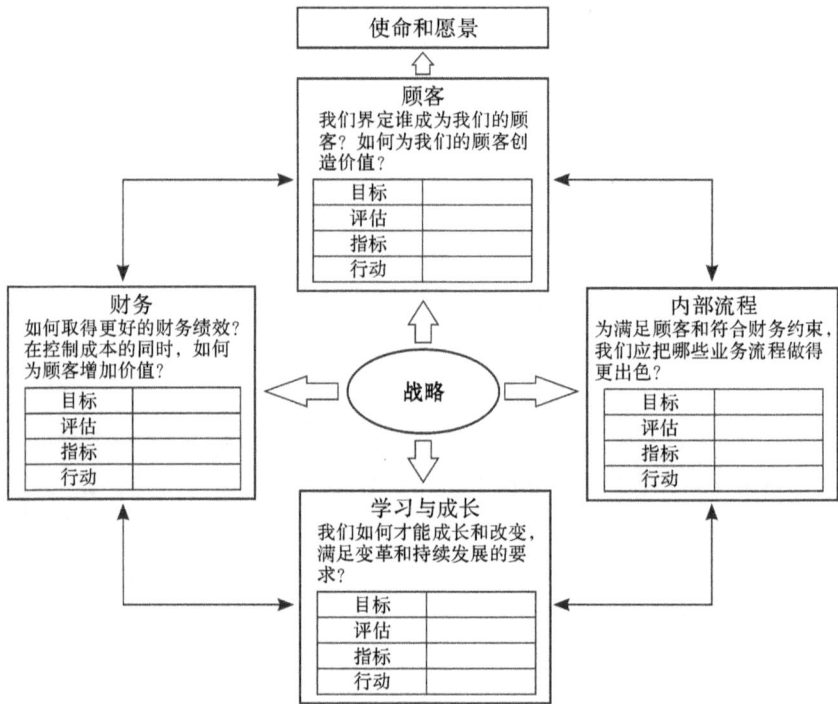

图 13-1 平衡计分卡示意

运用平衡计分卡评估组织绩效的实质是:从财务指标看组织的获利能力;从内部运作看组织的综合提升力;从客户层面看组织的竞争能力;从学习与成长层面看组织的持续后劲。因此,平衡计分卡是一种着眼于组织全面发展、面向未来的绩效评估模式,更适用于组织层面的整体绩效评估及内部考核。实施平衡计分卡评估模式,必须做到以下几个基本要求:首先,必须明确组织的使命和愿景及实施战略。平衡计分卡的绩效管理过程是围绕组织的使命与战略展开的,明确的使命和战略是实施这一模式的前提。其次,应注意整体与局部的协调。平衡计分卡是个层级概念,首先需要制定组织层面的平衡计分卡,再进一步分解为部门乃至个人的平衡计分卡。再次,目标分解应达成共识。在逐层分解组织目标的过程中,应保持上下沟通顺畅、达成共识,形成上下一致、左右协调的绩效考核目标。最后,要保持战略的评估与控制。要根据评估结果,从平衡计分卡的四个方面,分析使命及战略的完成度及有效性,从而提出发展和改善的策略。公益组织类型繁多,处在不同的社会环境,拥有不同的社会使命,需要依据实际情况制定与实施不同的战略,进而设定各自不同的绩效目标,因此,平衡计分卡的四个方面权重设计没有统一的范本,不同组织在应用时应依实际情况而定。

13.1.7　社会投资回报

社会投资回报(social return on investment,SROI)是一种衡量社会价值的方法论,用于全面衡量公益项目与项目执行方所产生的社会、环境和经济价值。SROI以利益相关方的充分参与为基础,发现并梳理每一类利益方的"投入—活动—产出—成果—影响力"的事件链(变化理论),通过寻找合适的等价物,汇总各类定量、定性信息和财务数据,来衡量一项社会投入(干预)给社会带来的改变,并将干预活动的价值"货币化",最终推演出一套相对客观真实的社会影响力评价体系。其基本思想是衡量一个组织或一个项目产生的社会价值,显示每一元钱的投资所能产生的社会收益。其本质是一种基于传统成本收益分析方法的管理工具,目的在于告知利益相关者一些数据信息,使管理人员做出社会和组织都能效益最大化的决策(苗青、石浩,2018)。

SROI评估系统的雏形是在20世纪90年代末期由美国的罗伯茨企业发展基金(Roberts Enterprise Development fund,REDF)开发的。迄今为止,SROI已广泛应用于欧洲、美国、加拿大、澳大利亚等国家和地区,并从早期的非营利项目的评估,扩大至对社会企业评估、企业CSR项目的评估等。现在欧洲正在进行SROI体系的标准化工作,英国大力推广SROI体系的社会投资回报网络(The SROI Network),在2014年末与社会影响分析协会(the Social Impact Analysts Association,SIAA)合并为新的社会企业国际社会价值网络(Social Value International,SVI),是SROI研究和推广的大本营。2011年,由南都基金会提供出版资助,社会资源研究所翻译的《社会投资回报评估指南》出版,标志着我国正式引入这一评估体系。

SROI评估系统的核心是给成果定价,让成果可视化、可测量化。它可以带来以下改变:一是公益创投理念。传统的公益项目评估体系以定量定性方式关注项目目标的实现程度,SROI则更深一步探讨公益组织和项目投入产生的社会价值,具有投资理念,是判别和选择"公益创投"的潜在工具。二是货币化衡量让社会价值评估数字化。SROI评估除与传统的评估体系具有相似的方法论外,还进一步把各种社会、经济和环境影响转化为数量化的"货币"价值,让社会效益更加一目了然。通过传统评估方法得出的结论往往难以与其他项目和过往项目进行横纵向比较,SROI评估系统则通过货币化的方式,用货币数值和比率将成果抽象出来,增强了不同类型项目的可比性。

SROI评估系统的核心指标通常包括经济价值、社会价值和综合价值,以及上述三个方面的投资回报率,以全面衡量项目的经济与社会价值的创造。具体包括:

(1)经济价值。这一指标主要测量社会企业直接创造的净现值(即未来净收入的现值)。其计算方式为:预测它的未来现金流量,并用一个适当的折现率,计算它的现值。

(2)社会价值。这一指标主要测量社会企业创造的价值,主要体现社会企业为社会所节约的成本,以及上缴的税收现值。其计算方式为:预测它未来的社会成本节约和税收量,并按一个恰当的折现率折算它的现值。

(3)综合价值。这一指标主要测量社会企业的社会经济价值。其计算方式为:综合价值=经济价值+社会价值-长期负债值。

(4)经济投资回报率。经济投资回报率测量的是社会企业创造经济价值的货币化部分。计算方式为:经济投资回报率=经济价值/资产总额。

(5)社会投资回报率。社会投资回报率测量的是社会企业创造社会价值的货币化部分。计算方式为:社会投资回报率=社会价值/资产总额。

(6)综合投资回报率。综合投资回报率是指每单位资金投入所获价值的货币化部分。计算方式为:综合投资回报率=综合价值/资产总额。

上述前3个指标测量了社会企业对社会的经济回报、社会贡献及总和;后3个指标则将上述这些贡献与它们所需的投资相比,反映投资价值。随着新研究的推进,对社会投资回报分析也有了不同体系,例如,英国最著名的审计公司所使用的社会投资回报分析工具——社会审计系统(social audit networks,SAN)。该工具旨在帮助社会企业评估社会、环境和经济影响,以便总结和回顾社会企业的成败,为社会企业绩效发展提供指导。

SROI评估系统包括7项原则:

(1)利益相关方参与:利益相关方是能够体验干预活动带来的改变的人或机构,也是描述变化的最佳人选。该原则要求先识别利益相关方,并让利益相关方参与到SROI分析过程中,以便能够通过那些影响干预活动或受干预活动影响的人,来了解干预带来的价值及其测量方法,与利益相关方一起探讨发生了何种变化并理解这些改变。

(2)理解发生了何种变化:价值由不同利益相关方创造,又由不同利益相关方享有,但都由改变产生;改变既包括利益相关方预期或未预期的改变,也包括积极或消极的改变。该原则需要相应的变化理论来阐明这些改变如何发生。这些改变是干预行为带来的成果,由于利益相关方的贡献而得以发生,可分为社会成果、经济成果和环境成果。我们需要测量这些成果,来证明干预行为确实带来了改变。

(3)为关键成果定价:对变化产生的影响进行估值或定价。这一原则能帮助我们知晓到底有多少价值被创造出来,以更好地管理我们的工作,发掘潜在的投资机会。我们可以使用等价物来给成果定价,让那些无法参与市场交易、但又受干预行动影响的成果得以呈现。这将影响不同利益相关方之间权利的既有平衡。

(4)仅纳入重要信息:该原则要求在众多信息中分辨哪些才是重要信息,如果排除某项信息,决策者是否会做出不同的决定。因此,该原则要求将利益相关方体验到重要改变的决定和成果相关信息列为重要材料进行分析。决定何种信息重要,需要参考机构政策、同行机构、社会准则、短期财务影响等。

(5)不要言过其实:夸大干预成果,是指变化不是由我们的机构/项目带来的,而可能是由我们的合作伙伴或环境改变带来的。该原则要求与其他因子对照,排除无谓因子,还要求考虑其他个人或机构为成果做出的贡献,以便与成果贡献相匹配。该原则是其中最难执行的原则之一。

(6)保持透明公开:该原则要求记录并解释与如下内容相关的决定:与利益相关方、成果和指标相关的每一项决定,信息来源和采集方法,差异因子考量及与利益相关方交流情况。在 SROI 分析中,我们将分析这些因子是如何对成果产生影响的。做出决定的原因越透明公开,SROI 分析结果就越可信。

(7)审核成果:尽管 SROI 分析提供了一个全面了解干预行为创造价值的机会,SROI 也难免需要一些主观分析和判断。适当的独立审核能够帮助利益相关方考察 SROI 分析师的工作,看他们在进行 SROI 分析时所做的决定是否合理。

SROI 评估系统的 6 个分析步骤见图 13-2。

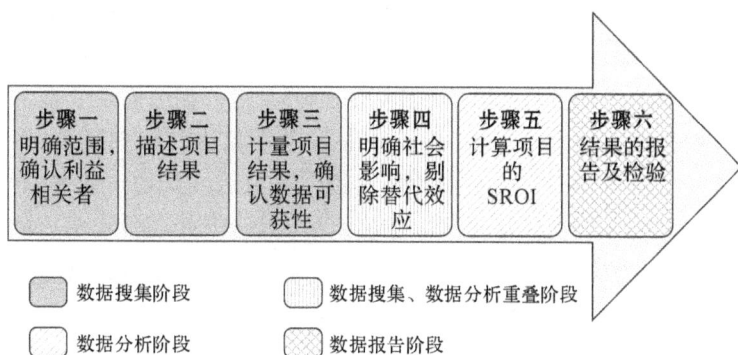

图 13-2 SROI 评估流程

(1)确定 SROI 分析范围,识别利益相关方,确定 SROI 的界限、范围,有哪些利益相关方参与其中以及如何参与,这项工作非常重要。

(2)描绘成果,通过利益相关方的参与,来描绘影响力图或"变化理论",反映投入、产出和成果两两之间的关系。

（3）证明成果，给成果定价这一阶段包括找到相关数据来证明成果是否发生，并为成果定价。

（4）确认影响力，收集成果的证明材料并将成果货币化的过程中，那些无论如何都会发生的变化，以及由无关因子导致的变化均不在考虑范围之内。

（5）计算 SROI 值，把所有正负效益求和后，将成果与投资相比。这一阶段可以同时测试成果的敏感度。

（6）报告、应用与 SROI 常态化，最后一步至关重要却又容易被遗忘。与利益相关方分享研究成果并做出反馈；制定一套常规化的机制，将 SROI 的发现和建议用来支持机构或项目的发展。

总体而言，目前为止，SROI 还是一个新兴概念，也是最为规范、最为完整的一套价值创造评估体系。在南都基金会、北京光华慈善基金会等机构的倡导和推动下，SROI 在实践层面逐步开始尝试应用。2015 年，北京光华慈善基金会运用 SROI 对 GSRD 江苏创业教育项目进行了评估并出具研究报告，苗青等（2018）对两个典型的公益创投项目的实际案例"帮教助学"项目和"折翼圆梦"项目，运用 SROI 方法进行评估，结合我国实际对相关指标进行了适当调整。

13.2 两种改进的评估方法

13.2.1 基于模糊 PROMETHEE 排序的评估方法

如前所述，按评估的对应的项目阶段划分，可以将公益评估的类型划分为前期评估、过程评估和结果评估。通常，对一些大型公益项目，都要对不同的备选方案开展前期评估，以选定实现目标的最佳方案。在政府购买服务的公益项目及公益创投项目的决策当中，都应该对备选项目进行前期评估，以选定有潜力的公益项目及有能力实施相应的方案的公益组织或机构。此时，对各个组织及其备选方案的评价指标往往难以准确定量测量，例如项目实施方的组织和管理能力、项目解决社会问题的重要性等。同时各个备选方案通常也并非优劣分明。在这种情况下，如何对各个备选方案进行评估、比较和选择，就是一个棘手的问题。为此，我们提出一种基于 PROMETHEE 公益项目的前期评价方法，并用梯形模糊数的概念对其进行改进，综合考虑项目决策中方案的弱优先性、不可比性、模糊性等特点，使提出的方法更好代表了决策的真实环境，兼具适应性强、简单和易于释义的特点。

13.2.1.1 公益项目前期性评价的特点

在公益项目的决策和实施之前，首先应该对可能采取的各个备选方案及其可能的社会影响分别进行评价,然后根据其排序情况进行决策和选择。然而,在实践中对一个项目涉及的各个方案及对不同的项目进行恰当的评价和排序却并非易事。这是由项目的前期性评价固有的特征决定的:其一,任何一个项目或一个项目的不同方案的评价指标包括各个方面,如项目可能创造的社会价值或产生的社会影响、项目各方面的资源消耗、项目的目标群体的规模等,除此之外,相比于后期评价,前期评价还要重点考虑承担项目的公益组织的能力、项目或方案的可行性等因素;其二,前期性评价是在项目实施与运行之前进行的,而项目的实际结果很大程度上取决于其未来的实施与运行状态,特别是周期比较长的项目,取决于其未来的环境变化情况,以及有关项目的运作、管理等众多方面,而与之相关的一些准确的数据难以获得,更多要靠估计和预测;其三,评价涉及的指标有很多难以准确定量计量,具有模糊性的特点,例如,项目解决的社会问题的重要性、项目预期的社会影响、承担项目的公益组织的使命和能力等,都难以准确计量;第四,不同项目或不同方案及评价指标之间存在某种程度的不可比性或弱优先性的特点,例如,仍以项目解决的社会问题的重要性为例,该指标的重要程度,往往难以准确认定某一个方案一定优于另一个方案,并且往往取决于不同评价者的不同价值判断。上述因素的存在,给方案的评价与取舍增加了难度,事实上,目前的公益项目前期评价方法还没有很好地解决这一问题。

基于上述认识,有研究者将模糊评价方法引入公益项目评价中,如胡杨成(2005)将模糊层次分析法和平衡计分卡结合起来,构建了以平衡计分卡为基础的非营利组织绩效评价模型,为平衡计分卡的四个层面各设计了4～6个指标;共19个指标,然后运用模糊层次分析法将定性指标转化为定量指标开展评价。所谓模糊现象是指事物边界的不清楚性,在现实生活中,除了确定现象和随机现象,模糊是普遍存在的现象,大多数情况下并不遵循 T/F 的二元逻辑。社会项目评价中涉及的各类评价指标,很多都具有模糊性的特点,适宜于使用模糊评价的概念和方法。模糊数的概念和种类有很多,在这里引入的梯形模糊区间数的概念与方法,对于项目的实际结果很大程度上取决于其未来的运行状态这一特点尤为合适,即便对于一些在项目实际运行中可以准确测量的定量因子,也适用于用梯形模糊数来测量。

通常而言,传统的评价方法用"互反性"作为两两比较判断的准则,得出的结果也是严格优先关系,亦即备选方案 a_t 绝对优于 a'_t,或无差异关系(indifference $a_t I a'_t$)亦即 a_t 与 a'_t 同样好。但事实上,其他的情况也可能存在,如一对备选方案是不可比较的关系(incomparability $a_t R a'_t$),亦即不能断定 a_t 比 a'_t 好或相反;或者一对备选方案是弱优先关系(weak preference $a_t Q a'_t$),

亦即 a_t 只是稍微好于 a'_t。这对于诸如项目方案评价这样的多标准决策是现实存在的。基于此,我们提出以模糊逻辑为基础的项目方案 PROMETHEE 排序方法,它更好地代表了这类决策的真实环境,满足了其中的模糊性、弱优先性和不可比性等特殊要求。同时,应用 PROMETHEE 法也不需要对各类指标进行无量纲化处理,避免了其他一些方法中无量纲化处理导致的信息丢失或扭曲。

13.2.1.2 PROMETHEE 算法

PROMETHEE 算法是一个以相对简单、含义明确为特征的多目标排序方法,参数输入具有现实意义且便于解释。

考虑对集合 A 的 T 个方案进行排序

方案集:$A_i = \{a_1 \cdots a_t\}$ $\qquad a_t(t = 1 \cdots T)$

标准集:$F_i = \{f_1 \cdots f_k\}$ $\qquad f_k(k = 1 \cdots K)$

此时,这一问题可以通过矩阵形式表达,决策矩阵 $D = (x_{tk})_{t=1\cdots T, k=1\cdots K}$ 是一个 $T \times K$ 矩阵,其中元素 $x_{tk} = f_k(a_t)$ 表示从标准 f_k 来评价,对方案 a_t 的评价值。

$$D = \begin{bmatrix} x_{11} & \cdots & x_{1K} \\ \vdots & x_{tk} & \vdots \\ x_{T1} & \cdots & x_{TK} \end{bmatrix} = \begin{bmatrix} f_1(a_1) & \cdots & f_K(a_K) \\ \vdots & f_k(a_t) & \vdots \\ f_1(a_t) & \cdots & f_K(a_T) \end{bmatrix}$$

应用 PROMETHEE 算法首先要构造优先函数,优先函数可以由决策者针对每一个标准 f_k 来进行定义:

$$p_k(f_k(a_t) - f_k(a'_t)) = p_k(d) \in [0,1]$$

与 a_t 相比较,对 a'_t 的优先程度可以从 $p_k(d) = 0$(无差别)变化到 $p_k(d) = 1$(严格优先),这种优先概念是十分容易解释的,简单地说,就是"从标准 f_k 看,方案 a_t 比 a'_t 好,这个声明正确的百分率是多少"。$p_k(d)$ 是一个非减函数,当 $d < 0$ 时,取 $p_k(d) = 0$。

实践中,在构造优先函数时,有 6 种常用的"一般性准则"(generalised criterion),其图示与含义如下:

①通常准则(usual criterion)

$$p(d) = \begin{cases} 0 & f(a) = f(b) \\ 1 & f(a) \neq f(b) \end{cases}$$

只有当 $f(a) = f(b)$ 时,a 与 b 无差异。一旦两者评估值不同,即认为是严格优先关系。

②"半"准则(Quasi-criterion)

$$p(d) = \begin{cases} 0 & -q \leqslant d \leqslant q \\ 1 & d << -q \bigcup d > q \end{cases}$$

当两方案指标间差值未超过阈值 q 时,认为两方案无差异,否则认为是严格优先。

③线性优先准则(criterion with linear preference)

$$p(d) = \begin{cases} p/d & -p \leqslant d \leqslant p \\ 1 & d < -p \cup d > p \end{cases}$$

若 $-p = d = p$,认为优先关系与 d 是线性的;若 $d < -p$ 或 $d > p$,认为是严格优先。此种情况需确定阈值 p。

④同水平准则(level criterion)

$$p(d) = \begin{cases} 0 & |d| \leqslant q \\ 1/2 & q < |d| < p \\ 1 & p \leqslant |d| \end{cases}$$

同时定义了阈值 q 和 p。若 $q < |d| = p$,为弱优先。

⑤无差别区间和线性优先准则(Criterion with linear preference and indifference area)

$$p(d) = \begin{cases} 0 & |d| \leqslant q \\ (|d|-q)/(p-q) & q < |d| \leqslant p \\ 1 & p < |d| \end{cases}$$

认为在阈值 q 与 p 间优先关系从无差别到严格优先呈线性增长。

⑥高斯准则(Gaussian criterion)

$$p(d) = 1 - \exp\{-d^2/2\sigma^2\}$$

只需定义 σ,它可以根据统计分布依经验获得。

上述 6 种类型基本覆盖了大部分决策问题,决策者可以根据其偏好选择使用,也可以根据特定情况另行构造准则。

应用 PROMETHEE 算法的步骤如下:

①为每一个标准 f_k 指定一个特定的一般性准则。

②确定权重向量,即从决策者看来,各个标准相对重要性的尺度。

$$w^t = [w_1 \cdots w_k]$$

③定义所有的备选方案 $a_t, a_t' \in A$ 的排序关系 π。

$$\pi : \begin{cases} A \times A \to [0,1] \\ \pi(a_t, a_t') = \sum_{k=1}^{k} w_k p_k(f_k(a_t) - f_k(a_t')) \end{cases}$$

$\pi(a_t, a_t')$ 衡量同时考虑所有标准,相比于 a_t' 而言,决策者对 a_t 的优先程度,它是衡量优先函数 $p_k(d)$ 后的平均值。

④计算正流量(leaving flow)

$$\varphi^{+}(a_t) = \frac{1}{T-1}\sum_{\substack{t'=1 \\ t' \neq t}}^{n}\pi(a_t, a_t')$$

⑤ 计算负流量(entering flow)

$$\varphi^{-}(a_t) = \frac{1}{T-1}\sum_{\substack{t'=1 \\ t' \neq t}}^{n}\pi(a_t', a_t)$$

⑥得出排序关系。

一般而言,正流量越高,负流量越低,则方案越好。用 PROMETHEE 算法决策时,可以使用部分排序(PROMETHEE I)或完全排序(PROMETHEE II)。部分排序(PROMETHEE I)是由交叉比较正流量和负流量决定的,这种方法容许弱优先和不可比较性,最终得到的只是部分优先关系,并不能得到全部方案的排序关系,但通过弱优先和不可比较性可能会得到更多潜在的有价值的信息。要想最终对所有备选方案进行完整的排序,需要使用完全排序(PROMETHEE II),这种方法要求计算净流量(net flow)。

$$\varphi^{\text{net}}(a_t) = \varphi^{+}(a_t) - \varphi^{-}(a_t)$$

对于项目决策,通常两种方法结合使用,以便既能得到清晰的排序结果,也能发现各个指标下面对应的潜在信息。

13. 2. 1. 3　基于梯形模糊区间数(trapezoidal fuzzy intervals)的 PROMETHEE 法

如前所述,将模糊逻辑引入社会项目的决策方案评价问题是适合这类项目的内在属性的,但是建立一个理想的、切合实际的隶属函数往往比较困难。基于此,我们进一步引入梯形模糊数的概念,把模糊逻辑应用于方案排序问题,开发基于梯形模糊区间算法的 PROMETHEE 排序方法,使其更为适用于公益项目的评价并易于为实践者理解。在实践中,由于指标权重的确定也同样有很大的主观性、不确定性,因此权重系数也用梯形模糊区间数的形式来表示。

模糊区间的隶属函数可以用数学公式表示如下:

$$\mu(x) = \begin{cases} 0 & x \leqslant m_l - \alpha \quad or \quad m_u + \beta \leqslant x \\ 1 - \dfrac{m_l - x}{\alpha} & m_l - \alpha < x < m_l \\ 1 & m_l \leqslant x < m_u \\ 1 - \dfrac{x - m_u}{\beta} & m_u < x \leqslant m_u + \beta \end{cases}$$

其中,α 和 β 分别代表梯形模糊区间数的左右延展区间(spread),区间 $[m_l, m_u]$ 代表梯形模糊区间的上下边界,这个梯形模糊区间数记作 $\widetilde{M} = (m_l; m_u; \alpha;$

$\beta)_{LR}$ ，三角模糊数是梯形模糊区间数的特例，此时梯形模糊数的上下界相等。精确数也可视为一种特例，此时 n 可以表达为 $m_l=m_u=n$ 且 $\alpha=\beta=0$ 。

梯形模糊区间数的代数运算定义为：

加法 $\widetilde{M}\oplus\widetilde{N}=(m_l,m_u,\alpha,\beta)_{LR}\oplus(n_l,n_u,\gamma,\delta)_{LR}=(m_l+n_l,m_u+n_u,\alpha+\beta,\gamma+\delta)_{LR}$

负数 $-\widetilde{M}=-(m_l,m_u,\alpha,\beta)_{LR}=(-m_l,-m_u,\beta,\alpha)$

减法 $\widetilde{M}\ominus\widetilde{N}=(m_l,m_u,\alpha,\beta)_{LR}\ominus(n_l,n_u,\gamma,\delta)_{LR}=(m_l-n_l,m_u-n_u,\alpha+\delta,\beta+\gamma)_{LR}$

乘法 $\widetilde{M}\otimes\widetilde{N}=(m_l,m_u,\alpha,\beta)_{LR}\otimes(n_l,n_u,\gamma,\delta)_{LR}\approx(m_l\cdot n_l,m_u\cdot n_u,m_l\gamma+n_l\alpha-\alpha\gamma,m_u\delta+n_u\beta+\beta\delta)_{LR}$

基于上述定义，就可重新设计模糊 PROMETHEE 算法（用标志 F 代表模糊 PROMETHEE）。

（F1）为每一个标准 f_k 指定一个特定的一般化准则。

（F2）定义模糊权重集。

$$\widetilde{w}^T=[\widetilde{w}_1;\cdots;\widetilde{w}_k]\qquad\widetilde{w}_k=(m_l^w;m_u^w;\alpha^w;\beta^w)_{LR}$$

（F3）定义所有的方案 $a_t,a_t'\in A$ 的模糊关系 $\widetilde{\pi}$ 。

$$\widetilde{\pi}=\begin{cases}A\times A\to[0,1]\\\widetilde{\pi}(a_t,a_t')=\sum_{k=1}^{k}\widetilde{w}_k\otimes P_k(\widetilde{f}_k(a_t)\ominus\widetilde{f}_k(a_t'))\end{cases}$$

其中 $\widetilde{f}_k(a_t)=(m_l,m_u,\alpha,\beta)_{LR},\widetilde{f}_k(a_t')=(n_l,n_u,\gamma,\delta)_{LR}$ 。

此步骤又分为：

首先，构造优先函数 $P_K(d)$ 。从 f_k 标准来看，a_t 和 a_t 相比较的优先程度可以从如下关系得到：

$$p_k(\widetilde{f}_k(a_t)\ominus\widetilde{f}_k(a_t'))$$
$$=p_k((m_l;m_u;\alpha;\beta)_{LR}\ominus(n_l;n_u;\gamma;\delta))_{LR}$$
$$=p_k(m_l-n_u;m_u-n_l;\alpha+\delta;\beta+\gamma)_{LR}$$
$$=(p_k(m_l-n_u);p(m_u-n_l);p_k(m_l-n_u)-p_k(m_l-n_u-\alpha+\delta);$$
$$p_k(m_u-n_l+\beta+\gamma)-p_k(m_u-n_l))_{LR}$$
$$=(m_l^{pk};m_u^{pk};\alpha^{pk};\alpha^{pk})_{LR}$$

其次，将优先函数乘以每一标准各自的权重：

$$\widetilde{w}_k\otimes p_k(\widetilde{f}_k(a_t)\ominus\widetilde{f}_k(a_t'))$$
$$=(m_l^{uk};m_u^{uk};\alpha^{uk};\beta^{uk})_{LR}\otimes(m_l^{pk};m_u^{pk};\alpha^{pk};\beta^{pk})_{LR}$$
$$\approx(m_l^{uk}\cdot m_l^{pk};m_u^{uk}\cdot m_u^{pk};m_l^{uk}\cdot\alpha+m_l^{pk}\alpha^{uk}-\alpha^{uk}\alpha^{pk};$$
$$m_u^{uk}\beta^{pk}+m_u^{pk}\cdot\beta^{uk}+\beta^{uk}\beta^{pk})_{LR}$$

最后，计算 $\tilde{\pi}(a_t, a'_t)$

$$\tilde{\pi}(a_t, a'_t) = \sum_{k=1}^{k} \widetilde{w}_k \otimes p_k(\widetilde{f}_k(a_t) \ominus \widetilde{f}_k(a'_t))$$

$$\approx \sum_{k=1}^{k} (m_l^{uk} \cdot m_l^{pk}; m_u^{uk} \cdot m_u^{pk}; m_l^{uk} \cdot \alpha^{pk} + m_l^{pk} \cdot \alpha^{uk} - \alpha^{uk} \cdot \alpha^{pk};$$

$$m_u^{uk} \cdot \beta^{pk} + m_u^{pk} \cdot \beta^{uk} + \beta^{uk}\beta^{pk})_{LR}$$

$$= (\sum_{k=1}^{k} m_l^{uk} \cdot m_l^{pk}; \sum_{k=1}^{k} m_u^{uk} \cdot m_u^{pk}; \sum_{k=1}^{k} m_l^{uk}\alpha^{pk} + m_l^{pk}\alpha^{uk} - \alpha^{uk}\alpha^{pk};$$

$$\sum_{k=1}^{k} m_u^{uk}\beta^{pk} + m_u^{pk}\beta^{uk} + \beta^{uk}\beta^{pk})_{LR}$$

$$= (m_l^{\pi}; m_u^{\pi}; \alpha^{\pi}; \beta^{\pi})_{LR}$$

（F4）计算模糊正流量。

$$\tilde{\varphi}^+(a_t) = \frac{1}{T-1} \sum_{\substack{t'=1 \\ t' \neq t}}^{T} \tilde{\pi}(a_t, a'_t)$$

（F5）计算模糊负流量。

$$\tilde{\varphi}^-(a_t) = \frac{1}{T-1} \sum_{\substack{t'=1 \\ t' \neq t}}^{T} \tilde{\pi}(a'_t, a_t)$$

（F6）确定排序关系。

为使结果更明确并容易为决策者理解，可以选用基于中心区域法（Centre Of Area, COA）将模糊正流量和模糊负流量再转换成精确数（defuzzification）的形式，并以此为基础进一步计算净流量。转换精确数的计算公式如下：

$$x_{defuzz} = \frac{\int x\mu(x)dx}{\int \mu(x)dx} = \frac{\int_{m_l-\alpha}^{m_l}\left(1 - \frac{m_l-x}{\alpha}\right)xdx + \int_{m_l}^{m_u} 1 \cdot xdx + \int_{m_u}^{m_u+\beta}\frac{x-m_u}{\beta}xdx}{\int_{m_l-\alpha}^{m_l}\left(1 - \frac{m_l-x}{\alpha}\right)dx + \int_{m_l}^{m_u}1dx + \int_{m_u}^{m_u+\beta}\left(1 - \frac{x-m_u}{\beta}\right)dx}$$

$$= \frac{m_u^2 - m_l^2 + \alpha m_l + \beta m_u + \frac{1}{3}(\beta^2 - \alpha^2)}{\alpha + \beta + 2m_u - 2m_l}$$

COA 法适应于梯形、三角形模糊数和精确数，并且不需要另外的参数。转换成精确数的另一个好处是：可以容易地针对不同的权重进行敏感性分析。若其他权重保持不变，敏感区间的意义是：在不改变由初始权重集得出的排序结果的条件下，每个标准对应的权重值允许改变范围。区间越窄，意味着相应的标准的权重越敏感。由于 PROMETHEE 算法主要是加法运算，敏感性分析较为容易进行。

针对某一个标准 w_{fk}，保持其他权重不变，分别计算 $w_{fk} = 0$ 时的 $\varphi_0^{net}(a_t)$

和 $w_{fk} = 100\%$ 的 $\varphi_1^{net}(a_t)$。如图 10-3 所示,在敏感性分析图中,连接 $\varphi_0^{net}(a_t)$ 与 $\varphi_1^{net}(a_t)$,可以得到各个方案随 w_{fk} 变化的 $\varphi^{net}(a_t)$ 的变化的直线,根据各条直线的交点,可以确定出标准权重 w_{fk} 的敏感区间。作为示例,图 13-3 描述了对于某一标准权重 w_{fk} 的敏感性分析,原权重为 w_{fk}^0,备选方案完全排序为:$a_4 - a_2 - a_1 - a_3$;当权重的变化超出 w_{fk}^1 的敏感区间下界,排序变为:$a_2 - a_4 - a_1 - a_3$;当权重的变化超出 w_{fk}^2 的敏感区间上界,排序变为:$a_4 - a_1 - a_2 - a_3$。

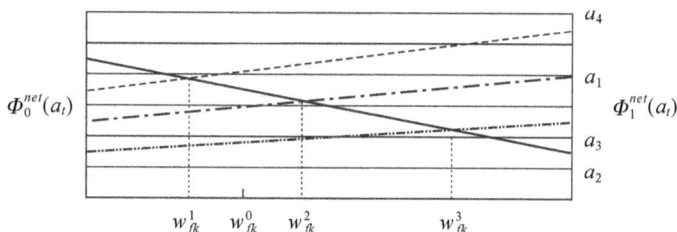

图 13-3　敏感性分析示意

应指出的是,敏感性分析是用转换成精确数的净流量 $\varphi^{net}(a_t)$ 进行的,应用净流量对敏感性分析较为方便,敏感区间、方案排序都可以用图示的方式清楚地表示,并很容易向决策者解释,这实际上是这种敏感性分析的一个十分重要的优点,因为它可以使决策者关注到,哪些方面的指标的变化更容易对最终决策产生影响,亦即影响全部决策方案选择的最敏感的指标是什么。在实践中,备选方案的选择在很大程度上取决于指标的权重的变化。关于 PROMETHEE 权重敏感区间,Jutta Geldermann 和 Thomas Spengle 等(2000)在相关文献里给出了较为详尽的解释,这里不再赘述。

13.2.1.4　应用示例

下面,我们通过一个模拟的应用示例来说明该方法的应用。假设某大型公益项目共有 4 个可行方案可选择,并要从项目的适当性、项目的预期效果、执行方的能力、项目的社会影响、项目的可持续性 5 个方面来对各个方案进行评价,决策矩阵见表 13-1。为不失一般性,5 个指标都是越大越好型指标。

表 13-1　决策矩阵

方案 标准	a_1	a_2	a_3	a_4
f_1	$(4;6;1;1;)_{LR}$	$(7;8;1.5;2)_{LR}$	$(6;7;1;2)_{LR}$	$(3;4;1;0.5)_{LR}$
f_2	$(1.5;1.6;0.2;0.2)_{LR}$	$(1;1.2;0.1;0.2)_{LR}$	$(1.2;1.5;0.2;0.4)_{LR}$	$(1.7;1.8;0.2;0.1)_{LR}$

续表

方案\标准	a_1	a_2	a_3	a_4
f_3	$(20;25;3;4)_{LR}$	$(50;60;5;5)_{LR}$	$(15;20;3;3)_{LR}$	$(14;16;1;1)_{LR}$
f_4	$(50;55;5;5)_{LR}$	$(60;75;5;6)_{LR}$	$(45;50;4;5)_{LR}$	$(30;35;3;3)_{LR}$
f_5	$(0;0;0;0)_{LR}$	$(0.5;0.6;0.1;0.1)_{LR}$	$(0.3;0.5;0.1;0.1)_{LR}$	$(0;0;0;0)_{LR}$

为每一个标准分别指定一般化准则,并为每一个标准赋以相应模糊权重。方便起见,此处将权重分成5个等级,即不重要、较不重要、中等、较重要、很重要。对应地,可以将这5个等级用梯形模糊数的形式表示出来,见表13-2。这里取 $m_l = m_u$,梯形模糊数实际上变成三角模糊数。

表13-2　5个等级梯形模糊数

标准	一般化准则	P	权重
f_1	3	2	$(2;2;1;1)_{LR}$
f_2	3	0.4	$(1;1;1;1)_{LR}$
f_3	3	10	$(4;4;1;1)_{LR}$
f_4	3	10	$(5;5;1;1)_{LR}$
f_5	1		$(3;3;1;1)_{LR}$

按上述步骤计算出 $\tilde{\pi}(a_t,a'_t)$,结果见表13-3。

表13-3　计算值

	a_1	a_2	a_3	a_4
a_1	$(0;0;0;0)_{LR}$	$(0.75;1;0.75;5.25)_{LR}$	$(0;10;0.5;6)_{LR}$	$(6.6;11;2.4;4.5)_{LR}$
a_2	$(10.5;14;3.5;4.5)_{LR}$	$(0;0;0;0)_{LR}$	$(9;14;1.75;6)_{LR}$	$(14;14;4;4)_{LR}$
a_3	$(3;5;1;13)_{LR}$	$(0;1;0;8)_{LR}$	$(0;0;0;0)_{LR}$	$(10;12.4;3.4;7.6)_{LR}$
a_4	$(0.25;0.75;1.25;3.5)_{LR}$	$(1;1;1;1)_{LR}$	$(0.5;1.4;0.5;3.1)_{LR}$	$(0;0;0;0)_{LR}$

进一步计算正流量、负流量及净流量(见表13-4)。

表 13-4　正流量、负流量以及净流量

	a_1	a_2	a_3	a_4
$\tilde{\varphi}^+(a_t)$	$(7.35;22;2.65;$ $15.75)_{LR}$	$(33.5;42;9.25;$ $14.5)_{LR}$	$(13;18.4;4.4;$ $28.6)_{LR}$	$(1.75;3.15;2.75;$ $7.6)_{LR}$
$\tilde{\varphi}^-(a_t)$	$(13.75;19.75;$ $5.75;21)_{LR}$	$(1.75;3;1.75;$ $7.05)_{LR}$	$(9.5;25.4;1.75;$ $15.1)_{LR}$	$(30.4;37.4;9.8;$ $16.1)_{LR}$
$(\tilde{\varphi}^+(a_t))_{defuzz}$	18.37	39.32	23.27	3.98
$(\tilde{\varphi}^-(a_t))_{defuzz}$	21.44	4.04	21.21	36.78
$\varphi^{net}(a_t)$	-3.07	35.28	2.06	-32.8

得到方案的完全排序结果为 $a_2 \rightarrow a_3 \rightarrow a_1 \rightarrow a_4$。

13.2.1.5　小结

需要指出的是,上述方法的计算过程看似复杂,但原理十分简单,计算过程完全可以借助计算机程序辅助实现。评价者只需给出对于不同项目的各个指标的评价值,以及各个评价指标的权重,就可以很方便地计算出结果并给出各方案的排序,同时也可以通过敏感性分析确定指标权重的变化,即决策者更看重公益项目的哪些方面,对最终方案排序的影响。

在公益项目的前期评价中,使用清楚明确的数据进行完全客观的评价通常是不可能的,原因在于社会项目方案评价中的很多因素,如项目的远期社会影响、环境影响、项目未来的运行状态等难以准确预测。因此,模糊评价的方法可能更为有效。结构性的、使用模糊数据的决策支持方法往往会得出更加切合实际的结果。将模糊方法进一步引入权重的确定,充分考虑了与决策相关的各个方面标准的主观性特点,特别对权重变化敏感区间的计算,可以揭示权重对决策结果影响最大的指标,从而促使决策者考虑问题更全面、更科学。

弱优先和不可比性的概念在公益项目前期评价的实际应用中也是很有价值的。在公益项目方案评价当中,通常而言,能够入围或纳入考虑范围的方案,往往都应是可行的并具有一定竞争力的,备选方案所具备的一些基本条件已满足相关要求,其可行性也应为一个给定的事实。此情形下,决策方案的选择通常只是一个相对取优的概念,从不同的标准角度来评价方案,弱优先性和不可比性是广泛存在的。

13.2.2　基于社会价值创造的绩效评估方法

如前所述,如何有效评估公益组织及其项目的社会绩效,特别是如何对不同经济社会背景下不同类型的公益组织及其项目的社会绩效进行比较,一直是在公益理论研究和实践中都没有被很好地解决的问题。接下来,我们以公益项目的最终社会效果为指向,引入社会价值创造的概念,并依据被干预对象在干预前后在某一领域位于目标地区平均水平之下的社会需求满意度的提升程度,对社会价值创造的概念内涵和边界进行清晰界定,由此建立社会绩效测量和评估的基准,在此基础上开发了一个基于社会价值创造的公益组织社会绩效测量和比较的概念框架,该框架满足了不同社会经济制度背景下不同类型的社会干预项目最终效果的测量和比较。下面以一个现实中运作的公益组织为例,对该方法的应用流程进行说明。

13.2.2.1 公益组织社会绩效评估困境

近年来随着我国社会事业的蓬勃发展,各类公益组织大量涌现并日益对促进社会和谐发挥着重要作用。据《中国慈善发展报告》(2019),2018 年全国接受社会捐赠总量达到 1128 亿元。截至 2018 年 12 月,全国共有正式登记的社会组织 81.6 万个,其中社会团体 36.6 万个,社会服务机构 44.3 万个,基金会7027 个,虽然由于历史原因,这些组织并非都是经过民政部门登记认定的慈善组织,但大多在从事公益慈善活动。在公益领域,政府、基金机构和社会公众最为关心的问题可能是:他们所投资或支持的公益组织及项目究竟在何种程度上达成了他们的期望? 其最终的社会效果如何、在何种程度上引起了积极的社会改变或者说创造了社会价值(Polonsky & Grau, 2011)? 与其他公益组织或项目相比处于何种地位(Donald et al. ,2017)? 然而,如何有效评估公益组织的社会绩效,以及如何比较不同公益组织及项目的社会绩效,却是一个在理论和实践层面都没有被很好地解决的问题(Bagnoli & Megali, 2011;Kroeger & Weber,2014)。这也是人们对公益组织的社会作用持有一定程度的疑虑并阻碍公益事业发展的因素之一。

在社会、政治和经济领域里,测量并比较组织的社会绩效是一个受到持续关注的研究主题,而这对于旨在缓解诸如饥饿和贫穷等社会问题的公益组织来说尤其重要(Kroeger & Weber, 2014)。目前,如何测量并比较公益组织绩效的研究文献,主要集中在非营利机构管理、社会创业及项目评估等领域(Bagnoli & Megali,2011; Polonsky & Grau, 2011; White,2013)。相关研究认为,将公益组织彼此无关联的不同类型的干预措施所产生的社会绩效进行比较,是一个巨大的挑战(Polonsky & Grau, 2011)。目前现有文献中的方法既没有清楚地表述何为社会绩效,也不适用于不同类型社会干预项目之间的比较。

13.2.2.2 已有的公益组织绩效的评估方法

由于公益组织的社会干预活动复杂多样且涉及不同的领域,如何评估和比较基于不同社会经济和制度背景、针对不同干预对象、满足不同社会需求的公益组织的社会干预活动的效果,被视为"若非不可能,就是一个极大的挑战"(Kroeger & Weber,2014)的任务。目前,学术界提出的各种用于评估和比较公益组织绩效的理论及方法十分庞杂,角度各有不同。一些学者认为公益组织绩效评估应包括经济价值、社会价值及可持续性等广泛指标(Bagnoli & Megali,2011;White,2013),另有学者(Bagnoli & Megali,2011)通过研究确认了创造性、积极性、风险管理等作为决定社会价值创造的维度。也有学者将实验和准实验研究设计应用于一些具体项目的评估(White,2013)。国内也有学者对非营利组织和社会创业组织的绩效评价问题进行研究(盛南、王重鸣,2008;陈劲、王皓白,2007)。如李金(2007)认为应对非营利绩效从组织问责(accountability)、绩效(performance)和组织能力(capacity)等方面全方位评估,孙世敏(2010)、张锦等(2014)对社会创业绩效评价方法进行了归纳与梳理。

在实践领域开发了相对较多的针对公益组织及其具体项目的评估方法,如美国的 The Trasi Database 收集了各种测量和比较的工具,美国政府则采用"项目等级评估工具"(Program Assessment Rating Tool,PART)来推进美国联邦政府公共项目的评估与管理。在众多的评价方法中,社会影响评价是一个整合性的涵盖人们与他们所处的社会文化、经济和物理环境互动的方式的评价框架(Esteves,Franks & Vanclay,2012;Arnaudo & Mc Brearty,2009)。与其他方法相比,SIA 将关注点放在环境及提升易受伤害和弱势群体的生活上面,然而这一方法有很强的描述性特征并由此在准确测量和比较社会干预的效果方面的应用有限。目前,学者较为公认的测量社会影响的、严格定量的方法是基于投资社会回报的评价方法(SROI)(Emerson,2003),这一方法结合了 SIA 实践和成本收益分析,其基本思想是衡量一个组织或一个项目产生的社会价值,显示每一元钱的投资所能产生的社会收益。它本质上是一种基于传统成本收益分析方法的管理工具(苗青、石浩,2018),利用 SROI 评价一项社会干预的效果时,要估计社会效果的折算金额并将其与组织的投入相比较(Polonsky & Grau,2011),并且该方法同时评估项目的社会价值和经济价值,是公认的比较完整的评估测量体系。

在我国的公益组织及项目评估实践中,相关的评估方法和体系还不够完善。已有的一些评估方法不仅定量化程度较弱,缺乏微观的定量评价体系,而且各类评估指标多针对组织本身,如组织的规模、能力、活动过程等,缺乏对项目的绩效评估,例如友成基金会提出的三 A 三力(目标驱动力、方案创新力和行动转化力)框架,分别从目标、模式、行动及其合一性方面,把目标、行动及结果放到一个系统中来考察,对公益组织的社会价值进行评估。唐跃军(2005)等针对组织本身,基于层次分析法,对组织治理、公共责任、资金使用、信息披露、筹资活动和基本情况6项指标进行了权重设计,但项目运营绩效领域的研究仍基本处于空白状态。邓国胜(2001)曾对一个特定项目的实施情况进行了描述式的定性评估,评估的维度主要包括项目效率、项目效果、项目社会影响、项目持续性及项目环境影响,尽管已经形成了完整的评价体系,但仍有进一步定量评估的空间。

13.2.2.3　现有评估方法存在的主要问题

尽管这些方法为测量公益组织社会干预的效果提供了有益借鉴,但存在3个没有很好地解决的问题:①各类评估指标多针对组织本身,如组织的规模、能力、活动过程等,缺乏对项目的最终结果即社会绩效的准确评估,而事实上,公益组织的各类实施项目究竟为社会福利的改善做出了多少贡献,其最终社会效果究竟如何,这才是政府、公众等利益相关者及公益投资者真正关心的事情,同时也是提升公益组织公信力的关键所在。②一些方法如SROI等,过于追求全面性,通常涉及广泛的利益相关者并涵盖财务、经济、社会和环境等多方面评价指标,并且社会价值、经济价值的具体内涵与界定仍然存在较大分歧,这为方法的应用带来了很大的难度,评估成本以及对评估者专业水平的要求也限制了其在实践中的应用推广。③相关方法忽视了社会干预活动本身及社会背景的多样性和复杂性,因此适用于一种场合的评估方法难以机械地应用于其他场合,因为每个项目都有其对应的特定对象特征和制度环境等背景条件,同时这也使这些方法往往失去了比较和指示意义。由于上述原因,尽管建立一个有效的公益组织社会绩效评价和比较的框架是公益实践领域和学界的共同呼吁,但这一问题事实上尚未很好地得到解决。

综上所述,已有方法不能很好地测量和比较公益组织的社会绩效问题。但相关文献亦显示,目前学者们较为一致的观点是,公益组织和项目的绩效评估和比较的复杂性,源于社会干预活动本身的复杂性和异质性(Polonsky & Grau,2011;Kroeger & Weber,2014;等)。由此,一个有效地评估和比较公益组织绩效的方法,必须解决3个问题:①建立一个适用于多样性社会干预活动的社会绩效的统一概念和测量基准;②有效区分社会绩效和非社会绩效;③能够允许不同类型、不同的经济社会和制度背景下的社会绩效的比较。基于此,本研究引入社会价值创造的概念,在试图解决上述3个问题的基础上,建立一套公益组织社会绩效的评估和比较概念框架和基本方法,是对公益领域现实需求的回应,也是对此领域理论研究进一步推进。

13.2.2.4 公益组织社会价值创造的概念的重新界定与测量

(1)社会价值创造的概念界定。公益活动通常被视为一种社会干预(social intervention),社会干预的最终目的是通过提升弱势群体的福利来创造社会价值(熊跃根,2012)。考虑到公益组织的社会干预涉及各个领域,服务于不同的特定对象群体的需求,例如,通过微信贷或投资技能培训提升处于社会金字塔底层的妇女的收入,或通过改善基础设施提升贫困地区居民的健康水平。由于涉及领域及目标对象的多样性和复杂性,用客观指标对不同的社会干预进行比较是不现实的。因此,社会绩效评估首先要解决的第一个问题是:构建一个关于社会绩效的统一的、清晰的概念和测量基准。在此我们引入社会价值创造的概念来对此进行界定。

借鉴国内外相关文献(Zur,2014;Goh,2016;Dohrmann,2015),本研究把社会价值创造理解为一种由社会干预引起的在社会福利方面处于弱势的群体的积极改变。具体而言,我们将其定义为被干预对象在干预前后在某一领域的社会需求满意度(demand satisfaction,以 S 表示)的提升程度。由此,社会价值创造是一个从干预对象角度出发,基于干预对象内在感知与判断的主观指标,而不是政策制定者、学者或其他人的考虑是否重要的指标,具有可比性和普适性。为便于更清晰、准确地理解这一概念,我们把社会价值创造这一概念和其他两个相关概念进行比较。

(2)商业价值创造与社会价值创造。社会价值创造的概念突出价值创造的"社会性",但目前相关研究尚未就"社会性"给出清晰的界定,而社会价值创造的无形性和复杂性也使比较不同形式的社会价值创造成为很棘手的问题(Herman & Renz,2008;Polonsky & Grau,2011)。在有关社会企业的研究文献中,社会价值创造和商业价值创造常被视为一个连续体的两个极端,通常认为如果一个组织提升了社会福利就创造了社会价值,而如果获取了利润就创造了商业价值(Austin et al.,2006)。然而,商业价值创造也可能通过创造就业提升福利,而社会价值创造也可能通过产生劳动收入提升劳动者经济地位从而创造商业价值。因此,传统的方法中对商业价值创造和社会价值的区分,只有在两者其中之一占绝对主导地位时才是有效的。如果两者是相对平衡的,关于它们的概念含义的争议就凸显出来,因为这样的判断依赖于评估者对于何时、何地及如何创造社会价值的判断。具体而言,长远的经济价值可能隐含于当前的社会价值利益之中(Austin et al.,2006),反之,当前的经济价值可能有助于公益组织特别是追求双重价值平衡的社会企业的可持续发展和长远的社会价值的实现。为了将两者明确区分,本研究将社会价值创造明确界定在评估当期被干预群体社会需求满意度提升的部分,而不像 SROI 等方法那样把商业价值也纳入评估指标覆盖范围之内,因为即便商业价值可以支持长远的社会价值,未来的社会价值也可以在未来的评估期限内覆盖。

(3)社会价值创造与非社会价值创造。如前所述,本研究把社会价值创造定义为一种由社会干预引起的在社会福利方面处于弱势的群体的积极改变,即被干预对象在干预前后在某一领域的社会需求满意度的提升程度。但并不是所有的社会需求满意度的提升都可以定义为社会价值创造(Kroll & Delhey,2013)。原因在于:一方面,不仅社会干预活动,包括所有的商业活动及政府部门、社会组织的公共服务都会提升某方面的社会需求满意度,例如5G技术及相关商业活动的发展会显著提升人们信息沟通方面的需求满意度,政府的公共交通建设会提升人们交通出行需求的满意度,等等。另一方面,公益组织社会干预的主体对象是社会弱势群体,如果将社会需求满意度的提升的范围界定得过于宽泛,也就失去了公益组织和项目评估的本来意义。

本研究对与社会价值创造相关的概念范围做两方面的进一步界定:第一,社会干预的目标对象是社会弱势群体;第二,社会需求满意度的提升在目标地区的社会平均需求满意度之下。具体而言,将一项社会干预的目标地区的特定社会需求满意度的平均值定义为此目标地区的 S 临界值(以下简称为 S_T),并且定义:一项社会干预只有针对那些 S 指标落在临界值之下的弱势群体并提升其 S 值,才被认为是创造了社会价值。由此,一个被干预群体的潜在社会需求(SD)等于 S 指标临界值 S_T 和被干预群体 S 指标值之间的差值,即,$SD = S_T - S$。一项社会干预的效果,即创造的社会价值的绝对指标,等于其在干预对象群体引起的处于临界值 S_T 之下的 S 指标平均值的变化。计算方法是:社会价值创造等于被干预群体在评估时点 $t=1$ 的 S 值减去被干预群体在干预始点 $t=0$ 时点的 S 值,即 $SVC = S_{t=1} - S_{t=0}$。一旦被干预群体的 S 值超过目标地区的临界值 S_T,其继续提高的部分不再被视为社会价值创造。而针对 S 值本来就高于目标地区的临界值 S_T 的任何群体的任何提升其 S 值的活动,也不被认为创造了任何社会价值,即"非社会价值创造"。

在实践当中,一个公益组织可能针对不同的目标对象开展不同的公益活动,即便是一项公益活动也可能提升被干预对象的多方面社会需求,如流动性的需求、安全需求、健康需求、公平需求、社区融入需求和教育需求等(Diener et al.,2013),并且每一项社会干预满足的社会需求及所针对的干预对象的规模也各不相同,在此种情况下,有必要考虑指标的构成及权重问题,并综合考虑不同的 S 值之间的交互效应和替代效应,以及在面对更高水平的 S 时的边际效用递减效应,采用相应的函数将数个 S 聚合形成一个 S 指标,用公式表示即为:$S_{index} = f(S_1, S_2, \cdots, S_n)$。

13.2.2.5 社会价值创造评估的框架模型

基于上述概念界定,我们进一步构建一个评估框架模型,以具体评价某一公益组织的社会干预活动创造的社会价值,并对不同项目的社会价值创造进行比较。

(1)模型设定及参数。对于某一具体的社会干预项目,设定 $t = 0$ 为干预起始时点,$t = 1$ 为测量时点,这一框架模型中的主要变量包括:

在 $t = 0$ 时点被干预群体的 $S_{t=0}$ 指标值,由加总被干预群体的代表性样本的 S 值,并除以样本的成员总数得到;

目标地区 S 指标临界值 S_T,由目标地区的个体的代表性样本的 S 值加总,除以样本总量得到;

在 $t = 0$ 时点目标地区的社会需求值 SD,也即一项社会干预潜在的社会价值,等于目标地区的社会需求临界值 S_T 与被干预群体 S 指标平均值两个变量之间的差值,即 $SD = S_T - S$;

在 $t = 1$ 时点被干预群体被提升的 S 指标值,即排除政府行为、社会经济趋势等变量所引起等外部影响后,被干预群体在 $t = 1$ 时点的平均 S 指标,与在 $t = 0$ 时点的 S 指标的差值,具体计算时通常采用被干预群体在 $t = 1$ 时点的平均 S 指标与对照群体在 $t = 1$ 时点的平均 S 指标的差值,即 $\Delta S = S_{干预组, t=1} - S_{控制组, t=1}$;

社会价值创造值,可以用绝对值表示,即被干预群体的 S 指标提升值 ΔS,也可以用相对值表示,作为相对值概念的社会价值创造是由一个组织减少被干预群体的相对弱势的程度来反映。如前所述,被干预群体的社会需求即 SD 等于其 S 指标平均值的最大可能提升值,在 $t = 1$ 时点,被干预群体的社会需求 $SD_{t=1}$ 等于 $t = 1$ 时点的目标人群的 S 临界值 $S_{T, t=1}$ 和 $t = 1$ 时点的对照群体的 S 指标平均值 $S_{控制组, t=1}$ 之间的差值,即 $SD_{t=1} = S_{T, t=1} - S_{控制组, t=1}$。$t = 1$ 时点的社会价值创造程度表示一项社会干预对满足被干预群体需求的贡献程度。在 $t = 1$ 时点相对于对照群体的 S 指标平均值 $S_{控制组, t=1}$,如果一项社会干预提升了被干预群体的 S 指标平均值即 $\Delta S = S_{干预组, t=1} - S_{控制组, t=1} > 0$,并且如果被干预群体的 S 指标平均值没有超出目标地区的临界值即 $S_{T, t=1} > S_{干预组, t=1}$,那么它就创造了社会价值。在社会价值创造定义为相对指标的前提下,从时点 t_0 到 t_1 时段的社会价值创造程度等于被干预群体被提升的 S 指标即 $\Delta S = S_{干预组, t=1} - S_{控制组, t=1}$ 除以 t_1 时点的社会需求的绝对值即 $SD_{t=1} = S_{T, t=1} - S_{控制组, t=1}$。考虑到不同社会干预项目的被干预群体的规模不同,社会价值创造程度应以从特定项目中获益的个体数量作为权重,从而计算项目的总体社会价值创造并便于不同项目之间的相互比较。综上,本研究的思路框架及主要变量关系可以用图 13-4 表示。

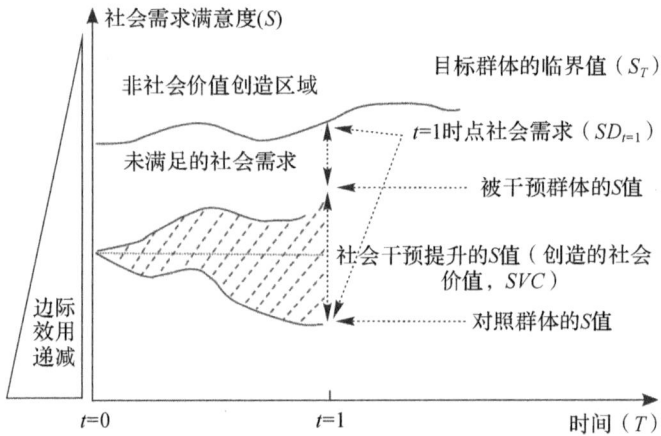

图 13-4　评估模型的基本框架及变量关系

在图 13-4 中,横轴代表时间,$t = 0$ 为干预始点,$t = 1$ 为评估始点。纵轴代表社会需求满意度。三条曲线自上而下依次为目标地区的社会需求平均满意度即临界值(S_T)曲线、被干预群体的社会需求满意度变化曲线和对照群体的社会需求满意度变化曲线。在社会需求平均满意度即临界值(S_T)曲线的上方,社会需求满意度超过临界值,因此是非社会价值创造区域。通常,在没有社会干预的情况下,弱势群体的情况会倾向于恶化,因此对照群体的社会需求满意度变化曲线向下倾斜。在 $t = 1$ 时点,被干预群体的社会需求满意度变化曲线和对照群体的社会需求满意度变化曲线之间的差值,即是由社会干预引起的社会需求满意度的提升值,也就是创造的社会价值 SVC,而社会需求平均满意度即临界值(S_T)曲线和被干预群体的社会需求满意度变化曲线之间的差值,表示 $t = 1$ 时点尚未满足的社会需求,两者之和即为在 $t = 1$ 时点的社会需求 $SD_{t=1}$。

(2)评估的步骤。基于社会价值创造的公益组织绩效评价方法流程如下(见图 13-5):第一,评估指标 S 选取。一项具体的公益项目的社会干预通常指向某一个具体的需求,如为盲人提供阅读设备,满足其阅读需求,或为失业人员提供小额贷款满足其创业需求,由于这些具体的需求涉及的人群范围及重要程度等各不相同,直接进行比较是不合理的,因此,应该把这些指标聚合为更高层次的指标。即可以通过聚合数个 S_n 形成一个 S 指标,用公式表示即为:$S = f(S_1, S_2, \cdots, S_n)$。换一个角度说,应该把各种社会需求划分为几个公认的重要的领域并形成相关指标,尽管领域的划分和列举是主观的,然而,从评估管理及公共政策的角度而言,任何划分必须满足三个条件:一是领域的数量必须是可管理的;二是领域应该是清晰划分的;三是划分是完备的,覆盖所有的社会需求领域。在此基础上,任何不同的社会干预可能涉及不同的 S_n,都可集合成并指向于

某一个 S 指标。Cummins(2003) 运用元分析方法,基于对 32 项相关研究的分析,构建了包含 7 个 S_n 的虚拟指标:教育、财务、健康、居住、社区融入、公平和安全。一个微金融介入可能寻求通过与财务和社区融入相关的需求满意度提升对应的 S 值,一个提供实时的、声音和文本的转录给听力残疾的学生的社会干预可能通过针对听力障碍学生的与教育和社区融入相关的满意度来提升对应的 S 指标。政府部门或专业的第三方评估机构采用此方法进行公益评估,应该建立比较完备的 S 指标体系。在针对特定公益项目进行评估时,应依据社会干预的内容选取对应的评估指标。第二,目标地区社会平均需求满意度临界值 S_T 的确定。S_T 是目标地区某方面社会需求满意度的平均值,也是区分社会价值创造和非社会价值创造的临界值。在一些国家和地区,通常有较为完整的关于社会福利和生活满意度的统计数据,这些统计数据通常有专业机构提供并且是基于大样本统计调查,因而有较高的可靠性。在这种情况下,可以用这些统计数据作为 S_T 的替代指标。我国目前这方面的统计数据还不完善,并且国内不同地区的差异性很大,这就需要评估方针对目标地区展开单独的统计调查以确定相应的 S_T 值。此时,目标地区 S 指标临界值 S_T,由目标地区的个体的代表性样本的 S 值加总,除以样本总量得到。第三,干预始点 $(t=0)$ 的 S 值测量。在被干预对象中选取样本,对其在 $t=0$ 时点的社会需求平均满意度进行测量,$S_{t=0}$ 值为样本在此时点的社会需求满意度的平均值。其与目标地区该项社会需求满意度平均值 S_T 的差值,即 $S_T - S_{t=0}$,为被干预群体未满足的社会需求,也是社会价值创造的最大潜在空间。此外,为控制政府行为、社会经济趋势等变量所引起的外部影响,应设置对照组,同样对对照组在 $t=0$ 时点的 $S_{t=0}$ 进行测量,在 $t=0$ 时点,干预组和对照组的 S 值应相同。第四,干预终点 $(t=1)$ 的 S 值测量。对被干预群体和控制组在 $t=1$ 时点的 S 值 $S_{t=1}$ 进行测量,具体测量方法与上一步相同。这里的 $t=1$ 时点,是指对项目进行评估时的时间节点,并不一定意味着项目必然结束,项目可以在评估结束时继续进行,因此项目评估是对特定时期内的社会干预的效果进行评估。第五,计算社会价值创造 SVC 值。社会价值创造 SVC 值分为绝对值和相对值两种类型。绝对值是 $t=1$ 时点被干预群体应为社会干预的实施而产生的社会需求满意度的增加值,在排除其他因素即设立对照组的情况下,计算方法为 $SVC_{绝对值} = S_{干预组, t=1} - S_{对照组, t=1}$。在没有设置对照组的情况下,可以用 $SVC = S_{t=1} - S_{t=0}$ 替代。为方便不同类型的社会干预的比较,通常应计算社会价值创造的相对值,计算方法为社会价值创造的绝对值除以 $t=1$ 时点的社会需求,亦即相对 $SVC_{相对值} = \Delta S/SD_{t=1} = (S_{干预组, t=1} - S_{对照组, t=1})/(S_{T t=1} - S_{对照组, t=1})$。第六,社会价值创造的分析比较。运用上述计算结果,可以对特定社会干预项目的效果进行分析,评估其社会价值创造的大小并可以与不同的社会干预项目进行比较。由于各个社会干预项目涉及的被干预群体规模不同,可以将以被干预群体的数量作为权重计算各自的社会价值创造的总值再进行比较。

评估项目 S 指标选取	→	目标地区临界值S_T 的确定	→	干预始点 $t=0$ 的 S 值测量	→	干预终点 $t=1$ 的 S 值测量	→	社会价值创造 (SVC) 的计算	→	项目绩效的分析和比较

图 13-5　社会价值创造评估的流程

13.2.2.6　应用示例

(1)项目简介:我们以一个在实际运作的公益组织"银巢养老服务中心"为例,进一步说明上述评估方法在实践中如何应用。"银巢养老服务中心"是一家正式注册的社会组织,2017 年成立于宁波,由负责人、90 后女孩李静慧带领 20 余位大学毕业生创办。"银巢养老服务中心"以服务于健康的、有一技之长的退休老人,提升其晚年社会融入度和生活幸福度为宗旨,倡导"积极老龄化"[①],实现老年人由"被服务者"向"价值创造者"的转变。

截至 2018 年末,"银巢养老服务中心"已在宁波市的 30 余个社区落地运营,前后共吸纳 256 位离退休老人,这些离退休老人来自不同行业,有不同的工作经历背景,如教师、科技人员、律师等,为 1200 余位学员开设过各类培训项目,这些培训项目多在社区内开展,内容和形式多种多样,有书法与绘画、写作、音乐、法律及科技与自然常识等。

(2)评估过程:按照上述介绍的评估流程进行评估,具体如下:

①评估指标 S 的选取。由于本项目具有"双重公益"的属性,涉及两方面的社会干预目标群体,两者各自涉及的 S 指标不同,因此要将其分开考虑。本公益项目的首要目标是实现积极养老,促进老年人的社会融入,因此将社会融入作为与老年群体相关的 S 指标,记为 $S_{社}$;而面向农民工子弟、贫困及弱势家庭子女的培训项目主要是解决其教育需求,因此将教育需求作为与这一群体相关的 S 指标,记为 $S_{教}$。

---

① "积极老龄化":面对 20 世纪 80 年代后世界范围内日益严重的人口老龄化挑战,国际社会给予了理论和政策上的回应。2002 年,世界卫生组织(WHO)公布了《积极老龄化:一个政策框架》,基于老年人的社会权利学说提出了积极老龄化理论。该理论以承认老年人的基本权利和联合国关于"独立、参与、尊严、照料和自我实现的原则"为基础,实现了从以老年人需要为基础转变为以权利为基础的根本性跨越,是人口老龄化理论发展史上的一个重要里程碑。积极老龄化政策框架要求在"健康、社会参与和保障"三个基本方面采取行动,即积极老龄化的三个支柱行动。

②目标地区临界值 S_T 的确定。由于国内目前尚缺乏相关社会需求满意度的统计数据，需要评估方开展专门的统计调研来确定当地的某方面社会需求满意度的平均值即临界值 S_T。为方便说明问题，本研究按 $0 \sim 10$ 的取值空间，将宁波地区的 $S_{T社}$ 和 $S_{T教}$ 设定为虚拟值，假定宁波地区的 $S_{T社,t=0} = 8$，$S_{T教,t=0} = 7.5$。本例中我们同时假定在 $t = 0$ 和 $t = 1$ 时点的 ST 值保持不变，即 $S_{T社,t=1} = S_{T社,t=0} = 8$，$S_{T教,t=1} = S_{T教,t=0} = 7.5$。

③干预始点 $t = 0$ 的 S 值测量。银巢养老服务中心是在笔者作为指导教师，利用校内公益创业平台孵化、落地并最终实际运营的一家公益组织。为跟踪项目的实施效果，我们在不同时点对项目的干预对象的社会需求满意度均进行了测量，在 2017 年 3 月项目实施初期，我们在聘请的离退休老年群体中选取了 75 个样本，其他同类老年人选取 35 个样本（对照组），测量其在社会融入方面的社会需求平均满意度，测量结果为 $S_{社,t=0} = 4.8$；同时也对农民工子弟、贫困及弱势家庭子女的教育需求平均满意度进行了测量，干预组 80 人，对照组 40 人，测量结果为 $S_{教,t=0} = 5.7$。

④干预终点 $t = 1$ 的 S 值测量。我们在 2018 年 12 月对上述群体的相应的社会需求满意度进行了又一次测量，以评估项目的实施效果。我们将此时点设定为干预终点 $t = 1$，事实上，本公益项目一直在持续运行，但这种设定并不影响我们说明问题。测量结果是：

$S_{社\,干预组,t=1} = 7.8$，$S_{社\,对照组,t=1} = 5.0$；$S_{教\,干预组,t=1} = 6.5$，$S_{教\,对照组,t=1} = 5.6$。

⑤社会价值创造 SVC 的计算。按照定义，社会价值创造是被干预群体社会平均需求满意度即 S 值提升的部分，又分为绝对值和相对值两种类型。本例中，社会价值创造包括两部分，即面向老年群体的社会价值创造，以及面向农民工子弟、贫困及弱势家庭子女的社会价值创造，二者要分别计算。

面向老年群体社会融入需求的社会价值创造的计算：

$SVC_{社\,绝对值} = S_{社\,干预组,t=1} - S_{社\,对照组,t=1} = 7.8 - 5.0 = 2.8$

$SVC_{社\,相对值} = (S_{社\,干预组,t=1} - S_{社\,对照组,t=1})/(S_{T社,t=1} - S_{社\,对照组,t=1}) = (7.8 - 5.0)/(8 - 5.0) = 2.8/3 = 0.933$

面向农民工子弟、贫困及弱势家庭子女教育需求的社会价值创造的计算：

$SVC_{教\,绝对值} = S_{教\,干预组,t=1} - S_{教\,对照组,t=1} = 6.5 - 5.6 = 0.9$

$SVC_{教\,相对值} = (S_{教\,干预组,t=1} - S_{教\,对照组,t=1})/(S_{T教\,t=1} - S_{教\,对照组,t=1}) = (6.5 - 5.6)/(7.5 - 5.6) = 0.9/2.9 = 0.310$

⑥项目绩效的分析和比较。根据上述计算结果，我们可以对公益项目的社会干预的效果进行分析和比较，就本例而言，其在老年群体社会融入需求方面的社会干预效果（0.933）明显要好于在农民工子弟、贫困及弱势家庭子女教育

需求方面的社会干预效果(0.310),这一方面符合本公益项目的目标定位,另一方面可能也提示其未来改进的方向。由于项目社会干预效果的比较是借助社会价值创造的相对值,这一比较过程也同样可以推而广之,适用于不同公益组织的不同类型项目,以及不同地区的不同背景下的项目。为比较不同项目社会价值创造总体的大小,我们还可以以社会干预目标群体的规模为权重,进一步计算其总体的社会价值创造。在本例中,我们前面提到,两类被干预群体的总数分别为 256 人(N_1)和 1200 人(N_2),面向老年群体社会融入需求的社会价值创造总值为被干预对象人数($N_1 = 256$)与对应的社会价值创造相对值的乘积,即 $SVC_{总社} = N_1 \times SVC_{社相对值} = 256 \times 0.933 = 238.8$;面向农民工子弟、贫困及弱势家庭子女教育需求的社会价值创造总值为被干预对象人数($N_2 = 1200$)与对应的社会价值创造相对值的乘积 $SVC_{总教} = N_2 \times SVC_{教相对值} = 1200 \times 0.310 = 372$。而"银巢养老服务中心"作为一个公益组织在评估期内创造的社会价值总值为 $SVC_{总} = SVC_{总社} + SVC_{总教} = 238.8 + 372 = 610.8$。由此,我们不仅可以比较不同公益项目的社会干预活动的最终效果,也可以比较不同公益项目、不同公益组织在特定时期内创造的社会价值的总体量值的大小。

13.3 小结

如何有效评估公益组织及其项目的社会绩效,特别是如何对不同经济社会背景下、不同类型的公益组织及其项目的社会绩效进行比较,无论在理论和实务领域一直都没有很好地解决。我们的研究从三个方面解决了这一问题:一是引入社会价值创造的概念,关注公益项目作为社会干预活动的最终社会效果,以弥补当前研究更多关注公益组织的运作、资金使用效率等支撑性指标,而忽略其社会价值创造这一各方利益相关者最关心的核心指标,使评估指标体系过于笼统宽泛,反而失去核心指示意义的不足;二是对社会价值创造的内涵和边界进行了清晰的界定,明确了社会绩效测量的基准,将社会价值创造界定为一项社会干预引起的干预对象群体处于目标地区临界值之下的社会需求满意度的提升程度,弥补当前研究没有有效区分社会价值创造与非社会价值创造,因而也无法合理判断公益活动的社会价值的缺陷;三是建立了一套基于社会需求满意度的社会价值创造评估方法,用于评估公益组织及其项目的社会绩效,使之适用于不同对象、不同情境,解决了现有理论和方法无法评估和比较基于不同社会经济背景、针对不同干预群体的不同社会需求的公益组织及项目社会绩效的问题。

本方法为解决如何评估一个公益组织所发挥的社会作用的问题,以及如何比较不同的社会干预项目的社会价值,提供了一种新的思路和有效的理论方法,而有效评估和比较不同公益组织在促进社会积极改变方面所发挥的作用,是政府部门进行有效管理的需要,也是引导第三方评估、公众捐赠及基金机构等投资方对公益组织及其公益项目的投资决策和支持方向的需要,同时也有助于明确公益组织自身在促进社会积极改变、创造社会价值方面所处的地位和存在的不足,促进公益组织公信度、效率与组织能力的提升。

14 专题研究四：公益组织的社会价值损耗

随着我国公益事业的蓬勃发展，公益组织也迅速发展壮大，然而公益组织自身的诸多问题也逐渐凸现，公益项目款侵占滥用、捐建援建不达标、公益目标被替代、公益活动扎堆举行、重复助学等公益低效与公益无效等现象已广受社会与媒体诟病，本研究将这些现象归纳为公益组织的社会价值损耗。为明晰这种现象，并阐明其产生的原因及所造成的影响，本研究首先基于社会需求满足视角，以组织效率理论为基础，通过对 15 位领域内专家的访谈构建了社会价值损耗的概念和维度。其次，以 101 位公益组织管理者的访谈资料，对公益组织价值损耗现状进行评估，并识别和检验了公益组织项目策划能力、项目执行能力、风险管理能力、组织使命、财务治理、信息披露及政策与法律环境等社会价值损耗的前因变量。最后，通过对 215 位捐助者的问卷调查，实证分析社会价值损耗与捐助者信任及捐赠意愿的关系。结论证明，社会价值损耗对捐助者信任和捐赠意愿均具有显著的负向影响。研究结论对规范公益组织管理、提升组织效率、减少社会价值损耗及政府出台矫治政策具有一定的参考作用。

14.1 研究背景

公益性社会组织是我国社会主义现代化建设的重要力量，在促进经济发展、繁荣社会事业、创新社会治理、扩大对外交往等方面发挥了积极作用。然而，目前社会组织仍然缺乏健康有序的发展，发生于公益性社会组织的价值损耗大量存在(陆明远，2008)，主要表现在三个方面：(1)公益项目执行过程中的无效，公益目标被替代等；(2)公益目标确定的低效，公益目标群体和目标区域的选择存在着很大程度的"跟风"现象，如公益活动扎堆举行、大灾面前比赛献爱心、重复助学等；(3)公益项目执行手段的无效，现有公益基本遵循着"社交媒体曝出热点—网络争相转发—民众爱心迅速爆棚—新的议题层出不穷"这一思路，没有找准社会需求的平衡点，难以从根本上满足社会需求。近年来党中央、国务院高度重视公益社会组织的健康有序发展，2016 年 8 月出台了《关于改革

社会组织管理制度　促进社会组织健康有序发展的意见》，民政部也即将出台《社会组织抽查暂行办法》，这些政策措施将对规范、监督社会组织发展起到积极作用，然而这些政策对于抑制发端于公益性社会组织内部的价值损耗毕竟作用有限，并且目前无论是在理论界还是实务界，对价值损耗现象和成因均缺乏相关的探讨。

14.2　研究目的

（1）从理论上明晰社会价值损耗概念与测量。公益组织社会价值损耗的现象还没有引起学术界的重视，对于这种现象缺乏理论性的探讨，本研究将在文献分析和专家访谈的基础上建构社会价值损耗的概念、维度和测量方法。

（2）评估公益组织社会价值损耗的现状。本研究将根据社会价值损耗的测量指标，对浙江省公益组织社会价值损耗的现状进行评估，明确现状，以"对症下药"提出针对性的矫治策略。

（3）明确公益组织社会价值损耗产生的原因。本研究将根据专家访谈和文献分析，确定引起公益组织社会价值损耗的可能原因，并据此构建研究假设，并通过公益组织问卷调查检验这些研究假设。

（4）阐明公益组织社会价值损耗对捐赠者行为的影响。为明确公益组织社会价值损耗的危害，本研究将构建公益组织社会价值损耗对捐赠者捐赠意愿的影响模型，并通过对捐赠者的调查进行实证分析。

（5）提出矫治公益组织社会价值损耗的策略。本研究将根据前期研究结果提出减少公益组织社会价值损耗，提高公益组织资源利用效率的策略。

14.3　理论基础与概念界定

14.3.1　理论基础

社会价值由非政府组织或社会企业、社会计划创造而出（McCreless，2012）。社会价值损耗源于社会组织价值创造的效率较低或效果较差。根据Zahra等（2009）的建议，我们对于社会价值损耗的概念，可以借鉴组织效率领域的研究洞见来明晰，组织效率理论提供的分析框架为批判性地评估组织（含非营利组织）的运作效率提供了一系列有用的工具（Santos，2012）。在相关文献中，有三种代表性的模型：目标模型、系统—资源模型和功能模型。按照目标模型，所谓效率是"组织实现其目标的程度"（Forbes，1998）。换言之，组织致力于最小化期望产出和实际产出之间的差距(Henri，2004)。与之对比，系统—资源模型将组织嵌入它所处的经济社会和制度背景当中，认为组织的效率是其在环境中获取稀缺的、有价值的资源的谈判地位和能力(Yuchtman & Seashore，1967)。第三种模型即功能模型(Matthews，2011)，它包含了上述两种模型的元素，因此可以被看作一种混合模型。这一模型将目标导向置于特定经济社会和制度背景，并将效率定义为"组织的产出有益于其所处的社会的程度"(Price，1972)。功能模型由此适用于评价社会干预的效率，因为它契合了公益组织应有益于社区乃至整个社会的目标导向(Austin et al.，2006)，因此，借鉴功能模型发展比较社会价值损耗的分析框架是适宜的，它也为我们理解社会背景下的价值损耗提供了理论基础。

14.3.2 社会价值损耗的概念界定

为了在功能模型的基础上进一步明晰社会价值损耗的概念，我们对 15 名公益组织的管理者、管理与服务于公益组织的机构负责人及高校学者进行了访谈，其中有 5 名来自基金会，5 名来自社会团体，2 名来自社会服务中心，3 名来自高等院校，有 2 名被访者来自同一个组织，其他 13 名被访者分别来自 13 个组织。我们对访谈中主要涉及的两个问题的回答总结如下：(1)公益组织在帮助弱势群体时是否有耗费较多的精力和资源，却收效甚微(没有真正满足弱势群体的需要)的情况出现？具体表现在哪些方面？(2)公益组织在帮扶弱势群体时资源的利用和使用效率如何？具体表现在哪些方面？大部分被访者都表示，公益项目执行中普遍存在没有很好地满足弱势群体社会需求的情况，没有实现公益项目预期的效果，当然也存在另外一种情况：即便达到预期的效果，满足了弱势群体某一方面的社会需求，但对比相同的公益项目，资源消耗过多，我们将这些情况的出现称为"社会价值损耗"。参考国内外相关文献(Clark，Rosenzweig，Long & Olsen，2004；Nicholls，2009)对社会价值创造的观点及访谈的反馈，本研究把社会价值损耗理解为公益组织在采取一种社会干预，试图引起在社会福利方面处于弱势的群体的积极改变，但却没有达到预期目的或产生过多资源消耗的情况。具体而言，我们将其定义为干预对象在干预前后在某一领域已提升社会需求满意度(demand satisfaction，以下简称 DS)与应提升社会需求满意度的差额。因此，"社会价值损耗"是一个从干预对象角度出发，基于干预对象社会需求的满足情况来衡量，即本应产生的社会价值，因为公益组织内外的某种原因而未实现的部分，我们称之为社会价值损耗。本研究认为，社会价值损耗是一个复合概念，它包括：

(1)社会价值创造低效率，即满足弱势群体某一方面的社会需求的成本过高,这既是指公益组织在满足弱势群体社会需求的过程中组织效率低下,也指在此过程中所使用的技术落后而形成的资源利用效率低下。

(2)社会价值创造低效果,即没有或尚未满足(本来可以满足)弱势群体某一方面的社会需求,这既是指公益组织没有准确识别弱势群体的社会需求而出现的价值损耗,也指因公益组织自身能力不足或执行能力不足,未达到项目预期效果,或是指没有有效预估公益活动或项目的风险而出现的价值损耗。

因此,"社会价值损耗"可视为"社会价值创造"的对立面,这种现象的产生有悖于公益组织的使命,公益组织应更多地创造社会价值,同时也要减少社会价值的损耗。

14.4 研究假设:社会价值损耗的前因与后果

14.4.1 社会价值损耗的前因

社会价值损耗的概念得到了本研究探索性访谈中管理者们的共鸣,但管理者们还指出一些因素会影响到社会价值损耗的水平:公益组织中如果项目策划能力较强,那么通常能比较准确地识别弱势群体的社会需求,并能够提供合理的解决方案,进而提高社会价值创造的效果,降低社会价值损耗的发生;而如果公益组织的项目执行能力较强,那么必然具有较强的项目执行团队和专业志愿者队伍,在项目执行过程中就能很好地把握项目的执行状况,使资源能够得到很好的利用,有效地控制项目执行过程中的成本,那么公益活动中社会价值损耗的水平也会较低;另外,如果项目执行中充分考虑了意外情况和所存在的风险,并能够很好地处理突发状况,那么同样,公益活动中社会价值损耗的情况也会减少。据此,我们可以做如下假设:

H1.1:在公益项目或公益活动中,提高组织策划能力会降低社会价值损耗的水平。

H1.2:在公益项目或公益活动中,提高组织执行能力会降低社会价值损耗的水平。

H1.3:在公益项目或公益活动中,提高组织风险管理水平会降低社会价值损耗的水平。

此外,对公益组织而言,组织使命是有效管理的基础,是反映组织能否全面地发展和平衡的问题(德鲁克,2008),组织成员的归属感和志愿性相对于其他类型的组织而言应当是最宝贵的财富和最显著的优势,一旦存在"使命缺失"现象,不仅在效率上形成浪费,组织也可能在追求物质利益最大化,物欲横流的当

今社会中迷失自我(李宏、单学勇,2005)。据此,我们可以做如下假设:

H1.4:在公益组织中,组织成员提高其使命感,将有助于降低社会价值损耗的水平。

美国著名学者 Young(1993)曾指出组织治理已成为公益组织能否有效运作的首要课题(周美芳,2005)。公益组织治理是一个整体过程,针对组织所有需要执行的职能,既涉及内部的关系,又涉及同外部组织的关系(马迎贤,2005),有效的组织治理结构和机制是保证公益组织决策的科学性、提高组织的运作效能、维护相关群体利益的关键。在文献中(Saxton,2013;Blazek,1996)的财务治理和信息披露是被提及的两个变量,据此我们做如下假设:

H1.5:公益组织提高其财务治理水平,将有助于降低社会价值损耗的水平。

H1.6:公益组织提高其信息披露水平,将有助于降低社会价值损耗的水平。

完善的政策与法律环境会促进公益组织的良性发展。美国是世界上公益慈善法律最严格的国家之一,慈善信托法律和审计部是由律师和审计员组成的机构,负责对公益组织财政的滥用浪费和欺诈行为及错误管理进行调查和审计,其调查结果,转交给法院以防止某些人转移财产(任进,2003)。据此我们可以推论,完善的政策和法律环境将有助于提高公益组织的运行效率,降低公益价值损耗的水平。我们可做如下假设:

H1.7:公益政策与法律环境越完善,公益组织的社会价值损耗的水平越低。

结合上述分析中的 7 个假设,我们构建了公益组织价值损耗的影响因素研究模型,如图 14-1 所示。

14.4.2 社会价值损耗的后果

社会捐赠是公益组织的主要筹资来源,捐赠来源主要包括个人、企业、政府和其他社会组织。从捐赠结构来看,美国 75% 以上慈善捐赠来自个人,而在中国来自个人的捐赠不到 20%,大部分捐赠来自企事业单位(高鉴国,2010)。哪些因素对个人捐赠会产生了影响? 一些学者认为较高的非公益项目支出反映组织在完成其使命时具有较高的难度,对捐赠也会产生负面影响(Mayer & Wang,2014)。而 Tuckman 和 Chang(1991)的分析表明,管理支出相对总支出比例较高(即管理效率越低)的公益组织,可用于公益支出的资金相对较少,捐赠主体可能会质疑该组织对捐赠资金的合理使用,这会影响其后续的捐赠意愿。由此可知,当公益组织社会价值损耗水平较高时,其捐赠者的捐赠意愿将

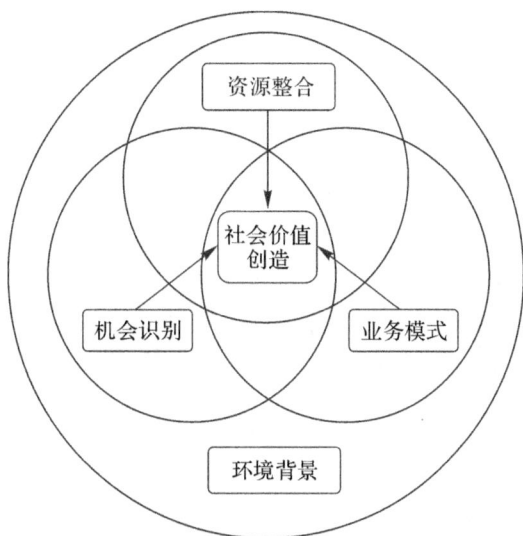

图 14-1　公益组织社会价值损耗的影响因素模型（模型 I）

受到不利影响，据此，我们做如下假设：

H2.1：公益组织的价值损耗水平与捐助者的捐赠意愿呈显著的负向相关关系。

另外，捐助者对于公益组织的信任也会对其捐助意愿或捐助承诺产生重要影响，Morgan 和 Hunt(1994)的研究已证实，捐助者信任与捐助承诺之间具有显著的正向关系，Bhattacharya 等(1995)也为这种关系提供了实证支持。对于一些捐赠者来说，其捐赠过程通常被视为利己行为，他们的捐赠意愿已被证实是希望获得某些形式的个人回报，因此，捐赠者会根据自己对公益组织及公益事项的感知来判断自己是否相信未来能从中获得满足。倘若通过这些因素的判断能够使捐赠者产生信任感，这使他们会进一步根据这种感知状态，来承诺是否该接受组织或公益事项捐赠或持续捐赠（Sergeant et al.，2006）。而 Sargeant 和 Hilton(2005)认为捐赠者对公益组织服务效率与质量的感知将通过其信任，进而影响其捐赠意愿。结合上述分析，我们做如下假设：

H2.2：公益组织社会价值损耗水平与其捐助者对公益组织的信任呈负向相关关系。

H2.3：捐助者对公益组织的信任与其捐助意愿呈正向相关关系。

综合上述分析，我们拟构建公益组织价值损耗对捐助者捐助信任与捐助意愿影响的模型，具体模型如图 14-2 所示。

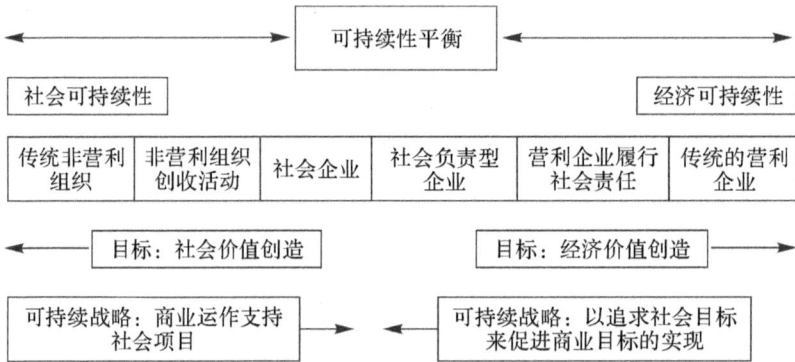

图 14-2 社会价值损耗、捐助者信任与捐助意愿的关系模型(模型Ⅱ)

14.5 研究方法

14.5.1 数据的收集与样本的特征

本研究在分析公益组织社会价值损耗的影响因素时,选择公益组织为研究对象,采用办公室访谈的方法收集数据(数据Ⅰ),访谈对象主要为公益组织负责人或相关管理者,这样可以保证其回答的内容可以代表其所在的公益组织的相关情况。为了确保访问的顺利进行,研究人员首先在访问前通过电话与被访者取得联系,当被访者同意访问后,预约时间,然后对被访者进行面访,访问地点主要是在被访者的办公室或接待室。每次访谈大约持续 15～20 分钟,每次访问有两名成员,研究者本人负责访问,另外一位负责记录,每次访问完成后进行资料的归纳与整理。本研究访谈了 120 家企业相关人员,经整理、筛选共得 101 个有效样本,有效样本回收率为 84.17%,样本的基本情况如表 14-1 所示。

表 14-1 数据Ⅰ样本描述统计分析

组织类别	样本数	百分比/%	组织规模	样本数	百分比/%
社会团体	40	39.6	30 人以下	35	34.7
基金会	13	12.9	31～50 人	15	14.9
民办非企业	22	21.8	51～70 人	8	7.9
其他	26	25.7	71 人以上	43	42.6
合计	101	100	合计	101	100

续表

成立时间	样本数	百分比/%	资金组要来源	样本数	百分比/%
3 年以内	29	28.7	政府拨款	25	24.8
3～5 年	28	27.7	企业捐赠	22	21.8
5～10 年	14	13.9	基金会	16	15.8
10 年以上	30	29.7	社会个人	38	37.6
合计	101	100	合计	101	100

　　本研究在分析公益组织社会价值损耗与个人捐赠意愿的关系时选择对公益组织有一定了解，具有一定捐助经验的个人为研究对象，采用具有一定数量奖励（每份有效问卷 10 元钱）的网络问卷调查的方法，共收集有效问卷 215 份（见表 14-2）。

表 14-2　数据Ⅱ的描述统计分析

性别	样本数	百分比/%
男	100	46.5
女	115	53.5
合计	215	100.0
年龄	**样本数**	**百分比/%**
18～25 岁	9	4.2
26～35 岁	156	72.6
36～45 岁	16	7.4
46～60 岁	34	15.8
合计	215	100
受教育程度	**样本数**	**百分比/%**
初中及以下	3	1.4
高中及中专	30	14
大专或本科	169	78.6
硕士及以上	13	6
合计	215	100
月收入	**样本数**	**百分比/%**
3000 元及以下	8	3.7

续表

性别	样本数	百分比/%
3001~5000 元	19	8.8
5001~8000 元	146	67.9
8001~12000 元	32	14.9
12001 元及以上	10	4.6
合计	215	100
宗教信仰	样本数	百分比/%
佛教	17	7.9
基督教	13	6
伊斯兰教	4	1.9
无	181	84.2
合计	215	100

14.5.2　测量工具

本研究中的变量包括社会价值损耗、组织策划能力、组织执行能力、财务治理、信息披露、风险管理、组织使命、公益政策与法律环境、捐赠者信任、捐助承诺等,使用李克特五级量表进行衡量。为确保测量工具符合信度和效度标准,对各变量的测量将以相关文献中的量表为基础,结合公益组织具体情境进行调整和修改后使用。

社会价值损耗的测量:根据前面我们对社会价值损耗内涵的界定,并参考公益组织效率评估文献(Martin & Kettner,1996;Bagnoli & Megali,2011;Swanson & Zhang,2010),确认了如下 7 个测量题项:(1)一般而言贵组织的公益项目执行团队具有较高的效率;(2)一般而言贵组织公益项目都具有较好的执行效果;(3)贵组织的公益资源都具有较高的使用效率;(4)与其他公益组织相比较,公益资源的使用效率较高;(5)贵组织的公益项目或多或少都存在资源损耗的情况;(6)贵组织公益善款的使用情况与捐赠者的意愿尚有差距;(7)贵组织对公益物资的管理比较松散。具体测量时采取反向计分的方法。

社会价值损耗前因变量:由于缺乏相关文献的支持,关于社会价值损耗的前因变量的量表主要是在访谈过程中形成的。

组织使命:(1)贵组织是以社会价值创造的最大化为导向的;(2)贵组织致力于推动公益价值理念,而非简单的扶危济困;(3)贵组织在选择公益目标前对相关社会问题有深入的理解。

策划能力：(1)贵组织的公益活动策划都是很完时善的；(2)贵组织具有科学合理选择受助者的程序；(3)贵组织在选择公益目标时对公益目标的优先级是有排序的；(4)贵组织举办公益活动的时间安排都非常合理。

组织执行能力：(1)贵组织拥有专业化的执行团队；(2)贵组织能够很好地处理突发情况；(3)贵组织与其他公益组织联系非常紧密；(4)在公益项目实施过程中贵组织能够很好地把控项目的进度；(5)贵组织具有较好的甄别选择志愿者的程序和制度安排；(6)举办公益活动时志愿者报名人数与实际参与人数通常是一致的；(7)贵组织的志愿者团队专业化程度较高。

财务治理：(1)贵组织的财务透明度不是很高；(2)贵组织的财务计划不是很明确；(3)贵组织对公益资金的管理是非常严格的；(4)贵组织公益资源或资金的流向是较为透明的。

信息披露：(1)贵组织执行公益项目的过程是公开的；(2)贵组织有独立的网站，并对组织基础信息进行了详细的介绍；(3)贵组织的公益项目具有多种多样的宣传方式；(4)贵组织对于公众监督反馈的问题都能够妥善处理；(5)贵组织举办的公益活动相关细节不会告知社会公众；(6)贵组织不会进行后期物资的统计与反馈工作；(7)通常情况下贵组织的资金使用去向不会告知捐赠者。

风险管理：(1)在举办公益活动时不会额外准备预备方；(2)在捐助活动中产生的所有权纠纷处理方式欠妥；(3)在面对突发性事件后对预备方案的执行力不够强；(4)在公益活动中一般不会给志愿者购买保险。

政治法律环境：(1)政府制定了许多扶持公益组织的政策措施；(2)公益组织发展拥有健全的法律与制度环境；(3)贵组织对于政府政策的了解不是很多。

社会价值损耗结果变量：捐赠者信任量表参考 Mayer 等(1995)的研究，共3 个题项，包括：(1)对于我捐助的公益组织，我是十分信赖的；(2)我愿意向已捐赠过的公益组织继续捐助；(3)我愿意推荐别人向我选定的公益组织捐助。捐助承诺的量表则参考 Morgan 和 Hunt (1994)的研究，共 4 个题项，这包括：(1)我愿意尽自己所能，尽可能多地捐助；(2)我对公益组织的捐助给我带来荣誉感和幸福感；(3)相对于捐助给个人，我更倾向于捐助给公益组织；(4)我认为把资金捐助给公益组织能让这笔资金发挥的价值最大化。

14.5.3 信度与效度分析

(1)信度分析：各量表的 Cronbach's α 系数均高于 0.6，并且大都在 0.7 以上，根据 Nunnally 对 Cronbach's α 系数临界值的观点可知，各量表均具有良好的信度。

（2）效度分析：本研究使用 AMOS 软件对论文中各主要研究构想进行了验证性因子分析，由此得出了各个题项的标准化因子载荷，之后又以此为基础计算出了各构想的 AVE 值和 CR 值。有学者指出，当各题项的标准化因子载荷大于 0.5，且各潜变量的 AVE 值大于 0.5，CR 值大于 0.7 时，那么衡量该潜在变量的量表具有良好的收敛效度。结果表明，本研究所用量表均具有良好的收敛效度（如表 14-3 与表 14-4 所示）。

表 14-3 数据 I 量表信度与效度分析

变量	题项	Cronbach's α 系数	标准化因子载荷	AVE 值与 CR 值	变量	题项	Cronbach's α 系数	标准化因子载荷	AVE 值与 CR 值
组织策划能力	B1	0.843	0.87	AVE=0.682 CR=0.895	信息披露	E1	0.808	0.6	AVE=0.560CR=0.898
	B2		0.836			E2		0.667	
	B3		0.776			E3		0.757	
	B4		0.818			E4		0.811	
组织执行能力	C1	0.843	0.717	AVE=0.615 CR=0.918		E5		0.612	
	C2		0.743			E6		0.683	
	C3		0.722			E7		0.65	
	C4		0.727		财务治理	D1	0.736	0.875	AVE=0.569CR=0.83
	C5		0.779			D2		0.806	
	C6		0.71			D3		0.541	
	C7		0.644			D4		0.754	
风险管理	F1	0.729	0.719	AVE=0.536CR=0.821	社会价值损耗	Y1	0.755	0.795	AVE=0.552CR=0.879
	F2		0.713			Y2		0.76	
	F3		0.852			Y3		0.792	
	F4		0.628			Y4		0.627	
组织使命	A1	0.811	0.857	AVE=0.546CR=0.783		Y5		0.576	
	A2		0.859			Y6		0.661	
	A3		0.843						
政策法律环境	G1	0.633	0.911	AVE=0.504CR=0.720					
	G2		0.886						
	G3		0.531						

表 14-4　数据Ⅱ量表的信度与效度分析

变量	题项	Cronbach's Alpha 系数	标准化因子载荷	AVE 值与 CR 值	变量	题项	Cronbac h's Alpha 系数	标准化因子载荷	AVE 值与 CR 值
社会价值损耗	X1	0.862	0.789	AVE=0.538CR=0.921	信任	R1	0.690	0.809	AVE=0.507CR=0.725
	X2		0.749			R2		0.733	
	X3		0.784			R3		0.827	
	X4		0.734		捐赠意愿	W1	0.745	0.770	AVE=0.571CR=0.841
	X5		0.654			W2		0.767	
	X6		0.699			W3		0.796	
	X7		0.777			W4		0.685	

14.6　数据分析结果

14.6.1　公益组织社会价值损耗评估

14.6.1.1　调研样本的描述统计分析

公益组织成立的时间分布：在参与本次调研的浙江省公益组织中，公益组织成立时间在 3 年以内的占 28.7％，3～5 年的占 27.7％，5～10 年的占 13.9％，10 年以上的占 29.7％。因此，我们发现目前浙江省主要是以成立时间在 10 年以上、3 年以内和 3～5 年的公益组织为主。

公益组织的类型分布：为方便调研，我们将公益组织分为社会团体、民办非企业、基金会和其他性质的四类。本次调查数据显示，其中 39.6％为社会团体，民办非企业类公益组织占 21.8％，12.9％为基金会，其他类型的公益组织占 25.7％。因此，公益组织以"社会团体类"和"民办非企业类"为主。

公益组织的规模分布：为了接下来方便描述，我们将 30 人以下的公益组织定义为小规模，31～50 人为较小规模，51～70 人为中等规模，71 人及以上为较大规模。根据本次调查数据显示，其中 30 人以下的公益组织占 34.7％，31～50 人的公益组织占 14.9％，51～70 人的公益组织占到 7.9％，71 人及以上的公益组织占 42.6％。

公益组织的资金来源分布：我们将公益组织资金来源分为政府、企业、基金会和社会个人四大类。根据本次调查数据显示，其中 24.8％为政府资金支持，企业捐赠占 21.8％，15.8％的资金来源为基金会支持，社会个人捐赠比例最大，为 37.6％。可以看出目前大部分公益组织资金来源主要以社会个人捐赠为主、政府支持和企业捐赠为辅。

14.6.1.2 公益组织社会价值损耗的整体评估

本次调研对浙江省公益组织社会价值损耗进行整体评估,对其进行总体评估打分为 73.38,表明浙江省公益组织社会价值损耗较严重。通过对"公益物资管理较松散""善款的使用与捐赠者期望有差距""公益项目执行过程中存在资源浪费""公益资源的利用效率较低""公益项目的执行效果较差""公益项目执行过程的低效率"分别进行打分,如图 14-3,其分值依次为 70.10、72.67、66.73、78.02、77.82、76.04。由此可知,浙江省公益组织在公益资源的利用效率较低方面浪费最少,公益项目执行过程中浪费最多。

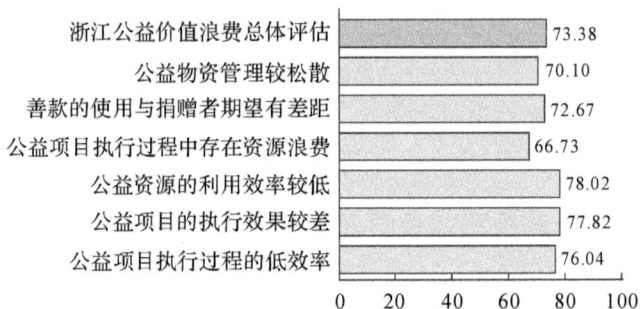

图 14-3 公益组织社会价值损耗总体评估

14.6.1.3 成立不同时间的公益组织社会价值损耗现状

从总体看,针对不同时间成立的公益组织进行社会价值损耗现状的均值打分,如图 14-4 所示,成立时间在 3 年以内的公益组织为 69.85,3～5 年的为 73.47,5～10 年的为 74.29,10 年以上的为 76.29。由此可以发现,成立时间在 3 年以内的公益组织社会价值损耗最严重,成立时间在 10 年以上的公益组织损耗最小。由此说明越成熟的公益组织社会价值损耗越小,反之则越大。

从公益项目执行过程的低效率等六大具体指标看待成立时间不同的公益组织社会价值损耗现状,由表 14-5 可知,成立时间 3 年以内、3～5 年和 10 年以上的公益组织均在公益项目执行过程中存在资源浪费严重的问题;成立时间5～10 年的公益组织在公益物资管理上较松散,价值损耗最严重。

在公益项目执行过程的低效率方面,成立时间为 3～5 年和 5～10 年的公益组织价值损耗最严重;在公益项目的执行效果较差方面,成立时间在 3～5 年的公益组织浪费严重;成立时间在 3 年以内的公益组织在公益资源的利用效率较低、公益项目执行过程存在资源浪费和善款的使用与捐赠期望有差距三个指

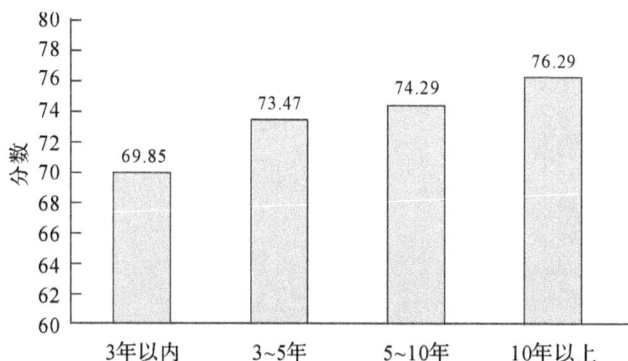

图 14-4 组织成立时间与价值损耗

标上得分较低,浪费严重,在公益物资管理较松散方面,成立时间在 5～10 年的公益组织浪费最严重。

综上所述,公益项目执行过程中资源浪费和公益物资管理较松散是所有公益组织的通病,有待改善;在其他方面,成立时间较短的公益组织的浪费程度要远高于成立时间长的公益组织,应该向后者学习,减少价值损耗。

表 14-5 不同成立时间公益组织六大指标浪费现状

组织建立时间	公益项目执行过程的低效率	公益项目的执行效果较差	公益资源的利用效率较低	公益项目执行过程存在资源浪费	善款的使用与捐赠者期望有差距	公益物资管理较松散
3 年以内	74.48	76.55	73.10	62.76	68.28	68.28
3～5 年	74.29	74.29	80.71	65.71	72.14	70.71
5～10 年	74.29	81.43	74.29	71.43	78.57	65.71
10 年以上	80.00	80.67	82.00	69.33	74.67	73.33
总计	76.04	77.82	78.02	66.73	72.67	70.10

14.6.1.4 不同类型公益组织社会价值损耗的现状

从总体角度看,针对不同类型的公益组织进行社会价值损耗现状进行均值打分,如图 14-5 所示,社会团体公益组织社会价值损耗打分为 77.36,基金会为 68.79,民办非企业为 74.42,其他为 68.68。因此可以发现,基金会和其他类型的公益组织社会价值损耗最严重,社会团体和民办非企业的公益组织社会价值损耗相对较少。由此说明基金会在公益组织社会价值损耗方面有待改善。

调查统计发现,社会团体、基金会和民办非企业公益组织均在公益项目执行过程中存在资源浪费最严重,基金会存在资源浪费的现象尤为突出;其他类

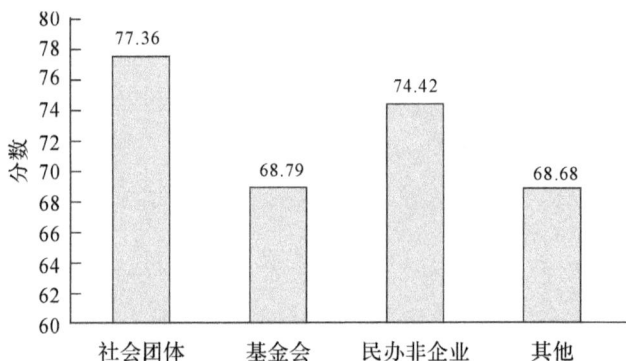

图 14-5 组织类型与社会价值损耗

型的公益组织在公益物资管理上较松散,价值损耗最严重。

在公益项目执行过程的低效率、公益项目的执行效果较差、公益项目执行过程存在资源浪费和公益物资管理较松散四个方面,基金会公益价值损耗均最严重;在公益资源的利用效率较低和善款的使用与捐赠期望有差距方面,其他类型公益组织浪费最严重。

总的来说,基金会在所有指标打分中,得分较低,而在公益项目执行过程存在资源浪费的得分仅为50.77,浪费程度远高于其他类型的公益组织,有待改进和加强。

表 14-6 不同类型公益组织六大指标社会价值损耗分析

组织类型	公益项目执行过程的低效率	公益项目的执行效果较差	公益资源的利用效率较低	公益项目执行过程存在资源浪费	善款的使用与捐赠者期望有差距	公益物资管理较松散
社会团体	79.00	81.00	83.00	69.50	75.50	77.00
基金会	72.31	70.77	80.00	50.77	75.38	60.00
民办非企业	75.45	80.91	75.45	69.09	73.64	72.73
其他	73.85	73.85	71.54	68.46	66.15	62.31
总计	76.04	77.82	78.02	66.73	72.67	70.10

14.6.1.5 不同规模公益组织社会价值损耗现状

在之前的描述性统计分析中,为方便描述,我们将30人以下的公益组织定义为小规模,31~50人为较小规模,51~70人的为中等规模,71人及以上为较大规模。接下来我们对不同规模公益组织社会价值损耗现状分析将采取以上规模的定义。

从总体看,针对不同规模的公益组织进行社会价值损耗现状进行均值打分,如图 14-6 所示,小规模公益组织为 70.61,较小规模为 69.52,中等规模为 67.50,较大规模为 78.07。由此可知,中等规模公益组织社会价值损耗均较严重,大规模的公益组织社会价值损耗较少。

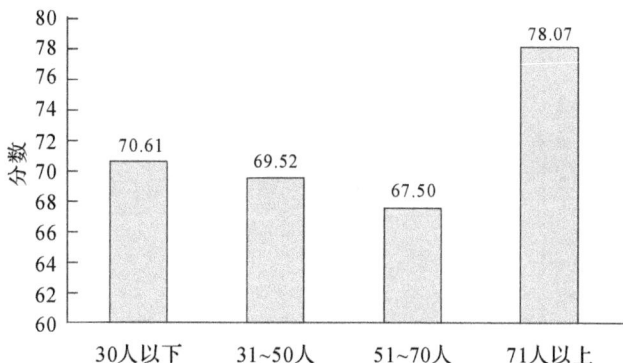

图 14-6 组织规模与社会价值损耗

从公益项目执行过程的低效率等六大具体指标看待不同规模的公益组织社会价值损耗现状,由表 14-7 可知,小规模、中等规模和较大规模的公益组织均在公益项目执行过程中存在资源浪费最严重;规模较小的公益组织公益物资管理较松散,社会价值损耗最严重。

在公益项目执行过程的低效率、公益项目的执行效果较差和公益项目执行过程存在资源浪费方面,中等规模的公益组织社会价值损耗最严重,有待改善;规模较小的公益组织在善款的使用与捐赠期望有差距和公益物资管理较松散方面存在问题较多,特别是在善款使用方面,与其他规模的组织差距较大,应该先对捐赠者的期望进行调查,妥善使用善款。

表 14-7 不同规模公益组织六大指标价值损耗分析

组织规模	公益项目执行过程的低效率	公益项目的执行效果较差	公益资源的利用效率较低	公益项目执行过程存在资源浪费	善款的使用与捐赠者期望有差距	公益物资管理较松散
30 人以下	72.60	77.80	73.80	65.20	68.00	69.20
31~50 人	76.00	73.40	77.40	66.60	62.60	61.40
51~70 人	67.60	65.00	72.60	55.00	75.00	65.00
71 人及以上	80.40	81.80	82.80	70.20	79.60	74.80
总计	76.00	77.80	78.00	66.80	72.60	70.00

14.6.1.6 不同资金来源公益组织社会价值损耗现状

总体来看,针对不同资金来源的公益组织进行社会价值损耗现状进行均值打分,如图 14-7 所示,政府为 71.54,企业为 72.34,基金会为 72.68,社会个人为 75.49。因此可以发现,以社会个人为主要资金来源的公益组织社会价值损耗较严重。

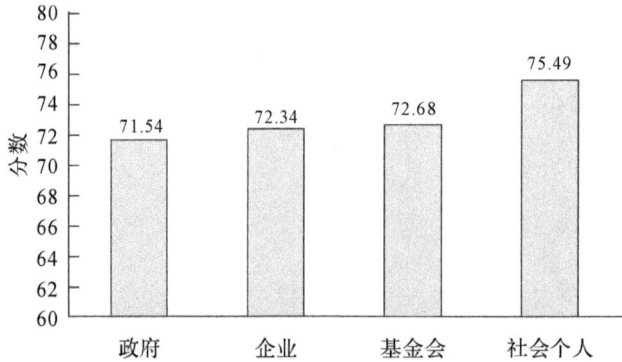

图 14-7　资金来源与社会价值损耗

从公益项目执行过程的低效率等六大具体指标看待不同资金来源的公益组织社会价值损耗现状,由表 14-8 可知,所有不同资金来源的公益组织均存在公益项目执行过程中资源浪费严重问题。

表 14-8　不同资金来源公益组织六大指标社会价值损耗分析

组织资金来源	公益项目执行过程的低效率	公益项目的执行效果较差	公益资源的利用效率较低	公益项目执行过程存在资源浪费	善款的使用与捐赠者期望有差距	公益物资管理较松散
政府	73.60	73.60	74.40	68.80	68.80	70.40
企业	83.60	85.40	80.00	58.20	68.20	60.00
基金会	75.00	70.00	81.20	60.00	73.80	68.80
社会个人	73.60	79.40	77.80	73.20	77.40	76.40
总计	76.00	77.80	78.00	66.80	72.60	70.00

在公益项目执行过程的低效率和公益资源的利用效率较低方面,主要以政府资金和社会个人捐赠为主的公益组织社会价值损耗最严重;在公益项目的执行效果方面,以基金会资金为主的公益组织浪费最严重;在公益项目执行过程存在资源浪费、善款的使用与捐赠期望有差距和公益物资管理较松散方面,以企业资金为主的公益组织浪费最严重。

因此,资金来源于企业的公益组织,应该加强公益物资的管理,减少在公益项目过程中资源浪费的现象,使得公益资源的应用达到捐赠者的期望,而资金来源于政府、个人和基金会的公益组织应该提高组织效率和执行力。

14.6.2 假设检验:公益组织社会价值损耗的前因和后果

对于本研究提出的理论模型,结构方程模型是一个合适的检验工具,结构方程模型可以用于检验潜在的理论变量之间的相互联系,其优点是它允许存在测量误差,可以同时处理多个因变量,同时估计因子结构和因子关系,并能够对模型提供诊断信息(Joreskog & Sorbom,1979)。为此,对于本研究所提出的假设,结构方程模型是一种更为有效的检验方法。

14.6.2.1 社会价值损耗的前因:影响因素分析

(1)模型 I 的拟合优度评价

在评价测量模型与数据是否拟合时,主要观察参数的标准误、T 值、标准化残差、修正指数和一系列拟优度统计量。从众多拟合优度统计量中,我们选用了卡方自由比(χ^2/df)、相对拟合指数(GFI)、近似误差均方根(RMSEA)、省俭拟合优度指数(PGFI)、省俭赋范拟合指数(PNFI)、规范拟合指数(NFI)、比较拟合指数(CFI),涵盖了绝对拟合指数、相对拟合指数和简约拟合指数等三大类指数。从数据分析的结果来看,模型 I 的各项拟合结果都符合指标的评价标准。

表 14-9　模型 I 的结构方程模型结果

指标	绝对拟合度			简约拟合度		增值拟合度	
	x^2/df	GFI	RMSEA	PNFI	PGFI	NFI	CFI
评价标准	< 3	>0.9	<0.08	>0.5	>0.5	>0.9	>0.9
研究结果	2.906	0.944	0.075	0.601	0.597	0.916	0.919

(2)模型 I 的假设检验结果

图 14-8 是我们按上述方法得到的社会价值损耗与其影响因素关系的模型分析结果。

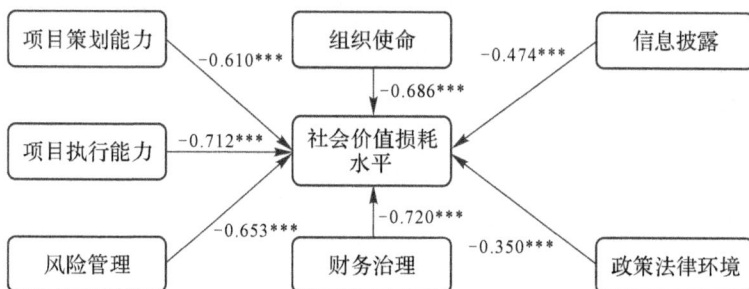

图 14-8　结构模型结果

注:*、**、*** 分别表示在 0.05、0.01、0.001 水平上双尾检验显著。

从图 14-8 中可以看出 H1.1—H1.7 均通过了显著性检验。结合图 14-2 和表 14-5,我们获得如下研究发现:第一,公益组织项目策划能力对社会价值损耗具有显著的负向影响(−0.610),即 H1.1 成立,提高公益组织的项目策划能力将提高其识别弱势群体社会需求的能力,并能够提供合理的解决方案,从而降低组织社会价值损耗的水平。第二,公益组织的项目执行能力对社会价值损耗具有显著的负向影响(−0.712),即 H1.2 成立,公益组织如果具有较强的项目执行能力,那么必然具有较强的项目执行团队和专业化志愿者的队伍,在项目执行过程中就能很好地把握项目的执行状况,使资源能够很好地被利用,有效控制项目执行过程中的成本,进而降低其社会价值损耗的水平。第三,公益组织风险管理能力对社会价值损耗具有显著的负向影响(−0.653),即 H1.3 成立,即如果公益组织在组织公益项目时充分考虑了意外情况和所存在的风险,并能够很好地处理一些突发状况,那么就会减少因意外情况而引起的社会价值创造损耗。第四,公益组织使命对社会价值损耗有显著的负向影响(−0.686),即 H1.4 成立,即公益组织具有明确的组织使命,并深入每一位成员的内心,有助于公益组织成员提升归属感和自愿性,从而提高组织效率,降低价值损耗的发生概率。第五,公益组织组织治理对社会价值损耗具有显著的负向影响(财务治理:−0.720;信息披露:−0.474),即 H1.5 与 H1.6 成立,即组织治理可以保证公益组织决策的科学性,提高组织的运作效能,进而减低社会价值损耗的水平。第六,政策法律环境对公益组织社会价值损耗具有显著的负向影响(−0.350),即 H1.7 成立,即完善的政策与法律环境会有效约束公益组织的行为,从而提高效率,减低公益价值损耗。

14.6.2.2 社会价值损耗的结果:对捐助意愿的影响

(1)模型 Ⅱ 的拟合优度评价

模型 Ⅱ 的拟合优度评价采用与模型 Ⅰ 相同的指标,从表 14-10 的评价结果可知,各项拟合优度评价值均达到或超过了评价标准的要求。

表 14-10　结构方程模型结果

指标	绝对拟合度			简约拟合度		增值拟合度	
	x^2/df	GFI	RMSEA	PNFI	PGFI	NFI	CFI
评价标准	<3	>0.9	<0.08	>0.5	>0.5	>0.9	>0.9
研究结果	2.866	0.924	0.057	0.654	0.691	0.911	0.923

(2)模型 Ⅱ 假设检验的结果

图 14-9 是我们按上述方法得到的社会价值损耗、捐助者信任与捐助者捐赠意愿关系的模型结果。

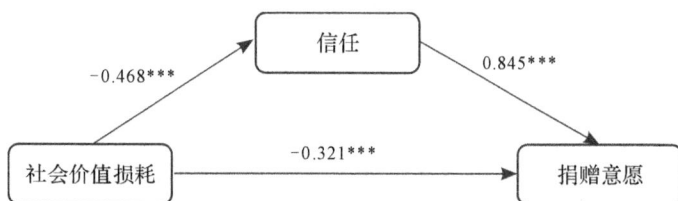

图 14-9　结构模型结果

注：*、**、***分别表示在 0.05、0.01、0.001 水平上双尾检验显著。

从图 14-9 可以看出，H1.1—H1.3 均通过了显著性水平为 0.001 的显著性检验。

结合图 14-9 和表 14-11，我们获得如下研究发现：①公益组织社会价值损耗对捐助者捐赠意愿具有显著的负向影响（−0.321），即 H2.1 成立。首先，公益组织社会价值损耗增加会直接降低捐助者的捐赠意愿，其直接效用为−0.284；其次，公益组织社会价值损耗的增加也通过捐赠信任的降低间接影响（−0.188）其捐赠意愿。②公益组织社会价值损耗对捐助者信任具有显著的负向影响（−0.468），即 H2.2 成立。③捐助者信任对捐赠意愿具有显著的正向影响（0.845），即 H2.3 成立。

表 14-11　社会价值损耗与捐助者信任以及捐赠意愿的直接效应和间接效应

因变量	自变量	路径系数	直接效应	间接效应	总效应
捐助者信任	社会价值损耗	−0.468***	−0.393		−0.393
捐助者捐赠意愿	捐助者信任	0.845***	0.746		0.746
	社会价值损耗	−0.321***	−0.284	−0.188	−0.472

注：*、**、***分别表示在 0.05、0.01、0.001 水平上双尾检验显著。

14.7　研究结论

14.7.1　公益组织社会价值损耗概念、维度与测量

为明晰社会价值损耗现象，并阐明其产生的原因及所造成的影响，本研究首先基于社会需求满足视角，以组织效率理论为基础，并通过对 10 位领域专家访谈构建了社会价值损耗的概念和维度。本研究认为社会价值损耗是一个从干预对象角度出发，基于干预对象社会需求的满足情况来衡量，即本应产生的社会价值，因为公益组织内外的某种原因而未实现的部分，我们视之为社会价

值损耗,这就区别于一般意义上因管理不善或由其他原因引起的公益资源闲置、损耗或损坏的"浪费"。

14.7.2 公益组织社会价值损耗的现状

本研究从公益项目执行过程低效率、公益项目的执行效果较差、公益资源的利用效率较低、公益项目执行过程存在资源浪费、善款的使用与捐赠者期望有差距、公益物资管理松散六方面对浙江省公益组织进行社会价值损耗的评估。依据本次对浙江省公益组织社会价值损耗认同程度的探究,浙江省公益组织总体评估在 73.38 分,社会价值创造较低,普遍认可在公益项目执行过程中存在资源浪费的现象,23.53%的公益组织完全认同当前存在公益组织价值损耗的现状,34.08%也表示认同;21%的公益组织对此表示中立态度;15.64%的公益组织表示比较与现实不符合,仅 5.59%的公益组织表示完全不存在公益组织社会价值损耗。综上所述,超过 50%的公益组织承认公益组织会出现社会价值损耗问题。

组织年限和公益社会价值损耗相关。成立时间在 10 年以上的公益组织具有丰富的从事公益事业的经验,在各项指标的评估上都达到最高的水平,社会价值损耗较少。相反,成立时间在 3 年以内的公益组织,对公益项目的执行和组织管理制度等未达到相对较为成熟的程度,在公益项目执行过程中效率低下,公益物资管理也较为松散,公益资源的利用率较低,资源浪费的现象也较为严重,公益项目的效果也不尽如人意。

组织类型和公益社会价值损耗相关。基金会类型的公益组织社会价值损耗严重。基金会在综合评估中明显落后于其他类型公益组织,公益组织社会价值损耗突出,公益项目执行过程中资源浪费的现象尤为严重,亟须整治。在公益组织社会价值损耗评估的七大指标中,基金会各项均值均低于社会团体类和民办非企业类公益组织,基金会类公益组织社会价值损耗最为严重,特别是在资源管理方面的社会价值损耗更为突出。因此基金会类的公益组织应加强对资源管理的控制和对资金的管理,提高执行团队的专业知识和技能,提高人力资源管理水平和服务系统管理水平,改善与公益参与者的关系质量,完善组织信息管理系统,从而不断提高组织品牌影响力和公信力。

组织规模和公益组织社会价值损耗相关。公益组织规模较小的,组织管理浪费较少;公益组织规模中等的浪费最为严重;公益组织规模较大的,组织管理浪费较少,打破了我们常规的认知。我们往往认为,规模较大的公益组织,由于部门较多,审批繁杂,易导致执行团队效率低下,从而导致浪费现象。然而调查显示,相较于小规模的公益组织,大规模的公益组织在组织管理上产生的浪费更少,其原因可能是,大规模的公益组织拥有健全的管理制度和专业的团队,权责分明。而小规模的公益组织，因本身组织结构简单，参与人员较少或一人身兼数职，审核审批流程简单，不易因组织管理产生浪费。中等规模的公益组织，公益项目执行的效率和公益资源利用率都比较低，取得的项目效果也不满意，需要着重改善。可能原因是中等规模的公益组织在组织管理方面还处于发展中期，更容易面临已知和未知的组织管理问题。因此规模中等的公益组织可以先审核组织管理内部需要改进的地方，再考虑其他的影响因素。

14.7.3　公益组织社会价值损耗的产生原因

实证分析结果表明，公益组织项目策划能力、项目执行能力、风险管理能力、组织使命、财务治理、信息披露及政策与法律环境对社会价值损耗具有显著的负向影响，即公益组织价值损耗的主要原因是公益组织内部的项目策划能力、项目执行能力、风险管理能力、组织使命、财务治理水平、信息披露水平较低，以及政策法律环境不完善。

具体而言，第一，公益组织项目策划能力对社会价值损耗具有显著的负向影响，提高公益组织的项目策划能力将提高其识别弱势群体社会需求的能力，并能够提供合理的解决方案，从而降低组织社会价值损耗的水平。第二，公益组织的项目执行能力对社会价值损耗具有显著的负向影响，公益组织如果具有较强的项目执行能力，那么必然具有较强的项目执行团队和专业化志愿者队伍，在项目执行过程中就能很好地把握项目的执行状况，使得资源能够得到很好的利用，有效地控制项目执行过程中的成本，进而降低其社会价值损耗的水平。第三，公益组织风险管理能力对社会价值损耗具有显著的负向影响，即如果公益组织在组织公益项目时充分考虑了意外情况和存在的风险，并能够很好地处理一些突发状况，那么就会减少因意外情况而引起的价值创造损耗。第四，公益组织使命对社会价值损耗有显著的负向影响，即公益组织具有明确的组织使命，并深入每一位成员的内心，有助于公益组织成员提升归属感和志愿性，从而提高组织效率，降低价值损耗的发生概率。第五，公益组织组织治理对社会价值损耗具有显著的负向影响，即组织治理可以保证公益组织决策的科学性，提高组织的运作效能，进而降低社会价值损耗的水平。第六，政策法律环境对公益组织社会价值损耗具有显著的负向影响，即完善的政策与法律环境会有效约束公益组织的行为，从而提高效率，减少社会价值损耗。

14.7.4　社会价值损耗对捐赠者行为影响

通过对 215 位捐助者的问卷调查，实证分析社会价值损耗与捐赠者信任及捐赠意愿的关系。结论指出，社会价值损耗对捐助者信任和捐赠意愿均具有显著的负向影响,此外信任在社会价值损耗与捐赠意愿间具有一定的中介作用。这就意味着,首先,公益组织价值损耗增加会直接降低捐助者的捐赠意愿;其次,公益组织价值损耗的增加也通过捐赠信任的降低间接影响其捐赠意愿。这说明如果公益组织价值损耗现象比较严重,不仅会影响公益组织的公信力,也将直接降低捐赠收入。

14.7.5 矫治公益组织社会价值损耗策略

根据如上调查结论,我们针对不同利益相关方提出如下意见:首先,公益组织应对不同资金来源采取不同反馈;定期对组织内部进行自我审核,通过 7 个指标的比对,确定易出现浪费的因素,抓住问题要点,对症下药;发展联合公益,促成信息共享。其次,对于政府民政部门,一要营造社会公益环境,推进公益全民化,构建有效公益蓝图;二要打造信息共享平台,实现公益信息交互;三要规范依法治善行善,加强公益法治建设;四要联合高校教育资源,培养专业化公益人才。

参考文献:

[1]蔡宁,葛笑春.非营利组织绩效评估中 PROMETHEE 法的应用[J].技术经济,2006,25(5):109-112.

[2]陈劲,王皓白.社会创业与社会创业者的概念界定与研究视角探讨[J].外国经济与管理,2007(8):10-15.

[3]德鲁克.德鲁克管理思想精要[M].北京:机械工业出版社,2008.

[4]邓国胜.非营利组织评估[M].北京:社会科学文献出版社,2001.

[5]高鉴国.美国慈善捐赠的外部监督机制对中国的启示[J].探索与争鸣,2010(10):67-70.

[6]蒋艳,岳超源.PROMETHEE II 法的权重稳定区间[J].系统工程理论与实践,2001(6):79-82.

[7]李宏,单学勇.论中国非营利组织的"使命缺失"与"使命为先"[J].生产力研究,2005(11):162-164.

[8]李金.非营利组织绩效评估理论述评[J].科教文汇(下旬刊),2007(4):159-160.

[9]陆明远.公益效率化:社会组织公信力建设路径研究[J].社团管理研究,2008(11):38-41.

[10]马迎贤.非营利组织理事会:一个资源依赖视角的解释[J].经济社会体制比较,2005(4):81-86.

[11]苗青,石浩.撬动社会资源:公益创投评估与 SROI 实证应用[J].浙江大学学报(人文社会科学版),2018,48(5):152-165.

[12]任进.政府组织与非营利组织——法律实证和比较分析的视角[M].济南:山东人民出版社,2003.

[13]盛南,王重鸣.社会创业导向构思的探索性案例研究[J].管理世界,2008(8)：127-137.

[14]孙世敏,张兰,贾建锋.社会企业业绩计量理论与方法的研究进展[J].科研管理,2011,32(12)：74-81.

[15]唐跃军,左晶晶.中国非营利组织的评估指标体系[J].改革,2005(3)：104-110.

[16]熊跃根.从社会诊断迈向社会干预：社会工作理论发展的反思[J],江海学刊,2012(4)：132-139.

[17]张锦,梁海霞,严中华.国外社会创业组织绩效评估研究述评[J].创新与创业教育,2014(8)：11-15.

[18]周美芳.论非营利组织治理理论与我国非营利组织治理的方向[J].经济纵横,2005(8)：58—61.

[19]Arnaudo G，Mc Brearty S. A strategic approach to social impact measurement of social enterprises. The SIMPLE methodology[J]. Social Enterprise Journal, 2009 (5)：154-178.

[20]Goh J M. The creation of social value：Can an online heath community reduce rural-urban heath disparities? [J]. MIS Quarterly,2016,40 (1)：247-263.

[21]Austin J，Stevenson H，Wei-Skillern J. Social and commercial entrepreneurship：same, different, or both? [J]. Entrepreneurship theory and practice, 2006, 30(1)：1-22.

[22]Bagnoli L，Megali C. Measuring Performance in Social Enterprises[J]. Nonprofit and Voluntary Sector Quarterly, 2011, 40(1)：149-165.

[23]Cummins R A，Eckersley R，Pallant J，et al. Developing a national index of subjective wellbeing：The Australian Unity Wellbeing Index[J]. Social Indicators Research, 2003, 64(2)：159-190.

[24]Delgado M A. Vila W V. A fuzzyness measure for fuzzy numbers-applications[J]. Fuzzy Sets and Systems，1998(94)：205-216.

[25]Di Domenico M L，Haugh H，Tracey P. Social bricolage：Theorizing social value creation in social enterprises[J]. Entrepreneurship Theory and Practice，2010(34)：681-703.

[26]Diener E，Inglehart R，Tay L. Theory and validity of life satisfaction scales[J]. Social Indicators Research, 2013, 112(3)：497-527.

[27]Dohrmann S，Raith M，Siebold N. Monetizing social value creation-a business model approach[J]. Entrepreneurship Research Journal, 2015, 5(2)：127-154.

[28]Dubois D，Prade H. Fuzzy Sets and Systems-Theory and Application,[M]. New York：Academic Press, 1980.

[29]Emerson J. The blended value proposition：Integrating social and financial returns [J]. California Management Review, 2003,45(4)：35-51.

[30]Esteves A M，Franks D，Vanclay F. Social impact assessment：The state of the art[J]. Impact Assessment and Project Appraisal, 2012, 30(1)：34-42.

[31]Forbes D. Measuring the unmeasurable：Empirical studies of nonprofit organization

effectiveness[J]. Nonprofit and Voluntary Sector Quarterly, 1998(27): 183-202.

[32]Geldermann J, Spengler, Rentz O. Fuzzy outranking for environmental assessment. Case study: Iron and steel making Industry[J]. Fuzzy Sets and System, 2000(115): 45-65.

[33] Haler R, Reinhard D. Environmental-rating: An Indicator of Corporate Environmental performance[J]. Greener Management International, 2000(29): 18-26.

[34]Herman R D, Renz D O. Advancing nonprofit organizational effectiveness research and theory: Nine theses[J]. Nonprofit Management and Leadership, 2008,18(4): 399-415.

[35]Kroeger A, Weber C. Developing a conceptual framework for comparing social value creation[J]. Academy of Management Review,2014,39(2):513-540.

[36]Kroll C, Delhey J. A happy nation? Opportunities and challenges of using subjective indicators in policymaking[J]. Social Indicators Research, 2013, 114(1): 13-28.

[37]Kuratko D F, McMullen J S, Hornsby J S, et al. Is your organization conducive to the continuous creation of social value? Toward a social corporate entrepreneurship scale[J]. Business Horizons, 2017, 60(3): 271-283.

[38]Lecy J D, Schmitz H P, Swedlund H. Nongovernmental and not-for-profit organizational effectiveness-A modern synthesis [J]. VOLUNTAS: International Journal of Voluntary and Nonprofit Organizations, 2012(23):434-457.

[39] Matthews J R. Assessing organizational effectiveness-The role of performance measures[J]. Library Quarterly, 2011(81):83-110.

[40]Mayer W J, Wang J F, et al. The impact of revenue diversification on expected revenue and volatility for nonprofit organizations [J]. Nonprofit and Voluntary Sector Quarterly,2014(2):187-203.

[41]McLoughlin J, Kaminski J, Sodagar B, et al. A strategic approach to social impact measurement of social enterprises: The Simple Methodology[J]. Social Enterprise Journal, 2009, 5(2): 154-178.

[42]Polonsky M, Grau S. Assessing the social impact of charitable organizations—Four alternative approaches [J]. International Journal of Nonprofit and Voluntary Sector Marketing,2011, 16(2): 195-211.

[43]Sergio G L. The nature of the social firm: Alternative organizational forms for social value creation and appropriation[J]. Academy of Management Review, Published Online-12 Feb 2019, https://doi. org/10. 5465/amr. 20180015.

[44]Sinkovics N, Sinkovics R R, Hoque S F, et al. A reconceptualisation of social value creation as social constraint alleviation[J]. Critical Perspectives on International Business, 2015, 11(3/4):340-363.

[45] White H. An introduction to the use of randomised control trials to evaluate development interventions[J]. Journal of Development Effectiveness, 2013, 5(1): 30-49.

[46]Zur A. Building comparative advantage through social value creation-A comparative case study approach[J]. Problemy Zarzadzania, 2014,49(12):56-71.

图书在版编目(CIP)数据

社会价值创造:过程、模式及评估 / 鞠芳辉等著
. —杭州 : 浙江大学出版社,2022.5(2023.3重印)
ISBN 978-7-308-21958-7

Ⅰ. ①社⋯ Ⅱ. ①鞠⋯ Ⅲ. ①企业责任－社会责任－
研究－中国 Ⅳ. ①F279.23

中国版本图书馆 CIP 数据核字(2021)第 237216 号

社会价值创造——过程、模式及评估

鞠芳辉　刘艳彬　袁彦鹏　疏礼兵　赵小睿　著

策划编辑	吴伟伟	
责任编辑	杨　茜	
责任校对	许艺涛	
封面设计	林智广告	
出版发行	浙江大学出版社	
	（杭州市天目山路 148 号　邮政编码 310007）	
	（网址:http://www.zjupress.com）	
排　　版	浙江时代出版服务有限公司	
印　　刷	广东虎彩云印刷有限公司绍兴分公司	
开　　本	710mm×1000mm　1/16	
印　　张	21	
字　　数	388 千	
版 印 次	2022 年 5 月第 1 版　2023 年 3 月第 2 次印刷	
书　　号	ISBN 978-7-308-21958-7	
定　　价	68.00 元	